Gilbert Sternhoff

DIE RÜCKKEHR DER DRITTEN MACHT

WAS DIE US-GEHEIMDIENSTE VERSCHWEIGEN

amadeus-verlag.com

Amadeus Verlag GmbH & Co. KG
Birkenweg 4
74579 Fichtenau
Fax: 07962-710263
www.amadeus-verlag.com
Email: amadeus@amadeus-verlag.com

Druck:
CPI – Ebner & Spiegel, Ulm
Satz und Layout:
Jan Udo Holey
Umschlaggestaltung:
Amadeus Holey

ISBN 978-3-938656-71-6

INHALTSVERZEICHNIS

1. Eine Bestandsaufnahme

Eine Dritte Macht, gibt es die? Und wer oder was verbirgt sich dann hinter der Ersten und Zweiten Macht?

Die Bezeichnungen haben ihren Ursprung noch in der Zeit des Kalten Krieges, als sich die mit Atomwaffen hochgerüsteten Blöcke gegenüberstanden: Die Führungsmacht des Kapitalismus, die USA, auf der einen Seite und die Sowjetunion als dominierende Kraft des kommunistischen Gegenpols.

Seit 1989 haben sich die politischen Zeiten geändert. Die kommunistische Front ist zerfallen, und die ehemalige Sowjetunion hat sich aufgelöst. Auf dieser Seite übrig blieb das militärisch immer noch mächtige Russland. Ein militärischer Konflikt zwischen den USA und Russland, ausgetragen mit Atomwaffen, würde heute wie damals den Untergang der Welt bedeuten. Da die anderen Atommächte, wie zum Beispiel China, wegen ihres quantitativ nur geringen Abschreckungspotentials eine eher marginale Rolle spielen, scheint die Bezeichnung Erste und Zweite (Welt-) Macht weiterhin gerechtfertigt.

Und die Dritte Macht? Wo und wann ist sie entstanden?

Ihre Geburtswehen fallen zusammen mit dem Ende des Zweiten Weltkriegs. Ihr Entstehen resultiert unmittelbar aus dem scheinbar vollständigen militärischen und politischen Zusammenbruch des Dritten Reiches. Nur war dieser Zusammenbruch eben tatsächlich nur ein scheinbarer.

Was, das Dritte Reich lebt weiter? Nein, nicht als *Drittes Reich* und auch nicht als das von anderen bisweilen behauptete *Vierte Reich*. Wir haben es vielmehr mit einer Organisation zu tun, die sich in den letzten Kriegsmonaten im Ergebnis einer vor allem von Kräften innerhalb der SS (Schutzstaffeln der NSDAP) forcierten Überlebensstrategie herausgebildet hat. Namen und Bezeichnungen sind hier zweitrangig. Verwenden wir für diese Nachfolgeorganisation deshalb von jetzt an den Begriff: die ***Dritte Macht***.

Als solche ist sie freilich nur dann zu bezeichnen, wenn sie militärisch ein zumindest gleichwertiges Äquivalent den beiden anderen genannten Mächten gegenüber darstellt und außerdem gewichtigen politischen Einfluss auszuüben in der Lage ist. Dass dem tatsächlich so ist, dafür soll in diesem Buch der Beweis angetreten werden.

Hat das Buch einen politischen Hintergrund? Nimmt es Partei, egal wofür oder wogegen? Nein, ganz gewiss nicht, es berichtet einfach nur. In diesem Sinn ist es eine Reportage über das Woher und auch über das Wohin der Dritten Macht.

In den Jahren 2005 bis 2015 sind fünf Bücher von mir zum Thema erschienen.[1,2,3,4,5] Glaubte ich mit meinem Erstlingswerk »Die Zukunft hat längst begonnen« schon alles über die Dritte Macht gesagt zu haben, musste ich diese Meinung sehr schnell revidieren, gelangte ich doch in zunehmendem Maße an neue Informationen, die zu einer vorher nicht für möglich gehaltenen Erweiterung des Themenspektrums führten. Unterstützung fand ich dabei in der tätigen Mithilfe meiner Leser, wofür ich mich an dieser Stelle noch einmal herzlich bedanken möchte.

Die Jahre nach 2015 war ich mit der kompletten Neuorganisation meines Lebens beschäftigt, sowohl familiär als auch beruflich. Zudem habe ich einen Ortswechsel vorgenommen, der mich näher an eine in diesem Buch noch zu behandelnde, für die Entwicklung der Dritten Macht wichtige Schlüsselregion heranrücken ließ. In den zurückliegenden sechs Jahren habe ich mir dort unter schwierigen Bedingungen eine neue Existenz aufgebaut. Parallel dazu liefen jedoch die alten Forschungsprojekte weiter und konnten zu einem erfolgreichen Abschluss gebracht werden.

Das vorliegende Handbuch als Ergebnis meiner fast 20 Jahre dauernden Recherchen zur Dritten Macht stellt eine Kompilation der bisher erschienenen Dritte-Macht-Bücher dar, allerdings in völlig neuer Anordnung und erheblich erweitert um neue Informationen. Versehen mit den notwendigen Korrekturen und – mit einer Ausnahme – unter Weglassung aller persönlichen Aspekte sowie auch von Indizien, die mir noch nicht hinreichend belegt erscheinen bzw. über die ich zwischenzeitlich zu einer anderen Meinung gelangt bin, präsentiert es auf reiner Faktenbasis den aktuellen und vor der in naher Zukunft zu erwartenden „Zeitenwende" auch abschließenden Wissensstand zu diesem Thema.

Eine Bestandsaufnahme der in vielen Jahren gewonnenen Erkenntnisse zeigt eindeutig:

1. Die Dritte Macht existiert.
2. Ihre Strategie ist transparent, in sich logisch und damit nachvollziehbar.
3. Sie ist uns technisch weit überlegen.
4. Wir haben dem wenig entgegenzusetzen, weil wir unserem Erkenntnisprozess mit einer inneren Blockadehaltung gewissen Phänomenen gegenüber (bestes Beispiel ist das UFO-Phänomen) selbst im Wege stehen.

Die von der Dritten Macht angestrebte Übernahme der Welt scheint von daher nicht verhindert werden zu können. Es wird von der Öffentlichkeit nicht einmal als existent wahrgenommen. Völlig unbemerkt vollzieht sich seit vielen Jahren ein Prozess, der unsere Welt verwandeln wird. Mit anderen Worten: Die Zukunft hat längst begonnen!

Gilbert Sternhoff, Barcelos, Juni 2021

2. Die Absetzbewegung

Am 8. Mai 1945 kapitulierte die deutsche Wehrmacht. Die letzte Reichsregierung wurde am 23. Mai von den Alliierten verhaftet. Die Siegermächte teilten Deutschland unter sich in Besatzungszonen auf und große Teile des deutschen Ostens kamen unter sowjetische und polnische Verwaltung. Das Drama der Vertreibung nahm seinen Fortgang. Unter diesen Umständen kam, von vereinzelten *Werwolf*-Operationen abgesehen, jeder organisierte Widerstand zum Erliegen.

Am 30. Mai 1945 zirkulierte zwischen dem amerikanischen Außen- und dem Kriegsministerium ein als „secret" eingestuftes Memorandum, wonach die britische Botschaft in Buenos Aires schon am 18. Mai vom argentinischen Außenministerium darüber informiert worden war, dass vor den Küsten Argentiniens anscheinend mehrere deutsche U-Boote darauf warteten, sich den argentinischen Behörden ergeben zu können. (Abb. 1)

Es dauerte dann noch einmal fast zwei Monate – über die Gründe für die Verzögerung kann nur spekuliert werden –, bis sich das erste deutsche U-Boot, U 530, unter seinem Kapitän Otto Wermuth mit 54 Mann an Bord am 10. Juli 1945 in Mar de Plata den Argentiniern zur Verfügung stellte. Wenige Tage später kamen Gerüchte auf, dieses und auch andere Boote hätten hochrangige Nazis an der Küste Argentiniens abgesetzt. Dokumentiert ist diese Meldung in einem Telegramm vom US-Militärattaché in Buenos Aires an das Kriegsministerium vom 14. Juli 1945. (Abb. 2) Bezeichnenderweise wäre U 530 damit nicht zum ersten Mal in geheime Operationen verwickelt gewesen. Schon im Sommer 1944 hatte es im Atlantik, nahe Gibraltar, diverse Unterlagen und strategische Rohstoffe an das japanische U-Boot I-52 übergeben, das allerdings im Anschluss von einem amerikanischen Bomber versenkt worden war.[(6)] Von daher schien U 530 mit seiner Mannschaft prädestiniert für solche Unternehmungen.

Weitere fünf Wochen später, am 17. August, immerhin mehr als drei Monate nach der Kapitulation der deutschen Wehrmacht, ergab sich U 977 unter Kapitän Heinz Schäffer mit 32 Mann an Bord.

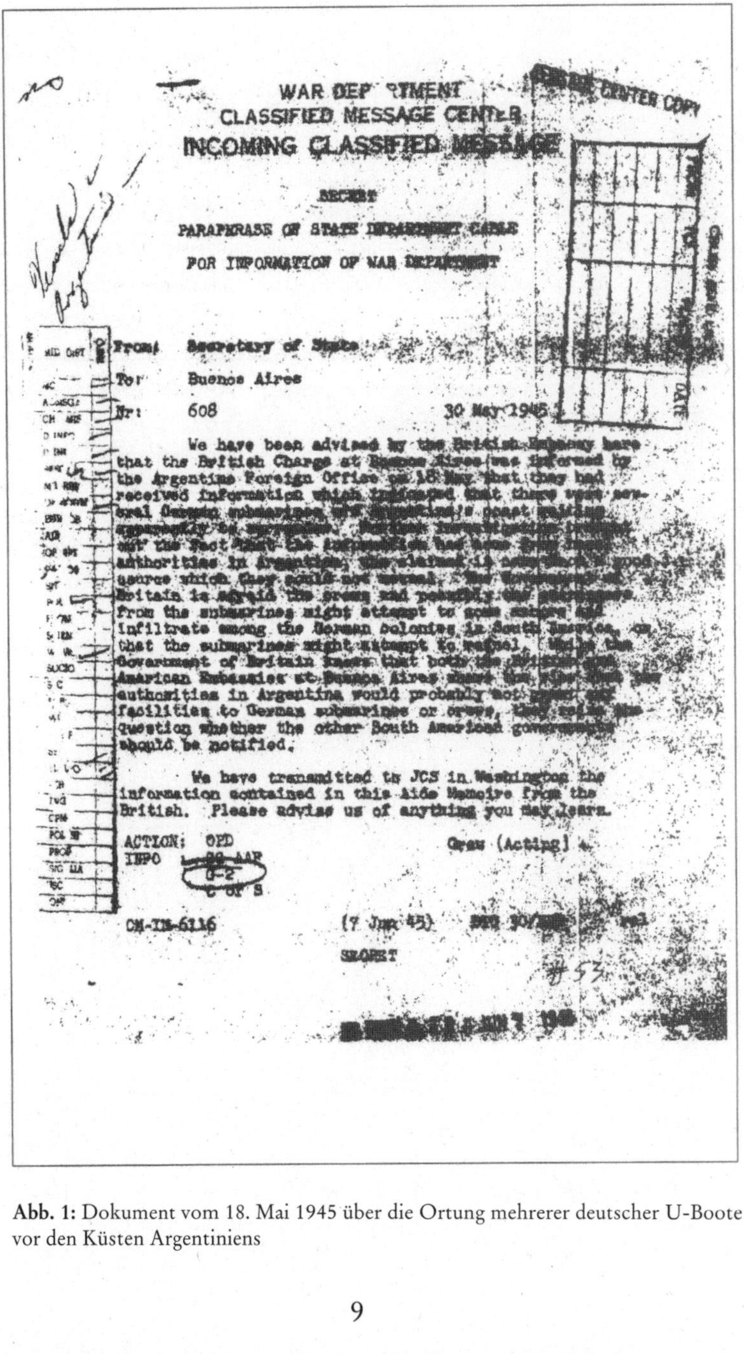

WAR DEPARTMENT
CLASSIFIED MESSAGE CENTER
INCOMING CLASSIFIED MESSAGE

SECRET

PARAPHRASE OF STATE DEPARTMENT CABLE
FOR INFORMATION OF WAR DEPARTMENT

From: Secretary of State
To: Buenos Aires
Nr: 608 30 May 1945

We have been advised by the British Embassy here that the British Charge at Buenos Aires was informed by the Argentine Foreign Office on 18 May that they had received information which indicated that there were several German submarines off Argentina's coast [illegible] [illegible] [illegible] out the fact that the information had come from [illegible] authorities in Argentina, [illegible] source which they could not reveal. The [illegible] Britain is afraid the crews and possibly [illegible] from the submarines might attempt to [illegible] and infiltrate among the German colonies in South America, or that the submarines might attempt to refuel. While the Government of Britain knows that both the [illegible] American Embassies at Buenos Aires share the [illegible] authorities in Argentina would probably not [illegible] facilities to German submarines or crews, they raise the question whether the other South American governments should be notified.

We have transmitted to JCS in Washington the information contained in this Aide Memoire from the British. Please advise us of anything you may learn.

ACTION: OPD Grew (Acting)
INFO ~~CG AAF~~
G-2
C of S

CM-IN-6116 (7 Jun 45) [illegible]

SECRET

Abb. 1: Dokument vom 18. Mai 1945 über die Ortung mehrerer deutscher U-Boote vor den Küsten Argentiniens

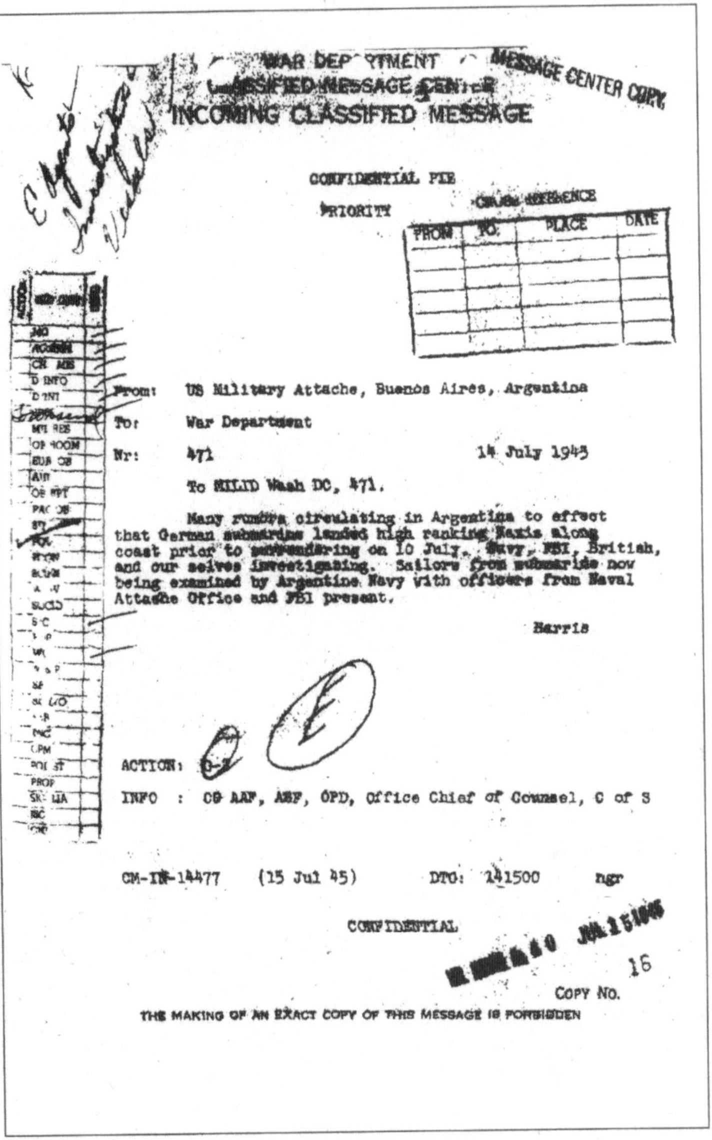
WAR DEPARTMENT
CLASSIFIED MESSAGE CENTER
INCOMING CLASSIFIED MESSAGE
MESSAGE CENTER COPY

CONFIDENTIAL PIE

PRIORITY

CROSS REFERENCE

FROM	TO	PLACE	DATE

From: US Military Attache, Buenos Aires, Argentina

To: War Department

Nr: 471 14 July 1945

To MILID Wash DC, 471.

Many rumors circulating in Argentina to effect that German submarine landed high ranking Nazis along coast prior to surrendering on 10 July. Navy, FBI, British, and our selves investigating. Sailors from submarine now being examined by Argentine Navy with officers from Naval Attache Office and FBI present.

Harris

ACTION: G-2

INFO : CG AAF, ASF, OPD, Office Chief of Counsel, C of S

CM-IN-14477 (15 Jul 45) DTG: 141500 ngr

CONFIDENTIAL

JUL 15 1945

16

COPY NO.

THE MAKING OF AN EXACT COPY OF THIS MESSAGE IS FORBIDDEN

Abb. 2: Dokument über die Anlandung hochrangiger Nazis in Argentinien

Beide Boote wurden später in die USA überführt. Schäffer wurde von den amerikanischen Untersuchungsbehörden wieder und wieder mit der Frage traktiert, wo er denn Hitler versteckt habe. Er und die gesamte Mannschaft von U 977 bestanden jedoch hartnäckig darauf, dass außer der Besatzung keine weitere Person an Bord gewesen sei. Pikant mutet unterdessen die Tatsache an, dass Heinz Schäffer nach seiner Freilassung und erfolgten Abschiebung nach Deutschland nichts Besseres zu tun hatte, als nach Argentinien zurückzukehren.(7) Die Amerikaner mögen demnach gute Gründe für ihre Nachfrage gehabt haben.

Nach der offiziell verlautbarten Meinung hätten sich mit U 530 und U 977 die letzten beiden deutschen U-Boote den Feindmächten ergeben. Dass dem nicht so ist, beweisen die Aussagen zweier in Argentinien internierter Seeleute des im Dezember 1939 in aussichtsloser Gefechtslage selbst versenkten deutschen Panzerschiffes *Admiral Graf Spee*. Danach wirkten die Seeleute Dettelmann und Schulz zwischen dem 28. und 29. Juli 1945 bei der Entladung zweier deutscher U-Boote mit, die an der zu Argentinien gehörenden Küste Patagoniens vor Anker gegangen waren. Beide waren auf einer Hazienda untergebracht, die einer deutschen Firma gehörte. Von dieser wurden sie eines Tages an einen wüstenhaften Abschnitt der Küste gebracht, von dem aus sie die beiden U-Boote wahrnehmen konnten. Die beiden Männer gingen an Bord und halfen bei der Entladung schwerer Behältnisse, die mit kleinen Booten an Land befördert wurden. Dort erfolgte deren Verladung auf acht große LKW. Diese fuhren zuerst zur besagten Hazienda, um danach ihren Weg ins Landesinnere fortzusetzen. Darüber hinaus verließen die U-Boote auch etwa 80 Männer, ein Teil von ihnen in Zivilkleidung. Aus deren Verhalten schlussfolgerten die beiden Seeleute, dass es sich bei ihnen um bedeutende Persönlichkeiten handeln musste. Die evakuierten Personen bestiegen schnell bereitstehende Autos und fuhren mit diesen davon.(8,9)

Zu klären bleibt die Frage, ob es sich bei einem der U-Boote um U 977 gehandelt haben könnte. Gänzlich auszuschließen ist das sicher nicht. Wird jedoch berücksichtigt, dass U 977 dann spätestens Ende Juli seine Aufgabe erfüllt hatte, ist die Wahrscheinlichkeit dafür nicht besonders hoch anzusetzen. Trug der Kapitän des Bootes sich mit der Absicht, sein Boot nach erfüllter Mission zu übergeben, machte ein sich anschließender dreiwöchiger Aufenthalt auf See wenig Sinn.

Dem entgegen steht zudem die Tatsache, dass sich beide U-Boote anscheinend nach dem Löschen ihrer Ladung selbst versenkt haben. Im Süden Argentiniens (Patagonien!), im Golf von San Matias, befindet sich eine Caleta de los Loros genannte Bucht. Im Jahr 1956 sichtete dort der Pilot Mario Chironi während eines Überfluges die Konturen von etwas, das er als versunkenes Schiff identifizierte. Später kam ihm zu Ohren, dass es sich dabei um ein versunkenes deutsches U-Boot handeln könnte. Der für die Marine Argentiniens arbeitende Experte für die Bergung gesunkener Schiffe, Carlos Massey, bestätigte die Gerüchte: *„Eines Tages, Ende August 1978, bekam ich während einer Zusammenkunft auf dem Marinestützpunkt zu erfahren, dass am Ende des Krieges zwei deutsche U-Boote vor unserer Küste gesunken waren. Die Marine verfügte über Details zu ihrer Lage, weil vor einigen Jahren ein Flugzeug den Ort überflogen hatte. Sie lagen in ca. 15 Meter Tiefe, einige hundert Meter vom Strand entfernt parallel zueinander auf dem Meeresgrund.“* Im Oktober 1991 entdeckte der Tierarzt und Fotograf Eduardo Frias an dieser Stelle während eines Überfluges bei ungewöhnlich niedrigem Wasserstand die Silhouetten zweier versunkener U-Boote und konnte sie auf einem Foto festhalten.[9] Die Aufnahme bestätigte die Aussage des Bergungsspezialisten. (Abb. 3)

Mehrere Expeditionen haben in den 1990er-Jahren versucht, die Überreste der U-Boote zu orten. Erschwert wurden diese Vorhaben durch die für die Region typischen Sandmassen, welche in Küstennähe durch die Kraft der Gezeiten dem Meeresboden fortdauernd ein anderes Aussehen geben. Im Februar 1998 war den Bemühungen endlich Erfolg beschieden. Mit einem Protonenmagnetometer konnten an zwei ca. 500 Meter voneinander entfernten Stellen von dicken Sandschichten bedeckte metallische Objekte geortet werden.[9] Ernsthafte Bemühungen Argentiniens für weitere Nachforschungen ließen sich nicht erkennen. Der Grund dieser Verweigerungshaltung dürfte leicht zu durch-

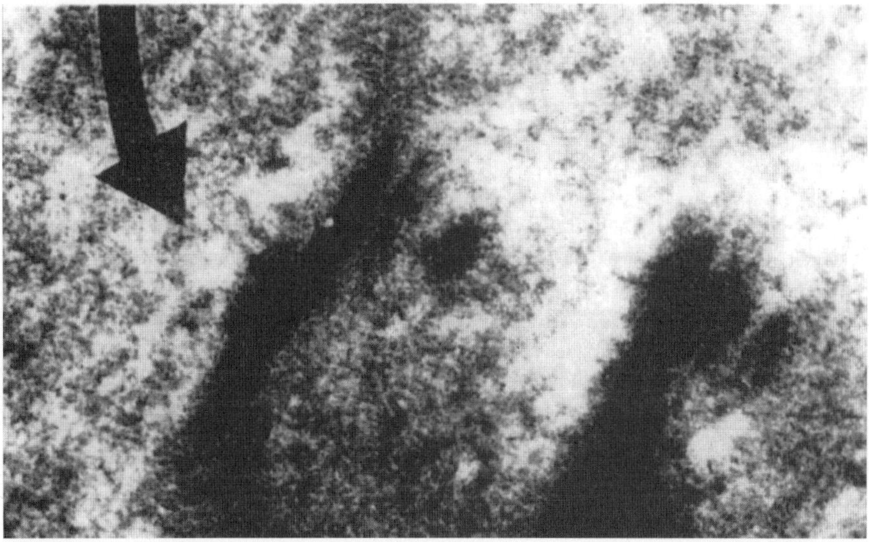

Abb. 3: Luftaufnahme zweier in der Nähe der Küste Argentiniens selbst versenkter deutscher U-Boote

schauen sein. An einer Aufklärung der Zusammenarbeit zwischen Argentinien und einer Nachfolgeorganisation des Dritten Reiches bestand und besteht kein Interesse.

Dass deutsche U-Boote bei Kriegsende mit geheimer Fracht erfolgreich Südamerika ansteuerten, dafür existiert noch ein weiterer Beleg. Ende 1982 erwarb der frühere Kulturattaché eines israelischen Konsulats in den USA, Chaim Rosenthal, für 40.000 Dollar über 700 Briefe, Familientagebücher, NSDAP-Parteibücher und 130 Fotos aus dem Besitz des früheren Reichsführers-SS Heinrich Himmler. Unter diesen Devotionalien befand sich auch das Tagebuch der Himmler-Tochter Gudrun. Rosenthal erzählte ihr, dass er das Tagebuch mit den anderen Dokumenten von einem früheren SS-Offizier, der nun in Mexico lebte, erworben hatte. Nach dessen Informationen sollen die Dokumente von einem Adjutanten des SS-Generals Karl Wolff kurz vor Kriegsende aus Deutschland geschmuggelt und später mit einem U-Boot nach Südamerika gebracht worden sein.[10]

War es eines der oben genannten U-Boote, oder handelte es sich um jenes, das Ende September 1946 die Aufmerksamkeit der Weltpresse auf sich gezogen hatte? Unter dem Datum vom 25. September brachte die französische Zeitung *France Soir* in großformatiger Aufmachung folgenden sensationellen Bericht:

„Fast eineinhalb Jahre nach Beendigung der Kampfhandlungen in Europa wurde ein isländischer Walfänger von einem deutschen Unterseeboot angehalten. Es handelte sich um den isländischen Dampfer mit Namen Juliana, der sich zwischen den Inseln Malvinas und er antarktischen Zone aufhielt, als er plötzlich von einem deutschen Unterseeboot großen Formats angehalten wurde, das die deutsche Trauerflagge – rot mit schwarzem Rand – hisste. Der Kommandant des U-Bootes näherte sich dem Walfänger in einem Schlauchboot, stieg auf das Schiff und forderte von Kapitän Hekla in einem Ton, der keinen Widerspruch zuließ, einen Teil seines frischen Proviants. Der Kapitän des Walfängers sah sich gezwungen, dem deutschen Marine-Offizier zu gehorchen, der ein korrektes Englisch sprach und die Ware in Dollar bezahlte, außerdem auch für die Besatzung eine Prämie von zehn Dollar pro Mann aushändigte.“ Erläuternd gab die französische Zeitung der Überzeugung Ausdruck, *„dass die Gerüchte über U-Boote der deutschen Kriegsmarine in den Gewässern des Feuerlands sowie in der antarktischen Zone auf Wahrheit beruhen“.* (11)

Mindestens fünf deutsche U-Boote scheinen sich demnach dem feindlichen Zugriff auf dem europäischen Kriegsschauplatz entzogen und die Küsten Argentiniens angesteuert zu haben. Dass sie geheime Fracht an Bord hatten und auch „spezielles“ Personal beförderten, darauf deuten die Aussagen der Seeleute Dettelmann und Schulz zumindest am Beispiel zweier dieser Boote hin.

Die entscheidende Frage lautet: Handelte es sich bei den U-Booten um zufällig dem Feind entkommene oder steckte dahinter vielleicht doch eine koordinierte Evakuierungsoperation, eine Absetzbewegung zur Sicherstellung von Hochtechnologie, Wissenschaftlern, Technikern und politischen Führungskadern?

Neben der heute allgemein bekannten *Operation Paperclip*, die der Überführung einer wissenschaftlichen Elite des Deutschen Reiches in die USA diente, existierte unter dem Decknamen *Lusty* ein weniger bekanntes Projekt, dessen Archivbestand sich heute auf der Wright-Patterson Air Force Base befindet. Der darin enthaltene nachfolgende Bericht enthüllt interessante Details: *„Unter den Anfang Mai 1945 in der Nähe von Berchtesgaden von den Amerikanern festgesetzten Angehörigen des Generalstabes der Luftwaffe hielt sich auch ein Ingenieur auf, der durch eine eher beiläufige Bemerkung aufgefallen war. Ihm sei vor kurzem eine Stelle in Japan angeboten worden. Diese Aussage führte zu einem eingehenden Verhör. Er behauptete, dass vor mehr als einem Monat, etwa Mitte April, zehn Unterseeboote den Hafen von Kiel verlassen hätten, die mit neuester deutscher Luftkriegsausrüstung beladen gewesen seien. Diese U-Boote hätten die Richtung nach Japan eingeschlagen. Es begann eine der größten Suchaktionen nach Unterseebooten in diesem Krieg. Im Ergebnis davon konnten bis Ende Juni sechs dieser zehn Boote aufgebracht werden, einige näher, andere weiter von ihren Basen entfernt.*“[6]

„Bis Ende Juni“... U 530 wurde am 10. Juli den argentinischen Behörden übergeben, U 977 am 17. August und die Seeleute Dettelmann und Schulz wirkten Ende Juli bei der Entladung zweier sich später selbst versenkender U-Boote mit. Und dann gab es noch den Bericht über ein voll funktionstüchtiges U-Boot aus dem September 1946, was heißt, der Bericht des Ingenieurs aus den *Lusty*-Akten, findet damit seine Bestätigung.

Sind nun vier oder fünf der Hochtechnologie transportierenden Unterseeboote den Amerikanern entkommen? Diese werden es selbst nicht genau wissen. Es sollen sich bei Kriegsende insgesamt 222 deutsche U-Boote selbst versenkt haben.[12] Die Annahme, eines oder mehrere der fieberhaft gesuchten angeblichen „Japan“-Boote könnten darunter gewesen sein, dürfte Einfluss auf die Erfolgsstatistik der Amerikaner gehabt haben.

Der befragte Ingenieur scheint zudem nur unzulänglich oder absichtlich falsch über die Details dieser groß angelegten Evakuierungsoperation unterrichtet worden zu sein. Dass zehn U-Boote ausschließlich „Luftkriegsausrüstung“ transportiert haben sollen, ist kaum glaubhaft. Sowohl U 530 als auch U 977 sind nicht aus Kiel, sondern aus dem norwegischen Hafen Kristiansand ausgelaufen. Das gleiche trifft zu für U 234, das einzige mit seiner Fracht tatsächlich für Japan bestimmte Boot, welches am 16. April 1945 (übereinstimmend mit der Aussage „Mitte April“) in See gestochen ist.

Mit diesem Unterseeboot hat es eine besondere Bewandtnis. An Bord befanden sich drei Japaner, sieben deutsche Spezialisten für verschiedene Militärtechnik, ein Militärrichter, der neue deutsche Militärattaché für Tokio sowie zwei Experten der Firma Messerschmidt. Bei der Kapitulation des U-Bootes am 19. Mai 1945 entdeckten die Amerikaner neben Plänen und Mustern hochentwickelter Waffensysteme auch angereichertes Bombenmaterial (wahrscheinlich das Uranisotop 233) sowie den für eine Atombombe notwendigen Zünder. Dr. Heinz Schlicke, der Experte für die betreffenden Zündsysteme, war auch an Bord. Plötzlich schienen alle Probleme, wie sie die Amerikaner bei der Entwicklung ihrer Bombe bis zum Frühjahr 1945 noch hatten, gelöst zu sein.[(13)]

Dass außer U 234, welches damit unter die von den Amerikanern bis Ende Juni aufgebrachten U-Boote zu zählen ist, eines der anderen neun Boote Japan angesteuert hat, kann mit absoluter Sicherheit ausgeschlossen werden. Davon künden die wiederholten Bemühungen des japanischen Vertreters in der Dreimächtekommission in Berlin, deutsche Unterstützung für sein Land zu erlangen. Vizeadmiral Katsuo Abe erneuerte wenige Wochen vor der Kapitulation der deutschen Wehrmacht *„die japanischen Ersuchen, Unterseeboote in den Fernen Osten zu entsenden, nicht nur, um die amerikanische Marine anzugreifen, die Japans eigene Unter- und Überwasserstreitkräfte nahezu vernichtet hatten, sondern auch um zur Unterstützung Japans bei der Abwehr der zu erwartenden amerikanischen Invasion der Inseln des Mutterlandes Waffen und Munition zu bringen. Am 5. April 1945 versuchte Abe, die Angelegenheit persön-*

lich mit Hitler zu erörtern, bekam aber keine Audienz bei ihm und traf stattdessen mit Generalfeldmarschall Wilhelm Keitel und Außenminister Joachim v. Ribbentrop zusammen. Keiner von beiden konnte eine Zusage geben. In einem Treffen mit Dönitz informierte dieser Abe, dass Deutschland nicht mehr den erforderlichen Treibstoff zur Verfügung hatte, um U-Boote in den Fernen Osten zu entsenden."[14]

In einem letzten verzweifelten Versuch wenige Tage vor Kriegsende suchte Abe Dönitz nochmals auf. Dieser verwies nochmals auf den Treibstoffmangel und stellte dann klar, „*dass das Wenige, was Deutschland unternehmen konnte, schon in Gang gesetzt war: 'Es gibt nur zwei oder drei Unterseeboote des großen Typs, die nach Japan auslaufen können. Von diesen ist bereits eines unterwegs'.*" Damit war U 234 gemeint.

Nach einem von den Alliierten entschlüsselten Funkspruch des deutschen Marineoberkommandos wurde das ganze Japanunternehmen als eine reine Zeitverschwendung angesehen.[14]

Ohne Zweifel, die anderen neun Evakuierungs-Unterseeboote hatten im Rahmen der Absetzbewegung Argentinien als Ziel.

Warum ausgerechnet dieses Land?

Schon während des Krieges hatte es gute Kontakte zwischen dem Deutschen Reich und Argentinien gegeben. Als Protagonist wirkte dabei Juan Domingo Peron. Geboren 1895, strebte er frühzeitig eine militärische Laufbahn an, wurde 1912 in die Kadettenanstalt in Buenos Aires aufgenommen und leistete nach deren Absolvierung seinen Dienst als Heeresoffizier. Im Range eines Obersten begann er 1939 eine Studienreise nach Europa. Von Rom aus, wo er bis 1941 als Adjutant des argentinischen Militärattachés fungierte, besuchte er mehrere europäische Länder, so anscheinend auch Deutschland.[15] Während seines Aufenthaltes in Rom lernte er die politischen und sozialen Verhältnisse im faschistischen Italien kennen, die ihm später, als er selbst Präsident Argentiniens geworden war, in vielerlei Hinsicht als nachahmenswert erschienen. In dieser Zeit muss es auch zu Kontakten mit hochrangigen

Vertretern der SS gekommen sein, auf deren Grundlage die spätere Zusammenarbeit im Krieg und in der Zeit danach aufbaute. Erst nach 1945 wurde publik, dass der Name Perons auf einer Liste von Agenten des Sicherheitsdienstes der SS (SD) stand.(6)

Nach seiner Rückkehr gründete er in Argentinien mit gleichgesinnten Offizieren die GOU (Gruppe vereinigter Offiziere). Am 4. Juni 1943 putschten die Militärs, und Peron als führendes Mitglied der GOU wurde Minister für Arbeit und Wohlfahrt. Pedro Ramirez wurde Staatspräsident. Interessant ist, dass dieser General Ramirez gemeinsam mit anderen Offizieren schon seit längerem gute Kontakte zum deutschen Botschafter in Argentinien, von Thermann, unterhielt und am 2. Mai 1943, also einen Monat vor dem Putsch, der deutsche Botschafter in Spanien und Präsident des Lateinamerikanischen Instituts in Berlin, General Faupel, mit einem U-Boot in geheimer Mission in Argentinien landete.(8) Nach dem Krieg sagte der ehemalige SD-Chef Walter Schellenberg aus, dass im Mai 1943 zwischen Deutschland und der Gruppe argentinischer Offiziere eine Übereinkunft erzielt worden sei, die die Bedingungen für die gegenseitige Zusammenarbeit regelte. Dazu gehörte auch die Erlaubnis, auf den diplomatischen Kanälen der Argentinier geheimes Material transportieren zu können!(15) Damit dürfte die Bedeutung der Mission Faupels klar geworden sein.

Nach einer weiteren Militärrevolte trat 1944 Präsident Ramirez zurück. Juan Peron wurde Vizepräsident. Damit war Argentinien endgültig zum Brückenkopf des Dritten Reiches auf dem südamerikanischen Kontinent geworden. Peron hatte schon im Mai 1943 in einem geheimen GOU-Manifest geschrieben: „*Hitlers Kampf in Krieg und Frieden ist auch der unsere.*“(15)

Die alliierten Geheimdienste beobachteten argwöhnisch, was sich da in Argentinien zusammenbraute, zumal ihnen bekannt geworden war, dass Argentinien sich an die Spitze einer gegen die USA gerichteten Südamerikanischen Allianz stellen wollte. So wurden alle Mittel des diplomatischen Drucks eingesetzt, um Argentinien zu einer Änderung seines politischen Kurses zu bewegen. Scheinbar gab Argentinien diesem Druck nach und brach als letzte lateinamerikanische Nation im Januar 1944 die diplomatischen Beziehungen zu Deutschland ab, blieb aber im Krieg neutral.

Ein Jahr später war auch die Neutralität nicht mehr durchzuhalten, und es kam zu einer formalen Kriegserklärung an Deutschland. Peron kommentierte 1969 den damaligen Entschluss mit den Worten: „*Ich erinnere mich, damals mit einigen deutschen Freunden zusammengekommen zu sein, denen ich das erklärte.*" Und weiter: „*Seht, wir haben keine andere Wahl, aber natürlich ist das nur reine Formsache.*" Im Jahr 1970 erklärte Peron: „*Wir ließen die Deutschen wissen, dass wir ihnen den Krieg nur erklärt hatten, um tausende Leben zu retten. Über die Schweiz und über Spanien tauschten wir Nachrichten mit ihnen aus. Franco verstand unsere Absichten und half uns dabei.*" An anderer Stelle wurde er noch deutlicher: „*Deutschland hatte einen Nutzen von unserer Kriegserklärung. Als kriegführende Macht konnten wir nach dem Ende des Krieges nach Deutschland hinein. Das bedeutet, unsere Flugzeuge und Schiffe konnten den Deutschen einen großen Dienst leisten. Auf diese Weise konnte eine große Zahl von Menschen nach Argentinien kommen. Und es war eine Gruppe von Idioten, die uns das als Schwäche auslegten. Diese armen Seelen verstanden nichts von dem, was vor sich ging.*"(15)

In den letzten Kriegstagen des Jahres 1945 steuerten dann deutsche U-Boote die Küsten Argentiniens an, um dort ihre geheime Fracht zu entladen. Zwei dieser Boote wurden, nachdem sie ihre Mission erfüllt hatten, den Amerikanern übergeben. Damit kam Argentinien den Vereinigten Staaten scheinbar entgegen, indem es seinen Willen zur Kooperation unterstrich – aber eben nur scheinbar. Die Wirklichkeit sah anders aus: Die Peronisten blieben treue Verbündete des militärisch unterlegenen Deutschlands. Mit dieser Entwicklung einher ging die Konstituierung der Dritten Macht auf dem südamerikanischen Kontinent.

Ab welchem Zeitpunkt sah sich die Führung des Dritten Reiches vor die Notwendigkeit gestellt, konkrete Maßnahmen einzuleiten, die ein Überleben des „Reiches" auch nach einer totalen militärischen Niederlage sicherstellen sollten? Spätestens im Juli und August 1944, nach der verlorenen Schlacht in der Normandie und der parallel dazu erfolgreich verlaufenen russischen Großoffensive, dürfte den Verantwortlichen klar geworden sein, dass sich eine militärische Katastrophe anbahnte. Noch war diese nicht endgültig, und bis in den April 1945 hinein hätte ein Verhandlungsfrieden mit einer der beiden gegnerischen Seiten oder aber der Einsatz der in ihrer Entwicklung weit fortgeschrittenen „Wunderwaffen" eine Wende des Krieges herbeiführen können.

Im November 1944 erhielt das US-Außenministerium von einem Agenten Kenntnis über ein am 10. August in Straßburg, im Hotel *Rotes Haus* stattgefundenes Treffen hochrangiger deutscher Vertreter von Besatzungsbehörden und der Wirtschaft im besetzten Frankreich.

Der Inhalt des Agentenberichtes, der hier auszugsweise wiedergegeben werden soll, spricht für sich:

„Ein Treffen der wichtigsten deutschen Industriellen, die in Frankreich Interessen haben, fand am 10. August 1944 im Hotel Rotes Haus in Straßburg statt. Anwesend waren unter anderem: Dr. Scheid, der den Vorsitz führte, SS-Obergruppenführer und Direktor der Hese (Hermannsdorf & Schenburg Gesellschaft), Dr. Kaspar, der Krupp vertrat, Dr. Tolle, der Röchling vertrat, Dr. Sinceren, der Messerschmidt vertrat, Dr. Kopp, Vier und Beerwanger, die Rheinmetall vertraten, Hauptmann Haberkorn und Dr. Rube, die Büssing vertraten, Dr. Ellenmayer und Kandos, die die Volkswagenwerke vertraten, die Ingenieure Drose, Yanshew und Koppsheim, die verschiedene Fabriken in Posen vertraten, Hauptmann Dornbusch, Leiter der Rüstungsinspektion Posen, Dr. Meyer, Vertreter der deutschen Seekriegsleitung in Paris, Dr. Strassner, Vertreter des Reichsministeriums für Rüstung und Kriegsproduktion in Paris.

Dr. Scheid stellte fest, dass das gesamte Industriematerial sofort nach Deutschland verlagert werden müsse. Die Schlacht um Frankreich sei für Deutschland verloren gegangen. Die Verteidigung des Westwalls sei jetzt das Hauptproblem. Von nun an müsse die deutsche Industrie erkennen, dass der Krieg nicht mehr gewonnen werden könne und dass Schritte für die Vorbereitung einer Nachkriegskampagne unternommen werden müs-

sen. Jeder Industrielle müsse Kontakte und Verbindungen zu ausländischen Firmen aufnehmen, doch solle das individuell geschehen, ohne Verdacht zu erregen. Außerdem müsse der Boden finanziell vorbereitet werden, um nach dem Kriege beträchtliche Summen aus dem Ausland zu entleihen. …

Nach dieser Sitzung fand eine zweite statt, die von Dr. Bosse vom Reichsministerium für Rüstung und Kriegsproduktion geleitet wurde und an der nur Vertreter von Heco, Krupp und Röchling teilnahmen. In der zweiten Sitzung wurde festgestellt, dass der Krieg praktisch verloren sei aber, dass er fortgesetzt werden solle, bis eine Garantie der Einheit Deutschlands erlangt werde. Deutschlands Industrielle, so wurde gesagt, müssten durch ihre Exporte die Stärke Deutschlands vergrößern. Sie müssten sich ebenfalls darauf vorbereiten, die Nazipartei zu finanzieren, wenn sie in Gebirgsverteidigungsstellungen gehen müsse. Von nun an werde die Regierung den Industriellen große Summen zuweisen, sodass jeder sich eine sichere Nachkriegsbasis im Ausland schaffen könne. Die bestehenden Finanzreserven im Ausland müssten zur Verfügung der Partei gehalten werden, sodass ein starkes deutsches Reich nach der Niederlage geschaffen werden könne. Es ist ebenfalls dringend erforderlich, dass die großen Werke in Deutschland kleine technische Dienststellen und Büros aufbauen, die völlig unabhängig erscheinen und in keiner ersichtlichen Beziehung zum Werk stehen. Die Büros werden Pläne und Pausen von neuen Waffen erhalten, ebenfalls alle Unterlagen, die sie benötigen, um ihre Forschungen fortzusetzen. Sie dürfen dem Feind auf keinen Fall in die Hände fallen. Die Existenz dieser Büros ist nur einem ganz kleinen Kreis von Industriellen und den Führern der Nazipartei bekannt. Jedes Büro hat einen Verbindungsmann zur Partei. Sobald die Partei stark genug ist, die Macht in Deutschland wieder zu übernehmen, würden die Industriellen für ihre Anstrengungen und die Zusammenarbeit durch Konzessionen und Vorrechte bezahlt werden.

Die Sitzungen scheinen anzudeuten, dass das Verbot, Kapital zu exportieren, das bisher strikt befolgt worden war, nun völlig zurückgezogen worden ist und an seine Stelle eine neue Nazipolitik getreten ist, die die Industriellen mit Regierungsunterstützung soviel Kapital als möglich ins

Ausland exportieren lässt. ... Nun stellt sich die Nazipartei hinter die Industriellen und drängt sie damit, sich selbst zu retten, ihr Kapital im Ausland anzulegen, womit die Partei gleichzeitig ihre Pläne für ihre Nachkriegsoperationen fördert...«[16]

In diesem aufschlussreichen Bericht sind folgende Aspekte besonders interessant:

1. Die Aktionen, die der Sicherstellung eines maßgeblichen reichsdeutschen Einflusses auch nach einer militärischen Niederlage dienen sollten, wurden von der Partei (NSDAP) initiiert und koordiniert.
2. Der Auslöser dafür war tatsächlich das Fiasko an der Invasionsfront im Westen.
3. Anscheinend wurden die neuen Maßnahmen, wie in diesem Fall für Frankreich, auf regionalen Konferenzen vorbereitet.
4. Wesentlich war die Schaffung einer industriellen und finanziellen Basis im Ausland für die Nachkriegszeit.
5. Durch die großen Firmen sollten zudem in Deutschland Anlaufstützpunkte und Forschungsstellen in der Form von kleinen technischen Dienststellen und Büros gegründet werden.
6. Die Entwicklung geheimer neuer Waffensysteme erhielt höchste Priorität.

Wie weit die unter Punkt 4 fallenden Maßnahmen innerhalb weniger Monate vorangetrieben werden konnten, macht ein anderer amerikanischer Geheimdienstbericht aus dem Frühjahr 1945 deutlich. Dort heißt es, dass mehr als 750 Firmen in neutralen Ländern mit deutschem Kapital gegründet oder aufgekauft wurden, davon in der Schweiz 274 Firmen, in Portugal 258, Spanien 112, Argentinien(!) 98 und in der Türkei 35 Firmen.[8]

Wurde die Sicherstellung (Evakuierung) von Plänen, Pausen und Prototypen neuer Waffen mit ähnlicher Intensität betrieben? Die Antwort lautet: Ja!

Der polnische Journalist und Autor mehrerer Bücher, Igor Witkowski, stieß bei seinen Nachforschungen zum Thema der deutschen Wunderwaffen auf die Spur eines bis dahin zumindest offiziell völlig unbekannt gebliebenen SS-Sonderkommandos: des Kommandos ELF. Dieses war verantwortlich für die Bergung und Evakuierung sowohl von Hochtechnologie als auch von geheimen Dokumenten bis hin zu Kunstschätzen.(6,17)

Die Kenntnis von den Aktivitäten dieses Kommandos verdankte Witkowski erhalten gebliebenen Unterlagen der *Militärischen Abteilung* im Nationalen Rat des ehemaligen polnischen Präsidenten Bierut (bis 1952). Hier war es ein Major Walczak, der für den Präsidenten die betreffenden Berichte erstellte und bei seinen Nachforschungen zu diesem Thema eng mit dem sowjetischen Geheimdienst NKWD kooperierte. Das wurde ihm anscheinend später zum Verhängnis, denn er verstarb unter ebenso ungeklärten Umständen wie die auch mit dieser Angelegenheit befassten Jakub Prawin und Wladyslaw Szymanski. General Prawin war Leiter der polnischen Militärmission in Berlin, und Leutnant Szymanski fungierte dort als Mitarbeiter seines Stabes. Den Russen schien demnach alles daran gelegen, mit Macht das Monopol bei der Verwertung der erzielten Geheimdienstinformationen anzustreben. Dabei ging es ihnen gar nicht einmal vorrangig um die Kenntnis allgemeiner Informationen zu den Evakuierungsoperationen, sondern ihr Interesse zielte, wie später noch dargestellt werden soll, vielmehr auf eine spezielle Geheimwaffenentwicklung der Deutschen.

Wie waren Prawin und Szymanski an ihre Informationen gelangt? Im Jahr 1946 verhörten sie in Berlin den ehemaligen SS-Sturmbannführer Rudolf Schuster, der sich falsche Papiere verschafft und als Jude ausgegeben hatte. Aus irgendeinem Grund konnte Schuster jedoch enttarnt werden, und das Verhör ergab, dass er zuletzt im Amt III des Reichssicherheitshauptamtes (RSHA) tätig gewesen war. Am 4. Juni 1944 wurde ihm die Verantwortung für Transportfragen innerhalb des Kommandos ELF übertragen. In dieser Funktion war er einem SS-Obersturmbannführer Otto Neumann unterstellt.

Nach den Aussagen Schusters hatte der Gauleiter von Niederschlesien, Karl Hanke, das Kommando ELF gegründet. Anfänglich gingen die Evakuierungstransporte in acht zu diesem Zweck geschaffene unterirdische Anlagen im Nordwesten von Breslau. Wahrscheinlich erst mit der dramatischen Verschlechterung der Kriegslage zum Jahresbeginn 1945 begann der Transport der wichtigsten Güter ins neutrale Ausland.

Hierzu wurde eine nördliche und eine südliche Evakuierungsroute eingerichtet. Auf der nördlichen liefen die Transporte über Norwegen. Diese stand unter dem Kommando des SS-Gruppenführers Jakob Sporrenberg, bis zum 25. November 1944 SS-Polizeiführer von Lublin, danach SS-Polizeiführer von Oslo.

Die Süd-Route kommandierte besagter SS-Obersturmbannführer Otto Neumann. Ziel der Verlagerungen war hier das mit Deutschland sympathisierende Spanien wie auch Südamerika. Laut Igor Witkowski gibt es Schätzungen, wonach allein mit der auf der Süd-Route eingerichteten Luftbrücke tausende Tonnen Hochtechnologie mitsamt der entsprechenden Dokumentation in den letzten Monaten des Krieges ausgelagert werden konnten.

Darüber hinaus existierte noch eine andere, gefährlichere Variante des Transports. Von den letzten noch im deutschen Machtbereich verbliebenen Häfen in der nördlichen Adria stachen U-Boote in See und verbrachten Ladung und Personal ebenfalls nach Spanien.[6] Eine unabhängige Bestätigung dieser Transportvariante liefert ein Bericht des amerikanischen Geheimdienstes OSS. Ausgangspunkt eines der Evakuierungstransporte war demnach der südwestlich von Danzig in der Tucheler Heide gelegene SS-Truppenübungsplatz *Heidelager*, der auch als Testgelände für neue Waffensysteme diente. Noch im März 1945 wurde eine geheime Fracht nach Verona in Italien geschafft, um von dort aus nach Spanien verschifft zu werden. Der stellvertretende Direktor des OSS in Europa, E. Tilley, beschrieb den geheimnisvollen Transport wie folgt: „*Es stellte sich heraus, dass nicht nur Uranproben dabei waren, sondern ebenfalls Berichte über Atomenergie und möglicherweise auch über Atombomben sowie Steuerungssysteme von Lenkraketen und Dokumente.*“[18]

Wie verhält es sich mit der Luftbrücke auf der Süd-Route nach Spanien? Konnte eine solche nach der nahezu vollständigen Besetzung Frankreichs durch die Alliierten und deren absoluter Luftüberlegenheit Anfang 1945 überhaupt noch funktionieren?

Die Fakten lassen nur den einen Schluss zu: Bis in die allerletzten Kriegstage scheint eine regelmäßige Flugverbindung nach Spanien aufrechterhalten worden zu sein. Zum Einsatz kamen unter anderem viermotorige Transportflugzeuge vom Typ Junkers 290. Bei acht Tonnen Nutzlast betrug deren Reichweite 2.500 Kilometer.(19) Bekannt geworden sind: Eine Ju 290, die am 6. April 1945 bei einem Flug von Berlin über München nach Barcelona während der Nachtlandung einen Fahrwerksbruch erlitt und am 29. April 1945 von der spanischen Luftwaffe übernommen wurde, sowie eine weitere Maschine dieses Typs, die noch nach dem 30. April 1945 eine bestimmte Personengruppe nach Barcelona befördern sollte. Dieser Flug wurde dann allerdings am 3. Mai abgesagt.(20)

Für Aufsehen sorgte das Schicksal der Focke-Wulf Fw 200 „Hessen" der deutschen Lufthansa. Diese sollte die Flugleitung der Lufthansa von Berlin nach München bringen und danach mit vier spanischen Botschaftern weiter nach Spanien fliegen. Der am Morgen des 21. April 1945 geplante Start wurde wegen Feindaktivitäten verschoben. Obwohl schlechtes Wetter (Gewitter) herrschte, startete die „Hessen" gegen 20:25 Uhr in Richtung München. Gegen 21:50 Uhr forderten die Piloten eine Funkpeilung vom Flughafen München; zu diesem Zeitpunkt befand sich das Flugzeug auf Höhe von Straubing. Um 22:00 Uhr wurden die Motorgeräusche der Fw 200 über dem Flughafen München gehört, doch wegen des schlechten Wetters konnte das Flugzeug nicht landen und flog weiter Richtung Südosten. Nach dem Überfliegen meldeten die Piloten: *„Fliegen direkt nach Barcelona."* Kurz danach brach der Funkkontakt zur „Hessen" ab. Die Absturzstelle wurde erst 1950 entdeckt.(21)

Die Aussagen des von den Polen verhörten Rudolf Schuster ermöglichen auch einen Blick auf das Gesamtszenario der Absetzbewegung.

Die Leitung der von Schuster als *Generalplan 1945* bezeichneten Operation lag demnach in den Händen von Martin Bormann, dem Leiter der Parteikanzlei der NSDAP und Hitlers Sekretär. Damit wäre auch jener Teil des Agentenberichtes über die Konferenz im Straßburger Hotel *Rotes Haus* bestätigt, der gleichfalls die führende Rolle der Partei hervorgehoben hatte.

Innerhalb des *Generalplans 1945* gab es eine Operation mit dem Codenamen *Regentröpfchen*. Darunter fielen sämtliche Aktionen, deren Evakuierungsziele im Ausland lagen. So existierte eine *Aktion 1 – Wiking*, die den Transport der wissenschaftlichen, politischen und militärischen Elite in die sogenannten „sicheren Häfen" übernehmen sollte. Die *Aktion 2 – Läufer* sollte gleiches für die Finanzelite tun. Standen diese beiden Aktionen für die Absetzbewegung von Personen, so war im Rahmen einer weiter Aktion mit dem Namen *Eichhörnchen* die Verbringung materieller Güter ins Ausland geplant.(6)

Was wurde aus den Personen, die maßgeblich das uns bisher bekannte Szenario der Absetzbewegung mitbestimmten?

Sturmbannführer Rudolf Schuster starb 1947. Der Kommandierende der über Norwegen verlaufenden nördlichen Evakuierungsroute, SS-Gruppenführer Sporrenberg, geriet am 11. Mai 1945 in britische Gefangenschaft. Die Engländer lieferten ihn wenig später an die Polen aus, die ihm den Prozess machten und zum Tode verurteilten.(6) Der Kommandierende der Süd-Route und Vorgesetzte von Rudolf Schuster, SS-Obersturmbannführer Neumann, konnte ins Ausland fliehen. Im Jahr 1954 wurde er in Rhodesien gesehen, 1964 in der Schweiz.(17)

Der Gründer des Kommandos ELF, Karl Hanke, war eine Persönlichkeit von besonderem geschichtsträchtigen Format. Hier sind seine wichtigsten biografischen Stationen: Geboren am 24.08.1903, Lehre als Müller, später Ausbildung an einem berufspädagogischen Institut, danach Gewerbelehrer in Berlin, 1928 Eintritt in die NSDAP mit der Nummer 102606, SS-Nr. 203103, 1932 Abgeordneter im preußischen Landtag und Einzug in den Reichstag, ab März 1933 persönlicher Referent und Sekretär von Goebbels im neu geschaffenen Reichsministerium für Volksaufklärung und Propaganda, 1938 von Goebbels zum Staatssekretär ernannt. Während der Affäre zwischen Goebbels und der tschechischen Schauspielerin Lida Baarova hätte er beinahe seinem Minister die Ehefrau ausgespannt. Bedingt durch das daraus resultierende Zerwürfnis mit seinem Chef ging er 1939/1940 als Panzerleutnant an die Front; im Frankreichfeldzug als Adjutant von Generalfeldmarschall Rommel, im Krieg ausgezeichnet mit dem eisernen Kreuz 1. und 2. Klasse sowie dem Panzerkampfabzeichen in Silber, ab Februar 1942 Gauleiter und Oberpräsident von Niederschlesien, von Herbst 1943 bis Juni 1944 vertretungsweise Chef des Zentralamtes im Ministerium Speer[(22)], von diesem auch vorgeschlagen als Generalbevollmächtigter für den Arbeitseinsatz und als Chef des Jägerstabes (beides von Hitler abgelehnt)[(23)], 1945 Verteidiger von Breslau.

Die politische Organisation der Verteidigung von Breslau in Zusammenarbeit mit den für die Führung der militärischen Operationen zuständigen Heeresoffizieren war die eigentliche Meisterleistung Hankes. Die Kämpfe um die Stadt begannen Ende Januar 1945. Mitte Februar konnten die Russen Breslau vollständig einschließen. Hankes Männer kämpften unter beinahe unerträglichen Bedingungen mehr als drei Monate lang, bis sie nur noch 200 Gewehre, sieben Panzer und acht Sturmgeschütze hatten. Damit banden sie mehrere russische Divisionen. Die Belagerung dauerte bis zum 6. Mai 1945.

Wenige Tage zuvor hatte Karl Hanke die vorerst letzte Stufe seiner Karriereleiter erreicht: Hitler verfügte in seinem politischen Testament die Ernennung Hankes zum Reichsführer-SS. Als solcher löste er damit Heinrich Himmler ab, der von Hitler aller Posten enthoben wurde.

Nachdem eine weitere Verteidigung Breslaus unmöglich war, flog Hanke mit dem letzten im Stadtgebiet noch verbliebenen Flugzeug nach Böhmen, um dort, bei der intakten Heeresgruppe des Generalfeldmarschalls Schörner, seinen Beitrag im Endkampf um das deutsche Reich als neuer Reichsführer-SS zu leisten. Seitdem gilt er als verschollen. Es existieren Gerüchte, er sei nach der Landung von tschechischen

Partisanen gefangengenommen und später ermordet worden. Beweise für diese Behauptung konnten jedoch bis heute nicht erbracht werden.

Der ehemalige Stabsleiter der Hitlerjugend und Stellvertreter Baldur von Schirachs als Reichsjugendführer, Hartmann Lauterbacher, geht in seiner Autobiografie neben einer Schilderung der persönlichen Eigenschaften Hankes auch auf dessen Nachkriegsschicksal ein: *„Er war ein Soldat und Bürokrat vom Scheitel bis zur Sohle und ein außerordentlich intelligenter und fleißiger Mann. Karl Hanke tauchte dann nach dem Kriege unter und verschwand. Gelegentlich hörte man von ihm.“*(24)

Wo ist der letzte Reichsführer-SS abgeblieben?

Wilfried von Oven, der ehemalige Pressereferent von Joseph Goebbels, will ihn nach 1945 in Argentinien gesehen haben.(25)

Als Gründer des Kommandos ELF war Karl Hanke mit Sicherheit auch in dessen letzte Aktionen involviert. Er wusste, dass das Reich nach einer militärischen Niederlage – wenn auch in anderer Gestalt – weiter existieren würde. In schon aussichtsloser Situation schrieb er seiner Ehefrau aus dem verteidigten Breslau einen Brief, der diese Gewissheit ohne den geringsten Zweifel zum Ausdruck brachte: *„Ich weiß wenigstens, dass das Reich nicht zusammenbrechen wird, und das ist die Hauptsache.“*(26)

Vermutlich hat sich Karl Hanke in Böhmen mit einer anderen Person getroffen, die in den letzten Kriegsmonaten als der eigentlich führende Kopf der Absetzbewegung angesehen werden kann und die insofern das Schicksal Hankes teilte, als sie nach dem Krieg als verschollen galt. Der Name dieser Person lautet: **Hans Kammler**.

Die Karriere Kammlers in der SS begann relativ spät. Nachdem er zuvor als einer von vier Baudirektoren des Reichsluftfahrtministeriums tätig gewesen war, wechselte er erst am 1. Juni 1941 hauptamtlich zur SS und wurde innerhalb des Hauptamtes Haushalt und Bauten Chef des Amtes II – Bauten. In dieser Funktion befasste er sich mit der Projektierung und Durchführung der Baumaßnahmen für die Kasernen und Lazarette der SS, für die SS- und Polizeistützpunkte im Osten sowie für die Konzentrationslager. Ab Februar 1942 hatte Kammler im neu gegründeten SS-Wirtschafts- und Verwaltungshauptamt die Leitung der Amtsgruppe C (Bauwesen) übernommen. Mehrfach wurde er jetzt in Rüstungsplanungen eingeschaltet. Bald galt Kammler innerhalb der SS als ein Planer und Organisator, der auch schwierigste Aufgaben bewältigen konnte.

Im Jahr 1943 wurde er weit über die Reihen der SS hinaus bekannt, als er in kürzester Zeit die Verlagerung der Peenemünder Raketenproduktion in die künstlich angelegten, unterirdischen Stollensysteme des Kohnstein-Massivs im Harz betrieb.(27) Der Erfolg bei dieser Maßnahme bewirkte für Kammler und seine Organisation ein gigantisches Arbeitsbeschaffungsprogramm, sollten doch nun weitere gefährdete Bereiche der deutschen Rüstungsindustrie unter Tage verlegt werden. Bis Kriegsende konnte in 143 unterirdischen Fabriken die Produktion anlaufen, darüber hinaus waren 107 weitere im Bau bzw. in der Planung. An 600 anderen Stellen wurden in natürlichen Höhlen und alten Erzminen Produktionsstandorte und Laboratorien errichtet.(17) Der Tag war nicht mehr fern, da die alliierten Bombardements wesentlichen Teilen der deutschen Kriegswirtschaft keinen Schaden mehr hätten zufügen können.

Das Multitalent Kammler übernahm nebenher aber noch andere Aufgaben. Anfang August 1944 erhielt er vom Reichsführer-SS, Heinrich Himmler, alle Vollmachten zur Erreichung der Einsatzfähigkeit der Fernrakete V-2. In dieser Rolle überwachte Kammler nun auch die Vorbereitung der Abschüsse dieser Rakete und wurde letztlich zum Kommandierenden eines Armeekorps ernannt, dem der gesamte Einsatz der V-1 und der V-2 unterstand. Am 31. Januar 1945 übernahm er dann die Leitung sämtlicher Raketenprojekte des Dritten Reiches. So häufte er Funktion auf Funktion und erhielt noch Ende März 1945 von Hitler den Auftrag, die Fertigung des Strahljägers Me 262 zu übernehmen. Sein letzter Dienstrang war der eines SS-Obergruppenführers.

Nach den Aussagen des ehemaligen Generaldirektors der SKODA-Werke, SS-Standartenführer Dr. Wilhelm Voss, gegenüber seinen Vernehmern nach dem Krieg hatte Kammler die Oberaufsicht über eine Reihe von Geheimwaffenprojekten: *„In den letzten Kriegsjahren lag das zentrale Kommando für die Entwicklung und Herstellung der geheimsten Waffen und Ausrüstung in den Händen des SS-Gruppenführers Kammler und seines Stabes. Es umfasste Waffen, Ausrüstungen und Verfahren, die entweder schon in Gebrauch waren oder sich zu diesem Zeitpunkt noch in der Entwicklung befanden, und soweit ich weiß, umfasste dies hauptsächlich Arbeiten im Bereich der Kernspaltung, der Umwandlung der Elemente, der Atombombe sowie auch in der Entwicklung von Raketen und der neuesten Antriebssysteme für Flugzeuge, auch solcher mit Fernsteuerung.“*[(28)]

Der britische Journalist Tom Agoston konnte Dr. Voss nach dessen Freilassung interviewen und gab Folgendes zu Protokoll: *„Besondere Priorität genossen Entwicklung und Bau eines atomgetriebenen Flugzeugs, Arbeiten zur Nutzung der Atomenergie als Raketen- und Flugzeugantrieb, Forschungen mit Laser-, den sogenannten Todesstrahlen sowie Arbeiten an einer Reihe neuer, selbst ihr Ziel suchender Raketen. Viele weitere Felder wurden wissenschaftlich erkundet, um neuartigen technologischen Möglichkeiten zum nutzbaren Durchbruch zu verhelfen.“*[(29)]

Die von Agoston kolportierte Behauptung, bei SKODA hätte es eine „Denkfabrik“ unter der Ägide Kammlers gegeben, ist allerdings ins Reich der Legende zu verweisen.[(5)] Dass Hans Kammler tatsächlich die treibende Kraft hinter der Entwicklung sowohl der deutschen Atombombe als auch der Amerika-Rakete war, steht zwischenzeitlich außer Zweifel.[(18,30)]

Ein anderer wichtiger Zeitzeuge ist Werner Grothmann, Heinrich Himmlers letzter Chefadjutant. Beginnend im Sommer des Jahres 2000 fanden in den darauf folgenden 24 Monaten mehrere Befragungen zu bestimmten historische Sachverhalten statt. Die Interviews wurden mit Tonband aufgenommen und später schriftlich protokolliert. Die genauen Hintergründe sowie die ausführenden Personen sind dem Autor bekannt. An der Echtheit der preisgegebenen Informationen besteht nach einer vom Autor durchgeführten gründlichen Konsistenzprüfung keinerlei Zweifel. Es bleibt im Interesse einer in nicht unbeträchtlichen Teilen revisionsbedürftigen Zeitgeschichtsforschung zu hoffen, dass die betreffenden Personen irgendwann den Mut aufbringen, die Aussagen Werner Grothmanns in ihrer Gesamtheit zu veröffentlichen.

Über die Rolle von SS-Obergruppenführer Hans Kammler können wir von Grothmann Folgendes erfahren: *„... aber Himmler konnte in diesen letzten Wochen Kammler eigentlich nur noch um etwas bitten. Der lebte schon abgehoben, war dem Führer persönlich Rechenschaft schuldig, also eigentlich war er Himmler nur noch formal unterstellt. Himmler hat manchmal gezögert, Kammler auch noch dies und das zu übertragen, weil es einfach zu viel wurde, der Führer sah es aber anders und seit Februar/März 1945 war Kammler eigentlich der Einzige, der über alle Projekte immer voll im Bild war und der auch bei denen die Hand drauf hatte."*

Dann bezüglich Kammler die entscheidende Aussage:
„Der hatte eine ganze Menge vorbereitet und war auch fest entschlossen, unsere politische (!, Anm.d.A.) *Überlebensfähigkeit zu sichern. Wie das geschehen sollte, ist mir nicht ganz klar geworden. Jedenfalls ist er dann plötzlich verschwunden, und mit ihm sind auch die Informationen über unsere Sonderprojekte von der Bildfläche verschwunden. Dazu wäre schon noch etwas zu sagen. Wenn Sie seinen Tod am 9.5.1945 ansprechen, kann ich Ihnen nur dringend raten, nicht an Märchen zu glauben."*(31)

Insgesamt kursieren mindestens sechs verschiedene Versionen über Kammlers Tod. Das ist beinahe schon Indiz genug, dass damit etwas verschleiert werden soll. Die aktuellste Variante lieferte der deutsche Historiker Rainer Karlsch, der vor Jahren durch seine Veröffentlichungen zur deutschen Atombombe zum Prügelknaben der deutschen Leitmedien geworden war.

Was hatte Karlsch an Neuigkeiten zu verkünden? Präsentiert wurden neue Zeugenaussagen und Dokumente, die anscheinend nur den einen Schluss zulassen: Sämtliche Verlautbarungen von Kammlers Gefolgsleuten über dessen Selbstmord in der Nähe von Prag im Mai 1945 sind nichts anderes als Deckgeschichten. Kammler sei im Gegenteil niemals bis Prag gekommen, sondern hätte sich in Österreich bzw. in Süddeutschland den Amerikanern ergeben. Von diesen wäre er unter größter Geheimhaltung in die Vereinigten Staaten gebracht worden und dort wenige Jahre später aus Verzweiflung darüber, dass man ihm im Gegenzug zu den von ihm verratenen Geheimnissen nicht ein Leben in Freiheit zugebilligt hatte, von eigener Hand aus dem Leben geschieden.

Karlschs „Kronzeuge" für diese neue Version ist mit Donald W. Richardson (1917-1997) ein ehemaliger Spezialagent des *Office of Strategic Services* (OSS). Er *„war der Mann, der nach seinem eigenen Bekunden Hans Kammler in die USA brachte. Aus Gründen der Staatsräson musste er darüber schweigen. Erst in seinen letzten Lebensjahren, lange nach seinem Ausscheiden aus dem aktiven Dienst, berichtete er seinen beiden Söhnen über seine Kriegserlebnisse. Kammler wurde von Donald W. Richardson bis ca. 1947 betreut.*"[(31)]

Man muss Karlschs Reputation als Historiker bezweifeln, wenn er Richardson als Zeugen benennt. Schließlich hat nicht Richardson selbst, sondern haben seine zwei Söhne nach dessen Tod die Geschichte in Umlauf gebracht. Zeugenaussagen – erst recht die aus zweiter Hand – sind bekanntlich nach den höherwertigen Sach- und Dokumentenbeweisen das schwächste Glied in der juristischen Beweiskette. Die Glaubhaftigkeit der Söhne Richardsons wird nicht besser, wenn einer von ihnen wenige Jahre später gegenüber anderen „Kammler-Ermittlern" behauptet, Kammler hätte nicht Selbstmord begangen, sondern wäre von den Amerikanern umgebracht worden.[(28)]

Karlsch sollte sich außerdem mit der Frage auseinandersetzen, warum die Gefolgsleute Kammlers sich solche Deckgeschichten einfallen ließen. Um seine Kapitulation gegenüber den Amerikanern zu verschleiern? Wo liegt hier der Sinn? Handelte es sich dagegen um eine gezielte Absetzbewegung Hans Kammlers mit all den „Informationen über die SS-Sonderprojekte", wären die gezielten Falschinformationen der ihm Unterstellten über seinen vermeintlichen Tod in der Nähe Prags sofort erklärbar.

Über die Gründe, warum die Söhne Richardsons erst vor kurzem, mehr als 15 Jahre nach ihres Vaters Tod, mit ihren Aussagen an die Öffentlichkeit gegangen sind, gibt Karlsch keine Auskunft. Es beschleicht einen der Verdacht, sie nutzten das öffentliche Interesse an Kammlers Schicksal, das durch verschiedene sehr erfolgreiche Publikationen seit einigen Jahren in den USA geweckt worden ist, um sich bekannt zu machen. Vielleicht wurden sie aber auch von den US-Geheimdiensten gezielt in Stellung gebracht, um die Spekulationen um Kammlers Verbleib in eine falsche Richtung zu lenken. Dafür spricht auch, dass in den letzten Jahren „plötzlich“ eine Vielzahl von Dokumenten aufgetaucht ist, die seine Festnahme durch die Amerikaner im Mai 1945 behaupten. Nachdem zuvor über Jahrzehnte alle Bemühungen, etwas über das Schicksal Kammlers in amerikanischen Archiven herauszufinden, im Sande verlaufen waren(17), sollte dieser Umstand zumindest stutzig machen.

In zwei im Jahr 2019 veröffentlichten Publikationen werden eine Reihe von Dokumenten zitiert, die, im Zusammenhang gesehen, sich in entscheidenden Punkten widersprechen und keine klare Linie erkennen lassen.(28,33) Auf sie an dieser Stelle im Detail einzugehen, lohnt den Aufwand nicht. Nur soviel: Das Autorenduo Döbert/Karlsch gibt als erstes den Bericht eines US-Sonderermittlers namens Packe aus dem Jahr 1949 wieder, der die Selbstmordvariante wie auch die Gerüchte über Kammlers Zusammenarbeit mit den Russen bestreitet und vielmehr eine andere Variante präsentiert, wonach dieser mitsamt seinem Stab am 9. Mai in Oberammergau in amerikanische Gefangenschaft geraten wäre, danach jedoch mit seinen Mitarbeitern hätte fliehen können(!).(33)

Kommentar: Nonsens.

Als nächstes verweisen sie auf ein Dokument, welches die wichtigsten Entwicklungen der deutschen Luftwaffe auflistet. Darauf folgt eine Zusammenstellung mit den Namen der in diesem Bereich tätigen Personen, die sich angeblich in Gefangenschaft befinden. An 18. Stelle taucht der Name Hans Kammler auf. Das war es auch schon. In den weiteren von Döbert und Karlsch zitierten Dokumenten kommt lediglich die Hoffnung der beteiligten amerikanischen Dienststellen zum Ausdruck, Hans Kammler befragen zu können.

Kommentar: Ein Ausdruck von Wunschdenken, mehr nicht. Es existiert keinerlei Dokumentation über Verhöre dieser Art.

Das Autoren-Trio Reuter, Lowery, Chester offeriert mehrere andere Dokumente. Der amerikanische Historiker Gerald Fleming erzählte ihnen, nach den Aussagen eines tschechischen Archivars hätte sich Kammler am 6. Mai 1945 in der Nähe von Prag den Amerikanern ergeben. Die Tschechen wären im Besitz seiner Papiere, Auszeichnungen und Tagebücher, was sie später allerdings vehement bestritten. Später reichte Fleming ein Dokument nach, einen Bericht über ein angebliches Verhör Kammlers am 7. Mai. In jenem wird nur ganz allgemein seine Verwicklung in die Entwicklung von Geheimwaffen und die Konstruktion von Untertageeinrichtungen erwähnt. Soviel war auch vorher schon bekannt.

Kommentar: Vermutlich eine Fälschung.

Die Autoren zitieren dann zwei weitere Dokumente. Nach diesen hätte sich Kammler der 9. US-Armee ergeben. Anscheinend haben sie sich nicht die Mühe gemacht, den Standort dieser Armee zum Kriegsende herauszufinden. Er befand sich in Mitteldeutschland, bei Hannover und Magdeburg und damit weitab von den Orten in Süddeutschland und Österreich sowie von Prag, wo sich Kammler laut übereinstimmender Aussagen einer Reihe von Beteiligten in den letzten Kriegstagen aufgehalten hatte.[28]

Kommentar: Unglaubhaft.

Wie man sieht, herrscht völlige Uneinigkeit darüber, wo sich Hans Kammler ergeben haben soll. Im Süden, in der Nähe von Prag oder vielleicht doch in Mitteldeutschland? Nichts von alledem, wie noch gezeigt werden wird.

Eine Frage bleibt: Wie ist das von Döbert und Karlsch angeführte Dokument zu bewerten, in dem Kammler an 18. Stelle der gefangengenommenen Luftwaffenexperten auftaucht? Ein Irrtum? Möglicherweise. Eine erst kürzlich vorgenommene Fälschung der US-Geheimdienste, um wie schon weiter oben angedeutet, die Öffentlichkeit auf eine falsche Fährte zu locken? Nicht auszuschließen.

Wie, das wäre nicht möglich? Erinnert sei nur an das Auftauchen des gefälschten „Cutler/Twining-Memos“ in den *National Archives* der Vereinigten Staaten, welches die Existenz einer geheimen staatlichen UFO-Untersuchungskommission unter dem Namen *Majestic 12* beweisen sollte.[34] Unvergessen bleibt auch die Affäre um den britischen Historiker Martin Allen. Hierbei wurden insgesamt 29 gefälschte Dokumente in zwölf Aktenbände des britischen Nationalarchivs geschmuggelt.[35] Wenn das Zivilisten möglich ist, wie leicht muss eine solche Aktion professionellen Geheimdienstmitarbeitern fallen?!

Gegen eine Gefangennahme Hans Kammlers durch die Amerikaner spricht zudem, dass kein deutscher Zeuge dafür existiert. Die Aussage des SS-Obergruppenführers Gottlob Berger aus dem Jahr 1949(!), wonach Kammler am 6. Mai 1945 von den russischen Linien kommend(!) in einem sechszylindrigen BMW zu den Amerikanern gefahren wäre, wird auch auch von Döbert/Karlsch als wenig glaubhaft angesehen.[33]

Und letztendlich: Hätten die Amerikaner Kammlers habhaft werden und sein Wissen über die deutschen Geheimwaffenprojekte ausbeuten können, sollte das nach dem Krieg irgendwelche Ergebnisse gezeigt haben. Nichts, aber auch rein gar nichts deutet darauf hin!

Wo ist Hans Kammler wirklich abgeblieben?

Wir haben vier Zeugenaussagen und ein weiteres Indiz dafür, dass er sich Anfang Mai 1945 in Prag aufgehalten hat.

SS-Obersturmbannführer Otto Weidinger von der SS-Panzerdivision *Das Reich* berichtet in seinem Buch »Kameraden bis zum Ende«, dass sich Hans Kammler am 9. Mai 1945, also noch vier Tage nach Ausbruch des Prager Aufstandes, in der Stadt befunden und sich in den Morgenstunden dieses Tages der Marschkolonne unter dem Kommando des Befehlshabers der Waffen-SS im Protektorat Böhmen und Mähren, SS-Obergruppenführer Graf von Pückler-Burghaus, angeschlossen hat.[36] Weidinger muss es schließlich wissen, weilte er doch selbst in diesen Tagen in Prag und war in die militärische Führung der Aktionen, welche der Evakuierung der noch in der Stadt verbliebenen Deutschen dienten, involviert.

Aufschlussreich sind auch die Berichte der Heimleiterin des SS-Helferinnenkorps, Prinzessin zu Schaumburg-Lippe.[36,37] Sie schrieb: „*Und dann brach der Sturm los! Es war der 5. Mai. Er wurde ausgelöst durch den völlig unerwarteten, aber gezielten Schuss aus der Pistole des tschechischen Verkehrspolizisten auf dem Platz der Wehrmacht, als Obergruppenführer Kammler, seinen Gruß erwidernd, in seinem Wagen an ihm vorbeifuhr. Er reagierte blitzschnell! Seine Kugel traf!*“[36] Da Tausende anderer Deutscher den Prager Aufstand überlebt haben, von denen zumindest ein Teil über den konkreten Ablauf der Ereignisse Bescheid gewusst haben muss, ist auszuschließen, dass sich die Prinzessin diese Episode nur ausgedacht hat. Demnach weilte Hans Kammler am 5. Mai 1945 definitiv in Prag.

Diese Gruppe der bis zuletzt dort verbliebenen Deutschen verließ die Stadt, um zu den bei Pilsen stehenden Amerikanern zu gelangen, nicht wie andere Gruppen auf der kürzesten Strecke in Richtung Südwesten, sondern seltsamerweise in Richtung Südosten auf der Straße, die direkt ins Zentrum des SS-Truppenübungsplatzes Böhmen, nach Beneschau führte. Mehrfach bestätigten sowohl Kammlers letzter Fahrer, Kurt Preuk, als auch sein Ordonnanzoffizier, Heinz Zeuner, in den letzten Jahrzehnten diese Version.[38]

Kurz vor Erreichen der nördlichen Begrenzung des militärischen Sperrbezirkes ordnete von Pückler-Burghaus den Rechtsschwenk der Kolonne an, um in Richtung Westen über die Straße an der Stadt Jilove vorbei nach Davle zu gelangen, wo sich eine Brücke über die Moldau befand. An dieser Stelle beginnen die Berichte von Kammlers Gefolgsleuten widersprüchlich zu werden. Während Kurt Preuk aussagte, kurz vor Jilove habe sich Kammler das Leben genommen, behauptete Heinz Zeuner den Tod Kammlers auf der anderen Seite der Moldau, zirka fünf Stunden später als von Preuk angegeben. Kurioserweise wollen beide an der Beerdigung des Obergruppenführers beteiligt gewesen sein.[(38)]

In einem Brief vom 29. April 1951 an die Ehefrau Hans Kammlers, Jutta, schrieb die Prinzessin zu Schaumburg-Lippe: *„Frau Kammler, ich war bis fast zur letzten Minute mit Ihrem Mann zusammen, und ich bin dankbar dafür, denn er stand in jenen furchtbaren Tagen als aufrechte, tapfere und treue Persönlichkeit mitten im Chaos. ... Als ihr Mann erschien, brachte er die erste zuverlässige Schilderung der Zustände in Bayern.“* Später sagte Kammler zu ihr: *„Die Amerikaner sind hinter mir her. Sie haben mir Angebote gemacht. Niemals werde ich dem Feind dienen!“* Und weiter: *„Später gerieten wir in die Massen der zurückgehenden Schörnerarmee, die alle Straßen verstopfte. Bei einem allgemeinen Halt sah ich Ihren Mann zwei Wagen entfernt hinter uns beim Übergang einer kleinen Brücke das letzte Mal. ... Dann wendeten die Wagen, um anderswo durchzukommen, jedoch mussten wir wieder zurück. Ihres Mannes Wagen war wohl dort zurückgeblieben, zusammen mit dem des Grafen Pückler, denn nach etwa 20 Minuten kam dieser, als wir in der Nähe jener Stelle abermals hielten, mit Purucker und den Adjutanten langsam die Straße herauf gegangen. Ihr Mann fehlte. Mir fiel der Gesichtsausdruck aller irgendwie auf, der sehr verschlossen war. Als ich am nächsten Abend Pückler in der Gefangenschaft wiedertraf, sagte er mir, dass kurz vorher der Tod ihren lieben Mann ereilt hatte. Im Walde, neben der breiten Straße, die zur Moldau führt, ist sein Grab.“*[(37)] Beim vermeintlichen Tod Kammlers war die Prinzessin demnach selbst nicht zugegen. Ihre Aussage zum letzten Ort, an dem Hans Kammler von seinen Gefolgsleuten zuletzt gesehen worden ist, deckt sich mit der seines Fahrers Kurt Preuk: Kurz vor Erreichen der nördlichen Begrenzung des SS-Truppenübungsplatzes Böhmen. Graf von Pückler-Burghaus schied wenig später freiwillig aus dem Leben, als er erfuhr, dass die Amerikaner sie den Russen ausliefern würden.

Ein weiteres Indiz dafür, dass Kammler Anfang Mai 1945 Prag erreicht hat, ist der Tod von Kammlers erstem Fahrer, Friedrich Baum, der am 4. Mai verwundet worden und am 29. Mai an einer Blutvergiftung gestorben ist. Laut vorhandener medizinischer Unterlagen verbrachte Baum 19 Tage in einem Lazarettzug von Prag nach Mauthausen.(33)

„Wenn Sie seinen Tod am 9.5.1945 ansprechen, kann ich Ihnen nur dringend raten, nicht an Märchen zu glauben.“(31) An diese Aussage Werner Grothmanns sei noch einmal erinnert. Gleichlautend teilte Hans Kammler am 4. Mai vor seiner Abfahrt nach Prag seinem in Süddeutschland zurückbleibenden Adjutanten Heinz Schürmann mit: *„Wenn es heißt, Hans sei tot, ist Hänschen noch lange nicht tot.“*(38) Das alles deutet eindeutig darauf hin, dass er nicht selbst Hand an sich gelegt hat, und wie wir weiter oben gesehen haben, geriet er auch nicht in amerikanische Gefangenschaft.

Fast scheint es so, als hätte die Marschkolonne unter dem Kommando von Pückler-Burghaus den längeren Weg zu den Amerikanern nur gewählt, um einen der höchsten Vertreter des Reiches durch die Wirren des Prager Aufstandes an einen sicheren Ort zu eskortieren. Über die Gründe von Kammlers Aufenthalt in Prag schreibt einer seiner Biografen: *„Ob Hans Kammler weiter zum Heereschef, Generalfeldmarschall Ferdinand Schörner, nach Königgrätz oder aber in Prag den neuen Himmler-Nachfolger Karl Hanke treffen wollte, ist nicht eindeutig geklärt.“*(38)

Auf dem SS-Truppenübungsplatz Böhmen war, wie später noch in anderem Zusammenhang aufgezeigt werden soll, die Infrastruktur vorhanden, um Hans Kammler und möglicherweise auch den letzten Reichsführer-SS, Karl Hanke, so lange zu verbergen, bis eine gefahrlose Abholung möglich wurde.

Hans Kammler, der laut Werner Grothmann *„fest entschlossen war, unsere politische Überlebensfähigkeit zu sichern“*, wurde in den letzten Kriegsmonaten nicht nur zum eigentlichen Architekten der Absetzbewegung, er selbst war auch Bestandteil dieser. Es spricht nichts gegen die Annahme, dass er und auch Karl Hanke in den auf das Kriegsende folgenden Jahren eine führende Rolle beim Aufbau der Dritten Macht in Südamerika übernommen haben. Von daher schien der längere Exkurs zu diesen beiden Persönlichkeiten notwendig.

Was ist aus Martin Bormann geworden, der den *Generalplan 1945* initiiert haben soll? Über sein Schicksal, der unmittelbar nach dem Krieg als vermisst galt, kursierten noch bis in die 1970er-Jahre Gerüchte, auch ihm sei nach Hitlers Selbstmord die Flucht aus der Reichskanzlei nach Südamerika gelungen. Dem gegenüber stand die Aussage des letzten Reichsjugendführers, Artur Axmann, der Bormann am 2. Mai 1945 als Leiche in der Nähe des Lehrter S-Bahnhofs gesehen haben will. Lange glaubte man, Axmann habe die Behauptung zum Schutze Bormanns aufgestellt. Erst spät, am 7. und 8. Dezember 1972, wurde Axmann Gerechtigkeit zuteil, konnten die sterblichen Überreste Bormanns im Umfeld der von Axmann bezeichneten Stelle gefunden und später zweifelsfrei mit Hilfe seines Zahnschemas identifiziert werden.[(39)] Im Jahre 1998 wurde dieser Befund dann zusätzlich durch eine mitochondriale DNA-Analyse bestätigt.[(40)]

Die erste Phase der Absetzbewegung schien äußerst erfolgreich gewesen zu sein. Von Mitte 1944 bis zum Kriegsende konzentrierten sich die Bemühungen auf eine Evakuierung von Hochtechnologie und Spitzenpersonal über die Nordroute ins bis zum 8. Mai 1945 besetzte Norwegen bzw. über die Südroute ins neutrale Spanien. Parallel dazu fanden mit deutschem Kapital finanzierte Firmengründungen im Ausland statt. In den letzten Kriegstagen liefen mehrere Transport-U-Boote von Häfen in Norwegen aus, um mit ihrer geheimen Fracht Argentinien anzusteuern. Mindestens fünf davon erreichten ihr Ziel. Dort glaubten die Vertreter der Dritten Macht, unter der Regierung Juan Perons ein sicheres Refugium gefunden zu haben.

Wenige Monate später allerdings, im Oktober 1945, schien sich diese Hoffnung als trügerisch herauszustellen, änderte sich doch die politische Situation in Argentinien in dramatischer und so nicht erwarteter

Weise. Im Verlauf politischer Unruhen musste Peron am 9. Oktober auf alle politischen Ämter verzichten. Am 12. Oktober wurde er von Marineoffizieren verhaftet. Aber schon drei Tage später initiierte seine spätere Frau, Eva Duarte, den Volksaufstand gegen die Armee. Nach weiteren zwei Tagen, am 17. Oktober, wurde Juan Peron auf Druck der Volksmassen freigelassen und hielt eine Rede. Aus den unmittelbar danach angesetzten Neuwahlen um die Präsidentschaft ging Peron am 24. Februar 1946 als Sieger hervor und trat am 4. Juni sein Amt an.(15)

Kurz nach der Wahl Perons erging der Startschuss zur größten von einem souveränen Staat gesteuerten Einwanderungsbewegung des letzten Jahrhunderts. Die Absetzbewegung war in Phase zwei eingetreten. Die Abgesandten Perons in Europa verteilten argentinische Visa zu Tausenden an Flüchtlinge aus Deutschland und den ehemals mit Deutschland verbündeten Ländern, auf dem Höhepunkt der Kampagne im Jahr 1948 an manchen Tagen bis zu 500 Stück.(15) Der Zustrom allein von Deutschen wird auf 30.000 bis 40.000 geschätzt.(41)

Die ersten Transporte starteten im August/September 1946 von Spanien aus. Zwischen 150 und 200 Deutsche schifften sich in Cadiz Richtung Argentinien ein. Drei weitere Fluchtrouten wurden eingerichtet: Mit tätiger Mithilfe des Vatikans die sogenannte „Rattenlinie“ über den Hafen von Genua sowie die speziell von Wissenschaftlern und Technikern genutzten in der Schweiz und in Skandinavien. Ihr Hauptaugenmerk richteten die Fluchthelfer Perons auf technische und militärische Spezialisten. Mit diesen verstärkten sie gezielt die Reihen derer in ihrem Land, die ein Jahr früher an den Küsten Argentiniens die deutschen U-Boote verlassen hatten. Unter den später Angekommenen befanden sich unter anderem solche prominente Namen wie der des Flugzeugbauers Prof. Tank und die im selben Metier tätigen Gebrüder Horten. Dazu gesellten sich der letzte Kommandant des Geheimgeschwaders KG-200, Werner Baumbach, der bekannte Einflieger Otto Behrends, der ehemalige Inspekteur der Jagdflieger Adolf Galland und nicht zuletzt auch der im Zweiten Weltkrieg am höchsten dekorierte deutsche Militärangehörige, der Stuka-Flieger Hans-Ulrich Rudel.(15)

Die Organisation der Fluchtrouten hatte sich über die ersten Jahre hinweg derart perfektioniert, sodass, um nur ein Beispiel zu nennen, Ende 1947 neben dem schon erwähnten einstigen Chefentwickler von Focke Wulff, Prof. Tank, innerhalb kürzester Zeit mehr als 60 weitere im Flugzeugbau tätig gewesene Ingenieure in Argentinien ankamen. Diese Gruppe baute in der Folge in der Stadt Cordoba eine dort in den 1920er-Jahren errichtete Flugzeugfabrik zu einem Zentrum der Forschung aus. „*Und der Nachschub kam stetig.*“[42]

Bald gingen die Hoffnungen Perons auf einen durch die Deutschen bewirkten Modernisierungsschub für sein Land in Erfüllung. So wurde im Februar 1951 der staunenden Weltpresse der *Pulqui II*, ein damals hochmoderner Düsenjäger, vorgeführt. Neben diesen Auftragsarbeiten war das Team um Prof. Tank noch mit anderen Projekten beschäftigt. Ein ehemaliger argentinischer Mitarbeiter, der von den Deutschen lernen wollte, sagte dazu später, dass diese immer unter sich blieben und nur deutsch fachsimpelten. Und weiter: „*Tank und seine Leute hätten heimlich eigene Forschungen durchführen und uns vorenthalten können. Wahrscheinlich haben sie dies auch getan, denn später, als die meisten Deutschen Argentinien wieder verlassen hatten, erfuhren wir trotz der Geheimhaltung von einigen ihrer Projekte.*“[42]

In Cordoba blieb es nicht beim Ausbau der Flugzeugfabrik. Im Umfeld entstand ein militärisch-industrieller Komplex. Beliefert wurde dieser von zahlreichen Firmen, die Anfang der 1950er-Jahre mit Geldern aus Deutschland gegründet worden waren – Gelder, die einen illegalen Ursprung hatten und während des Dritten Reiches beiseite geschafft worden sind. Mit diesem Kapital kauften argentinische Strohmänner über sechzig Aktiengesellschaften, darunter Mercedes Benz Argentina und Rüstungsunternehmen wie die Forja AG.[42] Erinnert sei in diesem Zusammenhang an die beschlossenen Maßnahmen zum Kapitalexport während der Konferenz im Straßburger Hotel *Rotes Haus.*

Während einige der Erfindungen der Flugzeugfabrik öffentlich gefeiert wurden, blieben andere Entwicklungen in der Nähe streng geheim. So entstand in der nahegelegenen Kleinstadt Falda del Carmen eine Forschungsanlage für Raketenbau, in der ca. 40 deutsche Techniker arbeiteten. „*Das Ganze war so geheim, dass wir in Cordoba nicht über Falda del Carmen sprachen*“, sagte später der oben erwähnte argentinische Mitarbeiter. „*Aber ich weiß, dass dort eine Rakete mit großer Reichweite entwickelt wurde, die für den Export gedacht war.*“[(42)] Vermutlich handelt es sich hierbei um eine Desinformation, zumal das Argentinien unter Peron sicherlich anderes im Sinn hatte, als die gerade entwickelten Geheimwaffen, die dem Land einen erheblichen Forschungsvorsprung gewährten, anderen zur Verfügung zu stellen.

Auch Ulrich Stampa, einem der Mitarbeiter Prof. Tanks, war bekannt, dass in Cordoba und Falda del Carmen an geheimen Projekten geforscht wurde, aber genaueres wollte oder konnte er nicht verraten. Nur soviel: „*Südlich von Córdoba gab es in der Sierra einen Flugplatz und es kann sein, dass da einige kleine Versuche gemacht worden sind.*“[(42)] Woran also forschten die Deutschen in und um Cordoba? Wenn sie gewisse dieser Forschungsprojekte selbst vor ihren argentinischen Verbündeten geheim hielten, muss es sich um etwas Besonderes gehandelt haben!

Am 16. August 1948 traf auf Initiative von Prof. Tank mit dem in Österreich geborenen Physiker Dr. Ronald Richter eine Persönlichkeit in Argentinien ein, die in den Folgejahren für weltweite Schlagzeilen sorgen sollte. Tank und Richter verband noch von Deutschland her ein gemeinsames Interesse an der Entwicklung nuklear(!) angetriebener Flugzeuge. Am 20. August weilte Richter erstmals in Cordoba, und schon am 24. August gelang es Tank, ein Treffen von ihm mit Peron zu arrangieren.[(43)] Warum diese Eile, und worum ging es in diesem Treffen?

Für eine Antwort erweist sich ein Blick in Richters Vergangenheit als notwendig. Nach seiner Promotion 1935 an der Universität Prag forschte und arbeitete Richter vor und während des Krieges an mehreren Instituten und in Wirtschaftsunternehmen, die sämtlich in die Entwicklung von Hochtechnologie involviert waren. In den 1940er-Jahren beschäftigte er sich mit einer Reihe revolutionärer Ideen im Rahmen der deutschen Atomforschung. Der Physiker Dr. Paul-Jürgen Hahn, der sich eingehend mit den Arbeiten Richters befasst hat und dessen Nachlass auswerten konnte, schreibt, dass Richter schon Ende 1942 die grundsätzlichen Reaktionszyklen der Neutronen- bzw. Lithium- und Wasserstoffbombe bekannt waren.

Im Prinzip basierte seine Idee auf der Möglichkeit, im verdichteten Gas, also Plasma, mit der Initialzündung durch explodierende Lichtbögen eine thermonukleare Reaktion herbeizuführen. *„Sicherlich war Richter also einer der ersten, die die Möglichkeit einer Wasserstoff-Bombe erkannt hatten. War er gar ‚Der Erste'?"*[(43)] Aus den von Richter schon 1936 aus einem Hochstrombogenexperiment entwickelten Ideen zum Einfluss von elektrischen Stoßentladungen der Lichtbögen auf ein Plasma entstand später in Argentinien ein eigenes Forschungsprojekt, dessen Auswirkungen viel bedeutsamer waren als seine Fusionsforschungen.

Zurück zum Treffen Richters mit Peron: Angeblich wollte Peron die Bombe nicht, sondern nur einen funktionierenden Reaktor, um Argentiniens Energieproblem zu lösen. Also unterbreitete ihm Richter das Projekt eines Fusionsreaktors. Peron genehmigt dieses, und Richter begann seine Arbeiten zunächst in Cordoba mit dem Bau einer Versuchsanlage für seine Lichtbogen-Experimente. Später trafen seine in Zukunft bedeutendsten Mitarbeiter, Jaffke und Ehrenberg, ein. Seine in Cordoba praktizierten, später von ihm so bezeichneten „controlled ball-lightning"-Versuche, konnten auf Film dokumentiert werden. Die Anlage kam indes schnell an ihre Grenzen, und aus Angst vor Spionage veranlasste Richter am 2. Februar 1950 nach nur neunmonatigem Betrieb ihren schnellstmöglichen Abbau. Schon im Juli 1949 hatte Peron, beeindruckt von den Darlegungen Richters, die Errichtung eines Großprojektes, einer ihm zur alleinigen Nutzung übertragenen Forschungseinrichtung, dem später von den Argentiniern sogenannten *Centro Atomico,* genehmigt. Dorthin wurden Richters Forschungen jetzt verlagert.

Am 12. November 1950 kam es in den argentinischen Anden, bei San Carlos de Bariloche auf der im See Nahuel Huapi gelegenen kleinen Insel Huemul, zu den ersten Experimenten mit dem neu errichteten Forschungsreaktor. Im Dezember waren erste erstaunliche Resultate zu vermelden: „*...bildete sich hierbei eine etwa in der Mitte zwischen den beiden Elektroden und den beiden Magnetpolen frei im Raum schwebende Kugelzone höchster Leuchtkraft, von der eine intensive Schall- und Ultraschallerregung und in etwa Sekundenabständen Plasma-Eruptionen wechselnder Heftigkeit ausgingen.*" In einem Experiment vom 16. Februar 1951 will Richter als Nachweis für geglückte Kernfusionen eine schnell anwachsende Neutronenlawine festgestellt haben. Eine Wiederholung der Versuche fünf Tage später ergab ähnliche Resultate.[43]

Diese optimistisch klingenden Neuigkeiten wie vor allem auch der zunehmende politische Druck seitens der USA, die keine anderen Atommächte dulden wollten, schienen Peron Ostern 1951 zu einer propagandistischen Offensive veranlasst zu haben. Fast mutet es so an, als ob mit diesem Schritt in die Öffentlichkeit lediglich eine Beruhigung der Situation erreicht werden sollte, um kostbare Zeit für die Vollendung des eigentlichen Forschungsvorhabens der „Operation Huemul" zu gewinnen. Anscheinend gelang das dann auch.

Von daher war es eher eine Episode am Rande, dass Peron Richter offiziell fallen ließ, nachdem eine aus lauter Zweiflern bestehende argentinische Untersuchungskommission Anfang September 1952 keine entscheidenden Fortschritte bei den Fusionsexperimenten konstatieren konnte. Was nicht Wunder nimmt, waren Teile der Anlage doch zu diesem Zeitpunkt durch vorangegangene Versuche defekt und der neue, größere Reaktor, mit dessen Bau im Januar 1952 begonnen wurde, noch nicht betriebsbereit.[43,44]

Das „Projekt Huemul" fand sein faktisches Ende am 4. November 1952 mit Richters letztem Besuch.[45] Die argentinische Atomforschungsbehörde NEA übernahm die bisher allein den Deutschen vorbehaltene Anlage.

Dr. Paul-Jürgen Hahn gab aus eingehender Kenntnis der Zusammenhänge seine Meinung recht unverblümt wieder: „*So blieben die Inhalte von Richters Arbeiten unbekannt bis auf den heutigen Tag, und seine schärfsten Kritiker hatten nie auch nur den blassesten Schimmer irgendeiner Ahnung. Um ihren wissenschaftlichen Ruf nicht zu beschädigen, seien die wohlklingenden Namen der hochkarätigen Honoratioren der deutschen Wissenschaft hier verschwiegen, die mir sämtlich später schriftlich eingestehen mussten, dass ihre vernichtenden Urteile auf keinerlei Sachkenntnis beruhten. Natürlich hatte Richter seinen Anteil an diesem Feldzug gegen ihn, weil er nicht willens war, seine Geheimnisse preiszugeben, und so waren selbst seine engsten Mitarbeiter Jaffke und Ehrenberg nur oberflächlich darüber informiert, was im Kopf von Richter vor sich ging.*“[45]

Hingegen sprechen Richter und Ehrenberg offenbar des Öfteren gemeinsam über die physikalische Natur der Kugelzone und tauschen gegenseitig Gedanken aus. Während Richter mit der Sammeltendenz von elektromagnetischen (in Analogie zu den aerodynamischen) Wirbeln argumentiert und von diesbezüglichen „Resonanzbedingungen“ spricht, hat Ehrenberg eher das Modell von elektrischen Ringströmen durchflossener Plasmoide nach Art von Lampions oder eine Art magnetische „Plasmakondensation“ im Sinn und bringt die mögliche physikalische Verwandtschaftsnähe zum Kugelblitz ins Spiel.[43]

Wie später noch gezeigt werden wird, hatten beide Recht. Anscheinend dienten die Fusionsexperimente, obwohl sie auf einer soliden physikalischen Grundlage beruhten, Richter nur zur Tarnung viel weitreichender Ambitionen. Wie ist es anders zu verstehen, wenn einer der Zeitzeugen von damals von „*der kosmischen Strahlung*“ spricht, mit der Richter arbeitete.[44] Oder wenn dieser in einem erst 1999 freigegebenen *US Intelligence Information Report* aus dem Jahr 1956 zu den bei diesen Experimenten empfangenen „Signalen“ wie folgt zitiert wird: „*…die Quelle der Energie blieb mysteriös.*“ Als Möglichkeit bietet er einen Energieaustausch an „*mit dem, was wir Nullpunkt-Energie nennen.*“[43]

Eine für das Jahr 1956 überaus revolutionäre Erkenntnis! Was es mit dem sogenannten Nullpunkt-Energiefeld auf sich hat, wird Gegenstand des nächsten Kapitels sein. Auf ihm gründeten sich das fortschrittlichste Technologieprojekt des Dritten Reiches wie in der Folge auch die Zukunftsambitionen der Dritten Macht.

Nach seinem „Scheitern" in Argentinien bot Richter seine Mitarbeit den Amerikanern an. *„Aber die wollten ihn nicht haben, aus welchem Grund, geht aus den Unterlagen der US-Airforce, die im Bundesarchiv in Washington liegen, nicht hervor. Fürchteten sie Industriespionage?"*[(42)] Die Vermutung scheint berechtigt, hatten die Amerikaner bereits mit anderen ihrer aus Nazi-Deutschland im Rahmen der Operation *Paperclip* rekrutierten „Mitarbeiter" schlechte Erfahrungen gemacht. (siehe hierzu mehr im 8. Kapitel)

Mehr als zehn Jahre lang, vom Frühjahr 1945 bis zum Herbst 1955, war das Argentinien Perons für die Dritte Macht ein sicheres Refugium gewesen. Geschwächt durch die allmähliche Verschlechterung der Wirtschaftslage kam es in dem Land zunehmend zu innenpolitischen Spannungen. Am 16. Juni 1955 scheiterte eine Revolte der Marineoffiziere gegen Peron. Beim zweiten Versuch jedoch, dem Aufstand vom 16. bis 21. September 1955, gelang es, Peron zu stürzen. Er ging über Paraguay nach Venezuela ins Exil. Die danach an die Macht gelangte Gruppe fanatischer, einem rechten Katholizismus huldigender Generäle stoppte die Forschungs- und Entwicklungsprojekte der Deutschen und beschlagnahmte die mit illegalen Geldern aufgebauten deutschen Firmen.[(42)] Viele Deutsche verließen infolge dessen das Land. Die Dritte Macht musste nach anderen Alternativen für ein ungefährdetes Agieren in der Öffentlichkeit Ausschau halten.

Wieso eigentlich kann die Rolle, die Argentinien in den Jahren nach dem Zweiten Weltkrieg in der Zusammenarbeit mit der Dritten Macht übernommen hat, heute angesichts demokratischer Verhältnisse in diesem Land nicht zweifelsfrei anhand der Aktenlage nach gewiesen werden? Scheinbar ist der größte Teil der betreffenden Dokumente aus jener Zeit schon 1955, in den letzten Tagen der Regierung Perons, vernichtet worden. Und noch im Jahr 1996 erging eine Anweisung, die letzten verbliebenen Beweise, die sogenannten *Immigration Dossiers*, welche die Einreisepapiere der aus Europa Geflüchteten enthielten, zu verbrennen.[15] Von daher kann das damalige Geschehen heute nur noch mühsam rekonstruiert werden.

Nachfolgend soll gezeigt werden, dass sich unmittelbar nach Kriegsende im besetzten Deutschland eine weit vernetzte Widerstandsorganisation begründen konnte, die sich eine Revision der mit dem Ausgang des Krieges verbundenen Entwicklungen zum Ziel gesetzt hatte. Dieser „SS-Untergrund“ schien sich anfänglich noch der Illusion hinzugeben, schon in wenigen Jahren etwas an den real existierenden Machtverhältnissen ändern zu können. Damit sollte möglicherweise der aus Übersee agierenden Gruppe entgegengearbeitet werden. Beide Strömungen vereinte das gleiche Ziel, und es steht zu vermuten, dass zwischen ihnen nicht nur ein loser Kontakt bestand, sondern dass die Aktionen der einen Gruppe nicht ohne Kenntnis und Hilfestellung durch die andere Gruppe erfolgten. Oder zugespitzter formuliert: Der „SS-Untergrund“ auf dem Territorium des besetzten Deutschlands war für einige Zeit die Frontorganisation der Dritten Macht.

In den ersten Jahren nach Kriegsende bis zur Gründung der Bundesrepublik Deutschland im Jahr 1949 operierte dieser „SS-Untergrund“ unter der Bezeichnung *Aktion Deutschland*, organisatorisch aufgeteilt in zwei Netzwerke, genannt *Süddeutschland* und *Norddeutschland*. Der US-Geheimdienst CIC (Counter Intelligence Corps) beobachtete diese Strukturen und versuchte sie in drei größeren Operationen mit den Bezeichnungen *Nursery*, *Gopher* und *Selected Board* zu infiltrieren. Es gelang, den Agenten Hubert D. Ludwell in das Netzwerk *Süddeutschland* einzuschleusen. In einem von diesem verfassten Bericht heißt es: *„Die Organisation wollte frühere SS-Führer und Wehrmachtsoffiziere in einer Untergrundbewegung vereinen. Nur die zuverlässigsten und am besten ausgebildeten Personen sind Mitglieder der allgemeinen SS-Untergrundbewegung. Die allgemeine SS, unbestrittene Eliteorganisation der Hitlerzeit,* *führe die Bewegung; bereits die später gegründete Waffen-SS sei mit Misstrauen zu betrachten. Die SS-Organisation werde sich mit dem besten Material der SA, der Hitlerjugend und der NSDAP verbinden und unschlagbar sein. Die Untergrundbewegung sei dabei, sich sehr gut zu organisieren und habe in allen wichtigen deutschen Städten Stützpunkte, die als Firmen getarnt seien* (siehe wiederum die Planungen der Konferenz im *Roten Haus* in Straßburg, Anm.d.A.). *Sie beobachten mit großem Interesse die Missverständnisse zwischen der UdSSR und den Westalliierten und werden, sollte es zu einem Konflikt zwischen diesen beiden kommen, ihr Gewicht und ihre Macht auf die Seite derer werfen, die sie für die Gewinnerseite halten. Auf diese Weise wird deutlich werden, dass ein Teil der Untergrundbewegung mit der UdSSR Ball spielt und der andere mit den Westalliierten. Er könne nicht deutlich genug sagen, dass diese Bewegung tödlich gefährlich und nicht an kleinen örtlichen Aufständen interessiert ist, sondern sich bald auf den größten Teil Europas ausdehnen wolle und werde.*«(46)

Das Credo der SS-Untergrundbewegung kam in den Worten zum Ausdruck: „*Passiert ist passiert. Wir haben die zweite Runde verloren, aber es gibt nie eine zweite ohne eine dritte. Früher oder später wird die letzte Runde anfangen, aber wir haben Zeit, viel Zeit.*“ Ende 1946 verfügte der „SS-Untergrund“ in der englischen und amerikanischen Zone bereits über 600 Männer, überwiegend SS-Führer und Wehrmachtsoffiziere.(46)

Zu einer bedeutenden Persönlichkeit jener Bewegung entwickelte sich der 1948 aus alliierter Haft geflohene SS-Offizier Otto Skorzeny, der sich im Krieg als Führer von Kommandounternehmungen und hier besonders als „Mussolini-Befreier“ einen Namen gemacht hatte. Er lebte nach seiner Flucht in Spanien und konnte von dort aus das Netzwerk ins Ausland knüpfen. Im Jahr 1951 bot Skorzeny einem Mitarbeiter der US-Botschaft in Madrid, den er fälschlicherweise für einen CIA-Mann hielt, seine Neonazibewegung an, um gegen die UdSSR zu kämpfen.(46)

Am Ende fand der erwartete „heiße“ Konflikt der Siegermächte doch nicht statt. Die auf einen Krieg hintreibende Zuspitzung der Widersprüche zwischen Ost und West, auf die der „SS-Untergrund" seine Hoffnungen gesetzt hatte, ging über in eine 40 Jahre andauernde Phase der Stagnation, auch *Kalter Krieg* genannt. In der Folge davon kam es zur Bildung zweier deutscher Staaten. Die Lebensverhältnisse normalisierten sich, und die Deutschen im Westen fanden sich in der Mehrheit mit der Wiedergeburt des Parlamentarismus als Regierungsform ab. Für den „SS-Untergrund" galt es, sich diesen veränderten politischen Rahmenbedingungen taktisch anzupassen.

Der Versuch der nationalistischen Rechten, sich im parlamentarischen System zu etablieren, wurde auf zwei verschiedenen Wegen vorgenommen. Der eine Weg, die Neugründung einer in ihren Zielen an die NSDAP angelehnten Partei, der Sozialistischen Reichspartei (SRP), im Jahr 1949 wurde getragen vor allem von unteren und mittleren ehemaligen Funktionären der NSDAP. Der Partei gelang bei den niedersächsischen Landtagswahlen im Mai 1951 sogar ein Achtungserfolg. Sie errang elf Prozent der Wählerstimmen. Aufgeschreckt reagierten die bürgerlichen Parteien mit der Einleitung eines Verbotsverfahrens. Am 23. Oktober 1952 erklärte das Bundesverfassungsgericht die SRP für verfassungswidrig. Daraufhin wurde die Partei aufgelöst, ihr Vermögen eingezogen und auch die Bildung von Ersatzorganisationen untersagt. Die auf demokratischem Wege errungenen Mandate verfielen ersatzlos. Eine direkte Verbindung zum „SS-Untergrund" scheint zumindest fraglich, da mit Ausnahme zum Beispiel des ehemaligen Staatssekretärs im Reichsinnenministerium, SS-Gruppenführer Stuckart, sich nur wenige höhere SS-Ränge in dieser Partei betätigten.(47)

Ganz anders sieht es aus bei dem Versuch, eine bestehende bürgerliche Partei erst zu unterwandern und dann zu übernehmen. Das Opfer, welches man sich dazu auserkoren hatte, war die FDP. Zum Ausgangspunkt der Unterwanderung wurde der nordrhein-westfälische Landesverband, dessen Vorsitzendem Middelhauve es gelang, eine feste Struktur von Nationalsozialisten, meist aus der jüngeren Generation und der mittleren Führungsebene, herauszubilden. Ziel war es, die FDP als Sammelbecken einer neuen auf Massenanhang zielenden rechtsnationalistischen Partei zu nutzen. Im Mittelpunkt stand dabei der ehemalige

Staatssekretär im Reichspropaganda-Ministerium, der SS-Führer Werner Naumann, der einen Kreis gleichgesinnter nationalsozialistischer Studenten- und Hitlerjugendführer sowie einige Gauleiter um sich geschart hatte. Die Verbindung zu Naumann seitens der Düsseldorfer FDP hatte der renommierte Anwalt Ernst Achenbach schon 1950 hergestellt. Naumann notierte sich in sein Tagebuch den folgenden von Achenbach offerierten Vorschlag: *„Um den Nationalsozialisten unter diesen Umständen trotzdem einen Einfluss auf das politische Geschehen zu ermöglichen, sollen sie in die FDP eintreten, sie unterwandern und ihre Führung in die Hand nehmen. An Einzelbeispielen erläuterte er, wie das zu machen wäre. Mit nur 200 Mitgliedern können wir den ganzen Landesvorstand erben. Mich will er als Generalsekretär oder ähnliches engagieren.“*(47)

Seither nahm der Einfluss der Nationalsozialisten im nordrhein-westfälischen Landesverband ständig zu. Auf dem FDP-Bundesparteitag 1952 sollte die entscheidende Weichenstellung mit der Verabschiedung des von der Gruppe um Middelhauve ausgearbeiteten „Deutschen Programms“ erfolgen. Der Schweizer Journalist Fritz Rene Allemann fasste die Ergebnisse des Parteitages mit folgenden Worten zusammen: *„Der rechte Flügel, zahlenmäßig eine Minderheit, hat dank der Dynamik und Bedenkenlosigkeit seiner Führung die Altliberalen glatt überwunden und an die Wand drücken können. Was sich da vollzogen hat, ist nichts anderes als eine kalte Machtübernahme nicht irgendwelcher Neonazis, sondern der alten nationalsozialistischen Equipe.“*(47) Der Weg zu einer parlamentarischen Renaissance des Nationalsozialismus durch den „SS-Untergrund“ schien damit geebnet.

Und dann passierte – gleichsam fünf vor zwölf – etwas, womit die westdeutsche Öffentlichkeit schon überhaupt nicht mehr gerechnet hatte. Dreieinhalb Jahre nach Gründung der Bundesrepublik, am 15. und 16. Januar 1953, machten die alliierten Besatzungsmächte von ihrem übrigens auch heute noch in den UN-Feindstaatenklauseln fixierten Recht auf Interventionsvorbehalt in spektakulärer Art und Weise Gebrauch und verhafteten die acht führenden Mitglieder des sogenannten „Naumann-Kreises“.(47)

Damit war der Versuch des „SS-Untergrunds", die Macht auf parlamentarischem Wege zu übernehmen, endgültig gescheitert. Die Initiative fiel von nun an ganz allein auf die in Übersee tätigen Gruppen der Dritten Macht zurück.

Ein weiterer Aspekt bleibt zu berücksichtigen: Im Auftrag der SS und unter der Oberaufsicht von Hans Kammler hatten Wissenschaftler in den letzten Kriegsmonaten Entwicklungen vorangetrieben, welche die spätere technologische Überlegenheit der Dritten Macht begründen sollten. Wo sind die Dokumentationen und Prototypen dieser Hochtechnologieprojekte abgeblieben? Ein nicht unbeträchtlicher Teil dürfte im Rahmen der Absetzbewegung rechtzeitig vor Kriegsende ins Ausland evakuiert worden sein. Dass durch das schnelle Vorrücken der Kriegsgegner die SS jedoch nicht alle ihre Sonderprojekte in die sicheren Refugien verbringen konnte, wird durch die Aussagen Werner Grothmanns bestätigt: „*Aber sie* (die Alliierten, Anm.d.A.) *haben nicht alles erbeutet, weil wir entschiedene Maßnahmen ergriffen hatten, um einiges vor ihren Augen verschwinden zu lassen.*" Und weiter: „*Im März 1945 ist Befehl gegeben worden, Forschungsunterlagen zu sichern. Nachdem, was mir bekannt ist, sind die auch heute noch in der Nähe einer unserer Forschungseinrichtungen sicher verwahrt. Nach dem Krieg haben die Sieger vieles erfahren. An bestimmte Anlagen sind sie aber nicht herangekommen. Produktionsmaschinen und die Entwicklungslabors sind nach meiner Kenntnis zum größten Teil nicht entdeckt oder nicht geräumt worden. Das war später bei den Russen ganz anders. In die besonders wichtigen Anlagen sind die aber auch nicht reingekommen. Außerdem gibt es Anlagen, die so vorbereitet sind, dass nach menschlichem Ermessen keiner mehr zurückkommt. Ich weiß nicht, ob das heute noch funktionieren würde, wahrscheinlich aber doch. Einmal musste ich mit Kammler Kontakt aufnehmen wegen einer Kampfstoff-Verlagerung. Kammler sollte etwas bekommen, um bestimmte Einrichtungen im Fall des Falles abzusichern. Jedenfalls ist es auch heute sehr gefährlich, in solche Anlagen reinzugehen. Natürlich konnten wir vor Kriegsende gar nicht alle Anlagen so sorgfältig absichern, wie wir das wollten. Bei allen besonders wichtigen ist das aber geschehen.*"[(31)]

Es gibt sie also, die Tresore im Untergrund! Aber nicht, dass eine gewisse Anzahl zum Teil völlig intakter, nach dem Krieg von den Alliierten nicht entdeckter unterirdischer Anlagen existiert, nicht dass in diesen Forschungsunterlagen, Prototypen und ganze Fertigungsprozesse für die Herstellung von Hochtechnologie ihrer Entdeckung harren, stellt die eigentliche Sensation in den Aussagen Werner Grothmanns dar. Viel wichtiger ist etwas anderes. Bezüglich einiger, von den Alliierten nach Kriegsende besonders akribisch gesuchter Projekte sagt er: *„Sie haben es aber nicht gefunden, wie unsere Leute feststellten."* Oder: *„Manche dieser Anlagen sind noch lange nach dem Krieg trocken gewesen. Das weiß ich mit Bestimmtheit."*[31]

Was das bedeutet? Zum einen einen weiteren Hinweis dafür, dass die Alliierten Hans Kammlers nicht habhaft werden konnten, dass die Informationen über die SS-Sonderprojekte tatsächlich mit ihm nach dem Krieg „von der Bildfläche verschwunden sind". Zum anderen beweisen diese Informationen die Existenz – der WÄCHTER! Als solche sind die Beauftragten der Dritten Macht zu bezeichnen, die für die Überwachung und eventuell sogar für die Wartung bestimmter unterirdischer Anlagen zuständig sind. Nur sie kennen die verborgenen Eingänge in die versiegelten, teilweise mit Giftgas-Fallen gesicherten Tresore im Untergrund. Die WÄCHTER dürften der ortsansässigen Bevölkerung entstammen und das schon in der zweiten, dritten, vielleicht vierten Generation. In den letzten Jahren zeichnete sich bezüglich dieser Wissensträger eine Entwicklung ab, die wohl am besten so zu beschreiben ist: *„Es existierten mehrere Fraktionen. Die einen wollten, dass das alles ein Geheimnis bleibt, während andere die Leistungen der Deutschen während jener Zeit dargestellt sehen wollten. Es muss da über Jahre hinweg eine Fehde gegeben haben, die zum Schluss durch Einsatz von Gewalt beendet wurde."*[48] So berichtete es zumindest für den Raum Thüringen der für seine Nachforschungen zu Entwicklung und Verbleib der reichsdeutschen Atomwaffe bekannte Autor Thomas Mehner anhand seiner jahrelangen Erfahrungen im Umgang mit Zeitzeugen. Anscheinend hat die Fraktion, welche für eine strikte Geheimhaltung eintritt, die Oberhand gewonnen.

Wo könnten sich heute noch intakte unterirdische Anlagen befinden, die zum Ende des Krieges als Tresore für die SS-Sonderprojekte gedient haben und deren Erbschaft später die Dritte Macht angetreten hat?

Wiederum gibt Werner Grothmann den entscheidenden Hinweis: *„Nach meiner Erinnerung gab es unter unserer Kontrolle 1944 acht Anlagen, in denen jeweils an unterschiedlichen Projekten gearbeitet wurde. Nur zwei davon waren oberirdisch, alle anderen befanden sich in Bergwerken oder sonstigen künstlichen Anlagen. Die waren nicht alle so groß wie das, was Sie in Thüringen interessiert. Riese ist vergleichbar, das ist ja auch nicht fertig geworden. ‚Rüdiger' von seiner Bedeutung, aber nicht von seiner Größe, dann ‚Amt 2000', das hat die Reichspost in Verbindung mit uns errichtet, dann zwei Anlagen im Protektorat und Sudetenland. Eine ist heute noch völlig intakt. Außerdem sind in Österreich drei Anlagen in Betrieb gewesen, die an fortschrittlichster Technologie für den Endsieg unter unserer Kontrolle arbeiteten.“*[31]

In den letzten Jahren ist es gelungen, die neben der Anlage in Thüringen von Grothmann genannten acht anderen Standorte zu identifizieren.[5]

Hier sei nur auf drei von ihnen eingegangen, da sie mit dem Thema des Buches in direkter Verbindung stehen. Bei der unterirdischen Anlage in Thüringen im Umfeld des Truppenübungsplatzes Ohrdruf handelt es sich laut Werner Grothmann um einen gigantischen Komplex teilweise miteinander verbundener unterirdischer Einrichtungen. Ihre Fläche soll in der Größenordnung von 750.000 Quadratmeter liegen. Hier fanden in den letzten Kriegsmonaten viele Entwicklungen statt, die bei rechtzeitiger Fertigstellung eine Wende des Krieges hätten bewirken können. O-Ton Grothmann: *„Was ich weiß, ist die tatsächliche Vorbereitung für die Produktion der zwei konstruierten Atombombentypen für Uran und Plutonium.“* Für beide wäre die Bezeichnung V3 gewählt worden. Schon im Februar 1945 hätte man damit begonnen, eine Versuchslinie aufzubauen, wo man den Serienbau in kleinem Maßstab ausprobieren wollte. Allerhöchstens 20 Mann sollten unter der Ägide der SS innerhalb der nächsten Monate für eine Grundausstattung mit Atombomben sorgen.

Ein weiterer Schwerpunkt in Thüringen lag auf der Produktion der Amerika-Rakete. Im Herbst 1945 sollten die ersten gegen Städte an der Ostküste der USA gerichteten Raketen mit Atomsprengkopf den Atlantik überqueren. Die Fernraketen liefen in der SS-Nomenklatur unter der Bezeichnung V4. Es ließ sich bereits eine Linie ziehen von der V2 bis zur V9, *„Projekte, die schon in der Vorstufe der Entwicklung standen oder die doch schon ganz deutliche Fortschritte machten und die gleichzeitig völlig unkonventionell waren"*. In einem Fall muss es sich dabei um eine Strahlenwaffe gehandelt haben.[31]

Welche Geheimprojekte waren noch in der Entwicklung, und was ist heute davon noch im Untergrund Thüringens verborgen? Während die Produktionsanlagen für die Kernwaffen und Großraketen mit der oben beschriebenen Methode versiegelt worden sein dürften, muss das für wissenschaftliche Dokumentationen und Baupläne, sprich das Know-How, dieser und der anderen V-Projekte nicht unbedingt der Fall gewesen sein. In den Jahren nach Kriegsende könnten die WÄCHTER die kompletten Forschungs- und Entwicklungsunterlagen für die Dritte Macht geborgen haben.

Auf die von Grothmann mit dem Codenamen *Rüdiger* bezeichnete Anlage wird im nächsten Kapitel zurückzukommen sein, wurde doch dort das geheimste und zugleich fortschrittlichste Technologieprojekt des Dritten Reiches entwickelt.

Die von Grothmann im Protektorat verortete Anlage muss sich auf dem Gelände des ehemaligen SS-Truppenübungsplatzes Böhmen befunden haben. Darauf deutet unzweideutig seine folgende Bemerkung hin: *„Wir haben zum Beispiel ein Bauprojekt gehabt, das ist auch fertig geworden, bei dem ist zum Bau ein Fluss umgeleitet worden, und später hat man ihn dann wieder in sein altes Bett gelassen, gerade über die Anlage hinweg. Die soll noch dicht sein."*[31] Ein weiterer Hinweis auf die Existenz der WÄCHTER!

Die Einrichtung des SS-Truppenübungsplatzes wurde formell am 1. November 1941 beschlossen. Am 1. September 1942 begann die erzwungene Aussiedlung der ca. 30.000 Bewohner von 71 Ortschaften.[(49)] Eine dieser Gemeinden ist Stechowitz. Der Fluss Moldau fließt hier, 25 Kilometer südlich von Prag gelegen, durch eine felsige Berglandschaft. Wahrzeichen der Stadt ist die 124 Meter lange und 22,5 Meter hohe Staumauer. Der Stausee selbst ist nur 80 bis 120 Meter breit, dafür aber an die zehn Kilometer lang. Als Teil der Moldaukaskaden wurde das Staubecken zwischen 1937 und 1945 erbaut.[(50)] Das heißt, die Fertigstellung fiel in die letzten Monate des Dritten Reiches. Vor Baubeginn eines Stauwerks muss das entsprechende Gebiet trockengelegt werden. Dazu sprengt man in der Regel Umlenkungsstollen, Tunnel, die als Umleitung des eigentlichen Flussverlaufes dienen, in die Talflanken. Nach Fertigstellung des Stauwerk-Baus werden diese wieder geschlossen. Der Fluss fließt bis zur Staumauer erneut in seinem alten Bett. Nicht anders hatte es Werner Grothmann beschrieben. Bei den heute von den Wassern der Moldau bedeckten, „noch völlig intakten“ unterirdischen Einrichtungen bei Stechowitz handelt es sich um eine anscheinend unberührte Forschungsanlage, wie sie von der SS in ihrem ursprünglichen Zustand verlassen worden ist. Dort dürften Hans Kammler und eventuell auch Karl Hanke die notwendige Infrastruktur vorgefunden haben, die ihnen half, sich so lange zu verbergen, bis ihre gefahrlose Abholung möglich wurde.

Fazit: Die Absetzbewegung, die letztlich zur Begründung der Dritten Macht führte, lässt sich in drei Teiloperationen untergliedern:

1. Die in zwei Phasen erfolgte Evakuierung von Hochtechnologie und Spitzenpersonal zuerst ins besetzte Norwegen sowie das im Krieg neutrale Spanien, danach mit U-Booten und später unter aktiver Hilfestellung der Regierung Perons auf verschiedenen Fluchtrouten nach Argentinien. Parallel dazu fanden mit deutschem Kapital finanzierte Firmengründungen im Ausland statt.
2. Den spätestens im Januar 1953 gescheiterten Versuch, mit Unterstützung des „SS-Untergrundes“ eine Frontorganisation im be-

setzten Deutschland aufzubauen mit der Zielsetzung einer kurzfristigen Veränderung der politischen Machtverhältnisse.

3. Die der Überwachung der unterirdischen Tresore sowie der Sicherstellung von „Material“ aus den SS-Sonderprojekten dienenden Aktionen der WÄCHTER.

Als wichtig erwies sich für die Zukunft der Dritten Macht noch eine weitere, schon Mitte 1943 eingeleitete Operation, die anfänglich einen ganz anderen Zweck verfolgte. Durch den veränderten Kriegsverlauf bekam sie später eine völlig neue Ausrichtung. In ihrem Ergebnis entstand 1946 das irdische Hauptquartier der Dritten Macht.

3. Die Evolution des UFO-Phänomens

Der Beginn des sogenannten UFO-Phänomens wird gemeinhin auf den 24. Juni 1947 datiert. An diesem Tag sah sich die amerikanische Luftwaffe mit 20 Meldungen über Sichtungen von Flugobjekten konfrontiert, die sich die Zeugen nicht erklären konnten. Deshalb wurden diese Objekte in der Folge *Unidentified Flying Objects*, kurz UFOs, genannt. Die Presse widmete an diesem Tag ihre Aufmerksamkeit lediglich einem Fall, dem des Privatpiloten Kenneth Arnold. In dessen Bericht war von halbrunden Scheiben zu lesen, die sich wie „fliegende Untertassen" bewegten. UFOs und *Fliegende Untertassen* gehören seitdem zusammen.

Der Ursprung dessen, was heute als UFOs bezeichnet wird, ist freilich einige Jahre früher anzusetzen. Damit sind nicht die vielen Sichtungen rätselhafter Objekte am Himmel gemeint, wie sie in der weiter zurückliegenden Vergangenheit immer wieder berichtet worden sind. Dass es dabei durch unsere Vorfahren zu vielerlei Fehlinterpretationen natürlicher Erscheinungen gekommen ist, wird niemand bestreiten wollen. Daneben existierte auch ein echtes Phänomen, wurden Fluggeräte gesichtet, die nicht natürlichen Ursprungs waren. Nur sollte man in diesem Zusammenhang nicht an außerirdische Raumfahrer denken! Die prähistorische Luftfahrt muss nicht unbedingt außerirdisch gewesen sein. Es gibt auch eine andere, hausgemachte Variante, wie Autorenkollege Mathias Kappel in unserem Gemeinschaftswerk »Götterwagen und Flugscheiben« schlüssig nachweisen konnte.(2)

Der Startschuss für die Entwicklung der UFOs, damals *Flugscheiben* und *Flugkreisel* genannt, muss im April 1941 gefallen sein: *„Auf einer geheimen Konferenz im Reichsluftfahrtministerium in Berlin gab Reichsmarschall Hermann Göring vor einer kleinen Schar prominenter Flugzeugkonstrukteure und Luftfahrtechniker die Anweisung, der Zeit weit voraus zu eilen und noch schnellere Flugzeuge zu entwickeln. Göring forderte von der althergebrachten Rumpfform abzuweichen und Flächenformen zu schaffen, da nur auf diese Weise günstigere aerodynamische und* *statische Voraussetzungen gegeben seien.*" So lautete die Aussage eines der wichtigsten in die Entwicklung der Flugscheiben involvierten Zeitzeugen, des von Rüstungsminister Albert Speer zum Sonderbevollmächtigten für die Flugzeugproduktion im Protektorat Böhmen und Mähren ernannten Oberingenieurs Georg Klein.(51)

Was in den darauf folgenden vier Jahren auf dem Gebiet der Flugscheibenentwicklung passiert ist, fasst der Autor Rudolf Lusar in seinem 1956 erschienenen Buch »Die deutschen Waffen und Geheimwaffen des 2. Weltkrieges und ihre Weiterentwicklung« zusammen.(52) Lusar gab darin einen mit hoher Fachkompetenz und der Liebe zum Detail vorgetragenen Überblick über die ihm bekannten Geheimwaffenentwicklungen auf deutscher Seite, der nach Meinung von Kennern bis heute unerreicht ist. Was hatte er über die geheimen Flugscheibenentwicklungen in Erfahrung gebracht?

Wichtig sind die einleitenden Worte, die Lusar seinem mit „Fliegende Untertassen" überschriebenen Abschnitt vorangestellt hat: *„Nach bestätigten Angaben von Fachleuten und Mitarbeitern wurden die ersten Projekte, Fliegende Scheiben genannt, im Jahr 1941 begonnen.*" Lusar gab demnach Fakten nicht einfach vom Hörensagen weiter, sondern ließ sich die Details dieser Entwicklungen direkt von mehreren Beteiligten bestätigen. Das macht die Qualität des ganzen Buches aus. Nur die von ihm verifizierten Sachverhalte wurden publiziert, Spekulationen blieben außen vor.

Lusar schrieb weiter: *„Die Pläne für diese Geräte stammen von den deutschen Experten Schriever, Habermohl, Miethe und dem Italiener Bellonzo* (muss richtig Belluzzo heißen, Anm.d.A.). *Habermohl und Schriever wählten einen breitflächigen Ring, der sich um eine feststehende, kuppelförmige Führerkanzel drehte und aus verstellbaren Flügelscheiben bestand, die in eine entsprechende Stellung gestellt werden konnten, je nachdem, ob sie zum Start oder zum Horizontalflug benötigt wurden. Miethe entwickelte eine diskusähnliche Scheibe von 42 Meter Durchmesser, in die verstellbare Düsen eingesetzt waren. Schriever und Habermohl, die in Prag arbeiteten, starteten am 14. Februar 1945 mit der ersten Flie-*

genden Scheibe, erreichten in drei Minuten eine Höhe von 12.400 Meter und im Horizontalflug eine Geschwindigkeit von 2.000 Kilometer in der Stunde. Man wollte auf Geschwindigkeiten von 4.000 Stundenkilometer kommen. Umfangreiche Vorversuche und Forschungsarbeiten waren notwendig, bevor an die Fertigung herangegangen werden konnte. Wegen der hohen Geschwindigkeit und der außerordentlichen Wärmebeanspruchung mussten besonders geeignete Materialien gefunden werden, die der Hitzeentwicklung standhielten. Die Entwicklung, die Millionen gekostet hat, stand bei Kriegsende kurz vor dem Abschluss."[(52)]

Was ist weiter über die von Lusar genannten Personen und ihre Konstruktionsentwürfe bekanntgeworden?

Prof. Giuseppe Belluzzo war Italiener und veröffentlichte 1950 einen Aufsatz, in dem er mitteilte, dass er seit 1942 an einem italienisch-deutschen Projekt zur Entwicklung einer Flugscheibe mitgearbeitet habe. Diese sollte als eine Art Flugbombe gegen Erdziele eingesetzt werden, eine andere Konstruktion hätte der Flugabwehr gedient.[(53)] Von daher hatte Belluzzo anscheinend nichts mit der Entwicklung bemannter Flugscheiben zu tun.

Flugkapitän Rudolf Schriever will der erste gewesen sein, der ein funktionierendes Modell einer Flugscheibe fertiggestellt hat. Am 3. Juni 1942 absolvierte es angeblich, von winzigen Raketen angetrieben, seinen Jungfernflug. Nach Schrievers Angaben konnten die Entwicklung vom getesteten kleinen Modell bis zum flugfähigen Prototypen nicht mehr erfolgreich abgeschlossen werden. Noch bis zum 15. April 1945 arbeitete Schriever an seinem Vorhaen. Dann kamen die Russen, und er konnte fliehen.[(54)]

Otto Habermohls Variante einer Flugscheibe absolvierte nach Aussage von Oberingenieur Klein den ersten erfolgreichen Erprobungsflug: „*Am 14. Februar 1945, morgens um 6.30 Uhr, war auf dem Messegelände in Holice (Prag) der Start erfolgt. Gespannt blickte der Sonderbeauftragte Klein auf Habermohl, der sich von seinen Mitarbeitern Mühlens und Schreiber sowie sechs Werksangehörigen, die die erforderlichen Vorberei-*

tungen zu treffen hatten, abwendete und mit dem Einflieger Röhlke auf den Flugring zuging. Habermohl und seine Mitarbeiter starrten auf ihre Armbanduhren. Röhlke winkte mit der Hand, und schon setzte sich der Flugring mit einem ohrenbetäubenden Rauschen in Bewegung. Er schwang sich senkrecht in die Luft und schnellte dann im Steilflug kerzengerade weiter nach oben. Wie ein platter Hut stand der Kreisel in der Luft, um plötzlich ruckartig nach links auszuscheren. Einem blitzenden Teller ähnlich huschte er unter der Wolkendecke entlang. Acht Minuten Flugdauer hatte Habermohl ausgerechnet. Dann scheint er sich wie im Zeitlupentempo vom Himmel herunter zu spulen. Röhlke drosselte das Tempo, die Scheibe stand still, senkte sich langsam wie ein Hubschrauber und landete senkrecht auf ihren drei Puffern. Die Messergebnisse hatten den theoretischen Berechnungen standgehalten. Sie ergaben eine entwickelte Steiggeschwindigkeit von 12.400 Meter in drei Minuten."[(51)]

Mit dem „Einflieger Röhlke" ist wahrscheinlich Joachim Roehlike gemeint, der zur betreffenden Artikelserie der *Hamburger Morgenpost* in einem Leserbrief schrieb: *„Bis Ende des Krieges war ich Einflieger und lizenzierter Nachflieger. In dieser Eigenschaft erhielt ich um die Jahreswende 1944/45 Kenntnis von rotierenden Flugkörpern, die bereits in einer Serie von fünf bis 15 Maschinen aufgelegt waren. Die Geheimhaltung war aber so streng, dass es selbst mir, der ich aufgrund meiner Funktion mehr oder weniger Zugang zu allen neuen technischen Problemen hatte, unmöglich war, die mich brennend interessierenden Einzelheiten auch nur andeutungsweise zu erfahren.*"[(55)] Mehr durfte oder wollte Joachim Roehlike anscheinend zu seiner Beteiligung am deutschen Flugscheibenprojekt nicht aussagen.

Die endgültige Entscheidung über die Serienfertigung einer der drei zur Auswahl stehenden Flugscheibentypen fiel einige Zeit später, wie sich Georg Klein erinnerte. Kurz nachdem Hans Kammler Ende März 1945 von Hitler zum Sonderbevollmächtigten für die Fertigung und den Einsatz von Strahlflugzeugen ernannt worden war, kam es in Prag zu einem Gespräch Kammlers mit Klein: *„Und welche der drei Luftkreiselkonstruktionen kommt für den Einsatz in Betracht?"*

Während Oberingenieur Klein noch einmal die Vorzüge und Nachteile des Mietheschen Diskus und des mokkatassenähnlichen Kreisels von Rudolf Schriever abschätzte, hatte er längst die gewünschte Antwort parat. Es gab nur eine Konstruktion, die in aller Stille von ihrem Schöpfer Otto Habermohl in den umgewandelten Räumen eines Gasthauses in Slany, etwa 40 Kilometer von Prag entfernt, erstellt worden war. Klein berichtete, wie in den Cesco-Moravska-(BMW) und den Letov-Werken in Prag-Smichov fieberhaft an der Vollendung der aufgelegten Serie von 15 Kreiseln gearbeitet wurde. Habermohl, der ausführende Ingenieur, soll sich bereit erklärt haben, die Montage seines Luftringes um 14 Tage zu verkürzen. Dagegen konnte eine Kurzserienfertigung der Mietheschen Konstruktion nicht beschleunigt werden. Es sei möglich gewesen, zwei Flugringe zu bauen, bevor ein Diskus das Werk verließ. Der Flugdiskus von Miethe war aufwendiger im Bau als der Flugkreisel, der von seiner Machart als einfach, ja geradezu als „primitiv" bezeichnet werden konnte. Im Mai 1945, kurz vor dem Einmarsch der Russen in Prag, verbrannte Habermohl, laut Klein, alle Konstruktionspläne und sämtliche Unterlagen des Flugkreisels und sprengte den bereits montierten Flugring und alle Einzelteile.(51) Von Habermohl fehlt seitdem jede Spur. Zeitgleich – und auch in Prag – verschwand SS-Obergruppenführer Kammler, der den Befehl zur Sprengung erteilt haben dürfte.

Den Anmerkungen Georg Kleins ist zu entnehmen, dass auch der Flugdiskus von Richard Miethe in seiner Entwicklung weit gediehen war. Die Serienfertigung auch dieses Fluggerätes muss demnach zu diesem Zeitpunkt zumindest theoretisch möglich gewesen sein. Vom Flugkreisel Schrievers war, wie zu erwarten, nicht mehr die Rede. So scheint neben der für kürzere Flugstrecken einzusetzenden, einfachen Konstruktion Habermohls der qualitativ hochwertige – und wie man noch sehen wird – für lange Flugstrecken taugliche Flugdiskus nicht ein Konkurrenz-, sondern ein Alternativprojekt gewesen zu sein. Inwieweit er tatsächlich noch in die Fertigung gehen konnte, darüber etwas auszusagen war Klein nicht in der Lage, arbeitete Miethe doch zuletzt in Breslau, das nicht zum Verantwortungsbereich Kleins zählte.

Über den Flugdiskus Miethes wurde in der Pariser Abendzeitung *France Soir* in den Ausgaben vom 7. und 14. Juni 1952 ausführlich berichtet. Demnach erklärte Miethe in einem Interview, dass diese Neukonstruktion unter der Bezeichnung V-7 gegen Kriegsende fabrikationsreif gewesen sei. Man habe den ferngesteuerten Diskus erstmals drei Tage nach Beginn der Ardennenoffensive erfolgreich über der Ostsee erprobt. Die Serienproduktion sollte nach einer Entscheidung Hitlers im Frühjahr 1945 in den unterirdischen Fertigungsstätten Süddeutschlands (Thüringen?) anlaufen.

Miethe gab weitere Details zum von ihm entwickelten Flugdiskus preis, scheint jedoch mit Absicht auch irreführende Hinweise eingestreut zu haben: „*Die V-7-Motoren besaßen einen sechsstufigen Kompressor, eine ringförmige Verbrennungskammer und eine spezielle zweistufige Turbine für Flüge in der Stratosphäre, da die Maschine eine Höhe von 20.000 Meter erreichen konnte. Der Antrieb erfolgte in erster Linie durch ein komprimiertes Gas auf der Basis von Helium, dessen 22 Kubikmeter für durchschnittlich 16 Flugstunden ausreichten. Unter Berücksichtigung der Reichweite von 41.000 Kilometer und der genannten Gipfelhöhe hat der Feind kaum eine Chance, den sich mit Überschallgeschwindigkeit bewegenden Flugdiskus auszumachen. Mein Fluggerät kann mit einer Besatzung von drei Mann über größte Entfernungen geflogen werden und, wenn eine Reichweite von 18-20.000 Kilometer nicht überschritten wird, auch mit einer Funkfernsteuerung und Radar. Das allgemeine Erscheinungsbild der V-7 ähnelt dem eines Diskus mit 42 Meter Durchmesser. An einem inneren beweglichen Metallring sind zwölf Turbinen in gleichen Abständen angeordnet. Dieser Ring dreht sich wie ein Gyroskop um das zentrale, feststehende Mittelteil, das die Druckkabine für die zwei Piloten, den Platz für den Funker und das Radar enthält. Der Start der Motoren erfolgt in weniger als 16 Sekunden. Gestartet wird über eine ansteigende Startrampe mit Hilfe von Startraketen, die mit flüssigem Sauerstoff und Alkohol angetrieben werden. Die Maschine kann auch wie ein normaler Hubschrauber in der Luft stillstehen. Die V-7 wurde aus einer hitzebeständigen Metall-Legierung konstruiert und thermisch isoliert. Was noch umzusetzen bleibt, ist die perfekte Herstellung der Raketendüsen, damit nach Möglichkeit bei längerer Betriebszeit durch die hohen Temperaturen des Gasaustritts von ca. 5.000 Grad es zu keinen Abnutzungserscheinungen kommt. Wenn diese und noch zwei weitere geheime Vorgaben erfüllt sind, dann kann meine Apparat ohne jeden Zweifel auch mit einem atomaren Antrieb betrieben werden.“*

Miethe gab einen weiteren äußerst wichtigen Hinweis zur Funktionsweise seines Flugdiskus: Demnach wären während des Fluges keine Abgasflammen oder Rauch zu beobachten gewesen. Als Grund nannte er ein äußerst durchdachtes, von einem britischen Ingenieur 1938 entwickeltes Verfahren, welches die Wiederverwendung der Verbrennungsgase in einem speziellen Drucksystem ermöglichte.(56) Von daher sollte es im Vergleich zu den herkömmlichen mit Düsenaggregaten betriebenen Fluggeräten auch nur zu einer geringen Geräuschentwicklung gekommen sein.

Nach Georg Klein begann Miethe seine Arbeit an der V-7 in Peenemünde und beendete sie in Breslau.(51) Miethe ergänzte, dass die Russen dort Dokumente und auch mehrere Antriebsaggregate in einer unterirdischen Anlage erbeuten konnten. Auch wären drei der sechs mit ihm an der Entwicklung beteiligten Ingenieure in die Hände der Russen gefallen. Die drei anderen seien zwischenzeitlich verstorben.(56)

Kolportiert wird noch die Geschichte, Miethe hätte unmittelbar nach dem hier zitierten Interview eine Einladung in die USA erhalten, vermutlich um dort am Projekt *Avrocar* mitzuwirken, einem Flugscheibenprojekt, das 1961 als Misserfolg betrachtet und eingestellt wurde.(57) Sollte das tatsächlich der Fall gewesen sein, kann nur von gelungener Sabotage gesprochen werden.

Der von Richard Miethe und anderen deutschen Entwicklern konstruierte Flugdiskus ist nach dem Krieg tatsächlich geflogen. Anlässlich der UFO-Welle von 1947 wird auf ihn zurückzukommen sein.

Selbst wenn die Entwicklung von funktionierenden Prototypen der V-7 und anderer Flugscheiben kaum über die Anfänge hinaus gekommen und eine Serienproduktion nicht mehr angelaufen ist, das Fehlen jeder Art von Dokumentation zu diesen für die damalige Zeit mit einem exotischen Design und ungewöhnlichen Flugeigenschaften ausgestatteten Fluggeräten in den Archiven der Siegermächte vermag schon Irritationen auszulösen. Oftmals wird aus diesem Umstand der voreilige Schluss gezogen, dass es sich demnach bei den Nachkriegsaussagen der Beteiligten um ein Gespinst von Lügen und Spekulationen handeln muss.

Allein schon die einfache Existenz solcher hochentwickelter Apparate, wie sie bis dahin nicht einmal im Ansatz von den Alliierten projektiert worden waren, könnte einen Grund für deren absolute Geheimhaltung abgeben. Angesichts des sich abzeichnenden Kalten Krieges zeigte sich keine Seite bereit, von den Deutschen erbeutetes technisches Know-how mit den Verbündeten von einst zu teilen. Wird darüber hinaus die Rolle der Flugscheiben in den Jahren nach dem Krieg berücksichtigt, als sie unter der Bezeichnung *Fliegende Untertassen* oder UFOs in die Wirklichkeit zurückkehrten, so wird das „große Schweigen" erst recht verständlich. So findet die behauptete Nichtexistenz der deutschen Flugscheiben ihre Entsprechung auch in anderen, unter höchster Geheimhaltung laufenden Entwicklungen: der angeblichen Nichtexistenz einer funktionierenden deutschen Kernwaffe sowie der als ihr Träger dienenden Amerika-Rakete. Beide Systeme waren zum Kriegsende bis zur Einsatzreife gediehen.[18,30,31]

Dass die Flugscheiben noch vor dem Ende des Krieges in ein entscheidendes Entwicklungsstadium eingetreten sind, dafür sprechen nicht allein die vielen gleichlautenden, sich ergänzenden Aussagen mehrerer unabhängiger Zeugen aus der ersten Hälfte der 1950er-Jahre. Glücklicherweise gelang es auch den für die „Reinigung" sensitiver Archive Verantwortlichen auf Seiten der Alliierten nicht, jeden Hinweis auf ihre Existenz auszulöschen. Wie in allen Amtsstuben weltweit, so wurde auch hier geschludert.

Der polnische Journalist Igor Witkowski durchsuchte in den *National Archives* der Vereinigten Staaten eine Zusammenstellung der vom militärischen Geheimdienst an das Archiv abgegebenen Dokumente. Im Abschnitt über die deutsche Forschungen und Entwicklungen im Bereich der Luftfahrt fand er einen Eintrag vom 21. September 1948, der einen Hinweis auf eine Flying Saucer, eine Fliegende Untertasse enthält. (Abb. 4) Das entsprechende archivierte Dokument war allerdings nicht auffindbar, sondern nur der Vermerk, dass es später entfernt worden sei.[6] Ein klarer Beweis dafür, dass die Spuren, welche die deutschen Flugscheiben in den Archiven hinterlassen haben, vorsätzlich gelöscht wurden.

Licht ins Dunkel sowohl des historischen als auch des neuzeitlichen UFO-Phänomens zu bringen, versucht seit vielen Jahrzehnten Jacques Vallee, als Astrophysiker und Informatiker ein Spitzenwissenschaftler und heute sozusagen im Nebenberuf der wohl dienstälteste noch aktive UFO-Forscher der Welt, dessen Seriosität über alle Zweifel erhaben ist. Mitte der 1970er-Jahre konnte Vallee in Kontakt mit einem hochrangigen Vertreter der US-Geheimdienste treten, der zum damaligen Zeitpunkt allerdings schon seine wohlverdiente Pension genoss. Er nannte diesen Mann in seinen Veröffentlichungen Major Murphy, ließ jedoch keinen Zweifel daran, dass es sich dabei um ein Pseudonym handelte, versehen mit dem Hinweis, dass der Betreffende in der Zeit seines aktiven Dienstes einen bedeutend höheren militärischen Rang eingenommen hatte.

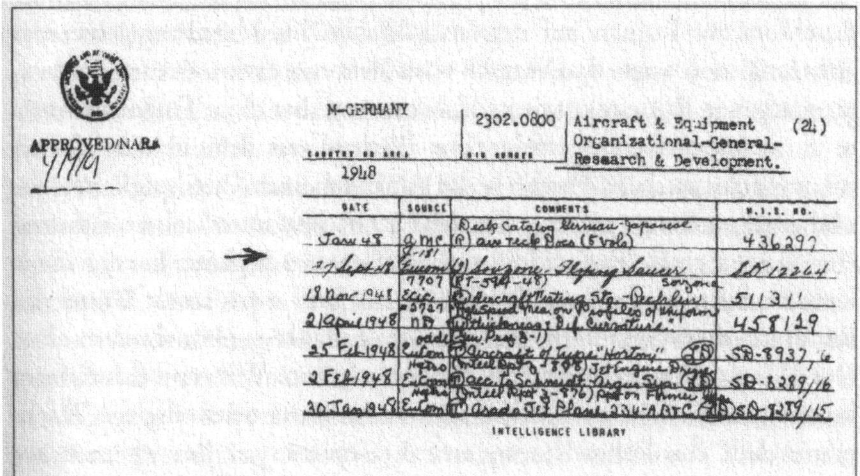
APPROVED/NARA 4/19/01

M-GERMANY | 2302.0800 | Aircraft & Equipment (24)
Organizational-General-
Research & Development.
COUNTRY OR AREA | SUBJECT NUMBER
1948

DATE	SOURCE	COMMENTS	M.I.S. NO.
Jan 48	AMC	Desk Catalog German-Japanese (R) air tech Docs (5 vols)	436297
27 Sept 48	Eucom	(?) Sonzone - Flying Saucer	[illegible] 12264
18 Nov 1948	[illegible]	[illegible]	511311
21 April 1948	[illegible]	[illegible]	458129
25 Feb 1948	Eucom	Aircraft of Type "Horten"	SD-8937/6
2 Feb 1948	Eucom	[illegible] Jet Engine [illegible] acc. to Schmidt [illegible]	SD-8289/16
30 Jan 1948	Eucom	[illegible] Jet Plane 234-A [illegible]	SD-[illegible]/15

INTELLIGENCE LIBRARY

Abb. 4: Dokument mit dem Hinweis auf deutsche Arbeiten an „Flying Saucers“

Major Murphy gehört nicht zu denen, die die Ansicht teilen, dass die UFOs von außerhalb unserer Erde stammen. Zu dieser Auffassung war er von Berufs wegen gelangt, und er berichtete Jacques Vallee freimütig darüber: *„Im Jahr 1943 hatten uns Informationen erreicht, wonach in mehreren Ländern an kreisförmigen Fluggeräten gearbeitet wurde, in der Hoffnung, diese später gegen uns als Geheimwaffe einsetzen zu können. Die Deutschen betrieben darüber hinaus Forschungen bezüglich der Anwendung elektrischer Ströme zur Erzeugung ‚kontrollierter Leuchteffekte' und versuchten letztendlich, alle diese Dinge miteinander zu kombinieren."* Vallee wundert sich: *„Was erwähnt er in diesem Zusammenhang die Deutschen und ihre Geheimwaffen? Die Annahme ist doch absurd, dass diese Gerätschaften eine Erklärung für die UFOs abgeben könnten."* Nachdem Vallee zweifelt, gibt ihm Major Murphy einen weiteren Hinweis: *„Ich kann Ihnen nur sagen, dass nahezu geräuschlose, diskusförmige Fluggeräte hergestellt werden können. Entsprechend ausgerüstet sind sie in der Lage, erstaunliche Effekte hervorzurufen und kommen als Erklärung für die beobachteten Fliegenden Untertassen in Frage. Ich wünschte, ich hätte noch die Unterlagen zu den Experimenten der Deutschen."*[(58)] Ein weiterer Kommentar scheint hier überflüssig.

Wenn nach alledem auch mit Gewissheit angenommen werden kann, dass die modernen UFOs auf Entwicklungen in Deutschland vor dem Ende des Zweiten Weltkrieges zurückgehen, ist damit jedoch noch nicht alles gesagt. Bei den Konstruktionen Habermohls und Miethes handelte es sich zweifelsohne um für die damalige Zeit außergewöhnliche Fluggeräte. Deren Technologie knüpfte nahtlos an andere Technologiesprünge der frühen 1940er-Jahre, wie zum Beispiel jener der Strahljäger und Raketen, an. Darüber hinaus wurde noch an weit exotischeren Antrieben geforscht – mit Erfolg, wie sich zwischenzeitlich herausgestellt hat.

Einer der bekannt gewordenen Konstrukteure war Viktor Schauberger. Bei ihm handelte es sich um einen mit ungewöhnlich scharfer Beobachtungsgabe und Intuition ausgestatteten Ingenieur, der die in der freien Natur sichtbaren Kräfte in neuartigen technischen Apparaturen auszunutzen verstand. Seine Erfindungen standen unter dem Motto: Verstehe und kopiere die Natur.(17) Ihn interessierten in erster Linie die Abhängigkeit der Wasserdichte und -tragfähigkeit von Temperatur und Bewegungsform sowie ungewöhnliche Wirbelbewegungen, die es dem Wasser sogar ermöglichten, bergaufwärts zu fließen. Dies waren Kenntnisse, die seiner Meinung nach bereits antike Baumeister bei der Konstruktion von römischen Viadukten und von Wasseranlagen in den Königspalästen von Kreta benutzt hätten. Er war davon überzeugt, dass im Wasser sogenannte „Schwebekräfte" verborgen seien und entwickelte Maschinen, die diese durch starke Rotation befreien sollten, um dann selbst von einem Kraftfeld in die Höhe gehoben zu werden.(59)

Im Mittelpunkt seiner Forschungen stand dabei immer wieder der Wirbel, der seiner Ansicht nach ein grundlegendes Strukturmuster schöpferischer Prozesse in der Natur darstellte, angefangen von der Form der Spiralgalaxien in den Weiten des Kosmos, über die Gestalt eines Tornados bis hin zur DNA als Träger der Erbinformation. Um die durch solche Verwirbelungen freiwerdenden Kräfte besser studieren zu können, konstruierte Schauberger über einer Wasserfläche einen „Impeller", der, im Gegensatz zum Propeller, die abfließenden Kräfte nicht nach außen, sondern nach innen lenkte und das Wasser durch eine Röhre drückte. Dabei entstand ein Fließmuster, das er als „zentripedal" bezeichnete. Schauberger fand heraus, dass der auf diese Wiese erzielte Energieausstoß neunmal höher ausfiel als bei einer konventionellen Turbine. Diese „Implosionsmaschine" generierte daneben auch starke Vakuumeffekte. Später ersetzte er in der Versuchsanordnung Wasser durch Luft und ersann ein Gerät, das für die Verwendung als Energiegenerator oder als Triebwerk für Flugzeuge und U-Boote geeignet war.

Im Jahr 1940 reichte er diese Maschine zum Patent ein. Kurz danach schrieb er seinem Cousin, er habe ein Flugzeug erfunden, das keinerlei Geräusch verursache. In der Korrespondenz mit der Wiener Firma Kertl vom Februar 1941 beschrieb er den Zweck dieses Prototyps. Zum einen sollte er der Erforschung der Produktion von *Freier Energie* dienen, zum anderen seine Theorien über das mit dieser Energie mögliche Schweben in der Luft bestätigen. Der von dieser Maschine erzeugte

Vortex führte zu einer massiven Reduktion des Volumens im Inneren des Gerätes und generierte gleichzeitig ein Vakuum von enormem Druck, das immer mehr Luft in die Turbine saugte. Um den Prozess in Gang zu bringen, war ein kleiner Startermotor notwendig. Lief die Turbine dann mit 15.000 bis 20.000 Umdrehungen pro Minute, schaltete sich die Starthilfe aus, und der Prozess erhielt sich von selbst. Die Fähigkeit der Maschine, sich in die Luft zu erheben und zu fliegen, führte Schauberger zum geringeren Teil auf das sich bildende Vakuum zurück. In der Hauptsache, dachte er, sei sie in einem anderen Vorgang begründet, auf eine Reaktion zwischen den durch die Implosion mit gewaltiger Kraft zusammengepressten Luftmolekülen und der Maschine selbst. Da er sich über die Art der wirkenden Energie nicht im Klaren war, bezeichnete er sie einfach als *Freie Energie*. In ihrer Wirkung gleicht sie dem, was heute mit dem Wort *Antigravitation* beschrieben wird.

Im Mai 1941 bekam Schauberger die Order, seine Forschungen künftig im Geheimen fortzuführen. Anhand seiner Notizen lässt sich nur schwer rekonstruieren, was er genau getan, woran er wirklich gearbeitet hat. So schrieb er wenige Wochen später seinem Sohn Walter einen Brief, dass er sich in Gablonz im Sudetenland aufhalte, und was er mache, sei geheim. Im Herbst 1941 arbeitete er in einer Waffenfabrik in Neudek, in der Nähe von Karlsbad, um im Dezember wieder in Gablonz zu sein, wo er auf die Ankunft des Startermotors wartete. Die Monate danach lassen sich, was Schaubergers genaue Tätigkeit angeht, nur ungenügend erhellen.

Im April 1944 erschien er vor einer Musterungskommission der Waffen-SS. Im Mai erhielt er den Marschbefehl ins Konzentrationslager Mauthausen, wo er ein Team dort festgehaltener Spezialisten für die Fortsetzung seiner Forschungsarbeit rekrutierte. Im Juni wurde er offiziell zu einer SS-Panzergrenadierdivision nach Breslau abkommandiert. Anscheinend handelte es sich dabei um eine Tarnmaßnahme, war Schauberger zu diesem Zeitpunkt doch schon 59 Jahre alt. Fest steht, dass er bis zum Ende des Krieges forschte und von nun an im Auftrag der SS arbeitete. Schauberger pendelte zwischen der SS-Ingenieurschule in Wien, wo die technischen Entwürfe entstanden, und dem KZ Mauthausen, in dem die Fertigung stattfand, laufend hin und her.

Wie seinen Tagebuchaufzeichnungen zu entnehmen ist, machte die Arbeit an der jetzt REPULSINE genannten „Implosionsmaschine" gute Fortschritte, wurde aber immer wieder unterbrochen von Luftalarm und durch andere Forschungsprojekte, denen er sich nicht entziehen konnte. Am 28. Februar 1945 verlegte er, um ungestört tätig sein zu können, seine Arbeit in das Dorf Leonstein. Am 5. April vermeldet sein Tagebuch, dass die Endmontage der REPULSINE begonnen habe. Einen Monat später war die Arbeit getan. Jedoch fand der für den 6. Mai 1945 geplante erste Testflug der Maschine nicht mehr statt. Das Ende des Krieges war gekommen.[17]

Welches ist nun die wirkliche Quelle jener von Schauberger so bezeichneten *Freien Energie*, die seine REPULSINE erzeugte? Die Antwort: Das sogenannte Nullpunkt-Energiefeld. Die Existenz eines solchen gilt in der Wissenschaft seit 1997 als nachgewiesen. In jenem Jahr gelang es, den nach dem Physiker Hendrik Casimir benannten und von ihm 1948 theoretisch ausgearbeiteten Effekt in der Praxis zu bestätigen. Casimir hatte behauptet, dass auch im Vakuum, das gemeinhin als „leer" angesehen wird, die Nullpunktfluktuationen eines Quantenfeldes niemals unterbunden werden können, das Vakuum demnach auch zu keinem Zeitpunkt wirklich „leer" sei. Selbst wenn die Abschlusswände eines Raumgebietes auf der Temperatur 0 Grad Kelvin wären, würde es in dem eingeschlossenen Raum ein Fluktuationsfeld mit endlicher Energie unterhalten. Man geht davon aus, dass dieses Nullpunkt-Energiefeld, das auch als *Vakuumstrahlungsfeld* oder *Quantenrauschen* bezeichnet wird, überall im Raum gleichermaßen ausgebildet ist. Von manchen theoretischen Physikern wird ihm eine Feldenergie mit horrend hohen Energiedichten zugeschrieben.[60]

Zurück zum Casimir-Effekt: Der Beweis für die Existenz eines solchen Nullpunkt-Energiefeldes könnte, so Casimir, erbracht werden, wenn es gelänge, im Vakuum zwei Aluminiumplatten in so geringen Abstand zueinander zu bringen, dass der Zwischenraum geringer als die Wellenlänge jener im Quantenrauschen pulsierenden Teilchen ausfiele.

Damit wäre zwischen den Platten tatsächlich „nichts“. Erst im Jahr 1997 bestand technisch gesehen die Möglichkeit, den Abstand der Platten auf das verlangte Maß zu reduzieren. Bei den daraufhin stattfindenden Versuchen konnte nachgewiesen werden, dass sich die beiden im Vakuum aufgehängten Platten einander mit einer Kraft anziehen, die sich als der vierten Potenz des Plattenabstandes umgekehrt proportional erweist, was auf die von außen wirkende Kraft des Nullpunkt-Energiefeldes zurückzuführen ist.[60]

Im Jahr 2015 gelang erstmals die direkte Messung von Vakuum-Fluktuationen[61], wenig später konnte das Quantenrauschen sogar gezielt beeinflusst werden. Ein sogenanntes *gequetschtes Vakuum* wurde realisiert.[62]

Der russische Physiker und Nobelpreisträger Andrei Sacharov publizierte im Jahr 1967 eine wissenschaftliche Arbeit, in der er behauptete, dass die physikalischen Größen der Gravitation und der Trägheit mit den Vakuumfluktuationen des Nullpunkt-Energiefeldes verbunden seien. Dieser Ansatz wurde viele Jahre später von anderen Wissenschaftlern aufgenommen und weiter vertieft. Die stochastische Elektrodynamik (SED) ist eine Theorie, die unter Zuhilfenahme des Instrumentariums der klassischen Physik in vielen Punkten zu denselben Ergebnissen wie die Quantentheorie führt. Übernommen wird lediglich die Existenz des Nullpunkt-Energiefeldes im Vakuum.[63,64] Drei der renommiertesten Vertreter der SED sind die amerikanischen Wissenschaftler Harold E. Puthoff, Bernhard Haisch und Alfonso Rueda. Anknüpfend an Sacharov sind deren Erkenntnisse in ihrer Konsequenz revolutionär und phantastisch zugleich. Sollte es möglich sein, das Nullpunkt-Energiefeld mit technischen Mitteln zu verändern, so ließen sich auch gravitierende und träge Massen beeinflussen. Eine zielgerichtete Störung des ein Objekt umgebenden Nullpunkt-Energiefeldes könnte dann eine teilweise oder gar vollständige Aufhebung der Gravitation zur Folge haben, verbunden mit einer drastischen Reduzierung des Beschleunigungswiderstandes. Der Weg wäre frei, um bisher nicht realisierbare Fluggeschwindigkeiten zu erreichen.[65,66]

Darüber hinaus birgt die SED weiteren „Sprengstoff": Verfügt das Nullpunkt-Energiefeld tatsächlich über die vermutete hohe Energiedichte, könnte durch ein „Anzapfen" dieses Feldes eine Lösung aller Energieprobleme herbeigeführt werden. Nach Meinung Puthoffs birgt eine Kaffeetasse genug Energie, um alle Ozeane dieser Welt mehrfach vollständig verdampfen zu lassen.[17]

Die von Puthoff, Haisch und Rueda gestellte entscheidende Frage ist die nach der Resonanzfrequenz, bei der eine Interaktion zwischen den Teilchen und dem Nullpunkt-Energiefeld möglich wird.[67] Über die dabei anzuwendende Methode sind sich die beteiligten Wissenschaftler nahezu einig.

Der auf Fragestellungen der Luft- und Raumfahrt spezialisierte britische Journalist Nick Cook, der sich intensiv mit dem Thema einer möglichen Realisierung von Antrieben unter Aufhebung der Schwerkraft befasst hat, erfuhr von seinem physikalischen Mentor, dem auf allgemeine Feldtheorie spezialisierten Dr. Dan Marckus (Pseudonym), dazu Folgendes: *„Da sich das Nullpunkt-Energiefeld aus Milliarden winzig kleiner Energiefluktuationen zusammensetzt, die sich unablässig und innerhalb von Sekundenbruchteilen materialisieren und wieder entmaterialisieren, kann der Theorie nach alles, was in diese Fluktuationen einzugreifen vermag, das Feld anzapfen und Energie herausziehen. Einige Leute, und darunter auch ich, glauben, dass ein Torsionsfeld genau das kann. ... Alles, was rotiere, erzeuge ein Torsionsfeld."* Marckus sprach auch von dem auf solche Weise erreichten Eingriff in die Bindemechanismen des Universums.[17]

Und genau ein solches Torsionsfeld produzierte Schaubergers REPULSINE! Der durch den „Impeller" mit der gewaltigen Wucht von 15.000 bis 20.000 Umdrehungen pro Minute nach innen gerichtete Wirbel aus Luftmolekülen führte zu einer Kollision von deren Elektronen und Protonen. War der Eingriff in das Nullpunkt-Energiefeld gelungen, funktionierte das Gerät im Folgenden wie eine Pumpe, die, eingetaucht in das Meer fluktuierender Vakuumteilchen, aus dieser schier unendlichen Quelle Energie schöpfte.

Schauberger hatte ein neues Wirkprinzip entdeckt und versucht, es technisch umzusetzen. Die theoretischen Hintergründe dagegen mussten ihm zur damaligen Zeit unbekannt bleiben. Richtig eingestellt, konnte die REPULSINE die lokale Gravitation manipulieren – die Maschine hob ab. Besser gesagt, sie hätte am 6. Mai 1945 abheben sollen. Doch dazu kam es, wie schon gesagt, nicht mehr.

Doch damit ist die Geschichte von Schauberger und seiner epochalen Entdeckung noch nicht zu Ende. Wenige Tage nach Kriegsende wurde Viktor Schauberger von den Amerikanern verhaftet und bis zum März 1946 unter Hausarrest gestellt. Welche Informationen er preisgab, ist bis heute nicht bekannt geworden. In Wien durchsuchten die Russen seine Wohnung – und wurden dabei fündig. Die beschlagnahmten Unterlagen landeten auf dem Tisch eines russischen Wissenschaftlers namens Podkletnow.(17) Dieser zeigte sie später seinem Sohn Jewgeni Podklednow. Und wie es der Zufall will – falls man an solche „Zufälle" glauben will – entwickelte sich dieser Jewgeni Podkletnow zu einer der heute führenden Autoritäten, die sich theoretisch und experimentell mit den Möglichkeiten einer Abschirmung der Gravitation beschäftigen.

Im Jahr 1996 gelang es Podkletnow in Zusammenarbeit mit finnischen Wissenschaftlern mit der von ihm entwickelten Apparatur die Erdgravitation so weit abzuschirmen, dass bei dem oberhalb positionierten Objekt eine Gewichtsreduktion von einigen wenigen Prozent zu beobachten war. (Abb. 5) In der von ihm und seinem Team konstruierten Versuchsanordnung drehte sich mit hoher Geschwindigkeit ein Ring aus supraleitender Keramik in einem starken Magnetfeld. Nach Aussagen Podkletnows konnte sein Versuch später von zwei anderen Forschergruppen reproduziert werden, allerdings seien deren Ergebnisse aufgrund des öffentlichen Drucks nicht publiziert worden.(69)

Zu Resultaten, die gleichfalls auf die Möglichkeit einer Aufhebung der Gravitation schließen lassen, kam einige Jahre später auch der österreichische Physiker Martin Tajmar mit seinen Forscherkollegen.(70,71)

Breakthrough as scientists beat gravity

by ROBERT MATTHEWS
and IAN SAMPLE

SCIENTISTS in Finland are about to reveal details of the world's first anti-gravity device. Measuring about 12in across, the device is said to reduce significantly the weight of anything suspended over it.

The claim — which has been rigorously examined by scientists, and is due to appear in a physics journal next month — could spark a technological revolution. By combatting gravity, the most ubiquitous force in the universe, everything from transport to power generation could be transformed.

The Sunday Telegraph has learned that Nasa, the American space agency, is taking the claims seriously, and is funding research into how the anti-gravity effect could be turned into a means of flight.

The researchers at the Tampere University of Technology in Finland, who discovered the effect, say it tures. The team was carrying out tests on a rapidly spinning disc of superconducting ceramic suspended in the magnetic field of three electric coils, all enclosed in a low-temperature vessel called a cryostat.

"One of my friends came in the *Journal of Physics-D: Applied Physics*, published by Britain's Institute of Physics.

Even so, most scientists will not feel comfortable with the idea of anti-gravity until other teams repeat the experiments.

HOW THE ANTI-GRAVITY DEVICE WORKS

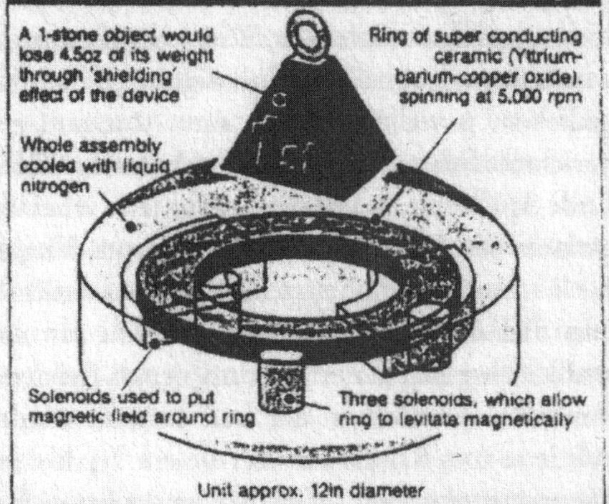

Sunday Telegraph, 1.9.1996

Abb. 5: Presseartikel über den Durchbruch bei der Erforschung der Antigravitation

Hatte Podkletnow den anfänglich noch geringen Gewichtsverlust von 2% mit 5.000 Umdrehungen des Supraleiters pro Minute erreicht, so sind nach seiner Aussage 25.000 bis 50.000 Umdrehungen pro Minute notwendig, um die Gravitation der Erde gänzlich aufzuheben.[(17)] Zur Erinnerung: Schauberger war es immerhin gelungen, ähnliche Effekte bei 15.000 bis 20.000 Umdrehungen pro Minute zu beobachten. Wie erklärt sich Podkletnow den registrierten Effekt einer ständigen Gewichtsabnahme bei zunehmender Umdrehungsgeschwindigkeit? Nach seinen Worten könnte diese Tatsache auf eine Anregung des physikalischen Vakuums innerhalb und außerhalb des Supraleiters durch das wirkende Torsionsfeld zurückzuführen sein.[(17)] Ein solches hatte auch bei Schaubergers REPULSINE die natürliche Schwerkraft aufgehoben. Im Unterschied dazu entstand in der Versuchsanordnung Podkletnows dieses Feld jedoch durch elektromagnetische Einflüsse.

Es kann schon als Sensation bezeichnet werden, dass sich deutsche Wissenschaftler zum Ende des Krieges auch mit dieser „modernen" Form der Erzeugung eines Torsionsfeldes und der dadurch möglichen Aufhebung der Gravitation befasst haben. Der polnische Journalist Igor Witkowski hat mit seinen Forschungsergebnissen die Beweise dafür vorgelegt.

Auf welche Quellen konnte Witkowski bei seinen Recherchen zurückgreifen?

Wie schon im Zusammenhang mit den Aktivitäten des für die Evakuierung von Hochtechnologie zuständigen Kommandos ELF ausgeführt, konnte er Einblick nehmen in erhalten gebliebene Unterlagen der *Militärischen Abteilung* im Nationalen Rat des ehemaligen polnischen Präsidenten Bierut. Der von den Polen und dem NKWD verhörte SS-Obersturmbannführer Rudolf Schuster gab gegenüber den Ermittlern Informationen über seine Rolle als Verantwortlicher für Transportfragen im Kommando ELF preis, die zu weiteren Nachforschungen anregten. Später wurde dazu auch SS-Gruppenführer Sporrenberg, der Kommandierende der nördlichen Evakuierungsroute, eingehend vernommen.

Schuster sagte aus, dass sein Kommando in den letzten Kriegstagen ein Projekt mit dem Tarnnahmen *Die Glocke* mitsamt der wissenschaftlichen Dokumentation evakuiert habe. Seit dem 18. Dezember 1944 hätten die Experimente mit diesem Gerät in einem stillgelegten Kohlebergwerk in der Nähe von Waldenburg in Schlesien stattgefunden. Auf dem Transport von dort in Richtung Westen seien am 28. April 1945 62 der an den Experimenten beteiligten Personen von der SS erschossen worden, darunter auch deutsche Wissenschaftler. Dieser Umstand weist einerseits auf den hohen Geheimhaltungsgrad dieser Forschungsarbeiten hin, zum anderen deutet er an, dass man sich die Exekution eines Teiles der Wissensträger durchaus leisten konnte. Das wiederum erlaubt die Schlussfolgerung, dass die Forschungen sehr weit gediehen, ja vielleicht sogar zum Abschluss gekommen waren.

Weiter berichtete Schuster den ihn vernehmenden Geheimdienstoffizieren, dass Ende April eine Ju 390 des Geheimgeschwaders KG 200 das gesamte Material – Witkowski nimmt an vom Flugplatz in Schweidnitz – in Richtung Norwegen ausgeflogen habe. Dazu sei die Junkers mit den Hoheitszeichen des neutralen Schweden versehen worden. Bei der Ju 390 handelte es sich um ein sechsmotoriges Langstreckenflugzeug mit einer Reichweite von bis zu 11.000 Kilometern, das auch in der Luft betankt werden konnte. Zum Kriegsende existierte von diesem Typ nur ein funktionstüchtiges Exemplar, was den Wert der evakuierten Ladung zusätzlich unterstreicht.(6) Die Reise von *Die Glocke* war, wie noch aufgezeigt werden wird, damit jedoch noch nicht zu Ende. Zweifel darüber, ob diese späte Evakuierungsoperation angesichts des Frontverlaufes überhaupt möglich gewesen sein kann, sind unberechtigt. Sowohl die Gegend um Waldenburg als auch Schweidnitz wurden von den Russen erst zum Ende des Krieges im Mai 1945 kampflos besetzt.(72)

Die Anfänge des Projektes *Die Glocke* gehen nach den vorhandenen Informationen bis auf das Jahr 1942 zurück. Im August 1943 erfolgte die Aufspaltung in zwei Unterprojekte, genannt *Laternenträger* und *Chronos*. Laut Igor Witkowski waren zwei absolute Spitzenwissenschaftler in die Entwicklung involviert, Walther Gerlach und Pascual Jordan.[6,73]

Die Beschreibungen der technischen Apparatur von *Die Glocke* ergeben folgendes Bild: Das Gerät war etwa 2,5 Meter hoch und hatte einen Durchmesser von 1,5 Meter. Ein mit einem dicken Elektrokabel verbundenes, glockenförmiges Keramikgehäuse umschloss zwei massive zylinderförmige Trommeln, deren Durchmesser jeweils ungefähr einen Meter betrug. Die Trommeln, die aus einem silbrigen Metall bestanden, rotierten während der Versuche mit extrem hoher Geschwindigkeit gegenläufig um eine gemeinsame vertikale Achse aus Hartmetall mit einem Durchmesser zwischen zwölf bis 20 Zentimeter. Vor jedem Versuch wurde die im Inneren hohle Achse mit einem Keramikbehälter bestückt, der, 1,0 bis 1,5 Meter lang, gefüllt war mit einer ungewöhnlichen metallischen Substanz. Ein wesentlicher Bestandteil in der Zusammensetzung dieses Inhaltsstoffes war Quecksilber. Reines Quecksilber befand sich auch innerhalb der beiden rotierenden Zylinder. Vor jedem Experiment wurde das Quecksilber auf niedrige Temperaturen heruntergekühlt.[6] Anscheinend verfuhren die Wissenschaftler bei den Experimenten nach dem Prinzip „Versuch und Irrtum". Jeder Durchlauf dauerte im Durchschnitt nur eine Minute, so als hätten sie versucht, *Die Glocke* wie ein Radiogerät abzustimmen.[17]

Folgende Effekte konnten beim Betrieb der Anlage beobachtet werden:

1. Ein charakteristisches Geräusch, am besten vergleichbar mit dem Summen in einem Bienenstock;
2. ein bläuliches Licht, beschrieben auch als „blaues Glühen";
3. ein starkes Magnetfeld;
4. beim Bedienungspersonal traten kurzfristig Kopfschmerzen auf, und im Mund wurde ein metallischer Geschmack bemerkt, langfristig klagten die an den Experimenten beteiligten über Schlaf- und Gleichgewichtsstörungen, Gedächtnislücken, Muskelkrämpfe und verschiedene Arten von Geschwüren;

5. bei den in den Versuchsräumen zu Testzwecken hinterlegten organischen Substanzen kam es unter anderem zur völligen Zerstörung von Gewebestrukturen, bei Grünpflanzen innerhalb von fünf Stunden zum Abbau des Chorophylls, gefolgt von einer Umwandlung des pflanzlichen Materials in eine schmierige Substanz mit der Konsistenz von ranzigem Fett.

In der ersten Testphase zwischen Mai und Juni 1944 war als Folge der biologischen Nebeneffekte der Tod von fünf der beteiligten sieben Wissenschaftler zu beklagen. Aufgrund einer „besseren Einstellung" der Versuchsanlage konnten die unerwünschten Nebenwirkungen mit der Zeit deutlich reduziert werden. Am 10. Januar 1945 wurden von den biologischen Proben nur noch 12 bis 15 Prozent zerstört. Am 25. März gelang es schließlich, diese Quote auf zwei bis drei Prozent zu verringern.

Befragt zur prinzipiellen Funktionsweise von *Die Glocke* konnten nach dem Krieg Schuster und Sporrenberg nicht die erhofften eindeutigen Hinweise geben, waren sie doch beide nicht als Wissenschaftler in das Projekt involviert. Im Zusammenhang mit dem Betrieb der Anlage waren ihren Äußerungen jedoch zwei Formulierungen zu entnehmen, die heute zum Verständnis der physikalischen Hintergründe jenes für das Dritte Reich bedeutendsten Forschungsprojektes beitragen: „Wirbelverdichtung", man könnte auch Torsionsfeld sagen, und „Trennung magnetischer Felder", die Erzeugung eines magnetisch geschlossenen Systems.[(6)] Beide Komponenten spielten in Podkletnows Versuchen eine tragende Rolle, allerdings hatte der russische Wissenschaftler ein magnetisch geschlossenes System durch den Einsatz von Supraleitern erreicht. Supraleiter standen jedoch 1944/1945 noch nicht zur Verfügung. Von daher mussten die deutschen Wissenschaftler, um eine Abschirmung der Gravitation zu erreichen, einen anderen Weg beschritten haben.

Ein magnetisch geschlossenes System kann auch generiert werden, wenn unter bestimmten Bedingungen ein durch elektrischen Strom erzeugtes Plasma (ionisiertes Gas) einen Plasmawirbel ausprägt. Einher geht die Bildung dieser sogenannten Plasmoide mit der Erzeugung von Magnetfeldern, deren Kraftlinien fast vollständig geschlossen sind, sowie charakteristischen Leuchterscheinungen durch die Emission einer ionisierenden Strahlung. Es handelt sich dabei um stabile Gebilde, die auch nach Abschaltung der Stromversorgung eine gewisse Zeit weiterexistieren. Einige Physiker sind der Meinung, dass die immer noch rätselhaften Kugelblitze oder mit diesen verwandte atmosphärische Erscheinungen Plasmoide sind.(6) Man spricht in diesem Zusammenhang auch von „ball-lightning" oder „Feuerbällen".

Sowohl die Entstehung starker Magnetfelder, als auch jene ungewöhnlichen Leuchterscheinungen wurden bei den Experimenten mit *Die Glocke* berichtet. Igor Witkowski hat in Zusammenarbeit mit Wissenschaftlern nachgewiesen, dass in dieser Apparatur die Erzeugung solcher Plasmawirbel technisch möglich gewesen ist. Dabei kam dem verwendeten Quecksilber aufgrund seiner Materialeigenschaften eine entscheidende Bedeutung zu. Quecksilber ist eine flüssige Substanz von hoher Dichte und geringer Viskosität. Je niedriger diese ist, desto ungestörter bleibt der Eigendrehimpuls (Spin) der Elementarteilchen im Atom.

Wurden in *Die Glocke* die mit Quecksilber gefüllten Trommeln auf mehrere zehntausend Umdrehungen pro Minute beschleunigt, bildete dieses flüssige Material unter dem Einfluss der Zentrifugalkraft an den Wänden der Trommeln eine dünne Schicht. Nach Erreichen der maximalen Drehgeschwindigkeit konnten die Quecksilberionen durch einen angelegten Hochspannungsstrom weiter beschleunigt werden. Berechnungen ergaben, dass die Drehgeschwindigkeit auf diese Weise bis über 100.000 Umdrehungen pro Sekunde(!) hätte anwachsen können.(6) Damit rotierte der erzeugte Plasmawirbel um viele Größenordnungen schneller als der an die Beschränkungen der Mechanik fester Körper gebundene supraleitende Keramikring Podkletnows. Tatsächlich bedeutet dessen heute so revolutionär anmutende Methode gegenüber diesen von deutschen Wissenschaftlern vor vielen Jahrzehnten durchgeführten Experimenten einen Rückschritt.

Von daher müssen die von den Deutschen erzielten Effekte bei der Abschirmung der Gravitation um vieles erstaunlicher gewesen sein. So erklären sich auch die in der Folge der Versuche aufgetretenen Veränderungen an organischen Substanzen. Schon der russische Wissenschaftler Gennady Shipov wie auch der deutsche Physiker Burkhard Heim hatten in ihren Arbeiten nachgewiesen, dass künstlich erzeugte Gravitationswellen in den ihnen ausgesetzten Materialien Strukturveränderungen verursachen.[(6)]

Nick Cook legte die ihm von Igor Witkowski übermittelten Informationen sowohl zum Aufbau von *Die Glocke* als auch zur vermuteten Wirkungsweise des Gerätes dem Physiker Dan Marckus vor und bat diesen um eine Interpretation der offerierten Fakten. Marckus bestätigte, dass die Deutschen demnach tatsächlich ein Fluggerät entwickelt haben könnten, das die Antigravitation zu nutzen verstand. Darüber hinaus sei es mit dieser Apparatur möglicherweise gelungen, wenn auch vorerst nur in äußerst geringem Umfang, die vierte Dimension, die Zeit, zu manipulieren. Durch den Eingriff in das Nullpunkt-Energiefeld habe nicht nur die Schwerkraft aufgehoben werden können, sondern innerhalb des erzeugten Torsionsfeldes sei in Relation zur „Außenwelt" auch der Zeitablauf ein anderer gewesen. Marckus formulierte das wie folgt: „*Wenn man ein Torsionsfeld hinreichender Größe erzeugt, so kommt es zur Krümmung nicht nur der drei Dimensionen des Raumes. Je mehr Torsion erzeugt wird, desto größer ist die Störung des Raumes. Krümmt man den Raum, so krümmt man auch die Zeit.*"[(17)] Die kaum fassliche Konsequenz daraus lautet: Deutsche Wissenschaftler entwickelten eine Zeitmaschine!

Und mit ihren Versuchen nach dem Prinzip „Versuch und Irrtum" *Die Glocke* vergleichsweise wie ein Radiogerät abzustimmen, könnten sie die von den Vertretern der stochastischen Elektrodynamik gestellte Frage nach der Resonanzfrequenz, bei der eine Interaktion zwischen den Teilchen und dem Nullpunkt-Energiefeld möglich wird, für sich positiv beantwortet haben. Darauf deutet zumindest hin, dass sie die unerwünschten Nebeneffekte der Experimente bis Ende März 1945 nahezu gegen Null reduzieren konnten.

Fazit: Mit *Die Glocke* wurde eine Apparatur entwickelt, die weit jenseits der Vorstellungskraft der damaligen Zeit gelegen hat und geradezu ungeheuerliche Wirkungen zeigte. Mit ihr gelangten Möglichkeiten in die unmittelbare Reichweite technischer Umsetzbarkeit wie die Aufhebung der Schwerkraft, die Nutzung der einzig sinnvollen alternativen Energiequelle, der Nullpunkt-Energie, die Manipulation der Zeit und die Erzeugung von Plasmoiden. Letztere brachten es dann im Spätherbst 1944 sogar bis zur Frontreife, wenn auch vorerst nur als psychologische Waffe. Als sogenannte „Feuerbälle" oder „foo-fighter" fanden sie ihren Niederschlag in den Medienberichten jener Zeit. (Abb. 6) Dem Projekt *Laternenträger*, das sich wohl dahinter verborgen hat, war kurzfristig Erfolg beschieden. Die anderen umstürzenden Entwicklungen, wie auch *Chronos*, die Zeitmaschine, sind bis zum Ende des Krieges sicher nicht über Vorstufen hinausgelangt. Konnte *Die Glocke* jedoch, wie die Quellen Witkowskis angeben, rechtzeitig evakuiert werden, stand späteren Nachkriegsentwicklungen der Dritten Macht nichts im Wege.

Alle Informationen über das Projekt *Die Glocke* verdanken wir bisher einzig und allein Igor Witkowski. Niemand sonst hat bisher aus unabhängigen Quellen über diese einzigartige Apparatur berichtet. Keinem öffentlich zugänglichen Dokument sind ergänzende Details zu entnehmen. Dieser Umstand ist von einigen zum Anlass genommen worden, die Existenz des Projektes generell infrage zu stellen.

Dabei sind gleich vier weitere, mehr als nur indirekte Bezugnahmen auf jene revolutionären Entwicklungen bekannt, auch wenn nirgendwo der konkrete Projektname genannt wird. Eine davon wurde schon vorgestellt – die Aussagen von Major Murphy gegenüber Jacques Vallee. Ein Teil davon soll an dieser Stelle wiederholt sein: *„Im Jahr 1943 hatten uns Informationen erreicht, wonach in mehreren Ländern an kreisförmigen Fluggeräten gearbeitet wurde, in der Hoffnung, diese später gegen uns als Geheimwaffe einsetzen zu können. Die Deutschen betrieben darüber hinaus Forschungen bezüglich der Anwendung elektrischer Ströme zur Erzeugung ‚kontrollierter Leuchteffekte' und versuchten letztendlich, alle diese Dinge miteinander zu kombinieren."*(58)

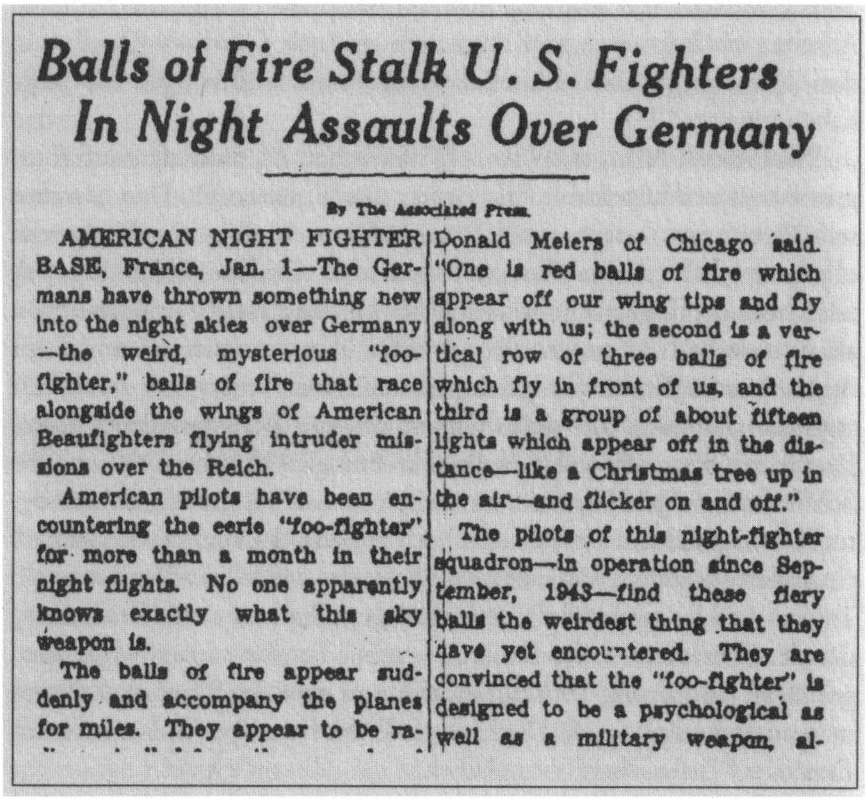

Balls of Fire Stalk U. S. Fighters In Night Assaults Over Germany

By The Associated Press

AMERICAN NIGHT FIGHTER BASE, France, Jan. 1—The Germans have thrown something new into the night skies over Germany—the weird, mysterious "foo-fighter," balls of fire that race alongside the wings of American Beaufighters flying intruder missions over the Reich.

American pilots have been encountering the eerie "foo-fighter" for more than a month in their night flights. No one apparently knows exactly what this sky weapon is.

The balls of fire appear suddenly and accompany the planes for miles. They appear to be ra-

Donald Meiers of Chicago said. "One is red balls of fire which appear off our wing tips and fly along with us; the second is a vertical row of three balls of fire which fly in front of us, and the third is a group of about fifteen lights which appear off in the distance—like a Christmas tree up in the air—and flicker on and off."

The pilots of this night-fighter squadron—in operation since September, 1943—find these fiery balls the weirdest thing that they have yet encountered. They are convinced that the "foo-fighter" is designed to be a psychological as well as a military weapon, al-

Abb. 6: Presseartikel über die Begegnungen von US-Kampfflugzeugen mit den „foo-fighters“

Ein Vierteljahrhundert, bevor erstmals Details über das Projekt *Die Glocke* die Öffentlichkeit erreichten, gab Major Murphy Details seines Wissens preis, die nur als Hinweis auf die Erzeugung der Plasmoide verstanden werden können. In einen Zusammenhang gebracht mit der Entwicklung von Fluggeräten wird damit auch die deutsche Herkunft der „foo-fighter“ unstrittig.

Auf einen Zeitzeugen der besonderen Art stießen auch die Autoren Edgar Mayer und Thomas Mehner bei den Recherchen zu ihrem Buch »Das Geheimnis der deutschen Atombombe«. Der Wiedergabe eines im

Sommer 1999 mit diesem geführten Interviews wurden folgende Sätze vorangestellt: „*Aus Gründen des Persönlichkeitsschutzes verzichten wir an dieser Stelle auf eine Namensnennung. Der Gesprächspartner ist britischer Staatsbürger. Sein Name und seine Funktion innerhalb des Geheimdienstapparates Ihrer Majestät, der Königin von England, werden, wie ihm zugesichert wurde, offen gelegt werden, wenn er in eine bessere Welt eingegangen ist.*“

Nachfolgend einige Auszüge aus dem Interview: „*Ich war beim ... in einer Funktion tätig, in der ich Kenntnisse über technische Entwicklungen der Deutschen gewinnen konnte. Aus dieser Zeit sind mir noch Dinge erinnerlich, die mich am Wahrheitsgehalt so mancher öffentlicher Verlautbarungen über die Technologiesprünge – und ich spreche ganz bewusst von Sprüngen – bis Kriegsende zweifeln lassen. Ich sollte besser formulieren: Vieles ist noch nicht gesagt worden, und Etliches ist einfach Unfug. Sie werden nicht erwarten, dass ich Dinge ausbreite, von denen ich sicher bin, dass diese noch für lange Zeit der Öffentlichkeit unzugänglich bleiben werden, und das ist auch gut so. Man kann aber zugeben, dass deutsche Wissenschaftler – und im Übrigen weit mehr davon, als in der historischen und politikwissenschaftlichen Szene mit Namen bekannt sind – und darüber hinaus Ingenieure und Techniker an geradezu Unglaublichem arbeiteten. Ich meine hier aber nicht die bekannten V- und Luftabwehrwaffen, von denen einige im Grunde tatsächlich oder nahezu Produktionsreife erreichten oder wo diese doch zumeist in absehbarer Zeit zu erreichen gewesen wäre.*“

Darüber hinaus beschreibt der Informant unter anderem die Tätigkeit von drei an der Entwicklung der deutschen Atomwaffe beteiligten Gruppen (Heisenberg mit seinem Team in Haigerloch, Diebner in Zusammenarbeit mit der SS und die unter der Ägide der Reichspost arbeitende Gruppe um Ardenne), um dann fortzufahren: „*Ja, und dann war da noch das vierte Team, von dem wir in der letzten Kriegsphase gerüchteweise hörten. Das war allerdings so schemenhaft und phantastisch, dass man wieder einmal an eine Finte denken konnte. Aber nach dem Ende des*

Krieges stellte sich dann heraus, dass es eben keine war und dass die Welt um Haaresbreite an einer riesengroßen Katastrophe vorbeiging. Als ich das erfuhr, hätte ich im Nachhinein noch beinahe meine Fassung verloren. Es bestand einen Augenblick allerhöchste Gefahr, vor allem, wenn man bedenkt, dass es möglich zu sein schien, diese Technologie innerhalb von Distanzen einzusetzen, die alles sprengten, was damals machbar war, erst recht, wenn man an die Reichweite der V-2 denkt. Das vierte Team arbeitete in einem Umfeld, in dem Ungeheuerliches alltäglich war. Und wenn ich das so sage, meine ich damit, die experimentierten da mit Dingen, die selbst für die gut informierte Öffentlichkeit bis heute undenkbar und unglaublich, also irreal sind. Mir hat damals jemand angedeutet, es scheine so, als seien diese Spezialisten im Begriff gewesen, herkömmliche physikalische Gesetze aufzuheben.“[74]

Kommt einem das nicht bekannt vor? Das Thema über die Entwicklung der deutschen Atomwaffe – so geht aus dem Kontext dieses Interviews ganz klar hervor – war mit dem Hinweis auf die dritte Gruppe abgeschlossen. Die Tätigkeit der mysteriösen vierten Gruppe bezog sich auf etwas ganz anderes. Die Formulierungen des britischen Geheimdienstagenten passen vorzüglich auf die Manipulation des Gravitationsfeldes, die Entwicklung einer Zeitmaschine und das Anzapfen des Nullpunkt-Energiefeldes zur unbegrenzten Gewinnung von Energie. Dass insbesondere die Nutzung der Nullpunkt-Energie bei einer unzureichend kalibrierten Einstellung der technischen Apparatur ungeheure Gefahren in sich barg, daran dürften kaum Zweifel bestehen. Erinnert sei nur an den Ausspruch von Harold E. Puthoff, eine Kaffeetasse enthalte genug Energie, um alle Ozeane dieser Welt mehrfach vollständig verdampfen zu lassen.

Was ist mit dieser Technologie nach dem Ende des Zweiten Weltkrieges geschehen? Dazu weiß der britische Informant nur Folgendes auszusagen: „*Bedingt durch die politischen Zielsetzungen verloren wir am Kriegsende sehr rasch die Zugriffsmöglichkeiten auf diese Einrichtungen. Ich bin nicht sicher, ob die andere Seite den Extrakt dessen, was noch vorhanden war, das heißt personell und materiell, wirklich nutzen und aktiv weiterentwickeln konnte. Manches davon war ja doch zu phantastisch und setzte Kenntnisse und Fähigkeiten voraus, die einen Einstieg auf einem Level erforderten, den wir zunächst nicht hatten und den auch unsere Partner wohl nicht alleine erreichten.*«(74)

Im Klartext gesprochen, bedeutet das nichts anderes, als dass diese Hochtechnologie von den Deutschen sowohl vor dem Zugriff der Westalliierten als auch vor den Russen in Sicherheit gebracht werden konnte. Nichts anderes hatte auch Himmlers letzter Adjutant bezüglich der SS-Sonderprojekte ausgesagt. Dass es sich bei *Die Glocke* um ein solches gehandelt hat, dafür soll Werner Grothmann jetzt wieder zu Wort kommen.

Zur Klarstellung: Im Januar 2001 erschien die erste Ausgabe von Nick Cooks Buch »Hunt for Zero Point«, in dem erstmalig über die Entdeckungen Igor Witkowskis berichtet wurde. Dessen eigenes Buch erschien 2002 auf polnisch und im Jahr 2003 auf Englisch unter dem Titel »The Truth about the Wunderwaffe«.

Dagegen gab Grothmann sein Wissen über anscheinend genau dieses Projekt schon im Juli 2000 zu Protokoll: *„Ein anderes Beispiel, das mir vom Jahresende 1942 noch in Erinnerung geblieben ist, ist folgendes. Damals hatte sich jemand bei Himmler gemeldet und eine Konstruktionsskizze für eine sehr interessante, völlig neuartige Technologie vorgelegt, von der jeder Vernünftige gleich gesagt hätte, dass das eine Spinnerei sein würde. Himmler ließ den Vorschlag prüfen, und dazu nutzte er die Fähigkeiten von zwei hervorragenden Wissenschaftlern, die unabhängig voneinander zu dem Urteil kamen, mit unserer jetzigen Technik könnten wir das nicht machen, grundsätzlich würde es aber möglich sein. Er hat den Auftrag gegeben, an dem Projekt zu arbeiten, und am Ende waren mindestens 40 Wissenschaftler und viele Hilfskräfte damit in Schlesien beschäftigt, und die Fortschritte waren unglaublich. Es ist nicht fertig geworden, und ich weiß nicht, wie lange das noch gedauert hätte, aber es ging, das wussten wir jetzt.*«(31)

Die Übereinstimmungen sind wirklich verblüffend: Das Projekt *Die Glocke* wurde im Jahr 1942 ins Leben gerufen. Tatsächlich waren zwei hochrangige Wissenschaftler involviert, die beide in ihren Forschungen die Gravitation mit bestimmten Quanteneffekten und dem Spin der Elementarteilchen in Verbindung brachten – der Reichsbevollmächtigte für Kernphysik Walther Gerlach und der theoretische Physiker Pascual Jordan. Seit Dezember 1944 fanden die Versuche in Schlesien, in einem stillgelegten Kohlebergwerk in der Nähe von Waldenburg statt. Und die Fortschritte waren zweifelsohne unglaublich, wie die immer bessere Einstellung der Resonanzfrequenz zwischen Teilchen und Nullpunkt-Energiefeld bewies. Und wenn laut Grothmann mindestens 40 Wissenschaftler und viele Hilfskräfte beschäftigt gewesen sein sollen, so sind die Parallelen zu *Die Glocke* nicht zu übersehen. Ende April 1945 erschoss die SS 62 der an den Experimenten beteiligten Personen. Für diese radikale Vorgehensweise könnten Geheimhaltungsgründe maßgebend gewesen sein.

Zur großen Überraschung äußert sich Grothmann auch hierzu, wenn auch in leicht abgewandelter Form und bezogen auf die am deutschen Atomprojekt beteiligten Wissenschaftler: „*Kammlers Vorstellung dazu war also, wenn erst mal alles richtig funktionieren würde, dann sollten die Wissenschaftler herausgezogen werden und gar nichts mehr von dem mitbekommen, was dann vorgesehen war.*“ Und an anderer Stelle: „*Wir müssten einige Leute aus der Verantwortung nehmen, wenn die letzten Probleme für die Großfertigung im Wesentlichen gelöst wären, damit die Bedenkenträger keinen Einfluss mehr hätten. Dabei ist auch Gerlachs Name gefallen. Der sollte dann etwas organisieren, was in der Nähe von Waldenburg geplant war.*“[31] Die Vermutung, die Erschießung der 62 an der Entwicklung von *Die Glocke* beteiligten Personen könnte ein Indiz dafür sein, dass diese im Wesentlichen abgeschlossen war, erhält durch Grothmanns Aussage weitere Unterstützung. Die Erwähnung von Walther Gerlach im Zusammenhang mit der Organisation von „etwas“ in Waldenburg liefert dann die letzte Bestätigung für die Identität von *Die Glocke* mit dem von Grothmann genannten Forschungsprojekt.

Nicht zu vergessen auch seine Aussage zu der unter Kontrolle der SS stehenden Anlage mit dem Codenamen *Rüdiger*, welche in ihrer Bedeutung mit der unterirdischen Anlage in Thüringen, wo die deutschen Atomwaffen und die Amerika-Rakete in Fertigung gingen, gleichzusetzen sei. Die Lage diese Objektes kann auf der Grundlage deutscher Dokumente aus der Kriegszeit bestimmt werden. Das „Decknamenverzeichnis deutscher unterirdischer Bauten" lässt keine Zweifel aufkommen: *„Waldenburg, Schlesien (Rüdiger)"*.[(75)] Das von manchen vermutete Schloss Fürstenstein, das als Kommandozentrale ausgebaut wurde und am nördlichen Rand von Waldenburg liegt, war mit *Rüdiger* nicht identisch, wie der entsprechende Eintrag im „Decknamenverzeichnis" zeigt.

Grothmann wird noch deutlicher, wenn er später über den Magnetantrieb spricht, der berechnet worden sei und seine Funktion „bei Versuchen" schon hätte unter Beweis stellen können. *„Hitler hat in diesem frühen Stadium nicht verstanden, welche Bedeutung das in Zukunft haben wird und das Konzept an die Seite gelegt. Himmler hat aber sofort die Optionen erkannt und daraus unter höchster Geheimhaltung ein eigenes Projekt gemacht."*[(31)]

Was ist unter einem Magnetantrieb zu verstehen? Der korrekte Begriff dafür lautet Magnetfeldantrieb. Dieser basiert auf einer Kopplung von Magnetismus und Schwerkraft. Der wissenschaftliche Berater von Nick Cook, Dan Marckus, brachte es auf den Punkt: *„Feldantrieb. Ein anderer Name für die Antigravitation."*[(17)] Klarer geht es nicht: Der deutsche Antigravitationsantrieb hatte noch vor Kriegsende seinen ersten Praxistest bestanden!

Dafür, dass das tatsächlich so war, existiert die Aussage noch eines anderen Mannes, der allerdings in einem gänzlich anderen Zusammenhang eine gewisse Berühmtheit erlangt hat. Die Rede ist von Colonel Philip Corso, dem Autor eines Buches unter dem Titel »Der Tag nach Roswell«, das 1998, ein Jahr nach seinem Erscheinen in den Vereinigten Staaten, auch in deutscher Sprache verlegt worden ist.[(76)] Dieser ehemalige Geheimdienstoffizier ist in allem, was er zum UFO-Crash von Roswell von sich gegeben hat, inzwischen als derart unglaubwürdig erkannt worden, dass, um nur ein Beispiel zu nennen, ein anderer Autor ihm gleich 92 Fehler in seinem Buch nachweisen konnte, die einem Insider, der er zu sein vorgibt, nicht hätten passieren dürfen. Auch der befragte Stabschef von Corsos Einheit und spätere Nachfolger von Corsos früherem Vorgesetzten, General Trudeau, der damalige Oberst, dann General, George Sammet, wusste nichts von einer Verwicklung des Colonels in UFO-Abstürze. Auf die Frage *„Dann sollten wir Corso also keinen Glauben schenken?"*, entgegnete dieser lakonisch: *„Das habe ich nicht gesagt."*[(77)]

Ohne Zweifel war Colonel Corso in höchste Staatsgeheimnisse eingeweiht. So wurde er unter anderem Mitglied der Warren-Kommission, die den Mord an Präsident Kennedy untersuchte. Vor Kongressausschüssen sagte er im Jahr 1992 zu einigen für die Amerikaner überaus heiklen Themen aus. Er setzte die Abgeordneten davon in Kenntnis, dass neben der von den Russen abgeschossenen Spionagemaschine vom Typ U-2 mit ihrem Piloten Garry Powers in den vergangenen Jahrzehnten viele weitere amerikanische Flugzeuge dieses Schicksal geteilt hätten. Freilich sei diese Tatsache verschleiert worden. Den Familien der betroffenen Besatzungsmitglieder hatte man der Wahrheit nicht entsprechende Todesursachen mitgeteilt. Auch die Information, dass im Koreakrieg vorsätzlich fast 900 Amerikaner in den Händen des Feindes zurückgelassen wurden, schockierte die amerikanische Öffentlichkeit.[(77)]

Was gilt nun? Sollte Corsos Sohn recht behalten, der einige Zeit nach dem Tod seines Vaters gegenüber einem Ermittler in Sachen Roswell erklärt hatte, dass 90 Prozent des Buches nicht der Wahrheit entsprechen?[(78)] Handelt es sich bei Corsos Buch um eine reine Lügengeschichte oder um eine schwer zu durchschauende Mischung, in der vielleicht doch so manches Körnchen Wahrheit steckt? Bei genauem Hinschauen sind genügend Hinweise zu erkennen, welche die wahre Intention des Autors erkennen lassen. Er ist der erste US-Offizielle, der uns – wenn auch verschlüsselt hinter der Roswell-Deckgeschichte – über die wahre Herkunft des UFO-Phänomens aufklärt. Nachfolgend sind die wirklichen Enthüllungen Corsos in der Reihenfolge zusammengestellt, wie er sie in seinem Werk präsentiert:

„*Sie* (die *Fliegende Untertasse*, Anm.d.A.) *besaß Ähnlichkeit mit verschiedenen von den Deutschen entwickelten Flugzeugen, die gegen Ende des Krieges auftauchten, besonders mit dem halbmondförmigen Horten-Flügel.*"

„*Die Tatsache, dass dieses Fahrzeug und andere fliegende Untertassen unsere Verteidigungsanlagen inspiziert hatten und eine Technologie zu bestätigen schienen, die wir bei den Nazis gesehen hatten, ließ die Armee annehmen, dass diese fliegenden Untertassen feindliche Absichten hätten.*"

„*Wenigstens, so gab Twining zu bedenken, würde das halbmondförmige Fahrzeug jenen Horten-Fliegern so unangenehm ähnlich sehen, die unsere Flieger gegen Ende des Krieges gesehen hätten. Daher hege er den Verdacht, die Deutschen seien auf etwas gestoßen, wovon wir nichts wüssten. Und seine Gespräche mit Wernher von Braun und Willy Ley in Alamogordo hätten dies bestätigt. Sie wollten nicht für verrückt erklärt werden, aber sie befürchteten, dass es noch größere Geheimnisse hinter dem geben könnte, was die Deutschen erfunden hätten.*"

„*Ich schrieb auf, was ich von der magnetischen Feldtechnologie begriffen hatte und wie unkonventionelle Konstrukteure und Techniker einige Jahrzehnte zuvor Prototypen dieser ‚Antigravs' hergestellt hatten.*"(76)

Nicht nur bestätigte hiermit ein in höchste Staatsgeheimnisse der Vereinigten Staaten eingeweihter hochrangiger Geheimdienstmitarbeiter auf nachdrückliche Weise die deutsche Herkunft der *Fliegenden Untertassen*, auch wenn sich die Ähnlichkeit mit den von den Gebrüdern Horten konstruierten Nurflüglern wohl weniger auf deren halbmondförmiges Aussehen als auf den flachen Rumpf und das gleichfalls fremdartige Design der deutschen Flugscheiben beziehen dürfte. Darüber hinaus machte er deutlich, dass jenseits dieser noch als konventionell zu bezeichnenden Technologie Prototypen von Antigravitationsflugzeugen entwickelt worden waren. Vor Jahrzehnten ... von wem, wenn nicht auch von den Deutschen?! Von funktionierenden Prototypen hatte auch Werner Grothmann gesprochen. Der Kreis hat sich geschlossen.

Im Folgenden sind noch drei Fragen zu klären:

1. Wer verbirgt sich hinter dem „Jemand", der sich laut Grothmann bei Himmler gemeldet und die Konstruktionsskizze für diese völlig neuartige Technologie vorgelegt hatte, auf deren Grundlage später *Die Glocke* entwickelt wurde?
2. Wenn es die Plasmoide in Gestalt der Feuerbälle oder *foo-fighter* bis zur Frontreife gebracht haben, wo ist das entsprechende Know-how dann später abgeblieben?
3. Und was passierte mit *Die Glocke* selbst, nachdem sie in den letzten Kriegstagen vorerst in Norwegen dem Zugriff der Feindmächte entzogen werden konnte?

Wer war jener „Jemand", dem die Dritte Macht letztlich ihre technisch-technologische Nachkriegsdominanz zu verdanken hat? Sein Name lautet Ott Christoph Hilgenberg. Er war Ingenieur und ein interdisziplinär tätiger Wissenschaftler, der vor allem durch seine Beiträge zur Expansionstheorie der Erde Bekanntheit erreicht hat.[(79)]

Ablehnung erfuhren hingegen in den 1930er-Jahren seine Beiträge zum Verständnis der Gravitation, weil sie im Widerspruch zur Einsteinschen Relativitätstheorie zu stehen schienen. Im Unterschied zu Einstein, der den Raum geometrisch verstand, postulierte Hilgenberg ihn als materiell, dynamisch und versehen mit einer bestimmten Energiedichte. Das erinnerte zur damaligen Zeit stark an das gerade überwunden geglaubte Ätherkonzept, was Hilgenberg in Opposition zum physikalischen Mainstream brachte.

Mit den Augen der heutigen Zeit betrachtet, kommt es zu einer bemerkenswerten Gleichsetzung seiner Vorstellungen mit dem, was als Nullpunkt-Energiefeld verstanden wird. Dafür spricht auch seine Ansicht, dass der Raum, so wie er ihn verstand, unablässig neue Partikel produziert, und er schrieb jenem Prozess die Ursache für die Entstehung der Massen zu.[80] Ohne das letzte Verständnis dafür zu entwickeln, was mit dem Kenntnisstand jener Zeit auch nur schwer möglich war, näherte er sich damit den modernen Theorien der stochastischen Elektrodynamik an. Auch diese führt die Entstehung der Massen auf die Wechselwirkung zwischen den Teilchen und dem Quantenvakuum, dem Nullpunkt-Energiefeld, zurück.[66] Hilgenbergs „Äthertheorie" gleicht damit bis in die Details jener der stochastischen Elektrodynamik, durch welche *„der Äther de facto wieder eingeführt worden ist, denn die Wirkung der Nullpunktstrahlung (Äther) ist eine direkte Wirkung des Vakuums (leeren Raums)"*.[81]

Er war auch der Ansicht, seine Theorien zur Gravitation durch Experimente belegt zu haben, die er vor dem Hintergrund seiner Ingenieurausbildung an der Technischen Hochschule in Berlin durchgeführt hatte. Interessanterweise ließ er sich dabei ähnlich wie Schauberger von strömungsdynamischen Versuchen in Flüssigkeiten inspirieren.[80] Wenn man sich die Titel seiner diesbezüglichen wissenschaftlichen Arbeiten anschaut und zudem seine Nähe zu den Theorien der stochastischen Elektrodynamik berücksichtigt, wird schnell klar, dass er prädestiniert dafür war, eine „völlig neuartige Technologie" zu entwickeln.

Aus diesem Grund seien die betreffenden wissenschaftlichen Arbeiten hier aufgeführt:

- 1929 – Das Rätsel Gravitation gelöst
- 1931 – Über Gravitation, Tromben und Wellen in bewegten Medien (Tromben=Wirbel)
- 1932 – Über die Wirbelringnatur atmosphärischer Erscheinungen
- 1933 – Über die Umkehrung des Magnuseffekts (ein Phänomen der Strömungsmechanik)
- 1939 – Über Strömungsversuche mit Senken und Quellen, die das Wesen der Schwerkraft grundlegend erklären.[80] (Senken entstehen, wenn Wirbel in ein Medium eingreifen)

Der Wirbel, das Torsionsfeld, hat er in einen Zusammenhang mit der Gravitation gebracht! Durch seine geophysikalischen Forschungen dürfte Hilgenberg zudem gut mit dem Phänomen des Magnetismus unter dem Einfluss rotierender Massen vertraut gewesen sein – ein weiterer Baustein in diesem Puzzle. Ob er später erfahren hat, wofür er 1942 die Initialzündung gegeben hat, scheint wegen der hohen Geheimhaltung die Himmler über das Projekt *Die Glocke* verhängte, fraglich.

Die von ihm aufgestellte Expansionstheorie der Erde, die er erstmals mit seinem 1933 veröffentlichten Buch »Vom wachsenden Erdball« der Öffentlichkeit vorstellte, fand später einen anderen begeisterten Anhänger: den Physiker Pascual Jordan. Wenn sich das auch gegenwärtig nicht nachweisen lässt, so könnten Hilgenberg und Jordan aufgrund des gemeinsamen Interesses an dieser heute als widerlegt geltenden Theorie miteinander bekannt geworden sein. War es Jordan, der unter Kollegen als fanatischer Nazi galt, der Hilgenberg in den Kreis Himmlers einführte? Dafür spricht, dass Jordan bekannt dafür geworden ist, während des Krieges nichts unversucht gelassen zu haben, die zuständigen Stellen für verschiedene fortschrittliche Waffenprojekte zu interessieren.[(82)]

Jordan selbst war zu jener Zeit ein Naturwissenschaftler von Weltrang, der maßgeblich an der Entwicklung der Quantenmechanik mitgewirkt und die Quantenfeldtheorie begründet hatte. In seinen kosmologischen Forschungen stand das Thema Gravitation im Mittelpunkt. Er war der geeignete Mann, die von Hilgenberg vorgelegten Entwürfe nicht nur zu prüfen, sondern in ihrer späteren praktischen Umsetzung auch wissenschaftlich zu begleiten.

Nicht anders Walther Gerlach, der wie Jordan ein fanatischer Anhänger des Nationalsozialismus war. Er brachte es bis zum Reichsbevollmächtigten für Kernphysik, was seine damalige Vertrauensstellung unterstreicht. Das Interessengebiet Gerlachs als Physiker kann nur als weitgespannt bezeichnet werden. Dazu gehörten unter anderem die experimentellen Grundlagen der Quantentheorie, die Zusammenhänge zwischen Magnetismus und Atomstruktur, die Bestimmung von

Kernspins und die Erforschung der Spinpolarisation von Ionen im Magnetfeld. Angetan hatten es ihm immer wieder die besonderen Eigenschaften des Elements Quecksilber, dem er mehrere wissenschaftlich Beiträge widmete. Und nicht zuletzt erregte sein Interesse auch das Phänomen der Kugelblitze, das sogenannte „ball-ligtning“.[6]

Es scheint so, als hätte Gerlach, nachdem zusammen mit Jordan die Entscheidung über die Machbarkeit des Projektes gefällt worden war, dieses anfänglich nur aus der Ferne betreut und wäre erst später, nach Abschluss der wesentlichen Arbeiten zur deutschen Atombombe, im Dezember 1944 nach Waldenburg gekommen. Ihm könnten dann die gravierenden Fortschritte bei der Einstellung der Resonanzfrequenz zwischen den Teilchen und dem Nullpunkt-Energiefeld in den Folgemonaten zu verdanken sein. Als Leiter des Lehrstuhls für Experimentalphysik an der Ludwig-Maximilians-Universität München bescheinigte ihm die Fachwelt ein Höchstmaß an Experimentierkunst.[83] Anscheinend war es Gerlach, der dem Projekt zum endgültigen Durchbruch verhalf.

Nachdem nunmehr alle Einzelheiten zur Entstehung und Durchführung des Projektes *Die Glocke* mit hinreichender Genauigkeit geklärt worden sind, ist nach dem weiteren Verbleib der damit verbundenen Technologie zu fragen. Für das Funktionieren von *Die Glocke* notwendig war, wie schon ausgeführt, vor allem die Existenz eines magnetisch geschlossenes System. Erreicht werden kann dieses durch ein durch elektrischen Strom erzeugtes Plasma, das sich unter bestimmten Bedingungen zu Plasmawirbeln verdichtet. Dabei kommt es – was an dieser Stelle von Bedeutung ist – zur Bildung von Plasmoiden, von auch nach Abschaltung der Stromversorgung noch für einige Zeit stabilen Gebilden, die wiederum Magnetfeldern mit beinahe vollständig geschlossenen Kraftlinien entstehen lassen und eine ionisierende Strahlung mit charakteristischen Leuchterscheinungen emittieren. Die Plasmoide sind aber eher ein Nebenprodukt der Entwicklung eines Antigravitationsantriebes. Seit dem Spätherbst 1944 wurden diese „Feuerbälle“, auch *foo-fighter* genannt, zunehmend im Luftraum über dem Kriegsgebiet beobachtet. Sie waren – um hier keine Missverständnisse aufkommen zu lassen – keine Fluggeräte, welche die Gravitation abschirmen konnten.

Neben den ungewöhnlichen Leuchteffekten verblüfften zwei weitere Eigenschaften die alliierten Flugzeugbesatzungen: Zum einen, dass in keinem einzigen Fall ein Radarkontakt hergestellt werden konnte, und zum anderen die spektakulären Flugmanöver.(84) Die „Feuerbälle" erschienen in vielen Fällen, ohne dass ihre Annäherung beobachtet werden konnte, wie aus dem Nichts in unmittelbarer Nähe der Flugzeuge und verschwanden oftmals wie auf Knopfdruck wieder aus dem Sichtbereich. In anderen Situationen wurde beobachtet, wie sie mit nicht für möglich gehaltenen Geschwindigkeiten über den Himmel jagten. Hierfür nur zwei Beispiele: Major Harold Augspurger, der kommandierende Offizier der 415. Night Fighter Squadron der amerikanischen Luftwaffe, von der die meisten Sichtungen der *foo-fighter* berichtet wurden, konnte selbst noch Jahrzehnte nach den fraglichen Ereignissen in den mit ihm geführten Interviews sein maßloses Erstaunen über die „fantastischen Geschwindigkeiten" der „Feuerbälle" nicht verbergen.

Genauso wenig wie Pilot Leutnant Jack Green und sein Navigator Leutnant Warren R. Barber von der 25. Bomber Group: *„Sie schossen nach oben mit einer Geschwindigkeit, die nur als unglaublich bezeichnet werden kann, konnten ihre Geschwindigkeit rapide ändern, kletterten und stießen wieder herab. Ihr Flugverhalten war weit jenseits von dem, was sie während ihrer Missionen sonst beobachten konnten.*"(85) In der Mehrzahl der Fälle wurden die Aktivitäten der „Feuerbälle" in der Nacht registriert, aber auch Tagessichtungen kamen vor.(86) Und dass ihr Ursprung erdgebunden war und sich nicht auf irgendwelche Außerirdischen zurückführen lässt, beweist folgender Bericht aus dem Dezember 1944: *„Gegen 6 Uhr sahen wir zwei Lichter vom Boden zu uns aufsteigen. Nachdem sie unsere Flughöhe erreicht hatten, blieben sie in der Nähe unseres Hecks. Die Lichter erschienen wie ein großes, orangefarbenes Glühen. Nach zwei Minuten entfernten sie sich, flogen wie unter perfekter Kontrol-*

le und gingen schließlich aus.“[86] Mit anderen Worten, der Energievorrat war aufgebraucht.

Den Deutschen war es demnach tatsächlich gelungen, die Technologie der fliegenden Plasmoide zum Fronteinsatz zu bringen. Die Frage, wie sie diese über eine gewisse Zeit auch nach Abschaltung der Energieversorgung stabilen Gebilde an die gegnerischen Flugzeuge heranführten, kann an dieser Stelle nicht mit letzter Gewissheit beantwortet werden. Dass sie zur damaligen Zeit den Alliierten auch in der Entwicklung diverser Leitsysteme weit überlegen waren, steht außer Frage.[30]

Die unglaublichen Flugmanöver der „Feuerbälle“ lassen sich am ehesten durch einen Vergleich mit denen der Kugelblitze oder mit diesen verwandter Plasma-Erscheinungen in der Atmosphäre erklären. Das unstete Bewegungsverhalten, die Verschiedenfarbigkeit sowie das plötzliche Verlöschen deuten darauf hin. Die bisweilen beobachteten ungeheuren Geschwindigkeiten finden ihr Pendant im „Flugverhalten“ der selten beobachteten und noch nicht völlig verstandenen „Auftriebs“-Plasma-Formationen (engl. Buoyant-Plasma), die, wie sollte es anders sein, ihr Entstehen dem Zusammenwirken elektrischer und magnetischer Effekte verdanken.[87] Auch die Radarunsichtbarkeit der „Feuerbälle“ hat nichts rätselhaftes an sich. Heute können Blitze mit Radar geortet werden. Das speziell dafür erforderliche Wetterradar war zu jener Zeit jedoch noch nicht im Einsatz.[88] Über eine gezielte zerstörerische Einwirkung der „Feuerbälle“ ist nichts bekannt. Sie befanden sich offensichtlich noch im Erprobungsstadium und dienten lediglich als psychologische Waffe.

Fasst man alle verfügbaren Sichtungsberichte zusammen und sortiert die fragwürdigen Beobachtungen aus, also solche irgendwelcher Lichtpunkte am Himmel, von angeleuchteten Stanniolstreifen, Ballons und dergleichen mehr, so lässt sich der Aktionsradius der „Feuerbälle“ auf zwei Regionen einschränken. Ende Oktober 1944 traten sie erstmalig in Aktion. Bis Februar 1945 operierten sie ausschließlich über der Westfront, überwiegend im Bereich des oberen Rheintales. Danach wurden sie bis in die letzten Märztage über Norditalien gesichtet, so als hätte die mit ihrer Erprobung beauftragte Einheit, durch die zunehmende militärische Bedrohung der Rheinlinie veranlasst, ihren Standort in die im Aufbau befindliche „Alpenfestung“, hier in deren südlichen Abschnitt, verlegt.(84,85)

Ende März 1945, sechs Wochen vor Kriegsende, konnten die letzten „Feuerbälle“ über dem europäischen Kriegsschauplatz beobachtet werden. Die neuartige Technologie muss rechtzeitig dem Zugriff der Alliierten entzogen worden sein. Auf welchem Weg? Nichts spricht dagegen, dass ihre Evakuierung auf der Süd-Route stattgefunden hat, mit einem U-Boot von den Häfen in der nördlichen Adria direkt nach Spanien.

Seit dem Frühjahr 1945 kam es auch über den japanischen Inseln wiederholt zu Begegnungen mit den „Feuerbällen“.(85) In einem Bericht wurden allein bis Anfang April von 140 Flugzeugbesatzungen 302 Beobachtungen registriert.(6) Auch in den Folgemonaten, bis kurz vor der Kapitulation Japans, meldete die über dem japanischen Mutterland eingesetzte amerikanische Luftwaffe immer wieder teils spektakuläre Sichtungen.(85)

Hatten die Deutschen ihren Verbündeten tatsächlich in eines ihrer größten Geheimnisse eingeweiht? Hitler selbst hatte sich mehrfach für den unbegrenzten Wissenstransfer eingesetzt. Schon am 5. März 1941 erließ er die *„Weisung Nr. 24 über die Zusammenarbeit mit Japan“*. Unter Punkt Nr. 2 wurde festgelegt, dass das militärische Potenzial Japans besonders in technischer Hinsicht *„mit allen verfügbaren Mitteln“* verstärkt werden müsse. Den japanischen Ersuchen sollte in *„umfassender und großzügiger Art“* entsprochen werden. Im August 1944 verlieh Hitler seinen Forderungen nochmals Nachdruck. Er forderte, dass den Japanern *„im Interesse einer gemeinsamen Kriegsführung“* der Zugang zu Waffensystemen, Ausrüstungen und *„praktischen Kenntnissen auf breitester Basis“* gewährt werden müsse. Er ordnete an, dass die Verbündeten *„von uns über alle Waffen und Geräte, die zum Vorteil der gemeinsamen Sache eingesetzt werden könnten“*, informiert werden sollten.(14)

Wenige Monate vor Kriegsende müssen die Japaner in den Besitz der Technologie der „Feuerbälle" gekommen sein! Aus diesem Umstand resultieren zwei Fragen: Warum haben die Japaner aus dieser Kenntnis nach dem Krieg keinen Nutzen ziehen können? Wo sind die Dokumentationen dieses Fachwissens mitsamt der entwickelten Hardware hingekommen? Fest steht, jede Weitergabe von Technologie seitens der Deutschen wurde begleitet von deutschen „Wissensträgern". Die Passagierliste von U 234, jenem Boot, das im April 1945, beladen mit Hochtechnologie, in Richtung Japan in See gestochen war, beweist das nachdrücklich. Auf diese Weise ließ sich die Geheimhaltung der Funktionsprinzipien dieser „Wunderwaffen" garantieren.

Interessant wäre es zudem zu erfahren, mit welchen U-Booten die deutschen Spezialisten nach Japan gelangt sein könnten. Von den seit 1943 nach Ostasien ausgelaufenen 42 deutschen und italienischen U-Booten kamen lediglich 19 an ihr Ziel.(14) Unter ihnen befanden sich U 195 und U 219. Beide Ende August 1944 von Bordeaux ausgelaufenen Boote transportierten neben großen Mengen Quecksilber geheime Rüstungsgüter, darunter auch einige zerlegte Raketen V-2.(89,90,91) Man beachte: Die Raketen wurden auf den Weg in Richtung Japan gebracht, noch bevor am 6. September 1944 von deutscher Seite ihr erster Einsatz gegen London und Antwerpen erfolgte. Im Dezember 1944 fuhren die zwei U-boote wohlbehalten in den Hafen von Jakarta an der Nordwestküste der Insel Java ein, die damals noch zum japanischen Machtbereich gehörte. Die Tatsache, dass im zweiten Halbjahr 1944 und in den ersten Monaten des Jahres 1945 bis zum Kriegsende kein anderes deutsches U-Boot Japan erreichte, lässt keinen anderen Schluss zu: Nur auf den Booten U 195 und U 219 können die Pläne und Muster der „Feuerbälle" transportiert worden sein.(92)

Am 14. August 1945 erließ der japanische Kaiser seinen „Erlass über das Kriegsende", dem am 2. September die bedingungslose Kapitulation Japans nachfolgte. Schon am 6. September landete auf dem Flugfeld von Atsugi in der Nähe Tokios eine Expertenkommission, deren Aufgabe darin bestand, die Organisation der japanischen Rüstungsforschung, ihre führenden Persönlichkeiten, die Forschungsprogramme und -einrichtungen aufzudecken.[85] Allerdings verblieb den Japanern zwischen dem kaiserlichen Erlass, dem Eintreffen der besagten Kommission und dem Abschluss von deren das ganze weitverzweigte Inselreich umfassenden Mission sowie angesichts der nur teilweise erfolgten Besetzung durch amerikanische Truppen genügend Zeit, um geheime Forschungsprojekte in Sicherheit zu bringen. So sind weder die Ende 1944 nach Japan gelangten Raketen vom Typ V-2 noch die Technologie der „Feuerbälle" bis heute wieder aufgetaucht. Es ist anzunehmen, dass die deutschen Spezialisten nach Kriegsende Japan wieder verlassen haben. Ohne deren Hilfe war die hinterlassene Technologie für die Japaner nicht zu gebrauchen.

Die Frage aller Fragen lautet: Wohin wurde *Die Glocke* verbracht? Nach den Aussagen Rudolf Schusters erfolgte ihre Evakuierung Ende April 1945 mit einer Ju 390. Zielort war der Flugplatz in Bodo in Norwegen. Dort verliert sich jede Spur. Mit dem Kriegsende am 8. Mai war die Sicherheit in diesem Land nicht mehr gewährleistet. Es musste ein Ausweichstandort gefunden werden.

Von verschiedener Seite wird die Existenz einer Ju 390 im fraglichen Zeitraum allerdings in Zweifel gezogen. Es wäre nur ein Exemplar dieses sechsmotorigen Langstreckenflugzeuges mit einer Reichweite von maximal 10.000 Kilometern, einer Dienstgipfelhöhe von 6.000 Metern und einer Nutzlast von mehr als zehn Tonnen gebaut worden, welches am 20. Oktober 1943 seinen Jungfernflug absolvierte. Im April 1945 hätten Werksangehörige von Junkers in Dessau das Flugzeug in Brand gesetzt, um es nicht den Amerikanern in die Hände fallen zu lassen. Eine im Bau befindliche zweite Maschine konnte angeblich nicht mehr rechtzeitig fertiggestellt werden. Nicht beantwortet wurde die Frage nach dem Verbleib dieser unfertigen, Ju 390 V2 genannten Version. Stattdessen tauchte das Flugbuch eines Oberleutnants Eisermann von der Erprobungsstelle in Rechlin auf, dem zu entnehmen ist, dass er die Ju 390 V2 am 3. Februar 1945 von Rechlin nach Lärz überführte. Seitdem gilt die Existenz eines zweiten einsatzfähigen Flugzeuges vom Typ Ju 390 als erwiesen.[93] Der von Schuster behauptete Flug kann demnach stattgefunden haben.

Dank den Nachforschungen Igor Witkowskis lässt sich das weitere Schicksal dieser wohl bedeutsamsten Evakuierungsoperation aufklären. Ein bis dato immer zuverlässiger Gewährsmann habe ihm glaubhaft versichert, dass ihm von einem Bekannten, dem Sohn eines polnischen Diplomaten, ein Foto der Ju 390 gezeigt worden sei. Der Vater des Informanten war während des Krieges im diplomatischen Dienst seines Landes in Uruguay beschäftigt. Das Foto zeigt das Flugzeug auf einem in den Dschungel geschlagenen Rollfeld im Grenzgebiet von Uruguay und Argentinien. Nach der Entladung wäre die Ju 390 demontiert und ihre Bestandteile seien im Rio Uruguay versenkt worden.(6) Andere Informationen, die der argentinische Forscher Abel Basti zusammengetragen hat, scheinen dieses Szenario zu bestätigen.(94) Mit einer Zwischenlandung zum Auftanken im spanischen Einflussbereich, der sich auch auf Teile Afrikas erstreckte, zum Beispiel in Villa Cisneros, heute Dakhla, konnte dieser Langstreckenflug mit der Ju 390 problemlos absolviert werden. Die Dritte Macht hatte die Verfügungsgewalt über das wichtigste Technologieprojekt des Dritten Reiches erlangt.

Nachdem die ersten UFOs, die „Feuerbälle", nahezu zeitgleich mit dem Ende der Kampfhandlungen auch auf dem asiatischen Kriegsschauplatz ihre Aktivitäten eingestellt hatten, dauerte es fast ein Jahr, bis in der zweiten Maihälfte des Jahres 1946 erneut Flugobjekte gesichtet wurden, deren Ursprung man sich anfänglich nicht erklären konnte. Die Sichtungsmeldungen konzentrierten sich auf Skandinavien. Die ersten Berichte kamen aus Finnland und Schweden, danach auch aus Norwegen und Dänemark. Die Medien fanden schnell einen markanten Begriff für das Phänomen: *Ghost rockets*.

Zwischen Mai und Dezember 1946 wurde insgesamt an die 2.000 Sichtungen gemeldet; 200 davon konnten mit Radar bestätigt werden. Ohne Zweifel wird es sich bei einem Teil der beobachteten Objekte um Meteore gehandelt haben, fiel der Höhepunkt der Sichtungswelle doch auf den 9. und 11. August 1946. An diesen Tagen weisen die Perseiden, ein jährlich wiederkehrender Meteorstrom, ein Maximum an Sternschnuppen auf. Die schwedischen Behörden registrierten eine Vielzahl von Augenzeugenberichten, nach denen es zu Einschlägen auf dem Boden oder in Seen gekommen sein sollte. Etwa 30 geborgene Fragmente wurden näher untersucht, anscheinend ohne besondere Ergebnisse.[95]

Da die Vielzahl der Sichtungen, einige davon von überaus glaubwürdigen Augenzeugen, die Beobachtungen mit Radar wie auch die Meldungen über Abstürze auf ein überaus reales Phänomen hindeuteten, konnte es nicht ausbleiben, dass sich in der Zeit des Kalten Krieges auch die amerikanischen Behörden für die Vorgänge im Luftraum Skandinaviens zu interessieren begannen. Ein erstes Statement erfolgte am 22. August 1946 vom Direkter der *Central Intelligence Group*, General Hoyt Vandenberg, in einem als „Top Secret" eingestuften Memorandum an den US-Präsidenten Harry Truman. Darin wurde vermerkt, dass sich die mit Radar beobachtete Flugbahn der Ojekte nach Peenemünde, dem ehemaligen Raketentestgelände der Deutschen, das von den Russen übernommen worden war, zurückführen ließ. Es handele sich wahrscheinlich um Tests mit erbeuteten Raketen vom Typ V-1.[96]

Als eine Art Abschlussbericht lässt sich die Zusammenfassung der Geschehnisse durch die *US War Department Intelligence Division* vom 23. Januar 1947, überschrieben mit „Ghost rockets over Scandinavia", verstehen, der hier auszugsweise wiedergegeben werden soll: „*... Die große Mehrheit der Berichte wurde von untrainierten Beobachtern gemeldet, was erwartungsgemäß zu großen Abweichungen in der Beschreibung von Kurs, Höhe und Geschwindigkeit der Raketen führte. Am häufigsten wurden zwei Typen von Raketen beobachtet: ‚ein Ball aus Feuer mit einem Schweif' und ein ‚helles zigarrenförmiges Objekt'. Die geschätzte Flughöhe variierte von Baumwipfelhöhe bis zu 50 Kilometer, die Geschwindigkeit wurde fast immer als hoch bis sehr hoch angegeben. Es wurde gemeldet, dass die Raketen sich, wenn sie abstürzen, in die Erde bohren, in Gewässer eintauchen oder in der Luft explodieren. Wenn man Überreste gefunden hat, dann solche, deren Material als nichtmetallisch beschrieben worden ist ... Zusammenfassung: Von den Sowjets ist bekannt, dass sie an verschiedenen gelenkten Raketen arbeiten. Sie haben die Fähigkeit, Raketen vom Typ V-1 herzustellen und zu testen. Ohne Gefechtsköpfe und mit leicht verbesserten Motoren können sie eine Reichweite von 500 Mei-*

len erreichen, und es sind die einzigen deutschen Raketen, die in der Lage sind, horizontal auch in niedrigen Höhen zu fliegen. Es gibt Hinweise, dass die entsprechenden Arbeiten in Stolp (im polnisch verwalteten deutschen Gebiet) oder auf einer der Ostseeinseln wie Oesel oder Dago durchgeführt werden. Drei Augenzeugen haben ein Geräusch wie von einem Außenbordmotor gehört, was charakteristisch für die von den Deutschen genutzte V-1 ist. Gegenwärtig ist anzunehmen, dass es nur zwei oder drei, vielleicht aber auch fünf bis zehn Vorfälle mit niedrig fliegenden Raketen vom Typ V-1 gegeben hat. Die in großer Höhe gemeldeten Raketen scheinen ausnahmslos Meteore gewesen zu sein."[(96)] Darüber hinaus konnten bis heute keine zusätzlichen Erkenntnisse zu den *Ghost rockets* über Skandinavien gewonnen werden. In diesem Zusammenhang von „unbekannten Flugobjekten" zu sprechen, ist daher verfehlt. Das vermeintliche Rätsel um diese Flugobjekte war spätestens seit Anfang 1947 gelöst.

Genau so verhält es sich mit den griechischen Geisterraketen, die Anfang September 1946 im Norden Griechenlands gesichtet wurden. Die Rede war von hell leuchtenden, weißen Lichtern, die einen Rauchschweif hinter sich herzogen, manchmal auch nur von „Blitzen" in großer Höhe. Flugobjekte, deren detaillierte Beschreibungen Raketen glichen, kamen in den Meldungen nicht vor; der Begriff „Rakete" hier verstanden als Synonym für alles Mögliche am Himmel. Zu berücksichtigen bleibt auch, dass sich Griechenland zu jener Zeit an der Schwelle eines Bürgerkrieges befand. Die Situation im Land war nicht nur politisch, sondern aus diesem Grund auch psychologisch aufgeladen. Die Empfänglichkeit der Bevölkerung für – heute würde man „fake news" sagen – war dementsprechend hoch. Was immer diese „Flammen" am Himmel gewesen sind, ob fehlgedeutete Meteore oder durch die verfeindeten Seiten veranstaltete Spektakel ähnlich einem Feuerwerk, mag dahingestellt sein. Einer anderen Theorie nach soll es sich um die optische Übermittlung von Nachrichten durch die kommunistischen Rebellen gehandelt haben. Mit UFOs hat das Ganze auf jeden Fall nichts zu tun.[(97)]

Und nun zurück zu den echten UFOs, die nach dem Verschwinden der „Feuerbälle“ erst wieder im Juni 1947 auftauchten. Nach den 20 Sichtungen vom 24. Juni, darunter die von Kenneth Arnold, kam es am 4. Juli zu einem neuen Höhepunkt der UFO-Aktivitäten. *„Am hellen Tag wurden vielerorts silberne, diskusähnliche Scheiben beobachtet. So in Portland, Oregon, dort waren es fünf Scheiben, die am Mittag von Dutzenden von Bürgern und Polizeibeamten auf- und absteigend, kreisend und hin- und her fliegend gesehen werden konnten. In Hauser Lake, Idaho, sahen mindestens 200 Augenzeugen, wie ein Diskus etwa 30 Minuten lang am Himmel manövrierte und schließlich nach oben verschwand. Die Berichte vom 4. Juli kamen von Polizeibeamten, Urlaubern, Piloten, Farmern, von Wissenschaftlern, Hausfrauen, Busfahrern und anderen. Niemand hatte damals Angst, sich durch seine Meldung lächerlich zu machen. Zu dem Phänomen hatten sich noch keine Meinungen, kein Konzept und keine Politik herausgebildet. Die Zeitungen berichteten objektiv wie später kaum wieder einmal, ohne Vorurteil gegen die Zeugen und ohne diese lächerlich zu machen; sie waren damals noch wirklich an der Sache interessiert.*

Die Welle der Berichte nahm am 5. und 6. Juli weiter zu und erreichte ihren Höhepunkt am 7. Juli. Es gab 162 Sichtungen in 37 Bundesstaaten durch rund 500 Zeugen. Zwei Drittel der Beobachtungen wurden am Tage gemacht. Insgesamt belief sich die Anzahl der zwischen Juni und Ende Juli 1947 gemeldeten UFO-Sichtungen in den USA auf 850.

Damals, im Juli 1947, kamen UFO-Berichte aus der ganzen Welt, aus Australien, Südafrika, Irland, Norwegen, Italien, Frankreich, Ungarn, Belgien und England. In San Juan, Puerto Rico, wurden am 8. Juli vier leuchtende Scheiben gesehen. Am 10. Juli brachten die Zeitungen in Rio de Janeiro Sichtungsmeldungen aus Brasilien. Aber auch in Guatemala, Uruguay, Chile und Argentinien tauchten im Juli UFOs auf. Zwischen dem 12. und 14. Juli war die größte Sichtungshäufung im Gebiet zwischen Santiago und Buenos Aires.“[(98)]

Die *U.S. Air Force* war vom Ausmaß dieses plötzlich am Himmel aufgetauchten Phänomens beunruhigt und ließ vom *Air Material Command* (AMC) in Wright Field, Dayton, Ohio, geheime Untersuchungen durchführen. Ende Juli 1947 hatte die Air Force 156 Berichte, hauptsächlich von Pioten, gesammelt. Der Befehlshaber des AMC, General Nathan F. Twining, gab in einem an Brigadegeneral Georg Schulgen, den Chef der *Air Intelligence Requirements Division* im Pentagon, gerichteten Schreiben vom 23. September 1947 den damaligen Erkenntnisstand der US-Militärs zum Thema UFOs wieder. Der Bericht zeigt, dass entgegen allen späteren, der Verschleierung des Phänomens dienenden Behauptungen die militärische Führungsspitze der USA sehr wohl von der realen Existenz der UFOs ausging. Nachfolgend einige Auszüge aus diesem überaus bemerkenswerten Informationsschreiben:

„Auf Anfrage des AC/AS-2 folgt nachstehend die Einschätzung dieses Kommandos zu den sogenannten fliegenden Untertassen. Diese Ansicht stützt sich auf Angaben aus Vernehmungsprotokollen, die das AC/AS-2 zur Verfügung gestellt hat, sowie auf vorläufige Studien der Abteilung T-2 und des Aircraft Laboratory, Engineering Division T-3.

Es ist unsere Ansicht, dass:

a) Das berichtete Phänomen real ist und nicht erfunden oder eingebildet.
b) Es Objekte gibt, die in der Form vermutlich einer Diskusscheibe nahekommen und von so erheblicher Größe sind, dass sie ebenso groß erscheinen, wie ein von Menschen gebautes Flugzeug.
c) Die Möglichkeit besteht, dass einige der Vorkommnisse durch natürliche Phänomene, wie zum Beispiel Meteore, verursacht sind.
d) Die beschriebenen Flugeigenschaften, wie zum Beispiel extreme Steiggeschwindigkeiten, Manövrierbarkeit (besonders beim Wenden) und ein Verhalten, das als ausweichend zu beschreiben ist, sobald sie gesichtet werden oder von Flugzeugen oder Radarstationen eine friedliche Kontaktaufnahme versucht wird, Grund zu der Annahme geben, dass einige der Objekte von Hand, automatisch oder ferngesteuert werden.
e) Die Objekte gemeinhin folgendermaßen beschrieben werden:
    1. Metallische oder schwach reflektierende Oberfläche.

2. *Fehlen einer Kondensspur, außer in wenigen Fällen, in denen das Objekt offenbar im Hochleistungsbereich arbeitete.*
3. *Runde oder elliptische Form, flache Unter- und kuppelförmige Oberseite.*
4. *Mehrere Berichte sprechen von exakten Formationsflügen von drei bis neun Objekten.*
5. *Normalerweise keine Geräuschentwicklung außer in drei Fällen, in denen ein lautes, donnerndes Dröhnen bemerkt wurde.*
6. *Reisegeschwindigkeiten wurden normalerweise auf über 550 Stundenkilometer geschätzt.*

f) Es mit dem gegenwärtig in den Vereinigten Staaten vorhandenen Wissen möglich ist – weitreichende und tiefgreifende Entwicklungsarbeiten vorausgesetzt – ein bemanntes Flugzeug zu bauen, dass der allgemeinen Beschreibung des Objektes in Absatz e) entspräche und in der Lage wäre, eine annähernde Reichweite von gut 11.000 Kilometer bei Geschwindigkeiten unter Schallgeschwindigkeit zu erreichen.“[(99)]

Der Twining-Report beweist:

1. Zu diesem Zeitpunkt, im Sommer und Herbst 1947, beschränkte sich das UFO-Phänomen in den USA auf konventionelle Flugobjekte; von „Feuerbällen“ war nicht die Rede.
2. Die beschriebenen Flugeigenschaften standen im Einklang mit dem offiziellen Wissen der damaligen Zeit. Den Konstrukteuren der UFOs wurde allerdings ein zeitlicher Entwicklungsvorsprung zugestanden.
3. Die Beschreibungen der gesichteten *Fliegenden Untertassen* gleichen bis ins Detail dem Entwurf von Richard Miethe.

Sie hatten:

- die Form einer Diskusscheibe
- eine Größe, die mit der von großen Flugzeugen zu vergleichen war (bei Miethe bis 42 Meter Durchmesser)

Abb. 7 und 8: Zwei Fotos des McMinnville-UFOs

- eine flache Unter-und eine kuppelförmige Oberseite
- ein Triebwerk, das keine Abgasflammen oder Rauch entstehen ließ
- so gut wie keine Geräuschentwicklung
- eine für die damalige Zeit hohe Reisegeschwindigkeit; die Höchstgeschwindigkeit, über die keine Aussage getroffen wurde, dürfte bedeutend höher gelegen haben eine extreme Reichweite.

Existieren Fotos von diesem Fluggerät? Am 11. Mai 1950 gelangen dem Ehepaar Trent in McMinnville, Oregon, zwei Aufnahmen, wie sie sich kaum besser wünschen lassen. (Abb. 7 und 8) Die Entfernung betrug etwa 500 Meter. Mit einem Durchmesser von ca. 14 Meter handelte es sich um eine kleinere Version des Flugdiskus. Eine Ausschnittsvergrößerung zeigt eine Randunschärfe der Luftszintillation, wie sie typisch ist für Gegenstände, die aus großer Entfernung aufgenommen werden. (Abb. 9) Es entspann sich über Jahre eine Kontroverse über die Echtheit der Fotos.[100] Dem Physiker und Fotoanalysten Bruce Maccabee gelang es schließlich vor wenigen Jahren, alle vorgebrachten Fälschungsvorwürfe zu widerlegen.[101]

Interessant wäre noch zu wissen, was die Grundlage von General Twinings genauer Kenntnis der möglichen Reichweite dieser Flugobjekte gewesen ist. Es ist schon verwunderlich, dass eine Diskussion über

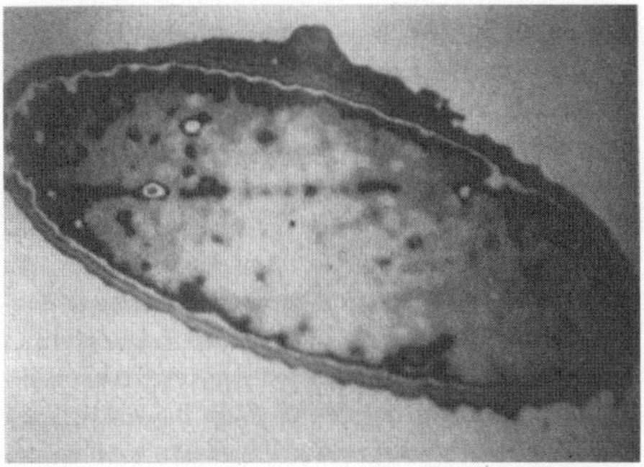

Abb. 9: Ausschnittsvergrößerung des ersten McMinnville-UFO-Fotos

die Verursacher des UFO-Phänomens in dem ansonsten detaillierten Bericht unterblieb, abgesehen von dem kurzen Hinweis auf die Möglichkeit einer den zuständigen Stellen nicht bekannten inländischen Geheimentwicklung sowie die allgemeine Vermutung, ein anderes Land könnte über eine Antriebsform atomarer Art verfügen.

Eine Reichweite von 11.000 Kilometer – entspricht das nicht ungefähr einer Flugstrecke von Spanien bis in die Vereinigten Staaten und zurück? (Zum Beispiel beträgt die einfache Entfernung von Madrid bis New York 5.770 Kilometer.)

In diese Richtung zielen auch verschiedene Presseveröffentlichungen in den USA, die über die Herkunft der UFOs keinen Zweifel lassen. So erschien in der *Denver Post* vom 7. November 1947 ein Beitrag, der sich als Wiedergabe eines Agentenberichtes verstand. Diesem zufolge hatten deutsche Wissenschaftler in Spanien elektromagnetische Raketen entwickelt, welche für die Welle fliegender Untertassen im Sommer des betreffenden Jahres verantwortlich gewesen seien. (Abb. 10) Anderthalb Jahre später, am 14. Mai 1949, berichtete die *Washington Daily News* und einen Tag später auch das *Acron Beacon Journal* ohne den geringsten Zweifel anklingen zu lassen, dass *„einige Verantwortliche der ‚Air Force' wissen, was sich hinter den fliegenden Untertassen verbirgt und woher sie kommen. Sie sind der Ansicht, dass diese diskusförmigen neuen Flugmaschinen sich das Prinzip eines Gyroskops zu nutze machen und dass sie aus Spanien kommen."* Die deutschen Wissenschaftler, die schon während des Krieges an solchen Projekten gearbeitet hätten, wären später ins Ausland gegangen. (Abb. 11) Für die scheibenförmigen Fluggeräte, die von den Deutschen im Krieg entwickelt wurden und ab Juli 1947 weltweit ihre Präsenz zeigten, waren Gyroskope, auch Kreiselstabilisatoren genannt, tatsächlich unverzichtbar.[102]

Spies Bid for Franco's Weapons

Agents Ascribe 'Flying Saucers' to New Rocket

By LIONEL SHAPIRO.

GENEVA.—Three German scientists working under the personal sponsorship of Generalissimo Francisco Franco have developed two highly advanced weapons of war, according to specifications and blueprints smuggled out of Spain by the agent of an independent European spy organization.

The first weapon is an electromagnetic rocket which, it is claimed, is responsible for the "flying saucers" seen over the North American continent last summer and for at least one and perhaps two hitherto unexplained accidents to transport aircraft.

The second weapon is an artillery warhead employing the principle of nuclear energy and described as having a startling disintegrating power.

Blueprints of the weapons have been offered for sale to at least three of the great powers. The degree of credence placed in them by the military intelligence sections of these powers is indicated by the fact that two of them—of whom this correspondent has certain knowledge—have made strenuous and, indeed, dramatic efforts to acquire the blueprints.

Big Sums Offered

The disclosure that these plans were available has touched off the most intense activity among secret agents in European capitals since the end of the war. Huge sums of money and even threats of death have been involved in negotiations.

The nation which coupled a threat of death to its bid is Soviet Russia.

I came upon the story three weeks ago by accidental interception of a document cataloging the weapons. This was being circularized through Europe's intricate network of secret agents. Since then, careful checking among agents and military intelligence organizations in several countries has disclosed:

That the principal powers fully believe Franco has been developing new weapons.

That the weapons (particularly the electro-magnetic rocket) do actually exist and are now being manufactured in Spain.

According to the information available, the weapons were developed in secret laboratories located near Marbella on the south coast of Spain just east of Gibraltar. They were tested in Franco's presence early last summer. The rocket, known as KM2 after its inventors, Professors Knoh and Mueller—was tested off Malaga while Franco watched from the deck of his yacht.

The rocket is described as having a range of 16,000 kilometers (9,942 miles) traveling in a given direction. Its flight can be controlled by radio for at least the first 5,000 kilometers (3,107 miles) and when the control is removed the rocket is attracted by electric vibrations of flying planes or the magnetism of the nearest mass of metal. It explodes when it reaches the attracting element.

The agent who smuggled the blueprints out of Spain, and who presumably was present at the tests, claims that the rockets were directed over North America and that they were responsible for at least one and probably two transport-plane accidents which, for want of better explanation, were attributed to structural defects.

The nuclear-energy projectile is credited to a Professor Halkmann. It is described as twenty-two centimeters (8.7 inches) long and is used as a warhead for artillery shells. The agent claims that Franco is already mass-producing automatic guns to fire these new shells and that the first tests of the projectiles show them to have unprecedented explosive qualities.

Copyright, 1947, North American Newspaper Alliance, Inc.

Abb. 10: Presseartikel von 1947 über die Entwicklung der Fliegenden Untertassen durch deutsche Wissenschaftler in Spanien

Die amerikanischen Pressezitate überraschen nicht, da neben Argentinien vor allem Spanien das Ziel für die deutschen Evakuierungstransporte gewesen ist. Im August/September 1946 begann dann der Exodus vieler Deutscher von Spanien nach Argentinien. Erst Ende 1947 entstand rund um Cordoba der militärisch-industrielle Komplex, aus dem

Air Force Believes Flying Saucers Made In Spain By Germans

Beacon Journal Service

WASHINGTON—Some air force men think they know what those flying discs are, and where they come from.

They believe the discs are a new-type flying machine utilizing a gyroscopic principle, and that they may come from Spain.

They say Nazi scientists, known to have been working on gyroscopic flight during the war, dropped from sight after a row with Hitler.

* * *

INTELLIGENCE REPORTS hint they escaped to Spain. Captured documents indicate Germans had gone further than any with the use of the gyroscopic principle for flight.

Air force people are convinced the flying disc is real. They say it is not produced in this country. They feel sure it is not produced in Russia.

Clincher came when air force got picture recently of three discs flying in formation over Stephensville, Newfoundland. Not close-ups, because they outdistanced our fastest ships, but close enough to be convincing.

* * *

Abb. 11: Presseartikel von 1949 über die Entwicklung der Fliegenden Untertassen durch deutsche Wissenschaftler in Spanien

diverse revolutionäre Entwicklungen der Luftfahrt hervorgingen, darunter auch solche, die der Geheimhaltung unterlagen. Die UFOs, die im Sommer und Herbst 1947 gesichtet worden sind – bis zu neun gleichzeitig, wie man dem Twining-Report entnehmen kann – müssen von einem anderen Ort gekommen sein. Tatsächlich aus Spanien, wie die obigen Pressezitate nahelegen? Oder waren die Konstrukteure dort nicht auch schon längst nach Übersee „ausgewandert"?

Eine Entfernung von 11.000 Kilometer, entspricht das nicht genauso der Flugstrecke vom nördlichen Brasilien bis Nordamerika und zurück? (zum Beispiel beträgt die einfache Entfernung von Manaus bis Houston 5.240 Kilometer)

Ein 1958 geschriebenes Buch unter dem Titel »Yo he estado en marte« vermittelt den Eindruck, als seien wichtige Informationen zu den Aktivitäten der Dritten Macht an die Öffentlichkeit durchgesickert. Der Autor, Narciso Genovese, hatte in diesem Buch und später in einem Interview geradezu unerhörte Dinge zu Protokoll gegeben.[103,104] Andererseits enthält das Buch auch Behauptungen, die entweder absichtlich irreführend sein oder aber das gerüchteweise Gehörte fantasievoll verdichten sollen. Nachfolgend eine Übersicht der wichtigsten von dieser Quelle gegebenen Hinweise:

„Es handelt sich um eine eingeweihte Gruppe, die sich nur der wissenschaftlichen Forschung gewidmet hat. Sie ist völlig frei von Zugeständnissen und Verpflichtungen gegenüber Regierungen oder Machthabern, verfügt jedoch über einen unbegrenzten finanziellen Rückhalt."

„Da es der Gemeinschaft dank der Kriegsschätze Benito Mussolinis und Adolf Hitlers nicht an Mitteln fehlte, errichtete sie in Südamerika eine unterirdische Stadt, ein Studienzentrum in der Andenregion."

„Ein Raumfahrtzentrum, das sich in 4.000 Meter Höhe im Urwald befindet."

„Seit 1946 verfügt es über einen großen Sammelspiegel für kosmische Energie."

„Es begleiteten mich bei diesem Besuch vier deutsche Wissenschaftler."

„1951 haben wir an Bord einer Maschine, der der Treibstoff praktisch nicht ausgehen konnte, alle Meere und Länder bereist. Das Schiff arbeitete völlig geräuschlos, außer einem leichten Summen."

Mit anderen Worten, eine unabhängige Organisation wie die Dritte Macht errichtete mit Hilfe von finanziellen Mitteln des von Martin Bormann initiierten *Generalplans 1945* im Jahr 1946 eine im Dschungel Südamerikas gelegene, sich in einem Bergmassiv befindende Basis, die als Forschungs- und später als Raumfahrtzentrum diente. Die Energieversorgung erfolgte über die „kosmische Energie", die Nullpunkt-Energie. Spätestens 1951 gelang es, ein bemanntes Fluggerät zu konstruieren, welches die Schwerkraft abschirmen konnte – das erste funktionierende Antigravitationsflugzeug. Damit wurde eine Entwicklung erfolgreich abgeschlossen, die mit der Konstruktion von *Die Glocke* begonnen hatte, und ihre Fortsetzung fand in der Herstellung der ersten „Antigrav"- Prototypen noch vor dem Ende des Zweiten Weltkrieges.

Auch die ersten konventionell angetriebenen UFOs nach dem von Richard Miethe projektierten Typ werden 1946/Anfang 1947 an jenem Ort entstanden sein. Ob dabei die ehemals in Spanien tätigen Wissenschaftler und Techniker Hilfestellung leisteten oder nicht vielmehr schon von den deutschen Evakuierungs-U-Booten 1945 in Argentinien angelandete Spezialisten, kann hier nicht mit letzter Sicherheit geklärt werden. *Die Glocke* dürfte ebenfalls dahin verbracht worden sein.

Letztlich war eine Information fragwürdig: Einen in 4.000 Meter Höhe gelegenen Gebirgszug, der sich im tropischen Urwald befindet, gibt es in ganz Südamerika nicht, schon gar nicht in den Anden. Die Identifizierung dieses im Norden Brasiliens gelegenen Ortes, von dem die UFOs kommen, und seine Vorgeschichte bleiben einem späteren Kapitel vorbehalten.

Eine Frage noch: Was war die Funktion der Anlagen in und um Cordoba, und welche Aufgabe erfüllte das *Centro Atomico* auf der Insel Huemul? Der militärisch-industriellen Komplex von Cordoba könnte ein Zulieferer von Bauteilen und technischen Gerätschaften für das Raumfahrtzentrum der Dritten Macht gewesen sein oder für die Durchführung spezieller Versuche die Verantwortung übernommen haben. Das Letztere gilt wohl auch für Ronald Richter und seine Experimente. Die Zeitung *Wiener Echo* schrieb am 31. Oktober 1954: „*Das Protektionskind Evita Perons: Prof. Richter baute Untertassen.*“ Und weiter: „*Die große Chance eines ehrgeizigen Landes, das aufgrund seiner Lage und der allgemeinen Verhältnisse im Großkonzert der Mächte keine dominierende Rolle spielen konnte, musste gewahrt bleiben; das Land, das als erstes Untertassen produziert, die im Kraftfeld des Kosmos die Energie schöpfen, musste eine Weltmacht ersten Ranges werden.*“[(105)]

Wie sich die Formulierungen gleichen: „*Im Kraftfeld des Kosmos Energie schöpfen*“, „*Sammelspiegel für kosmische Energie*“, oder wenn einer der Zeitzeugen von damals von der „*kosmischen Strahlung*“ sprach, mit der Richter arbeitete. Es sind Ausdrücke von physikalischen Laien. Wissenschaftlich korrekt müsste es heißen, und Richter selbst hat es so ausgesprochen: „*...ein Energieaustausch mit dem, was wir Nullpunkt-Energie nennen.*“

Im Zuge der in diesem Kapitel gewonnenen Erkenntnisse wird auch klar, dass, wenn sich Richter und sein Forscherkollege Ehrenberg über die physikalische Natur dieses Austauschprozesses verständigten, beide im Recht waren. Richter, der von einer „*Sammeltendenz von elektro-*

magnetischen Wirbeln und von diesbezüglichen Resonanzbedingungen" sprach, und Ehrenberg, der ein Modell von elektrischen Ringströmen durchflossener Plasmoide entwickelte und die physikalische Verwandtschaft mit den Kugelblitzen ins Spiel brachte. Erkenntnisse, die erst vor wenigen Jahren von der Wissenschaft zu den Themen Energieaustausch mit dem Nullpunkt-Energiefeld und Abschirmung der Gravitation gewonnen worden und in ihrer Relevanz offiziell bis heute umstritten geblieben sind, fanden schon vor Jahrzehnten durch die Dritte Macht und ihre Helfershelfer nicht nur eine theoretische Begründung sondern darüber hinaus auch eine praktische Umsetzung. Die Folgen sollten sich sehr schnell zeigen.

Im Dezember 1948 erlebten die UFOs vom Typ „Feuerball" ihre Renaissance. Beinahe täglich wurden diese nun von den US-amerikanischen Militärs beobachtet. Der mit der Untersuchung dieser grün leuchtenden und niedrige fliegenden Objekte betraute Meteoritenspezialist Dr. Lincoln La Paz, Direktor des Meteoriteninstituts an der Universität von New Mexico, erklärte, dass es sich bei ihnen nach astronomischer Definition nicht um Meteore handelte. Dieses Statement sorgte für Unruhe und Nervosität unter den Militärs. Die Ursache dieser Aufregung lag im Flugziel der Eindringlinge begründet. Sie hatten ausgerechnet die streng geheimen Installationen der *Atomic Energy Commission* in Los Alamos, New Mexico, zum Ziel, wo Amerikas Atomphysiker an der Wasserstoffbombe arbeiteten. Sicherheitsbeamte beobachteten dort am 5., 6., 7., 8., 11.,13., 14., 20. und 28. Dezember 1948 sowie am 6. Januar 1949 grün leuchtende „Feuerbälle", die sämtlich Los Alamos anflogen und sich dann in einem rot-orangefarbenen Blitz auflösten.

In einem Schreiben des *Strategic Air Command* an das FBI vom 31. Januar 1949 wurde darauf hingewiesen, dass diese Objekte nirgendwo sonst zwischen Russland und Los Alamos beobachtet worden seien. Ihre Größe wurde mit der eines Basketballs verglichen. Die Flughöhe lag zwischen zehn- und fünfzehntausend Metern. Die Geschwindigkeit wurde auf fünf bis 20 Kilometer pro Sekunde geschätzt. An nichts anderem als an den Kernwaffenanlagen der Vereinigten Staaten schienen diese „Feuerbälle“ Interesse zu zeigen. So besuchten sie unter anderem außer Los Alamos auch die Nuklearanlage in Hanford, die geheime Sandia-Basis bei Albuquerque und das Kernwaffenarsenal in Camp Hood.[(98)]

Ohne Zweifel tauchte in jener Zeit über den militärisch sensiblen Anlagen der USA ein neuer Typ der „Feuerbälle“ auf, dessen Flugverhalten sich von dem der Vergangenheit deutlich unterschied. Diese Neuentwicklung schien speziell für Spionagezwecke konzipiert worden zu sein; nach erfüllter Aufgabe kam es zur Selbstzerstörung. Eventuell wurden diese kleinen Objekte von den bemannten, langsamer fliegenden UFOs des Miethe-Typs kurz vor Erreichen des Zielgebietes ausgesetzt, um die Risiken einer konzentrierten Luftabwehr für den Flugdiskus zu minimieren.

Auch in den Folgejahren beschäftigten sich die Verantwortlichen in den USA überaus ernsthaft mit dem Phänomen der UFOs und brachten ihre Sorge über die damit verbundenen Entwicklungen zum Ausdruck. So sandte am 2. Dezember 1952 Marshall Chadwell, Assistent Director of Scientific Intelligence, ein geheimes Memorandum an den Direktor der CIA, in dem er unter anderem schreibt: *„Derzeit überzeugen uns die Berichte über die Zwischenfälle davon, dass etwas vorgeht, was unsere sofortige Aufmerksamkeit verlangt. Die Beobachtungen unerklärlicher Objekte in großen Höhen und mit hohen Fluggeschwindigkeiten in der Umgebung wichtiger US-Verteidigungseinrichtungen sind derart, dass sie sich natürlichen Phänomenen oder bekannten Flugkörpertypen nicht zuordnen lassen.“*[(99)]

Welche Bedeutung dem Thema UFOs in den höchsten US-Regierungskreisen beigemessen wurde, beweist auch ein internes Memorandum des kanadischen Verteidigungsministeriums, gesendet am 21. November 1950 von Wilbert B. Smith an den Leiter Nachrichtentechnik:

„Über das Personal der kanadischen Botschaft in Washington habe ich diskret Erkundigungen eingezogen, und es gelang ihnen, folgende Informationen für mich zu bekommen:

1. *Die Angelegenheit ist das Thema mit der höchsten Geheimhaltungsstufe in den Vereinigten Staaten und rangiert sogar noch über der Wasserstoffbombe.*
2. *Es gibt fliegende Untertassen.*
3. *Ihre Funktionsweise ist unbekannt, aber eine kleine Gruppe unter Leitung von Doktor Vannevar Bush bemüht sich intensiv um Aufklärung.*

Die Behörden der Vereinigten Staaten messen der ganzen Angelegenheit äußerste Bedeutung bei.“[(99)]

Nachdem es Anfang der 1950er-Jahre zu weiteren UFO-Sichtungswellen über dem Territorium der USA gekommen war, sah sich das US-Militär gezwungen, die alarmierte Öffentlichkeit zu beruhigen. Im Jahr 1952 rief die *U.S. Air Force* das Untersuchungsprojekt *Blue Book* ins Leben. Dessen Sinn bestand darin, der Öffentlichkeit die Gewissheit zu vermitteln, dass das Phänomen der *Fliegenden Untertassen* die Nationale Sicherheit nicht bedrohe und daher auch keine Abwehrmaßnahmen durch die Luftwaffe erforderlich seien. Es gab die Anweisung, den Prozentsatz nicht identifizierbarer Objekte möglichst gering zu halten. Erst in den 1970er-Jahren fanden zivile Forscher heraus, dass das beste Material über die UFOs, also die aussagekräftigsten Fotos, Filme und Berichte, an *Blue Book* vorbei sofort an andere Geheimdienststellen weitergeleitet wurde. Auf der gleichen Linie lag der Erlass AFR 200-2 vom November 1953 mit der Verfügung, der Öffentlichkeit ausschließlich unechte UFO-Berichte oder Falschmeldungen zu präsentieren.[(98)]

Am 28. Februar 1960 bestätigte der erste CIA-Direktor, R. Hillenkoetter, in der *New York Times* diese Vorgehensweise: *„Insgeheim sind hochrangige Air Force-Offiziere ernstlich über UFOs besorgt. Doch infolge der offiziellen Geheimhaltung und Lächerlichkeit werden viele Bürger zu* *dem Glauben verleitet, dass unbekannte fliegende Objekte Unsinn wären. Die Air Force hat ihr Personal zum Schweigen verpflichtet und angewiesen, die Fakten abzustreiten.*" Ziel war demnach keineswegs eine objektive Untersuchung des Phänomens, sondern eine Vertuschung der wahren Hintergründe.

Eine erste wissenschaftliche Analyse des aus den genannten Gründen nur bedingt aussagekräftigen *Blue-Book*-Materials erfolgte 1956 durch das *Batelle Memorial Institute*. Aufnahme in die Untersuchung fanden 2.200 zwischen dem 1. Juni 1947 und dem 31. Dezember 1952 gesammelte Berichte. Unter diesen konnten 434 Fälle als „unbekannt" eingestuft werden. Darunter befanden sich 71 als „exzellent" eingeschätzte Beobachtungen. Hochgerechnet auf alle rund 12.000 Sichtungen, welche die *Air Force* am 15. Februar 1968 in ihren Akten hatte, ergibt das 360 „exzellente" Sichtungen. Der in das Projekt involvierte Astronomieprofessor Dr. Allen Hynek gab 1966 bekannt, dass zwischen 10 und 20 Prozent der Berichte nicht identifizierbar blieben, und zwar gerade solche, die von den besten Zeugen, also zum Beispiel von Piloten, kamen.

Auch die durch eine weiter steigende Zahl von UFO-Sichtungen Ende August 1966 im Auftrag der Luftwaffe durch die Universität von Colorado durchgeführte Untersuchung kam zu ähnlichen Ergebnissen. Von den 59 detailliert analysierten Fällen blieben 33 unidentifiziert.[98]

Trotz dieser statistischen „Auffälligkeiten" wurde nach außen der Eindruck erweckt, eine weitere Untersuchung des UFO-Phänomens sei nicht erforderlich, da man die Masse der Beobachtungen durchaus einer vernünftigen Erklärung hätte zuführen können. Und selbst von den ungeklärten Fällen sei schließlich in den zurückliegenden Jahren keine Bedrohung ausgegangen.

Wie schon die Sichtungswelle im Juli 1947 gezeigt hatte, beschränkte sich das UFO-Phänomen keineswegs nur auf die USA, obwohl sich dort für die Dritte Macht Ende der 1940er-, Anfang der 1950er-Jahre sicherlich die interessantesten Ziele für eine Ausforschung anboten. In einer unter dem Namen UFOCAT angelegten Datei konnten bis 1980 bereits mehr als 62.000 Eintragungen von UFO-Sichtungen registriert werden. Diese bezogen sich auf nahezu alle Länder der Erde. Das UFO-Phänomen manifestierte sich weltweit![98]

Und noch etwas zeigten die Analysen der Sichtungsberichte. Im Unterschied zu den anfänglich beobachteten Flugeigenschaften der diskusförmigen Flugobjekte, wie sie in den Twining-Report Eingang gefunden hatten, bewiesen die Berichte aus den späteren Jahren, dass eine technisch-technologische Evolution der UFOs stattgefunden haben musste.

Nachfolgend sollen einige der neuartigen Eigenschaften dieser fortgeschrittenen UFOs aufgeführt werden:

- Sie manövrieren mit beliebigen Geschwindigkeiten in der Atmosphäre, ohne einen Überschallknall zu erzeugen.
- Sie scheinen der Gravitation und Trägheit nicht zu unterliegen.
- Sie sind nachts von einem selbst leuchtenden Halo umgeben und ändern die Farbe der Lichthülle (zumeist beim Beschleunigen).
- Ihre Felder und Strahlungen schädigen die Umgebung und die Augenzeugen (Verbrennungen, Lähmungen, Übelkeit, Blindheit, Kopfschmerzen und andere).
- Sie lassen Otto-Motoren stillstehen und unterbrechen Stromkreise aller Art.
- In ihrer Umgebung werden gewaltige Magnetfelder registriert.
- Von ihnen gehen sogenannte „Solid Lights" aus, leuchtende, strahlende Zonen, die eine endliche Länge besitzen, sich krümmen können und erst in einem bestimmten Abstand von den Objekten entstehen.
- Sie können sich in Nichts auflösen (eventuell werden sie nur unsichtbar).
- In ihrer Umgebung nimmt die Temperatur gelegentlich deutlich ab.[98]

Das zeigt, die Flugobjekte vom Miethe-Typ hatten irgendwann ausgedient. Nach den Aussagen Narciso Genoveses hoben die ersten Antigravitationsflugzeuge 1951 ab. Die technisch-technologische Evolution machte bei ihnen nicht Halt; auch sie erfuhren eine kontinuierliche Weiterentwicklung.

Zu Beginn der 1980er-Jahre kam es neben den Sichtungen von scheiben- bzw. diskusförmigen Flugobjekten und „Feuerbällen" zunehmend zu Beobachtungen anderer UFO-Formen. Aufsehen erregten vor allem als riesige „Dreiecke" und „Boomerangs" beschriebene Fluggeräte. Schon in den Jahren vor 1980 hatte es vereinzelte Berichte zu UFOs dieser Typen gegeben. Was jetzt passierte, erreichte jedoch eine gänzlich neue Qualität: Gemeldet wurden durch eine Vielzahl von Zeugen in – das ist eine weitere Besonderheit – jeweils geografisch fest umrissenen Zonen Flugmanöver dieser gigantischen Objekte, die weit jenseits eines herkömmlichen Verständnisses von Luftfahrt lagen. Sie konnten bei Ausmaßen in einer Größenordnung von 30 bis über 100 Metern, in nur geringer Höhe über dem Erdboden schwebend, in Sekunden Beschleunigungen erreichen wie kein anderes bekanntes Flugzeug. Dabei nahmen sie abrupte Richtungsänderungen vor und das alles bei völliger Lautlosigkeit.[(106)] Diese Anomalien deuten einmal mehr auf die Nutzung von Technologien hin, die eine Aufhebung der Schwerkraft ermöglichen.

Eine erste große Sichtungswelle dieser neuartigen UFO-Typen ereignete sich in den Jahren 1983 und 1984 im Hudson Valley, im US-Staat New York.[(107)] Ende der 1980er-, Anfang der 1990er-Jahre kam es dann zu einer Reihe teils spektakulärer Beobachtungen über Belgien. Mehrere tausend Menschen behaupteten, die riesigen „Dreiecke" und „Boomerangs" am Himmel gesehen zu haben. Unter diesen Berichten waren mehr als 900, in denen die Objekte weniger als 300 Meter entfernt waren.

Zunächst glaubte man an amerikanische Geheimflugzeuge, ließ diesen Verdacht aber spätestens nach den Ereignissen in der Nacht vom

30. zum 31. März 1990 fallen. Nachdem bereits zwei Radarstationen unidentifizierte Objekte registriert hatten, die langsam flogen und häufig ihren Kurs und ihre Höhe wechselten, ließen die belgischen Militärs zwei F-16-Jäger aufsteigen, um die zwischenzeitlich auch von mehreren Zeugen gemeldeten Lichter in Dreiecksformation zu verfolgen. Diese konnten mit ihrem Bordradar ein Objekt erfassen, welches bisher mit 280 km/h geflogen war und sich in etwa 3.000 Meter Höhe aufhielt. Daraufhin beschleunigte das Fluggerät plötzlich auf 1.800 km/h und sank innerhalb einer Sekunde auf eine Höhe von 1.700 Meter, was einer Beschleunigung von 43 G entspricht. Ein Pilot ist im Allgemeinen nur in der Lage, 8 G auszuhalten, ohne das Bewusstsein zu verlieren.

Das unbekannte Objekt setzte seinen Flug danach in einer Höhe von weniger als 200 Metern fort, wo es von den Radargeräten nicht mehr erfasst werden konnte. Die Beobachter am Boden, unter ihnen 18 Gendarmen, schätzten seine Geschwindigkeit dort auf 40 km/h. Es sah wie eine Kugel aus, die von zwei großen, scharf nach hinten gebogenen Flügeln geteilt wurde. Von daher auch der Vergleich mit einem Boomerang. Das Versteckspiel wiederholte sich innerhalb von 75 Minuten insgesamt drei Mal. Zu keiner Zeit wurde ein Überschallknall gehört. Unter Bezugnahme auf die Ereignisse jener Nacht erklärte der Stabschef der belgischen Luftwaffe, Oberst de Brouwer, am 22. Juni 1990 gegenüber der Presse: *„Unser Verteidigungssystem ist gegen diese Maschinen machtlos.“*[(98)] Dieser Fall wurde deshalb so ausführlich beschrieben, weil er charakteristisch ist für das ungewöhnliche Flugverhalten der UFO-„Dreiecke“ weltweit.

In den Folgejahren konnte eine beinahe als explosionsartig zu bezeichnende Zunahme von Sichtungen dieser Flugobjekte verzeichnet werden – einen guten Überblick über die absolute Zahl und über ihren relativen Anteil im Vergleich zu anderen UFO-Typen gewährt die NUFORC-Statistik.[(108)]

Abgesehen von den neu entwickelten Antigravitationstriebwerken erinnerte die Formgebung dieser „Dreiecke“ und „Boomerangs“ an Entwürfe von Reimar und Walter Horten aus der Zeit des Dritten Reiches. Die Gebrüder Horten gelten als die Pioniere bei der Entwicklung sogenannter Nurflügelflugzeuge, die auch als schwanzlose Flugzeuge bezeichnet werden.

Sie begannen ihre Entwicklungen mit der Konstruktion schwanzloser Motorsegler wie der Ho III. Im Januar 1945 flog dann der erste Prototyp der Ho 229. Angetrieben von zwei Strahlturbinen erreichte diese Maschine eine Geschwindigkeit von 800 km/h. (Abb. 12) In der Schublade lagen zu dieser Zeit Pläne für eine Weiterentwicklung, deren Prototyp 1946 einsatzbereit sein und eine Geschwindigkeit von 1.100 km/h erreichen sollte.[52] Das Kriegsende kam jedoch dazwischen, und wie so viele andere emigrierten auch die Gebrüder Horten nach Argentinien. Dort setzten sie ihre Entwicklungsarbeiten fort und entwarfen unter anderem einen Flugzeugtyp in der Form eines länglichen Dreiecks mit einer Oberfläche von 48 Quadratmetern. Über mehrere Entwicklungsstadien entstand schließlich ein Fluggerät in Dreiecksform, das Überschallgeschwindigkeit erreichen konnte. (Abb. 13) Über den Fortgang der Arbeiten an diesem Flugzeugtyp wurde später nichts mehr bekannt. Auch diese Entwicklungen fanden zukünftig wohl in jenem in einer tropischen Bergregion gele-genen „Raumfahrtzentrum" statt.

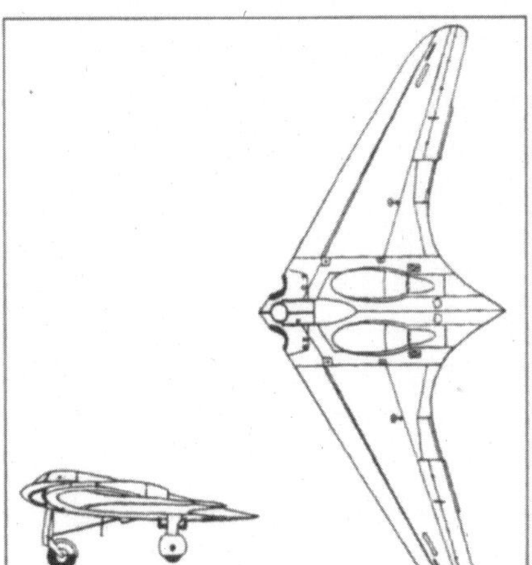

Abb. 12: Skizze der Horten-229

Im März 1997 ereignete sich eine Demonstration der besonderen Art: Im US-Bundesstaat Arizona kam es zu Sichtungen von riesigen fliegenden „Dreiecken" mit einer Größe von mehreren Kilometern, die als „Phoenix Lights" bekannt geworden sind.[106,109] Auf die Konsequenzen, die sich aus diesem Fall ergeben, wird noch zurückzukommen sein.

Abb. 13: Foto des von den Gebrüdern Horten in Argentinien entwickelten Dreiecksflugzeuges

Die Evolution des UFO-Phänomens geht also weiter. Die aufgezeigte kontinuierliche Entwicklung immer leistungsstärkerer Flugobjekte, deren Ursprung der Öffentlichkeit bis heute vorenthalten wird, von den 1940er-Jahren bis in unsere Tage, beweist, dass es sich dabei um ein ausschließlich irdisches Phänomen handelt.

Schon vor Jahren brachte der französische Astrophysiker und UFO-Forscher Jacques Vallee mit einem Schuss Ironie das Widersinnige in der anhaltenden Diskussion um die UFOs auf den Punkt:

„In gewisser Hinsicht gleicht das Studium der UFOs der amerikanischen Politik: Es gibt genau zwei Parteien zur Auswahl. In der Politik gibt es nur Demokraten und Republikaner. In der Ufologie sind es die Skeptiker, die überhaupt nicht an UFOs glauben, und diejenigen, die der Ansicht sind, es handele sich um Raumschiffe von einem anderen Planeten. Aber sind diese beiden wirklich die einzigen Möglichkeiten?"(110)

Nein, es gibt eine Alternative! Die Dritte Macht.

4. Die Kernbotschaft

Eine ähnlich dynamische Entwicklung wie bei den gesichteten UFO-Typen vollzog sich auch bezüglich jener Berichte, die Auskunft über ihre Besatzungen, deren Aussehen und Verhaltensweisen erteilten.

Die ersten stammten aus den 1950er-Jahren von den sogenannten Kontaktlern. Von diesen erhielten die US-amerikanischen Behörden unerwarteten Beistand, als es darum ging, das UFO-Phänomen zielgerichtet zu verunglimpfen, erzählten diese Leute doch teilweise unglaubliche Geschichten über ihre Begegnungen mit den „außerirdischen“ Insassen der Flugkörper. Zudem konnten einige der vorgeblichen Augenzeugen später der bewussten Lüge überführt werden. Damit waren nicht allein alle anderen Kontaktler diskreditiert, auch das UFO-Phänomen als solches hatte schweren Schaden erlitten.

Erfolgte diese Pauschalverurteilung der Kontaktler zu Recht? Bei der Vielzahl der Sichtungen unbekannter, allem Anschein nach von intelligenten Wesen gesteuerter Flugobjekte musste es aller Wahrscheinlichkeit nach irgendwann zu direkten Begegnungen mit deren Besatzungen kommen. Die Frage war nur, wann und unter welchen Umständen; aus purem Zufall oder von den Insassen der UFOs bewusst herbeigeführt?

Was diejenigen, welche die Kontaktler pauschal als Spinner verurteilten, hätte nachdenklich stimmen müssen, war die gemeinsame Basis der meisten Berichte. Diese kam zum Ausdruck in einer Reihe übereinstimmender Details:

- Die Besucher erklärten, von verschiedenen Planeten unseres Sonnensystems oder von fernen Planetensystemen zu kommen.
- Sie wollten ihr Wissen über das Universum mit uns teilen.
- Ihre Absicht sei, uns vor uns selbst zu schützen, besonders aber einen Atomkrieg zu verhindern.
- Sie nahmen die Kontaktler in ihren *Fliegenden Untertassen* mit auf Reisen durch das All.

- Es gab keine negativen Erfahrungen mit den „Außerirdischen", den „Venusiern" oder „Marsianern", sodass man sie auch als „Raumbrüder" bezeichnete.

Die erstaunlichste Übereinstimmung der Berichte ergab sich hinsichtlich des äußeren Erscheinungsbildes der „Fremden". Diese hatten so gar nichts Außerirdisches an sich, im Gegenteil. Sie glichen vollkommen den Menschen, schienen etwas größer zu sein und wurden, Männer wie Frauen, nahezu ohne Ausnahme als blonde Wesen nordischen Typs beschrieben.[(111,112)]

Da schon in den 1950er-Jahren die Wissenschaft zur Erkenntnis gelang war, dass auf den anderen Planeten des Sonnensystems menschenähnliches Leben nicht so ohne Weiteres existieren konnte, mussten die Besatzungen der UFOs die von ihnen kontaktierten Menschen bewusst in die Irre geführt haben, was im Interesse der von ihnen verfolgten Strategie gelegen haben dürfte, ihre wahren Absichten möglichst lange zu verbergen.

Nachdem die Kontaktler-Bewegung Ende der 1950er-Jahre im Auslaufen begriffen war, erfuhr sie in den späten 1960er- und in den 1970er-Jahren eine Wiederbelebung – allerdings mit einer viel größeren Breitenwirkung. Gerade dieser massenwirksame Einfluss scheint als neues Element in erster Linie beabsichtigt gewesen zu sein. Einerseits „übernahmen" die UFO-Besatzungen schon bestehende Strukturen, vorzugsweise im Bereich der Kult-Sekten, wie zum Beispiel den *Order Of Melchizedek* und den *Ancient Mystical Order Rosae Crucis* (AMORC), zum anderen schufen sie auch neue Organisationen, wie im Jahr 1973 die *RAEL*-Bewegung, die heute schon mehr als 40.000 Mitglieder zählt.[(113)]

Im Zuge dieser Entwicklung blieben einige Konstanten aus der Zeit der frühen Kontaktler erhalten. Es wurde über keinerlei negative Erfahrungen berichtet. Die Übermittlung von Informationen erfolgte mit voller Absicht. Die Ziele der vermeintlichen Außerirdischen wurden offen dargelegt: Hilfe und Unterstützung für die vom selbstverschuldeten Untergang bedrohte Menschheit. Die in diesem Zusammenhang anklingenden ideologischen Grundströmungen hatten sich auch nur unwesentlich geändert, waren gleichsam einem Modernisierungsprozess unterzogen worden. Auch das geschilderte Äußere der UFO-Insassen entsprach ganz dem der 1950er-Jahre: Die „Außerirdischen" glichen vollkommen den Menschen und waren bis auf wenige Ausnahmen blond und blauäugig.[58,111]

Jacques Vallee hat über mehrere Jahre einige dieser Gruppierungen studiert. Zur ideologischen Ausrichtung wurden von ihm folgende gemeinsame Grundzüge herausgearbeitet:

- Eine rassistische Philosophie, die auf der angeblichen Überlegenheit der von den UFO-Besatzungen Auserwählten gründet,
- die Beseitigung der Nationalstaaten und das unverhohlene Bekenntnis zu einem die ganze Welt umfassenden Imperium,
- die Ablehnung der Demokratie zugunsten einer totalitären Herrschaft,
- ein soziales Utopia, in dem das bisher dominierende Finanzsystem eliminiert werden soll,und
- irrationale Motivationen basierend auf dem Glauben an eine baldige „außerirdische" Intervention.[58]

Unter Bezugnahme auf dieses einheitliche, den verschiedenen Kontaktlern vermittelte Weltbild, entwickelte Vallee die Theorie von den „Manipulatoren", die sich hinter dem UFO-Phänomen verbergen. Deren Absicht bestehe darin, ausgewählte Sichtweisen über massenwirksame Kontaktler-Bewegungen im Unterbewusstsein der Menschen festzuschreiben, um auf diese Weise die eigenen Ziele besser verwirklichen zu können.

Der Soziologe David Swift bewertete Vallees Theorie wie folgt: „*Gegenwärtig sind die Kontaktler-Gruppierungen klein und üben keinen nachhaltigen Effekt auf die Gesellschaft aus. Aber wird das immer so bleiben? Unter welchen Umständen könnten sich diese Kulte zu sozialen Bewegungen entwickeln, die eine reale Herausforderung für unsere Gesellschaft darstellen? Solche Strömungen gewinnen dann an Bedeutung, wenn sich viele Menschen angesichts der herrschenden Bedingungen frustriert fühlen und sich durch eine aktive Teilnahme eine Verbesserung ihrer Lage versprechen.*"[58]

Jacques Vallee konnte am Ende eines nicht verleugnen: „*Die ‚Manipulatoren' sind keine Außerirdischen, sondern hinter ihnen versteckt sich eine menschliche Intelligenz.*" Wer wohl, ist zu fragen? Die Antwort dürfte nicht schwer fallen. Angesichts der fortschreitenden Konditionierung des öffentlichen Bewusstseins kommt Vallee zu dem Schluss: „*Wir haben es hier mit einem sehr gefährlichen Prozess zu tun.*"[58]

Parallel zur Entstehung der Kontaktler-Bewegungen wurde in den 1960er-Jahren eine Entwicklung in Gang gesetzt, deren Tempo sich in den 1980er- und 1990er-Jahren ungeheuer beschleunigt hat. Die Begegnungen zwischen den „Zeugen" und den Besatzungen der unidentifizierten Flugobjekte nahmen eine gänzlich andere Qualität an. Man sprach in diesen Fällen nicht mehr von *Kontaktlern*, sondern von *Abduzierten*. Diese aus dem englischen kommende Bezeichnung ist abgeleitet von dem Wort „abductions", zu deutsch: Entführungen.

Charakteristische Konstanten für diese ersten UFO-Entführungen waren:

- medizinische Untersuchungen, die größtenteils eine sexuelle bzw. genetische Komponente enthielten
- die angeblich telepathische Kommunikation zwischen den UFO-Insassen und ihren Opfern
- die teilweise oder gänzliche Blockierung von Gedächtnisinhalten
- „verlorene Zeit", das heißt, die Entführten konnten über diesen Zeitraum keine Rechenschaft abgeben
- die Begegnung mit kleinen, humanoiden Wesen mit grauer Haut, großen Köpfen und überdimensionierten Augen
- in der Folge der Entführungen Alpträume und andere psychologische Beschwerden

- die spätere Rekonstruktion von Gedächtnisinhalten durch hypnotische Rückführung.

Der erste dokumentierte Fall ereignete sich 1961 in den USA. Verwickelt waren die gemischtrassigen Eheleute Betty und Barney Hill, die, während sie von Montreal nach Portsmouth im Bundesstaat New Hampshire unterwegs waren, nachts aus ihrem Auto in ein gelandetes UFO entführt wurden. Die Wesen an Bord unterzogen sie in getrennten Räumen verschiedenen medizinischen Untersuchungen, führten eine Nadel in Bettys Unterleib ein und erklärten ihr, dass sie einen Schwangerschaftstest durchführten. Barney entnahmen sie eine Spermaprobe. Nachdem das Ehepaar nach Abschluss der Prozeduren das UFO verlassen hatte, setzen es seine Fahrt zum Zielort fort und kam etwa zwei Stunden später als geplant dort an. Während der nächsten Monate hatten Betty und Barney Alpträume davon, an Bord eines außerirdischen Raumschiffes gewesen zu sein. Da sie unter ständigen Angstzuständen litten, suchten sie Hilfe in psychologischer Beratung. Man verwies sie an Benjamin Simon, einen bekannten Psychiater. Durch Rückführung unter Hypnose konnten sie sich an einiges erinnern, was in der „verlorenen Zeit" passiert war. Betty hatte unter Hypnose unter anderem neben einer verbalen auch von einer telepathisch stattgefundenen Verständigung mit der UFO-Besatzung gesprochen, die sie als kleine Personen mit ungewöhnlich großen Augen beschrieb.(114) Daraus wurde später abgeleitet, das Eheleute Hill wären die ersten gewesen, die Kontakt zu den später „die Grauen" genannten Wesen gehabt hätten. Dabei ist zu einem so frühen Zeitpunkt des UFO-Entführungsphänomens solches durchaus in Zweifel zu ziehen.

Barney Hill sind im Gegensatz zu seiner Frau einige Details der Entführung bewusst in Erinnerung geblieben, Einzelheiten, die er während seiner ersten hypnotischen Rückführung bestätigte.(115) Ähnlich wie Betty konnte er sich daran erinnern, dass sich einer der Entführer in englischer Sprache mit ihnen unterhalten hatte. Der ausländische Akzent wäre freilich nicht zu überhören gewesen. Ein anderes Mitglied der UFO-Besatzung hätte sich zwar ebenfalls an der Kommunikation beteiligt, jedoch wären in diesem Fall Verständigungsprobleme aufgetreten. Untereinander unterhielten sich die UFO-Insassen in einer fremden, den Hills unbekannten Sprache und das auch nur ganz leise.[116] Von einer telepathischen Kommunikation ist bei genauerem Hinsehen überhaupt nicht die Rede. Barney Hill interpretierte lediglich den zwingenden hypnotischen Blick des Anführers in diesem Sinne. Bei Betty wird es nicht anders gewesen sein. Gerade dieses während seines Aufenthaltes an Bord des UFOs immer wieder praktizierte Anstarren, wobei die Augen der Entführer den seinen sehr nahe gekommen waren, blieb ihm unvergesslich.[115] Barney bekam den Befehl, die Augen zu schließen. Er spürte, dass ab diesem Moment die Kontrolle über sein Bewusstsein total an die Fremden überging.

Bevor die Entführer die mentale Kontrolle übernahmen, hatte er einen ersten nachhaltigen Eindruck vom äußeren Erscheinungsbild der beiden wichtigsten Personen unter seinen Entführern bekommen. Im Unterschied zu immer wieder kolportierten Behauptungen, wonach die Besatzungsmitglieder klein gewesen wären und ihre Körpergröße weniger als 1,50 Meter betragen hätte, wurden sie von Barney lediglich als „nicht zu groß" und von menschlicher Gestalt bezeichnet. Er unterschied zwischen einem emotionslosen Anführer und einem anderen, freundlich wirkenden Mann, dessen Anblick er mit dem Aussehen eines rothaarigen(!) Iren verglich.

Besondere Aufmerksamkeit schenkte Barney der Bekleidung und dem Auftreten seiner Entführer. Sie trugen glänzende schwarze Uniformen, anscheinend aus Leder, und eine schwarze Schirmmütze auf dem Kopf. Nahezu emotionslos erledigten sie alle Handgriffe mit höchster Effizienz. Ihr Handeln erinnerte ihn spontan an „die kühle Präzision deutscher Offiziere". Unter Hypnose formulierte er es noch drastischer: *„Der Mann in der schwarzen Uniformjacke erinnerte ihn an einen Nazi!"*[115]

Hatte die Besatzung des UFOs gegenüber den Hills auch ihre Herkunft zu verbergen gesucht – zum Beispiel durch das leise Sprechen –, so war es Barney doch gelungen, sie auf intuitive Weise zu entschlüsseln. Und, bei genauer Betrachtung, hatte dieser erste UFO-Entführungsfall mit den später folgenden nur wenig gemein. Die von der Dritten Macht praktizierte Tarnung blieb zu jener Zeit noch unvollkommen.

Ähnlich in einem anderen Fall, der nicht als UFO-Entführung sondern nur als Begegnung mit einem UFO zu verstehen ist. Dieser ereignete sich am 6. November 1957 in Dante, einem Ort in Tennessee in den USA. Der zwölfjährige Sohn eines Farmers hatte in der Nacht seinen Hund ausgeführt und dabei 100 Meter vom Farmhaus entfernt ein eigenartig glühendes Objekt auf dem Boden entdeckt. Er meinte noch zu träumen und ging wieder in sein Bett zurück. Wenige Minuten später stand er wieder auf, um seinen Hund hereinzulassen, den er mit anderen Hunden bellen hörte. Noch immer verweilte das leuchtende ovale Ding an derselben Stelle. Um dieses herum standen zwei Männer und zwei Frauen, die von mehreren Hunden angebellt wurden. Alle waren sie normal gekleidet. Einer wollte den Hund des Jungen fangen. Dabei redeten die Fremden in einer Sprache, *„wie die deutschen Soldaten in den Filmen immer sprechen“*.[116] Hier hatte jemand die UFO-Insassen dabei ertappt, wie sie ihre wahre Identität preisgaben.

Zurück zu den UFO-Entführungen: Während in den 1960er-Jahren nur wenige dieser Entführungsfälle berichtet wurden, nahm ihre Anzahl in den 1970er-Jahren deutlich zu, um sich ab den 1980er-Jahren nahezu explosionsartig zu vermehren. Dabei konnten eine Vielzahl zusätzlicher spezifischer Merkmale registriert werden, die auf ein übereinstimmendes Muster hindeuteten.

Dazu gehörten:

- Das Kidnapping von Personen aus Fahrzeugen, deren Motoren und elektrische Einrichtungen kurz vor der Entführung plötzlich und ohne erkennbaren Anlass ihren Dienst versagten,
- das Abholen aus dem häuslichen Umfeld, wobei der Transport der Entführten durch Wände und geschlossene Fenster erfolgte,
- die Beförderung vom Ort der Entführung zum UFO in einem Lichtstrahl bläulicher Färbung,

- die Anwendung von Unsichtbarkeitstechnologien,
- das „Abschalten“ Unbeteiligter zu Beginn der Entführung, d.h. diese Personen wurden in einen Zustand der körperlichen Starre versetzt, der bis zum Ende der Entführung anhielt und einherging mit absoluter Erinnerungslosigkeit,
- verschiedene Varianten der psychologischen Beeinflussung, die eine absolute Kontrolle über die Gedanken und Handlungen der Entführten ermöglichten, bis hin zum vollständigen Erinnerungsverlust,
- die Visualisierung beliebiger Szenarien im Gehirn der Betroffenen, zum Beispiel auch die Kreation sogenannter „Deckerinnerungen“, die den wahren Hergang des Geschehens vertuschen sollten,
- das Auftreten charakteristischer Narben in Gestalt runder oder löffelartiger Vertiefungen bzw. dünner, gerader Schnitte an bestimmten Körperstellen,
- die Einsetzung von Implantaten,
- die zum Teil auch außerhalb der UFOs, zum Beispiel im eigenen Schlafzimmer, vorgenommene Befruchtung von Frauen mit einem an einen Penis erinnernden Gerät,
- bei anderen Frauen die Gewinnung von Eizellen mittels einer „Nadel“ durch die Bauchdecke, wobei in diesen Fällen der künstlich erzeugte Embryo einige Zeit später in den Uterus der Frau eingepflanzt wurde,
- bei Männern Samenproben,
- die Entnahme der Embryonen und Föten Wochen und Monate später,
- deren massenweise Aufzucht in Inkubatoren,
- der herbeigeführte Kontakt zwischen den „Müttern“ und ihrem Nachwuchs an Bord der UFOs oder anderswo, die sogenannte „Babypräsentation“,
- das Generationenproblem – was bedeutet, dass mehrere Generationen einer Familie von den Entführungen betroffen sein können.(114, 117,118,119,120,121,122,123)

Unzweifelhaft, das zeigen die wichtigsten Charakteristika der durch die UFO-Besatzungen durchgeführten Entführungen, haben diese die Gewinnung von Erbmaterial einer ausgesuchten Gruppe von Personen zum Ziel. Welche Strategie damit verfolgt wird, bleibt noch zu klären. Zunächst gilt jedoch klarzustellen, dass sich hinter den UFO-Entführungen tatsächlich mehr verbirgt als ein neuartiger Massenwahn, wie die Kritiker des Phänomens oft einwenden.

Ein Schwerpunkt der Kritik richtet sich auf den Einsatz von Hypnose zur Aktivierung blockierter Gedächtnisinhalte. Allein die Tatsache, dass in ca. 30 bis 40 Prozent der Entführungsfälle die Betroffenen sich wenigstens in Teilbereichen an ihre Erlebnisse auch ohne die Anwendung regressiver Hypnosetechniken erinnern, lässt diese Kritik als wenig gerechtfertigt erscheinen.(98) Akzeptiert werden kann sie vor allem dann, wenn Hypnotiseure ohne tiefere Fachkenntnis ihre dann im wahrsten Sinne des Wortes als Opfer zu bezeichnenden Patienten mit „falschen Erinnerungen" versorgen, sie zu sogenannten dissoziativen Phantasien verleiten oder sie unter Hypnose auf unzulässige Weise „führen".(117)

Unbestritten kann Hypnose, sofern sie von fachkompetenter Seite angewandt wird, traumatische Gedächtnisbarrieren einreißen. „*Stark angstbesetzte Erlebnisse, die unaufgearbeitet verdrängt und kognitiv unzugänglich gemacht sind, damit sie nicht ins Bewusstsein dringen, lassen sich im hypnotischen Rapport zutage fördern.*"(98)

Mehrere an Gruppen von durch UFOs Entführten durchgeführte psychologische Tests haben auch ein anderes, gegen den Wahrheitsgehalt der Berichte vorgebrachtes Argument entkräften können, dass es sich bei diesen Personen um solche mit einer speziellen Störung des Bewusstseins handelt.(98) Schließlich existieren über die Berichte hinaus andere Belege, die für deren Realität sprechen. So war es verschiedentlich tatsächlich nicht möglich, Personen zum Zeitpunkt ihrer behaupteten Entführung aufzufinden.(117, 124) Manchmal wurden Personen auch gruppenweise entführt und konnten ihre Berichte später wechselseitig bestätigen.[118] In einigen Fällen hinterließen die UFOs Landespuren in der unmittelbaren Nähe des Entführungsortes.[120] Auch gelang es in einigen Fällen medizinischem Fachpersonal, eingesetzte Implantate zu bergen.[125,126] Auf die an den entführten Menschen häufig festgestellten charakteristischen Narben wurde bereits hingewiesen.

Um das Ausmaß der UFO-Entführungen festzustellen, führte man in den USA verschiedene Befragungen durch, die alle zu sehr ähnlichen Ergebnissen gelangten. Die größte und repräsentativste erfolgte durch die Roper-Organisation im Sommer 1991. Insgesamt wurden 5.986 zufällig ausgewählte Probanden nach einem ausgeklügelten System von Fragen interviewt. Die Befragung ergab ein Minimum von zwei Prozent aller US-Amerikaner, die ähnliche Erfahrungen wie die Entführten gemacht hatten. Das waren zum damaligen Zeitpunkt etwa sechs Millionen Menschen![118] Damit konnte statistisch abgesichert werden, was Entführungsforscher schon zuvor unabhängig davon aus den Berichten der Entführten geschlussfolgert hatten: Bei den UFO-Entführungen handelt es sich um ein Massenphänomen. Oder mit anderen Worten und in Kenntnis der biologischen Komponente: Es handelt sich dabei um einen genetischen Großversuch.

Bevor dessen Zielsetzung näher untersucht werden soll, gilt es darzustellen, dass eine Erklärung der von den Entführten beobachteten und beschriebenen „technischen Wunder" ohne die Annahme eines Eingriffes durch außerirdische Intelligenzen möglich ist.

Wie erklärt sich, dass unmittelbar bevor eine Entführung aus einem Kraftfahrzeug stattfindet, dessen Motor und elektrische Einrichtungen ihren Dienst versagen?

Fälle von plötzlichem Motorversagen im Zusammenhang mit UFO-Sichtungen wurden schon in der oben erwähnten Datensammlung UFOCAT erwähnt. Im Jahr 1988 enthielt sie 422 solcher Vorkommnisse. Im Einzelnen schildern die Berichte die Beeinflussung folgender Fahrzeugteile:

- Motor und elektrisches System 208
- nur Motor 71
- nur Radio 69
- Motorleistung reduziert 33
- nur Scheinwerfer 27
- Radio und Scheinwerfer 14

In 35 Prozent aller Fälle war das UFO weniger als 30 Meter vom Wagen entfernt. Als mögliche Ursache werden elektromagnetische Wechselwirkungen genannt. Wie Experimente zeigten, können hochfrequente Magnetfelder die Motorhaube, die als Faradayscher Käfig wirkt, durchdringen und Stromkreise unterbrechen.[(98)]

Es dürfte kaum noch überraschen, dass auch diese Technologie von den Deutschen zum Ende des Zweiten Weltkrieges in einer anscheinend ausgereiften Entwicklungsstufe beherrscht wurde. Der Beweis dafür ist in den im 2. Kapitel im Zusammenhang mit der Absetzbewegung erwähnten *Lusty*-Akten zu finden. Dort heißt es: *„Ziel: Daimler-Benz. Stadt: Unter-Türkheim/Stuttgart. Aktivität: Geheimwaffe. Aufgenommen: 25. April 1945. Bemerkungen: Stoppt Zündsystem eines Benzinmotors. Es gelang mit dem Apparat, ein Kraftfahrzeug mit magnetischer Zündung, nicht aber eines mit Batteriezündung, auf eine Entfernung von zwei bis drei Kilometer zu stoppen.“*[(17)]

Wie erklären sich der Transport der Entführten durch Wände und geschlossene Fenster?

Auch diese tatsächlich erstaunliche Fähigkeit der UFO-Besatzungen hat keinen magischen Hintergrund. Sie ist im Zusammenhang zu sehen mit der Art und Weise des Transports vom Ort der Entführung zum wartenden UFO. Die Beförderung erfolgt zumeist durch die Luft in einem Lichtstrahl bläulicher Farbe.

„Zu Beginn der nächtlichen Entführungen gelangen die Wesen durch eine Lichtquelle, die vom Fenster kommt, ins Zimmer.“(114)

„Es kommt ein Licht unten aus dem Schiff, und wir stehen in dem Licht (in dem sie nach oben schweben). Und wir befinden uns im Schiff.“(127)

„Ich verließ meinen Körper. Ich nahm die Form des Lichtes an. Die Form, die ich annahm, hatte Farben – Orange, Gelb und eine verschwommene Farbe. Ich glaube, es war Indigo, eine bläuliche Farbe.“(127)

„Ich weiß nicht, wo Bob ist, der Ort ist bläulich, wirkt lavendelblau oder ... (mein) ganzer Körper scheint zu Licht zu werden.“(127)

„Die Farbe der Lichtstrahlen wechselte von einem hellen Rot zu einem grellen weißlichen Blau, das aus dem Boden des ovalen Objekts drang. Dieses bewegte sich vom Gebäude weg und senkte sich dann bis zum Fenster einer Wohnung herab. Ich rief meinem Kollegen, der neben mir am Steuer des Streifenwagens saß, etwas zu, und er war genauso überrascht wie ich. Ich wollte mich vergewissern, was ich sah und öffnete das Handschuhfach, um ein Fernglas herauszuholen. Wir bemühten uns beide, einen kühlen Kopf zu bewahren und wollten aus dem Auto aussteigen. Doch was konnten wir für jenes arme kleine Mädchen oder jene Frau im weißen Nachthemd, die wir sahen, tun? Sie schwebte in einem hellen Strahl weißlichblauen Lichts in der Luft und sah aus wie ein Engel. Sie verschwand schließlich im Boden des großen Ovals.“(121)

Der von vielen Entführten berichtete Transport durch Wände und geschlossene Fenster mit Hilfe dieser Lichtstrahlen funktioniert nur, wenn sich das UFO in unmittelbarer Nähe befindet. Ist das nicht der Fall, müssen bis zum UFO zum Teil beträchtliche Strecken zu Fuß zurückgelegt werden.(118)

Die Lichtstrahlen selbst sind anscheinend identisch mit den sogenannten „Solid Lights", strahlenden Zonen, die eine endliche Länge besitzen und sich sogar krümmen können. Dieses Phänomen wird von Wissenschaftlern in einen direkten Zusammenhang mit der durch die UFO-Besatzungen erfolgten Beeinflussung der Gravitation gebracht.(98) Um eine solche ging es auch bei den mit *Die Glocke* durchgeführten Experimenten. Beim Betrieb dieser Anlage wurde ein bläuliches Licht, beschrieben auch als „blaues Glühen", abgestrahlt. Die dabei erzeugten Plasmoide, physikalisch verwandt den Kugelblitzen, bleiben nicht nur nach Abschalten der Energiezufuhr einige Zeit als stabile Gebilde erhalten, sie vermögen darüber hinaus feste Hindernisse zu durchdringen, ohne deren Struktur zu zerstören. Seit Jahrhunderten wird über diese wahrlich verblüffende Eigenschaft des „ball-ligtning" berichtet.(87) In den Jahrzehnten nach dem Zweiten Weltkrieg müssen die Wissenschaftler der Dritten Macht dieses Prinzip weiter perfektioniert haben, sodass irgendwann sogar der Transport von Menschen im Inneren der modifizierten, ehemals kugel-, jetzt strahlenförmigen, Plasmoide möglich geworden ist.

Wie erklärt sich die Unsichtbarkeit der UFOs im Verlauf der Entführungen?

Zu unterscheiden sind Radar-, Infrarot- und optische Unsichtbarkeit. Von Letzterer soll hier die Rede sein. Angesichts des unglaublichen Ausmaßes, welches das UFO-Entführungsphänomen angenommen hat – entführt werden Massen von Menschen bei Tag wie bei Nacht –, muss es der Dritten Macht gelungen sein, eine optische Unsichtbarkeit sowohl ihrer Fluggeräte als auch von deren Besatzungen zu erzeugen. Der Pionier auf dem Gebiet der Erforschung von UFO-Entführungen, Budd Hopkins, hat ein ganzes Buch zu diesem Thema geschrieben. Unter anderem ist es ihm gelungen, mehrere US-Militärangehörige zu identifizieren, die direkt aus ihren Stützpunkten entführt worden sind, was neben der Frage nach der technischen Machbarkeit auch Sicherheitsfragen aufwirft.[(122)]

Wie kann optische Unsichtbarkeit erzeugt werden? Wissenschaftler des *NASA Jet Propulsion Laboratory* haben schon vor Jahren ein Verfahren entwickelt, das als adaptive Camouflage bezeichnet wird. Auf optoelektrischer Basis ist es damit möglich, die Illusion einer vollkommenen Transparenz um ein Objekt zu schaffen.[(128)] Eine andere Methode, die vorerst nur im Mikrobereich funktioniert, hat ein Forscherteam an einem Institut in Karlsruhe entwickelt. Mit Hilfe sogenannter Metamaterialien, auf deren Oberfläche sich bestimmte Nanokonstrukte wiederholen, können bei richtiger Anordnung dieser Strukturen „Tarnkappen“ konstruiert werden, die das Licht umleiten.[(129)] Da der Einsatz der genannten beiden Verfahren bei komplexen Vorgängen wie der Entführung von Personen, zumal im Handlungsraum des Gegners, selbst bei einer unterstellten Weiterentwicklung kaum möglich scheint, muss die optische Unsichtbarkeit auf anderem Wege erreicht worden sein. Möglicherweise werden sowohl UFOs, Entführer und Entführte vorübergehend in Körper verwandelt mit einer Strahlungsfrequenz, die der eines „schwarzen Strahlers“ nahekommt. Dieser absorbiert auftretende elektromagnetische Strahlung vollständig und somit auch das Licht.[(130)]

Der Dritten Macht könnte es gelungen sein, mit ihrem hoch entwickelten Verständnis physikalischer Felder einen solchen zu erzeugen.

Wie erklären sich die beschriebenen psychologischen Effekte?

David M. Jacobs, emeritierter Geschichtsprofessor an der *Temple University* in Philadelphia, gilt heute als der weltweit führende Experte für UFO-Entführungen. Immer noch in der Annahme, dass es sich bei den UFO-Besatzungen um Außerirdische handelt, schreibt er zusammenfassend über deren – seiner Meinung nach – weiterentwickelte neurologischen Fähigkeiten: *„Alle Außerirdischen können die Gedanken und Handlungen jedes Menschen kontrollieren, wobei der betreffenden Person die Gesamtheit ihrer mentalen Kräfte, ihres Erinnerungsvermögens und ihrer physischen Wirkungskraft geraubt werden. Die Außerirdischen können die Fähigkeit, normal zu denken und sich seiner selbst bewusst zu sein, während der Entführungsereignisse abstumpfen. Auch aus der Entfernung können Außerirdische Menschen gleich zu Beginn einer Entführung passiv machen und sie dann stundenlang in diesem Zustand halten. Während der Entführungen können sie die Aufnahmefähigkeit der Menschen durch die Manipulation diverser neurologischer Gehirnbereiche verändern. Sie können Entführte dazu bringen, vorgegebene Gedanken zu denken oder spezifische Bilder zu ‚sehen'. Je nach ihrer jeweiligen Absicht können sie eine breite Palette von Emotionen hervorrufen. Sie können sowohl Entführte als auch Unbeteiligte dazu bringen, ihnen vollständig zu gehorchen. Obwohl die Anfälligkeit für diese Manipulationen von Person zu Person variiert, haben Menschen letzten Endes wenig oder gar keine Macht, ihr zu widerstehen.“*[(118)]

Werden alle die beschriebenen psychologischen Effekte unter einem Oberbegriff zusammengefasst, so kann von einer totalen Besitzergreifung vom Bewusstsein der Entführten gesprochen werden. Wie lässt sich diese erreichen? Nichts einfacher als das – mit Hypnose.

So wie Barney Hill, der vom „hypnotischen Blick“ des Anführers gesprochen hat, ergeht es den meisten der Entführungsopfer: Ihr Bewusstsein ist durch professionalisierte Hypnose-Techniken einer absoluten Kontrolle unterworfen.

Was ist eigentlich Hypnose?

„Man muss zugeben, dass eine genaue Definition noch immer schwierig ist, obwohl man ihre Phänomene inzwischen gut kennt. Die wahre Natur der Hypnose im Sinne einer gültigen Theorie ist auch heute noch unbekannt. Man hat jedoch festgestellt, dass es zwischen dem Wachzustand und dem Schlaf so etwas wie ein ‚halbes Bewusstsein' gibt. In diesem Zustand sind die körperlichen Funktionen herabgesetzt, während die geistigen aktiviert sind."(131) Welche einzelnen Prozesse sich während der Hypnose im Gehirn abspielen, bedarf einer weiteren Klärung.(132)

Die *British Medical Association* definiert die Hypnose wie folgt: *„Die Hypnose ist ein vorübergehender Zustand veränderter Aufmerksamkeit beim Patienten, ein Zustand, in dem verschiedene Phänomene spontan oder als Reaktion auf verbale und andere Reize auftreten können. Diese Phänomene umfassen eine Veränderung des Bewusstseins und des Gedächtnisses, gesteigerte Empfänglichkeit für Suggestionen, Antworten und Gedanken beim Patienten, die ihm in seinem gewohnten Geisteszustand nicht vertraut sind. Unter anderem können im hypnotischen Zustand Phänomene wie Anästhesie, Paralyse, Muskelstarre und vasomotorische Veränderungen hervorgerufen und unterdrückt werden.*"(131) Damit sind einige der genannten, während der UFO-Entführungen auftretenden Effekte schon erklärt.

Auslöser des hypnotischen Zustandes ist immer eine Suggestion. Deren Wesen besteht darin, dass auf irgend eine Weise im Unterbewusstsein eines Menschen eine bestimmte Vorstellung erzeugt wird. Die Suggestibilität eines zu hypnotisierenden Probanden kann durch den Einsatz von Drogen noch erhöht werden.(132) Darauf wird noch zurückzukommen sein.

Immer wieder wird behauptet, eine totale Bewusstseinskontrolle unter Hypnose wäre nicht möglich, unlogische oder unethische Suggestionen würden nicht ausgeführt. Eine Annahme, die sich als unhaltbar erweist. Entscheidend ist die Tiefe der erreichten Hypnose. Drei Stufen werden hierbei unterschieden:

1. Leichte Hypnose: Hier besteht lediglich ein leichter Entspannungszustand; das Bewusstsein bleibt voll aktiv. Einfache Suggestionen werden jedoch bereits angenommen und ausgeführt.
2. Mittlere Hypnose: Die Entspannung hat sich vertieft. Das Bewusstsein ist kaum noch aktiv. Alle Suggestionen, die nicht mit der Persönlichkeitsstruktur der Versuchsperson kollidieren, werden ausgeführt.
3. Tiefe Hypnose: Bei absoluter Entspannung ist das Bewusstsein nun völlig ausgeschaltet. Auch unlogische Suggestionen werden ausgeführt. Nach Aufhebung der Hypnose besteht keine Erinnerung mehr.[(131)]

Andere der von Professor Jacobs aufgeführten Bewusstseinsveränderungen bei den Entführten deuten darauf hin, dass sich die Dritte Macht eines Instrumentariums psychologischer Beeinflussungsmöglichkeiten bedient, dessen Zweck, kurz gefasst, im Täuschen und Tarnen besteht. Es werden falsche Erinnerungen erzeugt, die für eine gestörte Wahrnehmung der Wirklichkeit bei den Entführungsopfern sorgen. Was kommt wiederum zur Anwendung? Hypnose.

„*Neben der Erzeugung künstlicher Amnesien ist das Einpflanzen falscher Erinnerungen und fremder Überzeugungen ein wesentliches Element der Bewusstseinskontrolle.*“ Hypnose ist ein probates Mittel, um dieses Ziel zu erreichen. „*Zu diesem Zweck wird der Hypnotisant dressiert, sogenannte künstliche Komplexe zu akzeptieren.*“ Schon der legendäre Hypnotiseur Milton H. Erickson hatte geschrieben: „*Diese Komplexe sind frei erfundene Geschichten emotionaler Natur. Sie werden der Versuchsperson erzählt, während sie sich in einem tiefen Trancezustand befindet.*“[(132)] Der Erinnerungsverlust, das Denken vorgegebener Gedanken, das Sehen spezifischer Bilder, „Deckerinnerungen“ und eine breite Palette von Emotionen bis hin zum Orgasmus, wie sie oft von den Entführten beschrieben werden, unterliegen nicht mehr dem Postulat des Geheimnisvollen.

Auch das in der Entführungsliteratur zur neurologischen Beeinflussung als „Starring“ oder „Gehirnscan“ beschriebene Verfahren, also das In-die-Augen-Starren aus einer Entfernung von nur wenigen Zentimetern, von dem auch Barney Hill berichtet hat, ist nicht so ungewöhnlich und findet seine Entsprechung in der klinischen Hypnose. Dort wird es als Faszinationsmethode beschrieben: *„Der Hypnotiseur setzt sich nun an das Kopfende der Versuchsperson, die bequem und möglichst gerade auf einer Couch liegt. Er beugt sich so herüber, dass sich seine Augen etwa 20 bis 30 Zentimeter über den Augen der Versuchsperson befinden.“*[(131)]

Wer immer noch zweifelt, ob sich denn auch Effekte wie das gezielte Ruhigstellen (Abschalten) mehrerer Personen über längere Zeit und vor allem das Plötzliche der geistigen Überwältigung auf diese Weise erklären lassen, der sei auf die Show- und die Blitzhypnose verwiesen. Der Show-Hypnotiseur vermag mit einem Fingerschnippen ganze Personengruppen zu neutralisieren. Bei der Blitzhypnose, die den Moment der Desorientierung, Konfusion und Überraschung ausnutzt, wie er sich ohne Zweifel auch beim plötzlichen, unerwarteten Kontakt mit einem UFO einstellen dürfte, bedarf es mit etwas Übung nur Sekunden bis wenige Minuten, um Probanden in eine tiefe Hypnose zu versetzen. Das fällt um so leichter, wenn diese schon zuvor einmal in Trance versetzt worden sind. Dann reicht oftmals ein Schlüsselwort, um den gewünschten Effekt immer wieder aufs Neue eintreten zu lassen.[(133,134)]

Wie gezeigt werden konnte, scheint es eine unumstößliche Tatsache zu sein, dass während der UFO-Entführungen die Hypnose in einem ungeahnten Ausmaß eingesetzt wird. Mit welchen weitergehenden Folgerungen für die von der Dritten Macht verfolgte Strategie wird im letzten Kapitel thematisiert werden.

Wie erklären sich die für UFO-Entführungen typischen Narben?

Der amerikanische Mediziner Dr. Richard Neal hatte sich seit 1978 über mehrere Jahre mit den Charakteristika der bei den Entführten festgestellten ungewöhnlichen Narben beschäftigt und dabei 75 Personen befragt und untersucht. Die für UFO-Entführungsopfer typischen Narben sind zum einen dünne, gerade, haarähnliche Schnitte, zum anderen runde, löffelartige Vertiefungen, und in einigen Fällen auch sogenannte Rattle-Snale-Bites, zwei punktförmige Vertiefungen, die ihres Abstandes wegen an einen Schlangenbiss erinnern. Sie treten vorrangig auf an Wade, hier besonders am Schienbein, an Schenkel, Hüfte, Schulter, Knie, Rückgrat und an der rechten Seite von Nacken und Stirn.

Die „Löffelnarben" ähneln nach Meinung der mit ihrer Begutachtung beauftragten Ärzte den Narben, wie sie nach einer der Gewebeentnahme dienenden Punktbiopsie zurückbleiben. Dr. Neal vertrat die Ansicht, gerade die häufig über dem Schienbein gefundenen Narben deuteten darauf hin, dass Knochenmark entnommen worden sei, um das Chromosomenmuster des Entführungsopfers zu analysieren.[(123)] Im nächsten Abschnitt wird noch eine andere mögliche Verwendung aufgezeigt.

Wie erklärt sich die Funktion der den Entführten eingesetzten Implantate?

Die bevorzugten Stellen für die Implantate liegen im Innenohr, in der Nase sowie in den Nebenhöhlen unter den Augen.[(114)] Über ihre Funktion soll der Einfachheit halber ein Entführter selbst das Wort bekommen: *„Er hat eine Art Instrument in der Hand. Es sieht aus wie eine Nadel, wie eine Spritze. Das ist es jedoch nicht. Es ist lang. Es hat eine lange Spitze, und die steckt er in mein Ohr. Es geht bis in mein Gehirn durch, es macht irgendetwas mit meinem Kopf. Es ist winzig, sehr winzig, klein, was immer es auch ist. Irgendetwas knackt in meinem Ohr … Ich habe ihn gefragt, wozu das gut ist. Und er sagt, es werde nie jemand erfahren, dass es dort ist, und er meint, dass sie wissen müssen, wie ich die Welt sehe, wie ich die Dinge interpretiere, während sie passieren. So überwachen sie das,* *so wissen sie immer, wo ich bin. Sie wissen in jedem Augenblick, wie ich auf eine Situation reagiere. Er sagt, das sei wichtig für sie. Wichtig für ihre Forschung. Sie müssen das wissen, weil sie wissen wollen, wie es den kleinen Kindern geht … Es ist alles nur wegen der Kinder.*"[117] Das ist zu verstehen als ein Hinweis auf das im Mittelpunkt der Entführungen stehende Zuchtprogramm, den genetischen Großversuch der Dritten Macht.

Die Implantate könnten demnach dienen:

- als Sender zur Lokalisierung der Zielperson
- zur dauernden Beobachtung und Überwachung
- als Mittel zur Kommunikation über elektromagnetische Wellen
- als allgemeines medizinisches Überwachungsinstrument
- bei Frauen zur Aufzeichnung hormoneller Veränderungen im Rahmen des genetischen Programms.

Bis Ende 2011 konnten 16 Implantate aus den Körpern von Menschen entfernt werden, die sich zuvor einer Nahbegegnung mit UFOs bewusst geworden sind. Sechs von ihnen strahlten vor ihrer operativen Entfernung elektromagnetische Wellen in verschiedenen Frequenzen aus.[125]

Seit 1995 war es vor allem der amerikanische Mediziner Dr. Roger Leir, der sich auf die Entfernung vermeintlicher Alien-Implantate spezialisiert hatte. Aufmerksam wurde er auf diese Problematik, als er während einer UFO-Konferenz Röntgenaufnahmen von zwei Betroffenen zu Gesicht bekam. In den Folgejahren konnte er bei streng wissenschaftlicher Herangehensweise und teilweise unter den Augen der Öffentlichkeit – die Dokumentation der Eingriffe erfolgte durch Videoaufnahmen – mehreren Personen die in ihnen vorhandenen Fremdkörper entnehmen. In Doppelblindstudien ließ Dr. Leir die Implantate von renommierten Forschungslabors untersuchen.[126] Bezüglich der stofflichen Zusammensetzung ergaben sich keine ungewöhnlichen Resultate, die etwa auf eine Entstehung aus auf der Erde unbekannten Materialien hätten hindeuten können. Trotzdem weisen die Implantate einige bemerkenswerte Charakteristika auf:

- Mehrere, bei verschiedenen Personen festgestellte Objekte glichen sich bis ins Detail in Größe, Form, Zusammensetzung und bestimmten Eigenschaften, was die gemeinsame Herkunft plausibel erscheinen lässt.
- Bei Bestrahlungen mit ultraviolettem Licht leuchteten einige Implantate in grünlich fluoreszierender Farbe, eine „Markierung", die zuvor schon an den Hautpartien einiger Entführter nachgewiesen werden konnte.
- Die eigentlichen Fremdkörper waren in einer Art Membran eingeschlossen, die aus Blutprotein und Keratin bestand. Keratin kommt in der Hautoberfläche, den Haaren oder Nägeln, nicht aber im Körperinneren vor. Es wird vermutet, dass dieser Stoff dort gewonnen worden ist, wo sich bei vielen Entführten auf der Haut die sogenannten Löffelnarben zeigen.
- Die Sensation nach Meinung der beteiligten Mediziner: Entgegen dem sonstigen Verhalten körperfremder Stoffe im menschlichen Organismus konnten im umliegenden Gewebe der Implantate keinerlei entzündliche Reaktionen festgestellt werden, was wahrscheinlich auf die Umhüllung mit der erwähnten Membran aus körpereigenem Material zurückzuführen ist.[126]

Alles in allem verfügen die Implantate zwar über erstaunliche, jedoch keinesfalls über außergewöhnlichen Eigenschaften.

Was letztlich selbst die Vertreter der extraterrestrischen Hypothese überrascht hat, ist ihre schiere Größe. Diese reicht von mehreren Millimetern bis zu 1,5 Zentimeter.[125] Das scheint sehr viel, wenn unterstellt wird, dass eine fortgeschrittenen Zivilisation von außerhalb der Erde sie angefertigt hat. Eine hoch entwickelte Nanotechnologie wäre in diesem Fall das Mindeste, was erwartet werden könnte. Der vergleichsweise primitive, sich nur wenig von unserem heutigen Entwicklungsniveau unterscheidende Zustand der Implantate weist eindeutig auf einen anderen Verursacher hin.

Wie erklärt sich die angeblich auf telepathischem Weg vorgenommene Informationsübertragung?

Es bieten sich hierfür gleich mehrere Lösungsmöglichkeiten an, die sich gegenseitig nicht auszuschließen brauchen. Zum einen der Eindruck, die Vorstellung einer telepathischen Kommunikation, wie er sich unter Hypnose – siehe das Beispiel Barney Hills – einzustellen vermag. Zum anderen die Übermittlung von Verhaltensanweisungen über elektromagnetische Wellen mit Hilfe der Implantate. Das Gehirn operiert mit Elektrizität. Es hat ein schwaches elektromagnetisches Feld und gibt elektrische Stöße ab. Diese bewegen sich in einem Frequenzbereich von 1 bis 30 Hertz. Einer fortgeschrittenen Technologie müsste es demnach möglich sein, mit Niedrigfrequenzsendern mentale und physische Funktionen zu übermitteln.

Neben diesem Verfahren, das nichts mit Magie oder übersinnlichen Kräften zu tun hat, in deren Nähe die „Gedankenübertragung“ ansonsten gerückt wird, existiert noch eine andere Variante, welche die Bezeichnung magisch eher verdient: Remote Influence. Dazu mehr im nächsten Kapitel.

Wie erklärt sich das Auftreten der kleinen humanoiden Wesen mit grauer Haut, riesigen Augen und überproportional großen Köpfen?

Prof. David Jacobs beschrieb nach mehreren hundert von ihm selbst durchgeführten hypnotischen Rückführungen mit von UFOs Entführten Aussehen und Verhalten dieser „Aliens“ wie folgt:

Unterschieden werden kleinere und größere Wesen. Die kleinen von ihnen sind zwischen 60 und 135 Zentimeter groß, sehen dünn, zierlich, ja sogar zerbrechlich aus. Sie haben einen Kopf, zwei Arme, zwei Hände, Finger, zwei Beine, zwei Füße. Sie gehen und stehen wie Menschen. Die kleineren Wesen sind von geringem Gewicht. Die größeren Wesen sind zwischen 5 und 15 Zentimeter größer. Beschreibungen der Haut reichen im Regelfall von dunkelgrau über grau zu hellgrau. Die Haut ist extrem glatt und fühlt sich an wie Leder, Gummi oder Plastik.

Die Wesen sehen im Prinzip alle gleich aus. In ihren Gesichtern zeigen sich keine Gefühlsbewegungen, überhaupt scheinen sie emotionslos zu sein. Sie verfügen nicht über das, was man Individualität nennen würde. Die Köpfe sind unverhältnismäßig groß. Das auffälligste Merkmal aber sind die riesigen Augen. (Abb. 14) Sie reichen über die ganze Breite der Stirn. Sie haben weder Pupillen noch Horn- oder Regenbogenhaut, auch bewegen sie sich nicht von einer Seite zur anderen. Nasenlöcher werden von manchen Entführten berichtet, von den meisten jedoch nicht. Der schlitzähnliche „Mund" hat keine Lippen, scheinbar nicht vorhanden sind auch Zähne und eine Zunge. Es gibt keine Hinweise auf ein Organ an den Köpfen, das ähnlich wie Ohren, dem Empfang von Schallwellen dienen könnte. Die Wesen verfügen nicht über Genitalien. In ihren Gliedern gibt es keinen sichtbaren Muskelapparat. Sie atmen nicht auf die Weise, wie es Menschen tun, zumindest konnte ein Heben und Senken ihrer Brust bzw. ein Lufthauch vom Ausatmen bisher nicht bemerkt werden. Ihre Kommunikation erfolgt lautlos.

Das Verhalten der Wesen ist rein geschäftsmäßig und scheint dem Ziel höchster Effizienz unterworfen zu sein. Daher gewinnen Entführungsopfer oft den Eindruck, Teil eines Fließbandprozesses zu sein.[(114)]

Liest man die Auflistung der charakteristischen Merkmale der von den Entführten beschriebenen fremdartigen Wesen, so entsteht unwillkürlich der Eindruck, dass es sich bei ihnen entweder um Roboter oder kybernetische Organismen (KYBORGS) handeln muss. Theoretisch wäre es sogar möglich, das Auftreten der „Grauen" während der UFO-Entführungen in vollem Umfang mit durch Hypnose erzeugten falschen Erinnerungen zu erklären. In vielen Fällen könnte mit diesen „Deckerinnerungen" versucht worden sein, die Tarnung der Aktivitäten der Dritten Macht weiter zu perfektionieren, gingen doch in den Augen der Öffentlichkeit UFOs und Außerirdi-

Abb. 14: Die „Diener" der Dritten Macht

sche damit eine noch stärkere Verbindung ein. Die Vielzahl der von den Entführten berichteten Interaktionen mit den „Grauen" sowie deren Sichtung auch unabhängig vom Entführungsphänomen sprechen allerdings für ihre tatsächliche Präsenz.

In einem der am besten dokumentierten Entführungsfälle, dem der Betty Andreasson, berichtet die Zeugin über einen Vorgang, der den Status der „Grauen" erklären hilft. Wie vielen anderen Entführungsopfern begegneten Betty neben den kleinen, grauen Wesen auch hochgewachsene Gestalten mit hellem Haar, gleich denen, wie sie von den Kontaktlern beschrieben wurden. Befragt nach der „außerirdischen" Rangfolge antwortete sie: *„Sie sind ihre Diener. Die Grauen sind ihre Diener … die Grauen arbeiten für sie. Und sie sehen alles durch die Augen der Grauen. Sie können ihnen befehlen, was immer sie wollen."* Betty konnte beobachten, wie die Hellhaarigen den „Grauen" die Augen auswechselten. *„Warum nehmen sie die Augen?" Betty: „Sie benutzen sie, um Kontrolle über sie auszuüben. Durch sie können sie … durch die Grauen sehen, handeln und aktiv sein."*[(127)]

Nun könnte die Aussage der Betty Andreasson als Einzelfall abgetan werden, lägen zur Bestätigung nicht noch andere Erlebnisschilderungen ähnlichen Inhalts vor. Die Psychiaterin Dr. Rima Laibow berichtete, dass einer ihrer Patienten einen der „Grauen" an der Kehle gepackt hätte. Der Hals fühlte sich demnach nicht an wie der eines Lebewesens, sondern war hart wie ein Stock. Darüber hinaus scheinen die schwarzen Augen tatsächlich künstliche Sensoren zu verbergen. Eine andere Entführte, die sich gegen die Übergriffe der „Grauen" zu wehren versuchte, schlug einem von ihnen die schwarze Augenschale weg. Dahinter zeigte sich eine Miniaturelektronik wie von einer TV-Kamera.[(116)]

Abschließend soll dazu die Meinung des in höchste US-Staatsgeheimnisse eingeweihten Colonel Philip Corso gehört werden, der sich überaus eindeutig zur wahren Herkunft der UFOs geäußert hatte. Zu den „Grauen" sagte er, dass sie statt als Lebensformen eher als humanoide Roboter bezeichnet werden sollten.[(76)] Als solche sind sie Geschöpfe der Dritten Macht, wäre von mir hinzuzufügen.

Wie erklären sich die im Zusammenhang mit dem genetischen Zuchtprogramm stehenden medizinischen Prozeduren?

Die in das genetische Zuchtprogramm involvierten Frauen berichten zum einen, dass ihnen durch die UFO-Besatzungen ein künstlicher Gegenstand, ähnlich einem Penis, in die Vagina eingeführt wird, um eine Schwangerschaft herbeizuführen. In anderen Fällen erfolgt die Befruchtung der zuvor mit einer langen „Nadel" entnommenen Eizelle jedoch außerhalb des weiblichen Körpers. Schon im ersten dokumentierten Entführungsfall, dem der Eheleute Betty und Barney Hill im Jahr 1961, kam ein solches Gerät zur Anwendung.

Der Arzt Dr. Neal hat sich auch mit diesem Bestandteil des Entführungsphänomens intensiv beschäftigt. Er schrieb dazu in einem 1988 veröffentlichten Bericht: „*Verschiedene dokumentierte physische Spuren des Entführungserlebnisses stimmen ziemlich genau mit einigen unserer anerkannten medizinischen Verfahren überein. Besonders herausragend ist eines, das als Laparoskopie bezeichnet wird. Ein zylindrisches, einem Schlauch ähnelndes optisches Instrument wird durch den Nabel einer Frau zur Untersuchung der weiblichen Organe eingeführt. Damit kann ein Arzt sehen, ob es irgendwelche Abnormitäten gibt, und auch Eizellen aus den Eierstöcken entnehmen.*"[(123)]

Das erste im Reagenzglas gezeugte Baby, Louise Brown, kam am 15. Juli 1978 zur Welt. Seitdem ist die Anwendung der Laparoskopie zu einem Routineverfahren geworden. Die UFO-Besatzungen nahmen diese Entwicklung nur um wenige Jahre vorweg, was nicht unbedingt den Erwartungen an eine uns weit überlegene außerirdische Zivilisation entspricht.

Da auf der anderen Seite vielen der entführten Männer Samenproben entnommen werden, spricht nichts gegen die Annahme, dass mit diesem Sperma eine Befruchtung der Eizellen ausgewählter Frauen stattfindet. Viele der Betroffenen berichten, dass ihnen die außerhalb des Körpers gezeugten Embryonen kurze Zeit später wieder eingepflanzt worden sind. Anscheinend sehen sich die UFO-Insassen bisher nicht in der Lage, ihre gedeihliche Entwicklung in der ersten Wachstumsphase außerhalb des weiblichen Körpers sicherzustellen. Spätestens bis zur zwölften Schwangerschaftswoche kommt es dann zur Entfernung der Föten. In den Folgemonaten werden diese zu Hunderten in Inkubatoren, vergleichbar mit durchsichtigen Tanks, aufgezogen. Die später wiederholt erfolgende „Babypräsentation“, verfolgt anscheinend das Ziel, die Mütter emotional stärker an das Entführungsprogramm zu binden.[114,120]

Abschließend noch einige Worte zum sogenannten Generationenproblem. Die Entführungsforscher haben herausgefunden, dass in vielen Familien mehrere Generationen von den Entführungen betroffen sind, was vor dem Hintergrund der genetischen Komponente durchaus einen Sinn ergibt. Vorsicht ist dagegen angebracht, wenn Angehörige der älteren Generation unter Hypnose über Entführungen im Kindesalter berichten, die in die Zeit der 1960er-Jahre oder noch früher – in Einzelfällen bis in die Zeit vor dem Zweiten Weltkrieg – zurückreichen. Dagegen spricht vor allem, dass aus der Zeit vor 1961 kein einziger Fall bekannt geworden ist, in dem sich, ähnlich den Eheleuten Hill und später Hunderter anderer Entführungsopfer, Menschen mit ihren durch die UFO-Entführungen verursachten psychischen Probleme um Hilfe an Ärzte oder Psychiater gewandt hätten. Solche falschen Erinnerungen können durch inkompetente Hypnotiseure oder aus Gründen der Tarnung durch die UFO-Besatzungen selbst induziert worden sein.

Wenn es sich beim Entführungsphänomen in erster Linie um ein genetisches Zuchtprogramm handelt mit dem Ziel, einen bestimmten Typus Mensch heranzuzüchten, so stellt sich unweigerlich die Frage, nach welchen Kriterien die Auswahl der dafür bestimmten Personen erfolgt. Ein Versuch, die körperlichen und seelischen Eigenschaften neugeborener Kinder zu prognostizieren, wird nicht fehlgehen, wenn er sich an die Worte hält, die der Volksmund für diesen Fall überliefert: *„Der Apfel fällt nicht weit vom Stamm.“* Auch im Sinne der Vererbungslehre bedeutet das völlig korrekt, von den Eigenschaften der Eltern auf die der Kinder zu schließen. Von daher sollten zuerst die Eltern im Mittelpunkt der Betrachtung stehen. Was hierbei die entführten Frauen und Männer angeht, deren Eizellen bzw. deren Samenzellen von den UFO-

Besatzungen „geerntet“ werden, so fällt eine klare Zuordnung der das Zuchtprogramm bestimmenden Eigenschaften schwer. Zu heterogen scheint diese Gruppe zusammengesetzt.

Von Bedeutung könnte jedoch der Hinweis sein, dass sich UFO-Entführungen nahezu ausschließlich auf dem amerikanischen Kontinent, in Europa und Australien ereignen. Schwarzafrika und Asien dagegen sind, von einigen wenigen und zudem nicht ganz eindeutigen Ausnahmen abgesehen, nicht betroffen. Auch bleibt zu berücksichtigen, dass in einem Land wie den Vereinigten Staaten, dessen Bevölkerung sich aus mehreren Rassen zusammensetzt, anscheinend bevorzugt Angehörige der weißen Rasse entführt werden. Kritiker sahen sich aus diesem Grund schon veranlasst, die physische Realität des Entführungsphänomens überhaupt infrage zu stellen, und vermuteten alternativ kulturelle Hintergründe, die sich auf unterschiedliche Weise in der Psyche der Menschen verankern.

Betrachtet man jedoch nicht allein die Entführten, sondern erweitert den Blick auf das äußere Erscheinungsbild der UFO-Insassen, so wird eines schnell klar: Hinter dem Entführungsphänomen verbirgt sich kein kulturelles sondern eindeutig ein Rassenproblem!

Erste, diese Behauptung stützende Indizien lieferten bereits die Begegnungen der Kontaktler, beschrieben diese ihre „Außerirdischen“ doch ganz überwiegend als hochgewachsene Menschen mit blonden Haaren, die dem sogenannten nordischen Typus entsprachen. Nicht anders das Entführungsopfer Betty Andreasson, welche die Schöpfer der „Grauen“ als körperlich große Wesen in Menschengestalt mit blasser Haut und hellen Haaren bezeichnete. In dieselbe Richtung tendierten die Ermittlungen der brasilianischen Psychologin Gilda Moura. Auch in den von ihr ausgewerteten brasilianischen Entführungsfällen traten beide Typen gemeinsam auf.[(135)]

Während in den frühen Berichten der Entführten, zumindest in den USA, der größte Teil der Entführer den grauen, Robotern ähnelnden Wesen zugerechnet wurde[(135)], hat sich das Verhältnis ab den frühen 1990er-Jahren umgekehrt.[(117)] Zunehmend war nunmehr von den Blonden die Rede, und in den letzten Jahren scheint das Auftreten der „Grauen“ nur noch marginal zu sein.[(118)]

Der amerikanische Entführungsforscher John Carpenter nannte einen möglichen Grund für diese Entwicklung. Selbstkritisch vermerkte er, dass in der Vergangenheit nicht nur von ihm, sondern auch von einer Reihe anderer seiner Kollegen in den USA die Anwesenheit und die Funktion der Blonden aus den verschiedensten Gründen ungerechtfertigt negiert bzw. heruntergespielt wurde. Endgültig aufgewacht sei er durch einen Diskussionsbeitrag der britischen Entführungsforscherin Jenny Randles, gehalten auf der „Abduction study conference“ am *Massachusetts Institute of Technology* im Jahr 1992. Randles hatte ausgeführt, dass im Unterschied zu den amerikanischen Entführungsfällen in Großbritannien bis zum Jahr 1989 nahezu ausschließlich die Blonden beobachtet wurden und sie auch in den Folgejahren ihre Dominanz gegenüber den „Grauen“ beibehalten konnten.[(135,136)]

Auch Prof. David Jacobs musste seine frühen Ansichten über das Vorkommen der Blonden einer Revision unterziehen, tat das allerdings auf eine sehr eigenwillige Weise: *„Da die meisten der beschriebenen Aliens vom Typ der kleinen Grauen sind, hielt ich die nordische Variante jahrelang für Produkte der Phantasie oder des Wunschdenkens, durch die kleine, hässliche Aliens in hübsche, blonde, blauäugige Menschenwesen verwandelt wurden. Nachdem ich mir jedoch viele Berichte über diese menschenähnlichen Aliens angehört hatte, kam ich zu dem Schluss, dass es sich bei ihnen um erwachsene Hybriden handeln könnte – dem Produkt aus Aliens und Menschen.“*[(117)]

Jacobs unterstellt verschiedene Entwicklungsstufen solcher Hybriden, wobei seiner Meinung nach die von den Menschen rein äußerlich nicht mehr zu unterscheidenden erstmals vor wenigen Jahren in Erscheinung getreten sind. Er übersieht dabei freilich, dass diese Hybriden der letzten Entwicklungsstufe dann schon zur Zeit der Kontaktler in den 1950er- und der von Betty Andreasson Anfang der 1970er-Jahre berichteten Entführungen existent gewesen sein müssen. Darüber hinaus verstrickt er sich selbst in unauflösbare Widersprüche, wenn er in seinem letzten Buch vom Auftreten vollkommen menschlicher erwachsener Hybriden erstmals im Jahr 1986 schreibt.[(118)] Augenscheinlich ist Prof. Jacobs ein besonders prominentes Opfer der Strategie des Täuschens und Tarnens der Dritten Macht geworden.

Er charakterisiert seine Hybriden der letzten Entwicklungsstufe wie folgt: „*Viele dieser Hybriden besitzen normal aussehende Augen. Ihre Haut sieht aus wie die eines Menschen, wirkt jedoch manchmal zu ebenmäßig. Oft tragen sie einen Bürstenschnitt, manche bevorzugen jedoch auch langes und gewelltes Haar. Manche haben keine Augenbrauen oder Wimpern, die meisten keine Körper- oder Schambehaarung. Manche wirken etwas mager, andere dagegen muskulös, aber niemals übergewichtig. Oft haben sie blonde Haare und blaue Augen, obwohl auch andere Variationen gesehen wurden. Die weiblichen Hybriden weisen die typisch menschlichen Geschlechtsmerkmale auf und tragen die Haare länger als die männlichen. Die meisten männlichen Hybriden sind mit normalen Geschlechtsteilen ausgestattet, wobei der Penis bei manchen etwas dünn wirkt. Die Männer sind nicht beschnitten. Diese Hybriden der höheren Stufen werden von Entführungsopfern häufig als Außerirdische nordischen Typs beschrieben. Zudem verfügen sie über dieselben außergewöhnlichen mentalen Fähigkeiten wie die Aliens selbst. Sie können „Gehirnscans“ und Visualisierungen* (also Hypnose, Anm.d.A.) *durchführen. Sie haben annähernd vollständige Kontrolle über die Entführungsopfer … Die Hybriden der höheren Stufen verfügen über eine herausragende Fähigkeit: Sie sind in der Lage, sich mit Menschen zu paaren. Sie können mit Menschen auf normale Weise den Geschlechtsverkehr vollziehen.*“[(117)]

Man merkt die Verwirrung von Prof. Jacobs. Unbedingt scheint er sein von Beginn an vertretenes Szenario retten zu wollen, in dessen Mittelpunkt die grauen Aliens stehen. Nur langsam gelangt er zu der Einsicht, dass die „Grauen“ im Entführungsphänomen nur eine untergeordnete Rolle spielen. Bei den dann von ihm in späteren Jahren ersatzweise postulierten Insektalinen als den eigentlichen Anführern oder den Reptalinen ist er wohl einmal mehr der zielgerichteten Irreführung durch die Dritte Macht aufgesessen.[(118)]

Endgültige Gewissheit darüber, welches Zuchtziel sich hinter der von Jacobs so bezeichneten Hybridisierung verbirgt, können nur Berichte bringen, die das Aussehen von hybriden Kindern beschreiben.

Vorab jedoch eine wesentliche Klarstellung: Prof. Jacobs versteht unter Hybridisierung die genetische Vermischung von Aliens und Menschen, also die Kombination vom Erbmaterial der „Grauen“ mit dem der Entführungsopfer. Dass er sich damit auf einem Holzweg befindet, dürfte zwischenzeitlich deutlich geworden sein.

Im Folgenden wird die Bezeichnung „Hybriden“ ausschließlich nur noch im Zusammenhang mit dem aus der Erbmasse von Entführten gezeugten Nachwuchs verwendet. Dass es bei dieser In-vitro-Fertilisation, der Zusammenführung des Erbmaterials ausgewählter Frauen und Männer, auch zur künstlichen Veränderung von Erbanlagen in eine bestimmte Richtung gekommen ist, darauf deuten einige Aussagen der Entführten, wie beispielhaft die weiter unten erwähnte von Allison Reed, hin.

Einer der ersten Berichte über eine erfolgte sogenannte „Babypräsentation“ wurde von dem Entführungsforscher Budd Hopkins veröffentlicht. Die Begegnung zwischen der Mutter und ihrem von den UFO-Insassen mit dem Samen eines ihr unbekannten Mannes auf künstlichem Weg gezeugten Kind fand an Bord eines UFOs im Jahr 1983 statt: „*Und dann kam ein kleines Mädchen in den Raum, begleitet von zwei weiteren Wesen, Frauen … Sie sah aus wie eine Vierjährige. Sie war sehr hübsch, wie eine Elfe oder ein Engel. Sie hatte große blaue Augen und ein winziges, perfekt geformtes Näschen. Und auch ihr kleiner Mund war perfekt, und sie war blass; nur die Lippen waren rosa und die Augen blau. Und sie hatte weißes, wuscheliges dünnes Haar, feines Haar. Ihr Kopf war ein wenig größer als gewöhnlich, besonders an der Stirn und hier hinten. Die Stirn war ein wenig ausgeprägter … aber sie war ein richtiges Püppchen.*“[(120)] Festgehalten werden kann: Das kleine Mädchen hatte blaue Augen und helle Haare; ihre Zeugung müsste etwa im Jahr 1978 stattgefunden haben.

David Jacobs schreibt über einen anderen Fall: „*Diane Henderson wurde in einen Raum geschafft, in dem sich sechs oder sieben weißgekleidete Kinder mit blauen Augen, wuscheligem Haar und kleinen Nasen aufhielten.*"(117)

In einem weiteren von Jacobs aufgezeichneten Bericht wird geradezu exemplarisch auf einen kleinen Jungen verwiesen, der völlig überraschend einmal nicht dem gängigen Muster entspricht: „*Und da ist auch ein kleiner Junge, der hier herumklettert. Ich glaube, er ist etwas älter. Und seine Haut ist dunkler, seine Haare sind dunkler. Er ist wie der Unterschied zwischen einem skandinavischen Typ – blond und helle Haut – und einem, der vielleicht vom Mittelmeer ist." Dieser Junge entspricht nicht nur nicht dem ansonsten von den Entführten an Bord der UFOs beobachteten nordischen Typ, nein, er ist auch anders angezogen als die übrigen Kinder, die im Raum spielen.*"(117)

Zur Abrundung noch die Schilderung von Allison Reed, der während einer Entführung zusammen mit anderen Entführungsopfern auf einem großen Bildschirm ein Teil des zu erwartenden Zukunftsszenarios gezeigt wurde: „*Da gibt es Hybriden und es gibt Menschen – ich kann sie nicht einmal mehr Hybriden nennen – da gibt es diese Leute, die nicht nur die normale menschliche Evolution entstanden sind, und da gibt es uns. Sie wurden durch viele Jahre des Experimentierens geschaffen ... Im Hintergrund sind Geräusche – wie Lachen, aber es ist sehr leise. Wie aus weiter Entfernung. Alles sind weiß. Alles Kaukasier.* (ein anderer in Nordamerika üblicher Ausdruck für die Nordischen, Anm.d.A) *Keine Spanier, Schwarze oder Asiaten.*"(117)

Damit ist das Zuchtziel der UFO-Besatzungen eindeutig beschrieben! Hinter dem Entführungsphänomen verbirgt sich ein genetischer Großversuch, der das Ziel hat, Menschen zu schaffen, die in möglichst reiner Form über die Erbmerkmale der sogenannten nordischen Rasse verfügen. Das geschieht durch die Kreuzung von Erbmaterial ausgesuchter Personen und anscheinend auch durch mit Hilfe der Gentechnik vorgenommener Veränderungen.

Kommt einem das nicht irgendwie bekannt vor? Oder anders gefragt: Wer hätte nach der geschilderten Vorgeschichte des UFO-Phänomens etwas anderes erwartet? Hinter der Absetzbewegung zum Ende des Krieges und später hinter der Dritten Macht standen in erster Linie Vertreter der Schutzstaffeln der NSDAP, kurz SS genannt, der seit den frühen 1940er-Jahren mächtigsten Organisation im Dritten Reich.

Das wesentliche Ziel dieser sich selbst so bezeichnenden Elite ist schnell auf einen Nenner gebracht: *„Die SS ist ein nach besonderen Gesichtspunkten ausgewählter Verband nordisch bestimmter Männer. Das körperliche Wunschbild der nordischen Rasse bestimmt die Auslese."* Im gleichen Sinne heißt es an anderer Stelle: *„Das Zuchtziel des deutschen Volkes wird durch die nordische Rasse bestimmt ... Dass die nordische Rasse allein das Zuchtziel des deutschen Volkes bestimmen kann, ergibt sich aus der Geschichte der arischen Völker. Sie hat die Kulturen dieser Völker geschaffen; solange sie die Geschicke derselben bestimmte, stiegen sie zu hoher Blüte auf; ihr Niedergang zog den Untergang der Völker und ihrer Kulturen nach sich, denn Entnordung bedeutet stets Kulturverfall."*[(137)]

Als der eigentliche „brain trust" der SS kann das sogenannte *Ahnenerbe* angesehen werden, das 1943 bereits über 40 wissenschaftliche Abteilungen umfasste. Der Kurator dieser sich als Forschungs- und Lehrgemeinschaft verstehenden Einrichtung, Walther Wüst, erklärte in seiner programmatischen Rede „Indogermanisches Bekenntnis": *„Insbesondere aber befreie sich die nationalsozialistische Wissenschaft von jedem fremdvölkischen Ballast, der sie nur hindert, aufzusteigen zu den Hochzielen: der Neuschöpfung einer nordischen Herrenschicht, einer indogermanischen Gemeinschaft, einer Zukunft, die auf ihre Banner nicht ‚Kapital und Krieg', sondern ‚Kinder und Kultur' geschrieben hat."*[(138)]

Schon Adolf Hitler hatte in seinem Buch „Mein Kampf" dieses von der SS definierte Zuchtziel zum Mittelpunkt der nationalsozialistischen Wissenschaft erklärt: *„Sicher würde bei einer restlosen Vermengung unse-*

rer rassischen Urelemente ein geschlossener Volkskörper entstanden sein, allein er wäre, wie jede Rassenkreuzung beweist, von einer geringeren Kulturfähigkeit erfüllt, als sie der am höchsten stehende der Urbestandteile ursprünglich besaß. Dies ist der Segen des Unterbleibens restloser Vermischung: dass wir heute noch in unserem deutschen Volkskörper große unvermischt gebliebene Bestände an nordisch-germanischen Menschen besitzen, in denen wir den wertvollsten Schatz für unsere Zukunft erblicken dürfen ... Wer von einer Mission des deutschen Volkes auf der Erde redet, muss wissen, dass sie nur in der Bildung eines Staates bestehen kann, der seine höchste Aufgabe in der Erhaltung und Förderung der unverletzt gebliebenen edelsten Bestandteile unsere Volkstums, ja der ganzen Menschheit sieht."(139)

Der Historiker Günther Deschner brachte die menschenzüchterischen Bestrebungen der Nationalsozialisten mit wenigen Worten auf den Punkt: „*Die geschichtliche Vision eines rassisch geschlossenen Raumkernes, auf die sich die nationalsozialistische Zukunfts-Utopie zusammenfassen lässt, hatte in ihrem Mittelpunkt die Auslese eines Menschentyps, dessen äußeres Bild am griffigsten der Rassentheoretiker des Dritten Reiches, Hans F. K. Günther, als blond und hochgewachsen, als langschädelig und schmalgesichtig, mit ausgeprägtem Kinn, schmaler Nase mit hoher Nasenwurzel, weichem hellem Haar, zurückliegenden hellen Augen und rosigweißer Hautfarbe beschrieben hatte.*"(140)

Von den Historikern der Gegenwart wird dabei allzu oft übersehen, dass den Rassenforschern im Nationalsozialismus die äußerlichen Merkmale eines Menschen lediglich Hinweis waren auf die als viel bedeutungsvoller erkannten seelischen Erbmerkmale. So formulierte der von Deschner zitierte Prof. Hans F. K. Günther denn auch Folgendes: „*Wären die Menschenrassen ungleich nur in Bezug auf ihre leiblichen Erbmerkmale, so käme der Betrachtung rassischer Erscheinungen eine viel geringere Bedeutung zu. Die seelische Erbungleichheit der Menschenrassen bedingt erst die augenfälligen Verschiedenheiten in Haltung und Auftreten, in Taten und Werken der einzelnen Menschen und der einzelnen Völker.*"(141)

Zu diesen als „besonders wertvoll“ erkannten geistig-seelischen Eigenschaften der nordischen Rasse und ihrer Entstehung schrieb der Direktor des Institutes für Rassen- und Völkerkunde an der Universität Leipzig, Professor Dr. Otto Reche, in seinem Buch »Rasse und Heimat der Indogermanen«: *„Es ist schon von verschiedenen Forschern der Versuch gemacht worden, aus den für die nordische Rasse besonders kennzeichnenden geistig-seelischen Eigenschaften Rückschlüsse auf ihre Heimat zu ziehen, und viele Forscher sind heute der Meinung, dass diese Eigenschaften ein Auslese- und Züchtungsprodukt der letzten Eiszeit darstellen: nur eine Rasse, die diese Eigenschaften und diesen Charakter erwarb, war fähig, die ungeheuer schwere Notzeit zu überwinden und nicht an ihr zu zerbrechen; vielleicht musste sie sogar schon Ansätze zu diesen Eigenschaften, einen starken Widerstands- und Gestaltungswillen in diesen Kampf mitbringen, sonst wäre sie ihm ausgewichen und nach Süden abgewandert.*

Die ungeheure Tatkraft und Zähigkeit in der Verfolgung eines Zieles, die Einsatzbereitschaft, das kühle Überlegen und Vorausdenken, die Entwicklung starker, in sich selbst ruhender Persönlichkeiten, all das kann wirklich nicht, wie uns ja zur Genüge Beobachtungen an Völkern in anderen Klimaten zeigen, etwa in den Tropen oder auch nur in der gemäßigt heißen Zone gezüchtet worden sein, aber auch nicht in der Steppe, die sowohl ihre Tiere wie ihre Menschen zu Herden formt. Das kann alles nur entstanden sein im harten, immerwährenden, in der Art stets wechselnden, den vollen Einsatz der Einzelpersönlichkeit erfordernden Kampf mit einem überaus feindlichen, zur Anwendung der letzten Kräfte zwingenden Klima, wie wir es uns eben in der Eiszeit vorzustellen haben.

Hier nur konnte sich aus das für die nordische Rasse kennzeichnende Bedürfnis bilden, den Menschen nach seiner Leistung zu werten, nach seinem Sein und nicht nach dem Schein, der zum Beispiel bei der einem weichlicheren Klima entstammenden Mittelmeerrasse eine so große Rolle spielt. Hier auch konnten schon früh Gedanken der Rassenpflege auftauchen, weil sie für den steten Lebenskampf notwendig waren: die Ausmerzung schwächlicher Kinder, unheilbar Kranker und siech gewordener Alter … Auch Erfindungsgabe und Schöpferkraft müssen in einer derartigen Umwelt regelrecht gezüchtet worden sein, denn der Erfolg im Kampf wird in zahllosen Fällen von diesen Gaben abhängig gewesen sein. Ebenso wichtig waren Selbstbeherrschung, Mut und Unternehmungslust.

Wir haben also eine große Anzahl besonders kennzeichnender geistig-seelischer Eigenschaften der nordischen Rasse, die uns darauf hinweisen, dass nur die Umwelt einer Eiszeit sie gezüchtet haben kann ... Die so gezüchteten Eigenschaften mussten die nordische Rasse dazu befähigen, höhere Kulturleistungen zu vollbringen als Rassen, die Kinder, Züchtungsprodukte anderer Umwelten, Rassen, die – sozusagen – nicht zu Stahl gehämmert, sondern weiches Metall geblieben waren.“[142]

Auf welchen Wegen versuchte die SS vor 1945 das von ihr aufgestellte Zuchtziel zu erreichen?

Seit Beginn des Jahres 1932 wurde die Musterung aller Beitrittskandidaten vorbereitet und ab 1933 auch wirklich durchgeführt. Wer bereits vor 1933 Mitglied der SS gewesen war, musste dem Rassenamt nachträglich seinen Nachweis der arischen Abstammung und der Erbgesundheit vorlegen – und zwar zurück bis zum 1. Januar 1800. Bei den SS-Neuaufnahmen gingen die Rassereferenten des Rassenamtes nach einem bestimmten Schema vor. Zunächst erfassten sie die erscheinungsbildlichen Merkmale des Bewerbers in den Kategorien „Körperbau“ – von Idealgestalt bis Missgestalt in neun Abstufungen – und „Rassische Bewertung“ – in fünf Gruppen von rein nordisch bis zur Vermutung außereuropäischen Blutseinschlages –, die dann im Urteil „Auftreten“ zu einer Gesamtbewertung ergänzt wurden. Diese Wertung wurde zusammen mit den Ergebnissen eines Intelligenztestes und einer Sportprüfung in einem Schlussurteil zusammengefasst.[143]

Daneben kam es bereits am 31. Dezember 1931 zum Erlass des Verlobungs- und Heiratsbefehls der SS. Dieser verlangte mit Wirkung vom 1. Januar 1932 von allen unverheirateten Angehörigen der SS, vor einer beabsichtigten Eheschließung die Erlaubnis des Reichsführers-SS einzuholen. Mittels eines Abstammungsnachweises sowie einer rassischen und gesundheitlichen Untersuchung hatten der SS-Mann und seine Braut den Nachweis ihrer rassischen und erbbiologischen Wertigkeit zu erbringen. Ein Eheverbot des Reichsführers-SS wegen mangelnder rassischer Eignung der Braut sollte bindend sein. Heiratete der SS-Angehörige dennoch, drohte ihm der Ausschluss aus den Reihen der Schutzstaffel. So sollte die sogenannte Sippengemeinschaft aus rassisch hochwertigen Frauen und Männern geschaffen werden, die ihrerseits wiederum die Gewähr für gutrassigen Nachwuchs boten.(143)

Der dritte Weg, der beschritten wurde, war der einer angestrebten künstlichen Einflussnahme auf das Erbgut. Der größte Teil der genetischen Forschung bis 1945 fand in Deutschland an den *Kaiser-Wilhelm-Instituten* (KWI) statt. Die Führungsrolle bei der experimentellen Mutationsforschung übernahm die genetische Abteilung des KWI für Hirnforschung in Berlin-Buch unter ihrem Abteilungsleiter Nikolai W. Timofeeff-Ressovsky. Zusammen mit seinen Mitarbeitern legte Timofeeff – der nach Aussagen von Experten damals die bei weitem beste Arbeit auf dem Gebiet der quantitativen Mutationsforschung leistete – einige der Grundlagen, auf denen spätere Forschungen aufbauen konnten, in deren Ergebnis 1953 die Erkenntnis vom strukturellen Aufbau der DNA und 1966 die Entdeckung des genetischen Codes stand.(144)

Die unter der Ägide der SS arbeitenden Forscher müssen wohl erkannt haben, dass bis zur angestrebten Möglichkeit einer direkten Veränderung des menschlichen Erbguts noch ein weiter Weg vor ihnen lag. Sie konzentrierten sich von daher in erster Linie auf zwei naheliegende Forschungsziele, welche die „große Lösung" vorbereiten helfen sollten. Anhand der Zwillingsforschung versuchten sie zum einen die Gesetzmäßigkeiten im Erbgang spezifischer Merkmale von einer Generation zur nächsten nachzuweisen. Zum anderen arbeiteten sie an einem serologischen Rassentest, mit dessen Hilfe die rassische Zuordnung einer untersuchten Person vorgenommen werden konnte. Ziel war ein Schnellverfahren, mit dem innerhalb der europiden Großrasse nicht nur zwischen den Unterrassen nordisch, westisch, dinarisch, ostisch und ostbaltisch nach der von Prof. Hans F. K. Günther aufgestellten Rassensystematik unterschieden werden konnte, sondern das darüber hinaus selbst die Unterscheidung sich so nahe stehender Völkerschaften wie Kirgisen, Tataren und Usbeken auf Proteinbasis ermöglichen sollte.[145]

Wie weit konnten diese Forschungen bis zum Kriegsende noch vorangetrieben werden? Schon auf den ersten Blick dürfte klar geworden sein, dass ein praktikabler Schnelltest zur Bestimmung spezifischer Rasseeigenschaften von besonderer Bedeutung auch für das später von den UFO-Besatzungen in Gang gesetzte Zuchtprogramm gewesen sein muss.

Die Arbeiten an der Zwillingsforschung wie auch die Suche nach Methoden für einen geeigneten serologischen Rassentest wurden koordiniert am KWI für Anthropologie in Berlin unter Leitung von Prof. Dr. med. Otmar von Verschuer. Als anerkannte Kapazität auf seinem Forschungsgebiet war Verschuer zwar selbst nicht Mitglied der SS, beschäftigte als seinen „Lieblingsschüler“ und wissenschaftlichen Assistenten jedoch einen Mann, dessen Name nach 1945 einen hohen Bekanntheitsgrad erreichen sollte: Josef Mengele.

Mengele, seit 1938 Mitglied der SS, hatte 1935 mit einer „Rassenmorphologischen Untersuchung des vorderen Unterkieferabschnitts bei vier rassischen Gruppen“ summa cum laude zum Dr. phil. und 1938 mit gleichem Prädikat mit „Sippenuntersuchungen bei Lippen-Kiefer-Gaumenspalte“ zum Doktor der Medizin promoviert.[146] Nachdem er 1941/1942 als „besonders begabter Truppenarzt“ im Kampfverband der SS-Division *Wiking* seinen Dienst geleistet hatte, wurde er nach schwerer Verwundung und ausgezeichnet mit dem Eisernen Kreuz Erster Klasse an das *Rasse- und Siedlungshauptamt* zurückversetzt.[147] Schließlich verfügte das *SS-Führungshauptamt* Ende Mai 1943 Mengeles Versetzung ins Konzentrationslager Auschwitz. Dort, unter nach seinen eigenen Worten nahezu „idealen Bedingungen“, konnte er seine vor dem Krieg in Zusammenarbeit mit Prof. Verschuer begonnenen Forschungen fortsetzen.

Befragt nach dem wissenschaftlichen Stellenwert der Arbeiten Mengeles in Auschwitz, äußerte sich nach dem Krieg die aus einer Familie des polnischen Hochadels stammende Anthropologin Martina Puzyna, die als Häftlingsärztin gezwungen war, mit Mengele zusammenzuarbeiten: *„Selbst bei kritischster Würdigung wären die Arbeiten von Mengele für die Wissenschaft der Anthropologie unstreitig von höchstem Wert gewesen." Sie hätte gerüchteweise erfahren können, dass mit ihnen eine Vermehrung der nordischen Rasse angestrebt worden sei.*"[(146)]

Die Mittel für Mengeles Genetikforschung in Auschwitz hatte im August 1943 die *Deutsche Forschungsgemeinschaft* bewilligt. Offenbar war es Professor Verschuer, der sich die Zuschüsse sicherte.[(147)] In einem Fortschrittsbericht aus dem März 1944 schrieb Verschuer an diese Einrichtung: *„Kennwort: Spezifische Eiweißkörper ... Als Mitarbeiter in diesem Forschungszweig ist mein Assistent Dr. med. et Dr. phil. Mengele eingetreten. Er ist als Hauptsturmführer und Lagerarzt im Konzentrationslager Auschwitz eingesetzt. Mit Genehmigung des Reichsführers-SS werden anthropologische Untersuchungen an den verschiedensten Rassengruppen dieses Konzentrationslagers durchgeführt und die Blutproben zur Bearbeitung an mein Laboratorium geschickt.*"[(146)]

Hinter dem Forschungsvorhaben mit dem Kennwort „Spezifische Eiweißkörper" verbarg sich jedoch nichts anderes als der oben erwähnte serologische Rassentest. Indem der Fortgang von Verschuers Arbeiten letztendlich von den Lieferungen Mengeles abhing, konnte die SS indirekt eine Kontrolle über die aus ihrer Sicht überaus bedeutsamen Forschungsprojekte Prof. Verschuers ausüben. Nachdem ihm Mengele Blutproben von über 200 Personen verschiedener Herkunft geschickt hatte, bemühte sich Verschuer in den letzten Kriegsmonaten, jene spezifischen Eiweißkörper zu finden, mit denen er hoffte, eine naturwissenschaftlich exakte Methode der Rassenidentifikation entwickeln zu können. Ab November 1944 erhielt er zur Lösung biochemischer Fragestellungen die Unterstützung eines Mitarbeiters von Adolf Butenandt, dem späteren Chemie-Nobelpreisträger.

Da seit Kriegsende nicht nur die von Mengele geschickten Präparate, sondern alle wichtigen Archivakten als verschollen gelten, ist es müßig, Spekulationen darüber anzustellen, ob Verschuer ans Ziel gelangt ist. Indiz für einen erfolgreichen Abschluss könnte jedoch ein Brief sein, den er Anfang Januar 1945 an den Chefarzt der Frankfurter Universitätsklinik, Professor Bernhard de Rudder, geschrieben hat. Darin heißt es: „*Es wird sie jeweils auch interessieren, dass nun endlich meine Forschungen über spezifische Eiweißkörper in ein entscheidendes Stadium eingetreten sind.*“[146] Was in den noch verbleibenden vier Monaten bis zum Kriegsende erreicht werden konnte, darüber schweigen nicht nur die Archivakten, sondern auch Verschuer ließ später kein Sterbenswörtchen darüber verlauten.

Was passierte mit den Akten, in denen der Fortschritt der Arbeiten dokumentiert sein müsste? Wurden sie von Verschuer vernichtet, übergab er sie vielleicht Mengele oder – mehr oder weniger freiwillig – der SS zur weiteren Verwendung? Auf diese Frage gibt es bis heute keine eindeutige Antwort, genauso wenig wie auf die nach dem späteren Verbleib der anderen Auschwitzer Forschungsunterlagen Mengeles.

Menegele selbst tauchte nach dem Ende des Kriegs unter. Im Jahr 1949 gelang ihm die Flucht nach Argentinien, wo er ein anerkanntes Mitglied der „deutschen Gemeinde“ wurde. Am 7. Februar 1979 kam er bei einem Badeunfall an der brasilianischen Atlantikküste ums Leben.

Einen weiteren serologischen Rassentest entwickelten Dr. Werner Fischer, der in Berlin die serologische Abteilung des *Robert-Koch-Institutes* leitete, und Dr. Karl Horneck. Dieses Testverfahren basierte auf anderen wissenschaftlichen Voraussetzungen als jenes Verschuers. Fischer hatte schon 1938 die theoretischen Grundlagen ausgearbeitet; Horneck oblag es während des Krieges, mit an Menschen durchgeführten Versuchen den praktischen Teil der Arbeiten zu erledigen. Im November 1944 informierte Horneck seinen Vorgesetzten, dass er die Forschungen abgeschlossen hatte. Unter dem Titel „Über die Möglichkeit der serologischen Rassendifferenzierung“ wollte er sie publizieren, vorher aber noch einmal mit Fischer darüber sprechen. Ähnlich wie im Falle Verschuers versiegten danach sämtliche Informationen über die Fortschritte des Projektes. Interessanterweise ist über den Verbleib Hornecks nach Kriegsende nichts bekannt. Ein Sterberegister verzeichnet seinen Tod am 23. April 1974.[148]

Es spricht nichts dagegen, dass letztlich – auf welchem Weg auch immer – die SS Kenntnis von den entwickelten Testverfahren erhielt und auf diese Weise die Grundlagen für den später von der Dritten Macht initiierten, sich im UFO-Entführungsphänomen manifestierenden genetischen Großversuch vermittelt bekam. Ein Auswahlverfahren für die Probanden war gefunden.

Manch einer mag die Frage stellen, warum diese längeren Ausführungen zur Entwicklung der serologischen Rassentests notwendig sind. Gibt die DNA-Genealogie uns heute nicht viel bessere Mittel in die Hand, um die Abstammung und Verwandtschaft eines Menschen nachweisen oder zumindest einschätzen zu können? Nein, das ist nicht der Fall, auch wenn kommerzielle Testanbieter das Gegenteil behaupten. In genealogischen DNA-Analysen werden sogenannte Haplogruppen, die Y-DNA entlang der väterlichen und die mitochondriale DNA entlang der mütterlichen Linie, benutzt, um einen Verwandtschaftsgrad zu bestimmen. Darüber eine seriöse wissenschaftliche Aussage zu gewinnen, ist nur fragmentarisch möglich, da die beiden Haplogruppen nur einen sehr geringen Teil der gesamten Erbinformation tragen. Auch sind Stammbäume und deren Geschichte durch Vergleiche mit archäologischen DNA-Funden bei weitem nicht ausreichend erforscht.[149]

Wenn also die Dritte Macht sich eine Vermehrung der nordischen Rasse zum Ziel gesetzt und alle mit dem UFO-Entführungsphänomen verbundenen Maßnahmen im Geheimen darauf abgestellt hat, sollte irgendwann eine öffentliche Demonstration nachfolgen, welche die Existenz der Dritten Macht, ihre weiteren Absichten sowie ihre Fähigkeiten vor aller Augen offenbart. Die Entführten liefern dazu einige Anhaltspunkte.

Der Entführungsforscher Prof. David Jacobs schreibt – allerdings immer noch unter der falschen Annahme, dass sich Außerirdische hinter dem Entführungsphänomen verbergen: *„Alle Beweise scheinen darauf hinzudeuten, dass das Endziel der Aliens darin liegt, sich in die menschliche Gesellschaft zu integrieren. Alle ihre Anstrengungen und Aktivitäten scheinen darauf angelegt zu sein, die gesamte Menschheit zu kon-*

trollieren.«[117] Damit hat er mit Bezug auf die Absichten der Dritten Macht meiner Ansicht nach zweifelsohne Recht.

Jacobs fährt fort und zitiert aus mit Entführten aufgenommenen Gesprächsprotokollen: *„Die Aliens haben selbst erwähnt, dass der Zeitpunkt in nicht allzu weiter Ferne liegt, an dem ihr Programm endet und sie ihre Ziele erreicht haben. Viele Entführungsopfer meinen, dass bald etwas passieren wird und die Aliens somit unmittelbar vor der Verwirklichung ihrer Pläne stehen. Sie sind fast fertig, aber noch nicht ganz. Sie müssen noch einiges tun … glaubt, dass der Plan der Aliens in drei Stufen erfolgt – erst allmählich, dann beschleunigt, zuletzt überraschend schnell. Die Aliens bedeuteten ihr, dass derzeit die beschleunigte Stufe durchgeführt wird. Soweit es das genaue Datum betrifft, äußern sich die Aliens eher vage. Aber 1997 erfuhr auch Claudia Negron, dass die Wende bald, schon sehr bald kommen wird. Ob darunter die nächsten fünf Jahre oder die nächsten zwei Generationen zu verstehen sind, bleibt jedoch ungewiss.«*[117] Diese Aussagen aus den späten 1990er-Jahren sowie andere aus der Zeit nach der Jahrtausendwende[118] deuten eher auf einen Zeitpunkt hin, der zwischen zwischen den genannten liegen wird.

Was sich aus dem UFO-Entführungsphänomen in aller Deutlichkeit ableiten lässt, ist die darin verborgene Kernbotschaft:

1. Ziel aller Aktivitäten der UFO-Besatzungen und damit der Dritten Macht ist die Übernahme der Welt.
2. Diese wird innerhalb kurzer Zeit, mindestens aber in der Lebensspanne der Generation erfolgen, die sich zur Jahrtausendwende im reproduktiven Alter befunden hat.
3. Die Zukunft auf diesem Planeten gehört einem speziellen Typus Mensch.

Mit welcher Strategie die Dritte Macht ihr „Projekt Zeitenwende“ umsetzen wird, ist Gegenstand des letzten Kapitels in diesem Buch.

5. Ein Intermezzo: Remote Viewing

Alles begann mit einem 1972 veröffentlichten Bericht der *Defense Intelligence Agency* (DIA) über vermehrte Anstrengungen der sowjetischen Armeeführung und des Geheimdienstes KGB betreffs einer möglichen Nutzbarmachung telepathischer Kommunikation, Telekinese und Bionik. Der wohl entscheidende Satz, der daraufhin einige Verantwortliche in den Vereinigten Staaten zum Handeln zwang, lautete: *„Das sowjetische Wissen auf diesem Gebiet ist dem westlichen überlegen.“*[(150)] Die CIA erteilte noch im selben Jahr dem *Stanford Research Institute* (SRI) einen auf acht Monate befristeten Forschungsauftrag mit dem Ziel, herauszufinden, ob eine militärische Anwendung solcher Fähigkeiten, sofern sie sich überhaupt nachweisen ließen, zukünftig infrage kommen könnte, und unterstützte die Untersucher am SRI mit vorerst 50.000 Dollar. Der Leiter des Forschungsprojektes war Harald Puthoff, der Jahre später mit seinen Veröffentlichungen zum Nullpunkt-Energiefeld für Furore sorgen sollte. Aus den ersten, eher noch bescheidenen Kontakten entwickelte sich über die nächsten Jahre und Jahrzehnte eine gedeihliche Zusammenarbeit zwischen Wissenschaftlern und Militärs. Die Arbeiten von Puthoff und seinem Team konzentrierten sich auf die Relevanz des heute als Remote Viewing (RV) bekannten Verfahrens.

Was ist darunter zu verstehen? Es ist die Fähigkeit, mit Hilfe mentaler Prozesse detaillierte Informationen über Orte, Objekte, Personen und Ereignisse zu gewinnen, unabhängig von ihrer Entfernung, ihrer zeitlichen Einordnung bzw. einer eventuell versuchten Abschirmung.[(151)] Man könnte Remote Viewing vereinfacht auch als Fernwahrnehmung bezeichnen.

Die positiven Resultate der Versuche am SRI veranlassten verschiedene Geheimdienste der USA die praktische Umsetzung voranzutreiben. Unter höchster Geheimhaltung, versehen mit Tarnbezeichnungen wie *Grill Flame*, *Center Lane* und *Star Gate*, liefen die der militärischen Aufklärung dienenden RV-Projekte bis Mitte der 1980er-Jahre recht erfolgreich mit zum Teil spektakulären Ergebnissen. Insgesamt wurden sie angeblich mit ca. 20 Millionen Dollar finanziert.

Irgendwann versteifte sich jedoch der Widerstand gegen die so ganz und gar jenseits des Althergebrachten liegenden Aufklärungsmethoden hauptsächlich aus den Reihen konservativer und fundamental christlicher Militärs, die das, was in der Einheit der PSI-Spione vorging, mit ihrem Weltbild nicht in Einklang zu bringen vermochten. Die Beurteilung einer im Jahr 1995 von der CIA, die das RV-Programm nach vielen Jahren, in denen es bei anderen Geheimdiensten angesiedelt war, wieder unter ihre Obhut genommen hatte, beauftragten kleinen Consultingfirma leitete dann das Ende der unter der Ägide des US-Militärs laufenden Aktivitäten ein.

Dabei waren den Untersuchern aus Geheimhaltungsgründen nur schätzungsweise ein bis zwei Prozent des entsprechenden Materials zur Verfügung gestellt worden. Der Untersuchungszeitraum erstreckte sich zudem lediglich auf die Jahre von 1993 bis 1995, als das Projekt aus den genannten Gründen sowieso schon in den letzten Zügen lag. Die erfolgreichsten PSI-Spione, auch *Remote Viewer* oder schlicht *Seher* genannt, waren damals längst im Ruhestand. Im Ergebnis dieser mit unzulänglichen Methoden geführten Analyse verfestigte sich in der Öffentlichkeit der Eindruck, als hätte die US-Regierung über viele Jahre Steuermittel in offensichtlichen Humbug investiert. Dass dem nicht so war, lässt sich sowohl den Untersuchungen kritisch eingestellter Journalisten(150) als auch den Zeitzeugenberichten der an den Projekten beteiligten Sehern entnehmen.(152,153)

Und was hat das alles mit der Dritten Macht zu tun? Allein die Vorstellung, mit Remote Viewing Erkenntnisse über Orte gewinnen zu können, die eine Präsenz der Dritten Macht wahrscheinlich machen, lässt eine nähere Beschäftigung mit diesem Verfahren als sinnvoll erscheinen. Darüber hinaus eröffnet es – wie noch gezeigt werden soll – weitere interessante Einblicke in ansonsten rätselhafte Phänomene.

Nach den am SRI gewonnenen Erkenntnissen kann prinzipiell jeder Mensch als Remote Viewer tätig werden. Wie bei allen anderen persönlichen Eigenschaften auch ist der Grad der Begabung unterschiedlich. Nach den jahrzehntelangen Erfahrungen des erfolgreichsten PSI-Spions in den Reihen der US-Geheimdienste, Joseph McMoneagle, verfügt nur ein halbes Prozent aller Menschen über eine in dieser Beziehung herausragende natürliche Veranlagung, also eine von zweihundert Personen. Ein bis zwei Jahre intensiver Ausbildung werden zusätzlich vorausgesetzt, um das vorhandene Talent im gewünschten Maß zu entwickeln. Selbst dann kann nur bei 50 bis 60% der Versuche ein Kontakt mit dem vorgegebenen Ziel hergestellt werden und zwischen 30 bis 80% der wiedergegebenen Eindrücke sind korrekt.[(151)] Hinzu kommt, dass jeder Seher seine speziellen Fähigkeiten hat; der eine kann sich besser auf technische Anlagen konzentrieren, ein anderer vermag sich besonders gut bei menschlichen Zielen einzuhaken, ein dritter versteht es, mental Schritt für Schritt eine Ortsbegehung vorzunehmen.[(150)] Die Lösung des Problems, wie sie von den PSI-Spionen in den USA praktiziert worden ist: Mehrfache Sitzungen eines Sehers zu einem Zielobjekt bzw. eine ausgeprägte Teamarbeit.

Zwei verschiedene Methoden des Remote Viewing kommen zur Anwendung. Die eine wird als Extended Remote Viewing (ERV) bezeichnet und ist am besten vergleichbar mit einer „Reise", unternommen unter schlafähnlichen Bewusstseinszuständen; die andere, das sogenannte Coordinate Remote Viewing (CRV), verläuft nach einem vorgegebenen Algorithmus über bis zu sechs Stufen, wobei auf jeder Stufe immer differenziertere Informationen ins Bewusstsein gelangen. Um den Seher „auf Kurs zu halten" und bei ihm sogenannte analytische Überlagerungen zu vermeiden kommt im Regelfall eine als Monitor bezeichnete Person zum Einsatz!

Remote Viewing ist nicht nur ein „Sehen" an sich, es werden darüber hinaus Eindrücke wahrgenommen wie „Riechen", „Schmecken", „Fühlen" und „Hören". Seine wohl erstaunlichste Eigenschaft, welche schon die Wissenschaftler am SRI, später mehr durch Zufall aber auch die PSI-Spione des Militärs herausgefunden haben, ist, dass es zeitlos funktioniert. Ein Seher, der auf ein definiertes Zielobjekt in einem klar abgegrenzten Zeitintervall der Vergangenheit angesetzt wird, „sieht" sozusagen die Geschichte dieses Ortes, die damals handelnden Menschen und wie diese mit den Ereignissen jener Zeit verwoben sind. Schwieriger scheint dagegen zu sein, einen Blick in die Zukunft zu tun, obwohl auch hierfür positive Beispiele vorhanden sind.[150,152]

Können gegen Remote Viewing Abwehrmaßnahmen ergriffen werden? Den aktuellen Stand der Dinge in dieser Frage abzuklären, half eine Anfrage bei Stephen A. Schwartz, der in den Vereinigten Staaten von Beginn an bei der Entwicklung des Remote Viewing involviert gewesen ist und Bekanntheit erreicht hat mit dem erfolgreichen Einsatz dieser Methode bei archäologischen Projekten.[154] Seine Antwort: *„Ich weiß von Experimenten auf diesem Gebiet. Dem Konzept nach soll es, wenn sich mehrere Personen mental stark auf ein Ziel fokussieren, möglich sein, dieses zu verschleiern, indem eine nichtlokale Informationsarchitektur aufgebaut wird, die auf einen potenziellen Seher anziehender als das eigentliche Ziel wirkt. Jedoch sind Konzeption und wirksame Ausführung nicht ein und dasselbe und so muss nach meiner Ansicht das Ganze als rein hypothetisch betrachtet werden.“*[155] Klarer geht es nicht. Einer Vervollständigung der Datenbasis über die Dritte Macht mit Hilfe von Remote Viewing dürfte demnach nichts im Wege stehen.

Von Beginn an galt das besondere Interesse der mit der Forschung zum Remote Viewing beschäftigten Institutionen dem Träger der gewonnen Information. Die Russen hatten ursprünglich angenommen, es müsste sich um elektromagnetische Felder mit extrem niedriger Frequenz handeln. Am SRI hatte man über mehrere Versuchsreihen bis hin zu Experimenten in Faradayschen Käfigen ebenfalls alle anderen Möglichkeiten des elektromagnetischen Spektrums ausgeschlossen. Den Beweis, dass die Russen mit ihrer Theorie unrecht hatten, erbrachten letztlich Versuche in tief tauchenden U-Booten. Remote Viewing funktionierte auch unter diesen Bedingungen ausgezeichnet, was aufgrund der abschirmenden Wirkung einer großen Menge Wasser auf diese niederfrequenten elektromagnetischen Felder ansonsten nicht der Fall gewesen wäre.[152]

Welches Funktionsprinzip liegt dann dem Remote Viewing zugrunde? Als plausibelster Erklärungsansatz gilt heute die Theorie vom holografischen Universum. Was versteht man unter einem Hologramm? *„Zur Herstellung eines Hologramms wird ein einziges Laserlicht in zwei getrennte Strahlen aufgeteilt. Der erste Strahl wird von dem abzubildenden Gegenstand zurückgeworfen. Dann wird der zweite Strahl losgeschickt, der mit dem reflektierten Licht des ersten kollidiert. Beim Zusammentreffen erzeugen beide ein Interferenzmuster, das sich auf einem Film abbildet. Für das bloße Auge hat das Bild auf dem Film keinerlei Ähnlichkeit mit dem fotografierten Objekt. Doch sobald ein weiterer Lichtstrahl den Film durchdringt, erscheint wieder ein dreidimensionales Abbild des ursprünglichen Objektes.*"(156)

Wird ein holografischer Film zerschnitten und dann von einem Laser angestrahlt, enthält jede Hälfte das vollständige Bild des Gegenstandes. Selbst wenn die Hälften weiter zerteilt werden, kann dieser aus jedem Schnipsel in Gänze rekonstruiert werden. Die gesamte Information befindet sich demnach auf jedem Fragment des holografischen Films und ist von daher als nicht-örtlich anzusehen. Oder, anders ausgedrückt: Das Ganze ist in jedem Teil enthalten – so könnte man das Wesen eines Hologramms wohl am besten beschreiben. Übertragen auf ein holografisches Universum bedeutet dieses Phänomen der Nicht-Lokalität: Alle Informationen sind an jeder Stelle im Kosmos gleichermaßen vorhanden.

Als Begründer der Theorie vom holografischen Universum gilt der Physiker David Bohm. Er gelangte zu seinen Erkenntnissen, nachdem er sich eingehend mit der Quantentheorie und insbesondere mit dem als Quantenverschränkung bezeichneten Zustand befasst hatte. Dieser, erstmals als *Einstein-Podolsky-Rosen-Paradox* (ERP-Effekt) in die wissenschaftliche Diskussion eingeführt, beruht auf der Entdeckung, dass bei gewissen subatomaren Prozessen ein Paar aus Teilchen mit identischen oder nahe verwandten Eigenschaften entsteht und diese Zwillingsteilchen, nachdem sie auseinandergestrebt sind, selbst über beträchtliche Entfernungen zeitgleich(!) dieselben Eigenschaften, zum Beispiel einen veränderten Polarisationswinkel, annehmen.(157)

Es muss also eine wie auch immer geartete Verständigung stattgefunden haben. Eine Verletzung der von Einstein postulierten Höchstgeschwindigkeit, der Lichtgeschwindigkeit – so die Physiker –, ist dabei ausgeschlossen. Eine Informationsübertragung nach dem bekannten Muster findet nicht statt. Das Rätsel, wie die Teilchen dann eine derartige „Übereinkunft" erzielen können, blieb lange ungeklärt. Einstein und seine Mitarbeiter hielten nichts von der Realität solcher Schneller-als-Licht-Vorgänge bzw. einer „spukhaften Fernwirkung" und sahen den ERP-Effekt zu ihrer Zeit als bloßes Gedankenexperiment.

Heute gilt die Quantenverschränkung aufgrund der in verschiedenen Experimenten nachgewiesenen Verletzung der *Bellschen Ungleichung* als wissenschaftlich anerkanntes Phänomen.(158) Die für sie charakteristischen nicht-örtlichen physikalischen Wechselbeziehungen brachten Davis Bohm schließlich zu der Überzeugung, dass unser Universum *„selbst so etwas wie ein ständig im Fluss befindliches Riesenhologramm ist"* und das *„Raum und Zeit"* nicht wirklich vorhanden sind.

Wenn der Schein der Ortsgebundenheit aller „Dinge" in einem holografischen Universum zusammenbricht, die Zeit sich nur als Konstrukt erweist und alles miteinander vernetzt ist (die „Matrix"), zurecht also von einer Nicht-Lokalität und Nicht-Zeitlichkeit gesprochen werden kann, dann ist Remote Viewing nichts, worüber man sich wundern müsste.

In den letzten Jahren ist unter Remote Viewern häufig die Rede von aktivem Remote Viewing, auch als *Remote Influence* bezeichnet. Ziel ist bei diesem nicht allein die Observierung von Orten und Personen, sondern darüber hinaus die direkte Beeinflussung von Verhaltensweisen. Der ehemalige US-PSI-Spion Lyn Buchanan hat als Erster über Remote Influence berichtet und will es auch in mehreren Fällen selbst praktiziert haben.(159)

Der Theorie nach funktioniert Remote Influence, indem das Unterbewusstsein des Viewers mit dem der ausgeforschten Person über die „Matrix" Kontakt aufnimmt und dann auf sublime Art und Weise versucht, durch die Übermittlungen von Stimmungen und Situationsbeschreibungen Einfluss zu nehmen. Das erinnert stark an die für die erfolgreiche Einleitung von Hypnose notwendigen Suggestionen. Überhaupt scheinen die inneren Zustände unter Hypnose denen beim Extended Remote Viewing zu gleichen, für die das Erreichen der subluminalen Bewusstseinsschwelle erforderlich ist. Unterstützung findet diese Annahme in dem Umstand, dass Theta-Gehirnwellen sowohl bei tiefer Hypnose als auch bei dieser Variante des Remote Viewing überwiegen.[(134,160)] Es scheint sich um zwei verwandte Zustände des Unterbewusstseins zu handeln, unter denen eine Verbindungsaufnahme mit der „Matrix", dem Informationsspeicher des holografischen Universums, möglich wird.

Im Hinblick auf eine mögliche Anwendung während der UFO-Entführungen entspricht Remote Influence im Vergleich mit auf elektromagnetischen Wellen beruhenden Verfahren eher dem, was als Telepathie verstanden wird. Mit Magie hat es jedoch nicht zu tun.

In den folgenden Kapiteln gilt es zu zeigen, welche Aufklärungsergebnisse zu den Aktivitäten der Dritten Macht mit Remote Viewing bisher erzielt werden konnten.

6. Die irdischen Stützpunkte

Wo hat der Kommandostab der Dritten Macht seinen Sitz? Irgendwo muss sich eine Operationszentrale befinden. Diese braucht nicht zwangsläufig identisch zu sein mit dem Ort, der als materielle Basis, zum Beispiel als Produktionsstätte für die als UFOs bezeichneten Fluggeräte, dient. „Kopf" und „ausführende Organe" getrennt zu halten, könnte ein einfaches Sicherheitserfordernis darstellen.

Bisher konnten drei Operationsbasen der Dritten Macht mit Sicherheit identifiziert werden. Zwei davon befanden sich auf der Erde. Eine fungierte als irdisches Hauptquartier, die andere als Schleuse in die Öffentlichkeit. Die letztere, obwohl ihre Entstehung jüngeren Datums ist, soll am Anfang stehen.

Dieser Stützpunkt der Dritten Macht befand sich nicht in abgelegenen Gebieten, er benötigte auch keine Abschirmung durch hypermoderne Sicherheitsanlagen. Er lag inmitten der zivilisierten Welt, und seine Tarnung war so simpel wie genial. Wer käme schon auf die Idee, dass er sich fast 40 Jahre unter dem Deckmantel einer kleinen religiösen Sekte verborgen gehalten hat. Wo?

Hier eine Wegbeschreibung von Mitte der 1990er-Jahre, die gut das damalige Ambiente vermittelt: Man fahre von der Hauptstadt Chiles, Santiago, auf der Panamericana südwärts. Nach etwa 450 Kilometer gelangt man an die Abfahrt zum Städtchen Parral, der Geburtsstadt des chilenischen Dichters Pablo Neruda. „*Wer von hier nach Osten abbiegt in Richtung Anden, fährt durch drei kleine Dörfer, vorbei an armseligen Katen und windschiefen Hütten, 40 Kilometer über eine rote Sandpiste, erreicht das Dorf Termas de Catillo, einen Flecken, nicht mehr als ein Kurhotel, das um heiße Quellen gebaut wurde, und ein Dutzend Häuser. An der Weggabelung ein Hinweisschild zur Villa Baviera, zum bayerischen Dorf, eine Brücke, 20 Kilometer gut ausgebauter Sandpiste, rechts und links Viehzäune, dann eine Erhebung, auf einem Hügel ein 30 Meter hoher Wachturm, schließlich höhere Zäune, einige sauber gestrichene Stal-*

lungen, eine Schule, auch hinter den Zäunen, eine von Stacheldraht umgebene herausgeputzte Kapelle und ein riesiger Findling mit der eingemeißelten Schrift ‚Villa Baviera'."[161] (Abb. 15)

Dieses bayerische Dorf, wie es sich heute nennt, wurde besser bekannt unter dem Namen *Colonia Dignidad.* Zu unterscheiden ist zwischen der offiziellen Geschichte der Colonia Dignidad, die ihren Zweck, das ganze Unternehmen zu tarnen, auf erstklassige Weise erfüllt hat, und der wahren Geschichte. Die offizielle Geschichte liest sich wie folgt: „*Die Ursprünge der Colonia Dignidad sind ohne Zweifel christlich.*"[162] Ihr Begründer, Paul Schäfer, geboren am 4. Dezember 1921, hatte die evangelische Sekte 1956 vom *Bund evangelisch freikirchlicher Gemeinden* in Deutschland abgespalten. In der Satzung des Vereins, der am 31. Dezember 1956 gegründet wurde, steht geschrieben: „*Die private Sozialmission, Sitz Heide bei Siegburg, verfolgt ausschließlich und unmittelbar gemeinnützige und mildtätige Zwecke. Sie setzt sich zur Aufgabe, Minderbemittelten und Erholungsbedürftigen äußere und innere Hilfe zu leisten; die Aufnahme von gefährdeten und bedürftigen Jugendlichen ins Missionshaus; Jugendlichen und Erwachsenen Ferien- und Freizeitaufenthalte zu vermitteln. Mit diesen Aufgaben verbunden ist die Verkündung des Evangeliums.*"[161]

Unter dem Namen Private Sociale Mission gründete Schäfer später in Siegburg ein Erziehungsheim, in dem die Kinder der Mitglieder untergebracht waren. Im Jahr 1961 gelang es Schäfer unter der Mithilfe des damaligen chilenischen Botschafters in Bonn, Arturo Maschke, in kurzer Zeit alle notwendigen Formalitäten für eine Massenauswanderung der Sektenmitglieder von Deutschland nach Chile zu erledigen. „*Das Landgut, auf dem die Auswanderer ankamen, bestand aus einem halbverfallenen Steinhaus und einigen Holzhütten. Es war das Fundo El Lavadero, 1.800 Hektar schlammiges, unwegsames Gelände entlang eines Flusses, der in den regenreichen Wintern über die Ufer tritt. Am 21. September 1961 wird mit Dekret Nr. 39490 des chilenischen Innenministeriums die ‚Sociedad Benefactora y Educacional Dignidad' zur juristischen Person und Eigentümerin des Geländes.*"[161]

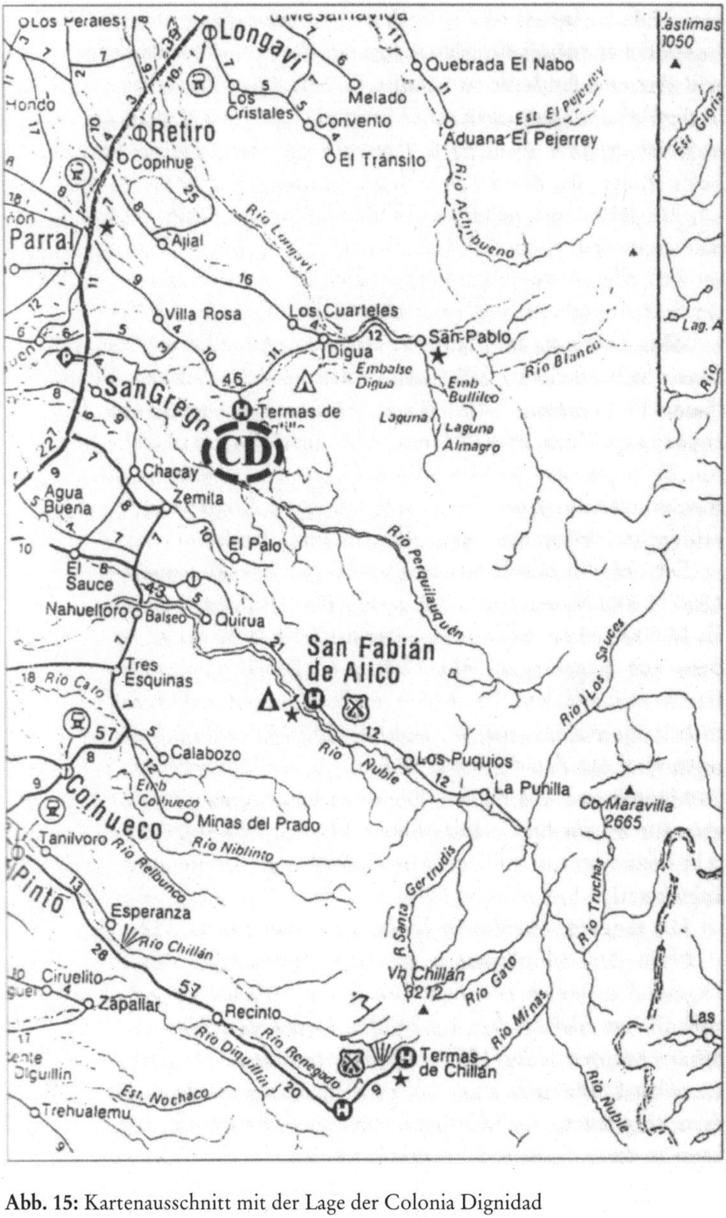

Abb. 15: Kartenausschnitt mit der Lage der Colonia Dignidad

Die ordentlichen Deutschen waren in Chile gern gesehen. Aus den 1.800 Hektar Missionsgelände aus dem Jahr 1961 wurden später mehr als 14.000 Hektar. Schon bis Mitte der 1970er-Jahre konnten nach einer internen Statistik der Kolonie 871 Hektar Ackerland bestellt, 300.000 Bäume angepflanzt, 131 Kilometer Straßen und 58 Brücken gebaut werden. Die Volkszählung im Jahr 1992 registrierte auf dem Gelände 208 nicht in Chile geborene Bewohner, 94 Männer und 114 Frauen. Die offiziellen Angaben der Kolonie sprachen hingegen von 329 Bewohnern. Die deutsche Botschaft in Santiago ging zur gleichen Zeit von 400 deutschen Staatsbürgern hinter den Zäunen aus.[(161)] Wie nahezu in allem, was die Ansiedlung betraf, blieben die genauen Verhältnisse undurchsichtig.

Die wahre Geschichte der Colonia Dignidad könnte sich auch ganz anders abgespielt haben. Was wäre wenn:

- wenige Jahre nach dem Zweiten Weltkrieg einige Führungskräfte des „SS-Untergrundes“ unter dem Deckmantel einer evangelisch freikirchlichen Gemeinde eine konspirative Anlauf- und Koordinierungsstelle (eine unter vielen) gegründet hätten,
- als Reaktion auf den im September 1955 erfolgten Sturz Perons und der damit für die Dritte Macht im Rückzugsgebiet Argentinien einhergehenden Unsicherheit dieser „Gemeinde“ mittelfristig eine andere Aufgabe zuteil geworden wäre und es deshalb, und um die völlige Handlungsfreiheit zu gewinnen, 1956 zur Abspaltung vom *Bund evangelisch freikirchlicher Gemeinden in Deutschland* gekommen ist,
- um wenig später im dem Argentinien benachbarten Chile einen Stützpunkt einzurichten, der als Schleuse in die Öffentlichkeit dienen und nebenbei noch eine Reihe anderer Funktionen, vor allem wirtschaftlicher Art, erfüllen konnte,
- die perfekte Tarnung in den Folgejahren dadurch aufrechterhalten wurde, indem einige Hundert nicht eingeweihter Sektenanhänger als Aushängeschild für die Öffentlichkeit fungierten,

- darüber hinaus jedoch der Stützpunkt im geheimen im Untergrund einen massiven Ausbau erfuhr,
- und seine Rolle beinahe 40 Jahre durch exzellente Beziehungen zum chilenischen Militär unangefochten blieb?

Unglaublich? Ist das alles nur eine willkürliche Konstruktion von Tatsachen, die keine sind?

Wer waren jene Männer, die nach außen hin führend auf die Geschicke der „Sekte" sowie der Kolonie Einfluss nahmen? Als offizieller Präsident der Kolonie trat nicht Paul Schäfer in Erscheinung, sondern bis zu seinem Tod im Jahr 1995 Hermann Schmidt, im Zweiten Weltkrieg Luftwaffenoffizier und zudem Mitglied der NSDAP. In den Registern als Vertreter eingetragen war Kurt Schnellenkamp, ein ehemaliger Angehöriger der Leibstandarte Adolf Hitler. Als Einkäufer ist er durch die ganze Welt gereist, und auf seinen Namen wurden Autos und Flugzeuge angemeldet. Er verfügte über die Zugriffsberechtigung auf alle Konten der Kolonie. Zudem war er Verbindungsmann zur chilenischen Polizei und zum Militär. Als Sicherheitschef fungierte Gerhard Mücke, der im Dritten Reich seine Ausbildung auf einer der Nationalpolitischen Erziehungsanstalten (NAPOLA), neben den Adolf-Hitler-Schulen, eine der Eliteschulen, erhalten hatte.[(161)] Hugo Baar, Mitbegründer der Sekte und für zwei Jahrzehnte Schäfers rechte Hand, diente als Russlanddeutscher bei der Wehrmacht und erhielt für seinen Einsatz die Nahkampfspange.[(162)]

Und der Spiritus Rector der Sekte, Paul Schäfer, selbst? Nach seinen eigenen Angaben diente er im Krieg als Sanitäter. In seinem Wohnort in Deutschland geht das Gerücht um, er sei ein „hohes Tier in der Hitlerjugend" gewesen. Dem würde entsprechen, dass er nach 1945 die Methoden der nationalsozialistischen Jugendorganisation unter vermeintlich christlichem Vorzeichen fortsetzte und anfänglich eine Gruppe von 50 Jungen, keiner davon älter als 14 Jahre, um sich scharte. Als „Jugendpfleger" organisierte er ganz nach völkischem Vorbild Zeltlager, Wanderungen, Gesangsabende, Theatervorführungen und so ganz nebenbei auch Bibelabende. Was er allerdings während des Krieges genau getan hat, weiß niemand. Belegen lässt sich nur, dass er 1940 in der Ringstraße in Troisdorf polizeilich gemeldet war. Das Bundesarchiv, das ehemalige *Berlin Document Center* und auch die Behörde des Bundesbeauftragten für die Unterlagen der Staatssicherheit der ehemaligen DDR verfügen über keine Unterlagen zu Paul Schäfer.(161) Fünf Jahre seines Lebens lassen sich nicht rekonstruieren! Die Variante mit der Hitlerjugend hat vieles für sich. Wurde er hier ausgewählt, um nach einem verlorenen Krieg in der Untergrundarbeit tätig sein zu können?

Interessant ist auch die Person jenes Mannes, der der „Sektenführung" bei der Klärung der notwendigen Formalitäten für die Auswanderung behilflich war. Arturo Maschke, schon dem Namen nach deutscher Abstammung, diente der chilenischen Regierung im Jahr 1961 als Botschafter in Berlin. Maschke machte aus seiner Meinung keinen Hehl, wenn er die chilenische Rasse gerne durch deutsches Blut aufgefrischt sehen wollte. Bezüglich seiner Weltanschauung scheint er sich von seinen „Schützlingen" in der Colonia Dignidad kaum unterschieden zu haben. Auch später noch wussten diese das Patronat Maschkes zu schätzen, gewährte er als Chef der chilenischen Nationalbank und Finanzminister doch jene Zoll- und Steuerprivilegien, die maßgeblich zur soliden Finanzgrundlage der Kolonie beitrugen.(162)

Und die chilenische Öffentlichkeit? Ahnte sie etwas von den geheimen Hintergründen der Colonia Dignidad? Seit Gründung der Kolonie im Jahr 1961 wurden immer wieder Stimmen laut, die eine Verbindung zum Nationalsozialismus behaupteten. Bereits im Jahre 1966 bezeichneten chilenische Presseveröffentlichungen sie als Nazifluchtburg.(162) In diesen Kontext lässt sich auch eine Reihe anderer Erklärungen einordnen. Der ehemalige Gefangene Eduardo Garces sagte im Dezember 1978 im Bonner Prozess der Colonia Dignidad gegen *Amnesty International* aus, ein Mitarbeiter des chilenischen Geheimdienstes habe ihm mitgeteilt: „*Da sie hier ja nicht mehr lebend herauskommen, kann ich Ihnen sagen, dass es hier eine Menge von Leuten gibt, die im Zweiten Weltkrieg mit der GESTAPO zusammengearbeitet haben.*"(162)

Ähnlich liest sich die Aussage des ehemaligen Geheimdienstagenten Rene Munoz Alarcon, die er im Juni 1977 kurz vor seiner Ermordung ablegte: *„Sie schickten mich zur Colonia Dignidad, etwa 40 Kilometer landeinwärts von Parral. Dort war ein Ausbildungszentrum des nationalen Geheimdienstes, geleitet von Deutschen, die heute auch die chilenische Staatsangehörigkeit besitzen. Es sind alte Deutsche, die nach dem Krieg hierher kamen. Die haben ein richtiges Regiment in der Colonia Dignidad.“*[(162)] Ein Regiment? Die eigentliche Stützpunktbesatzung!

Der katholische Priester Vinzenz Gottschalk aus der südchilenischen Stadt Osorno, in der bis heute viele Menschen deutscher Abstammung leben, wollte und konnte das Beichtgeheimnis nicht brechen, gab aber immerhin soviel zu Protokoll: „Meines Erachtens gibt es Verbindungen von Dignidad hier in den Süden. Ich kenne Menschen, die ich Ihnen nicht nenne, um sie zu schützen: Diese Menschen waren früher bei der SS. Jetzt leben sie hier. Ich bin überzeugt, dass es Verbindungen zwischen diesen Menschen und der Colonia Dignidad gibt.“[(161)]

Und noch in den 1990er-Jahren erklärte der christdemokratische Politiker Gabriel Valdes: *„Nach dem Zweiten Weltkrieg waren viele Deutsche, die nach Chile ausgewandert sind, alte Nazis. Ich kenne verschiedene dieser Herrschaften persönlich. Die Colonia Dignidad wirkt auf viele Neonazis in Chile faszinierend. Heute gibt es unbestreitbar eine enge Verbindung zwischen Neonazis und der Kolonie.“*[(161)] Warum wohl, darf gefragt werden.

Fest steht, die chilenische Öffentlichkeit wusste offenbar recht gut über den wahren Hintergrund der Colonia Dignidad Bescheid. Nur war es eben nicht legitim, die Wahrheit an die große Glocke zu hängen. Wer dies tat, musste, wie im Fall des Geheimdienstagenten Rene Munoz Alarcon, mit den schlimmsten Konsequenzen rechnen. Zudem wachten die in einflussreichen Stellungen befindlichen Mitglieder des „Freundeskreises“ der Kolonie über die Beibehaltung des Status quo. Die Schweigespirale konnte somit über viele Jahre nur selten aufgebrochen werden. Dieser „Freundeskreis“ hatte sich 1978 gegründet und umfasste an die tausend Mitglieder.[162] Initiiert worden war er von Gerhard Mertins, neben Otto Skorzeny einem der Mussolini-Befreier, dem nach Kriegsende eine bemerkenswerte Karriere als internationaler Waffenhändler gelang.[163]

Was sind die harten Fakten, die beweisen, dass die Colonia Dignidad mehr war als ein gemeinnütziger religiöser Verein, dass sich auf ihrem Gelände die Infrastruktur eines Stützpunktes der Dritten Macht befunden hat?

Über die Größe der Kolonie existieren falsche vielfach falsche Vorstellungen. Es handelt sich bei ihr nicht etwa nur um ein kleines Dorf mit eigenem Krankenhaus und ein wenig Ackerland. Die Grundfläche der Colonia Dignidad hat sich in den 30 Jahren zwischen 1961 und 1991 beinahe verfünffacht, von 3.000 Hektar auf fast 15.000 Hektar. Das entspricht 150 Quadratkilometer und damit, vereinfacht dargestellt, einem Quadrat von zwölf mal zwölf Kilometer. Platz für jegliche Art geheimer Aktivitäten war demnach mehr als genug vorhanden.

Während an der Oberfläche die „Siedler“ ihrer friedlichen Tätigkeit nachgingen, entstand in der Tiefe eine unterirdische Welt riesigen Ausmaßes. Wie war es zur Entdeckung dieser verborgenen Anlagen gekommen? Nach dem Ende der Militärdiktatur in Chile wurde eine Untersuchung des Sektengeländes vorgenommen. Der zuständige Ermittler, Sonderstaatsanwalt Hernan Gonzales, fasste das Ergebnis zusammen: *„Ein paar Mal war die Polizei mit sogenannten Georadar-Geräten im Einsatz. Die in einem klassischen Bergbauland wie Chile selbstverständliche Top-Technologie förderte ein weitverzweigtes Tunnel- und Bunkersystem im Boden tief unter der Colonia Dignidad zutage.“* Aber auf die Erlaubnis aus dem Regierungspalast in Santiago, mit Ausgrabungen beginnen zu können, wartete auch der mit den Ermittlungen vor Ort beauftragte Kripo-Chef Luis Henriquez vergeblich. An anderer Stelle bezeichnete der in die Ermittlungen eingeschaltete Rechtsanwalt Fernandez das Bunkersystem auch als „unterirdische Stadt“.[164]

Einer der gründlichsten Rechercheure zu den Hintergründen der Colonia Dignidad, Friedrich Paul Heller, schreibt in einem seiner Bücher über die ausgedehnten unterirdischen Anlagen: *„Damals wurde die Siedlung mit unterirdischen Bunkern, Kommandozentralen, einem umfassenden geheimen Warn- und Überwachungssystem und einem unterirdischen Flugplatz ausgestattet. Zu den unterirdischen Installationen gehörten hydraulische Aufzüge, mit denen offenbar Flugzeuge in Startposition gebracht wurden.*"[(165)] Dazu passend berichteten Campesinos in der Umgebung der Colonia Dignidad, dass Flugzeuge in Berge innerhalb der Siedlung hinein und auch wieder heraus fliegen.[(166)] Waren es wirklich immer nur herkömmliche Flugzeuge?

Friedrich Paul Heller kam der Lösung des Rätsels um die Colonia Dignidad mit Sicherheit ziemlich nahe, ließ sich aber anfänglich doch mit einer Geschichte abspeisen, die eine letzte Aufklärung verhindern sollte. Demnach wäre der Ausbau der Colonia Dignidad zu einem „chilenischen Peenemünde"(!) zu einem Zeitpunkt erfolgt, als nach dem chilenischen Militärputsch von 1973 ein Krieg mit Argentinien unausweichlich schien. Unter dem Decknamen „Andrea" hätten die Chilenen insgesamt fünf geheime Militärstützpunkte für diese erwartete Auseinandersetzung errichtet.[(166)] Von dieser Meinung ist er später wieder abgerückt und kommt letztlich zu dem Schluss, dass es mit den Tunneln eine besondere Bewandtnis haben muss. Er schreibt: *„Die Existenz dieser unterirdischen Anlagen und vor allem der Tunnels war der Mehrzahl der Bewohner der Colonia Dignidad lange unbekannt. Wann, wie und von wem sie gebaut wurden, bedarf einer zukünftigen Klärung.*"[(167)]

Welche Funktionen übernahm die Colonia Dignidad im Rahmen der Gesamtstrategie der Dritten Macht?

Als erstes diente sie als Schleuse in die Öffentlichkeit. Nachdem in Argentinien der Bewegungsspielraum für die Dritte Macht erheblich eingeschränkt worden war, konnten hier unter dem Deckmantel einer vorgeblich gemeinnützigen Sekte und nach dem Putsch von 1973 mit Protektion durch das chilenische Militär ungefährdet der „Personenverkehr" in die Außenwelt abgewickelt und eine Vielzahl materieller und finanzieller Transaktionen durchgeführt werden.

Von überragender Bedeutung dürfte in jenen Jahren auch die Rolle der Kolonie für die Versorgung der Dritten Macht gewesen sein – von Gütern des täglichen Bedarfs bis hin zu strategischen Rohstoffen. Kaum anzunehmen ist hingegen ihre Nutzung als Produktionsstätte, zum Beispiel zur kompletten Montage der Fluggeräte mit Antigravitationstriebwerken. Für diesen Zweck war die vorhandene Infrastruktur sicherlich nicht vorhanden. Bei der Bereitstellung von Rohmaterialien sieht die Lage freilich anders aus. Die Kolonie hatte sich in den Besitz von Schürfrechten strategischer Metalle gebracht. Bei Trovolhue, in der Provinz Cautin, erwarb sie diese für die Metalle Titan und Molybdän. In der Nähe des südchilenischen Ortes Temuco und bei dem unweit von *Concecion* gelegenen Tirua betrieb sie zwei Goldminen, im Norden Chiles eine Schwefel- sowie eine Quecksilbermine.[(162)] Auch schürfte die Kolonie Uran.[(161)]

Was die Versorgung mit Lebensmitteln betraf, war die Colonia Dignidad, abgesehen von Salz und Reis, autark: Auf dem Gelände errichteten die Siedler Rinder- und Schweineställe, eine Hühnerfarm und ein Wildgehege. Obst, Gemüse, Kartoffeln und Getreide wurden großflächig angebaut. Die Kolonie betrieb eine eigene Getreidemühle, eine Bäckerei, eine Schlachterei, eine Käserei, eine Imkerei und einen „Saftladen", in dem Limonaden, Obstsäfte und Marmeladen hergestellt wurden, daneben eine Lederwerkstatt, ein Sägewerk, eine Schreinerei, eine Elektronikwerkstatt, eine Schmiede, eine Dreherei, Autowerkstätten, eine Flugzeugwartungshalle, ein Betonwerk, Malerwerkstätten und große Lagerhäuser und Kühlräume für frische Lebensmittel und Konserven. Außerdem nannte sie eine kleine Fischfangflotte ihr eigen.[161] Es fehlte an nichts.

Und die finanzielle Situation? Eine solide Finanzgrundlage wurde allein schon durch den Vertrieb der in Chile begehrten, als „deutsche Produkte“ vermarkteten Lebensmittel erreicht. Dazu kamen Zuschüsse in Millionenhöhe, gezahlt von der chilenischen Regierung an das Krankenhaus der Kolonie. Nicht zu vergessen bleibt die vom chilenischen Finanzminister und Chef der Nationalbank, Arturo Maschke, gewährte Zoll- und Steuerfreiheit. Bei der Vielfalt und dem Umfang der wirtschaftliche Aktivitäten muss der daraus entstandene zusätzliche Gewinn immens gewesen sein. Die Zollfreiheit brachte einen weiteren angenehmen Effekt mit sich: Der Import und Export von Waren, die in der Kolonie gehörenden Überseecontainern verschifft wurden, konnte als karitativer Vorgang ohne jegliche Kontrolle bearbeitet werden. Einer Versorgung des Stützpunktes mit allen erforderlichen Ausrüstungsgegenständen stand nichts mehr Wege.[161]

Die Dislozierung von Aufgabenbereichen könnte eine weitere Funktion der Colonia Dignidad gewesen sein. Darauf deutet zumindest die Aussage eines Luftwaffenoffiziers hin, der beim chilenischen Generalstab in der für Aufklärung zuständigen Abteilung gearbeitet und mehr als 14 Monate in dauernder Verbindung zur Kolonie gestanden hat: *„Offenbar arbeiten sie an irgendetwas Großem, und nur einen Teil der Experimente machen sie dort; aus Sicherheitsgründen gibt es mehrere Laboratorien in verschiedenen Teilen der Welt.“*[161]

War die Kolonie auch in das UFO-Entführungsphänomen involviert? Einiges deutet darauf hin. So schreibt der Autor Gero Gemballa in seinem Buch über die Colonia Dignidad: *„Ein großes Geheimnis ist bis heute die Anzahl der Kinder in der Kolonie. Experten haben versucht, auf bisher zugänglichen Fotos und Filmen aus der Kolonie die Zahl der tatsächlichen Bewohner zu ermitteln – und stießen auf ein Rätsel. Es gibt anscheinend deutlich mehr Kinder, als nach den offiziellen Statistiken der Kolonie über Geburten und Adoptionen zu erwarten gewesen wäre.“*

Der landwirtschaftliche Berater der Colonia Dignidad, ein Holländer mit dem Namen Kollonaji, antwortete auf die Frage, wie viele junge Menschen unter 18 Jahren es in der Kolonie gibt, mit: „*Ungefähr, glaube ich, die Hälfte, so ungefähr 50, 60.*" Diese Zahl überrascht einigermaßen, ist von den offiziellen Sektenmitgliedern doch bekannt, dass zwischen ihnen Eheleben und Familie gar nicht stattgefunden haben kann und auch keine Möglichkeiten existierten, Menschen des anderen Geschlechts intim zu begegnen.

Befragt zu ihren deutschen Spielkameraden berichteten chilenische Kinder aus der Kolonie übereinstimmend, dass die deutschen Kinder nicht wissen, wer ihre Eltern sind und behaupteten, die deutschen Kinder hätten überhaupt keine Eltern. Bestätigt wurden diese Berichte durch die Aussage von Zalo Luna gegenüber dem chilenischen Parlament: Sexuelle Kontakte seien in der Kolonie streng verboten gewesen. Es hätte aber einen Kindergarten gegeben mit Kindern, von denen niemand wisse, woher sie stammten. In der Kolonie wären Experimente mit künstlicher Befruchtung durchgeführt worden.

Herr Kollonaji wurde noch mit einer zweiten Frage konfrontiert: „*Und wie sehen sie aus, die Kinder? Sehen sie aus wie Chilenen? Oder sind sie blond und haben blaue Augen?*" Seine Antwort: „*Das wissen Sie doch!*" Was ist hier so selbstverständlich, dass man es einfach wissen muss? Dazu zog der sozialistische Parlamentsabgeordnete Jaime Naranjo ein bemerkenswertes Fazit: „*In der Kolonie werden keine Kinder akzeptiert, die starke Latino-Merkmale aufweisen und zum Beispiel dunkelhäutig sind. Sie interessieren sich dort nur für Kinder mit heller Haut, blonden Haaren und entsprechenden Genmerkmalen.*"(161)

In Kenntnis der Aktivitäten der Dritten Macht im Rahmen des geheimen Zuchtprogramms war auch nichts anderes zu erwarten. Eine Bestätigung finden die Aussagen zu diesem Sachverhalt zusätzlich durch ein Foto, auf dem Kinder aus der Colonia Dignidad abgebildet sind. (Abb. 16)

Abb. 16: Die blonden Kinder der Colonia Dignidad

Die Einbindung der Kolonie in das UFO-Entführungsphänomen wird noch durch eine andere Aussage plausibel gemacht. Der schon zitierte Luftwaffenoffizier meinte in Bezug auf das sich dort angeblich befindende Folterlager: *„An den Gefangenen werden Experimente vorgenommen, die als Reinigung der Seele bekannt sind. Unterirdisch ist eine Spezialklinik eingerichtet worden, wo sie Prozeduren unterworfen werden, die von Hypnose bis zu Experimenten mit Medikamenten, Operationen gegen die Aggressivität sowie der Anwendung experimenteller Strahlen reichen.“*(162) Wird das Wort „Gefangene“ als Synonym für die Opfer von UFO-Entführungen verstanden, so bekommt diese Aussage sofort einen tieferen Sinn. Was passiert denn im Verlauf der Entführungen anderes, als dass mit Hypnose „falsche Erinnerungen“ eingepflanzt und wahre Erinnerungen unterdrückt – hier verstanden als „Reinigung der Seele“ –, die Entführten passiv gemacht und ihnen Implantate mit elektromagnetischen Niedrigfrequenzsendern eingesetzt werden? Wie sich die Abläufe doch gleichen!

Am Ende bleibt die berechtigte Frage, ob die aufkommenden Gerüchte über Folterungen und Kindesmisshandlungen in der Colonia Dignidad größtenteils nicht den Zweck verfolgten, die wahren Tatsachen zu verschleiern. In diesem Sinne könnten alle Verlautbarungen über das, was sich an der Oberfläche des Sektengeländes ereignete, eingeordnet und interpretiert werden. Diese offizielle Geschichte der Kolonie soll hier jedoch nicht Thema sein.(168)

Trotz aller vermeintlichen Aufklärungsarbeit zur Colonia Dignidad konnte der Journalist Gero Gemballa nach Jahren umfangreicher Recherchen nur eines konstatieren: *„Die Geschichte ist ohne Ende. Irgendein großes Geheimnis ist noch dahinter.“*(164)

Für Teile der chilenischen Öffentlichkeit stellte sich der Sachverhalt indes einfacher dar. Am 20. April 1989 fand auf einem Hügel in der Nähe der chilenischen Hauptstadt Santiago die weltweit bedeutendste Feier zu Ehren von Adolf Hitlers 100. Geburtstag statt. Mit einer Selbstverständlichkeit ohne Gleichen, die zeigt, wie tief die Rolle Chiles bei der Wiedererweckung des Nationalsozialismus schon im Unterbewusstsein mancher Chilenen verankert ist, rief der Festredner an diesem Tag, der chilenische Diplomat a.D. und Schriftsteller Miguel Serrano, über das Auditorium hinweg: *„Von hier aus beginnt die Rückkehr unseres Führers, Kameraden, von diesem magischen und mystischen Land, von diesem geheimnisvollen Gebiet, das Chile heißt."* Und ergänzend dazu sagte ein spanischer Delegierter in seinem Grußwort, von Chile gehe die Überlebensstrategie der Hitleranhänger aus.[(165)] Mögen hier auch Unkenntnis und Wunschdenken zum Ausdruck gekommen sein, so lässt sich in Bezug auf die Colonia Dignidad doch ein Körnchen Wahrheit nicht verleugnen.

In den 1990er-Jahren schwand in Chile der Einfluss der herrschenden Militärs von einst, deren Protektion sich die Kolonie immer sicher sein konnte. Der Status der Gemeinnützigkeit wurde ihr aberkannt. Gleichzeitig fokussierte sich das öffentliche Interesse verstärkt auf die angeblichen Missbrauchstatbestände. Es kam zu mehreren Untersuchungen des Sektengeländes. Unter diesen Umständen könnte die Aufrechterhaltung des im Untergrund der Colonia Dignidad gelegenen Stützpunktes für die Dritte Macht einfach unbequem geworden sein.

Im Jahr 1997 verzeichnete Chile eine der größten UFO-Sichtungswellen der Geschichte. Die unbekannten Flugobjekte wurden daraufhin eine untersuchungswürdige Angelegenheit. Am 3. November 1997 gründete die chilenische Luftwaffe ein Untersuchungskomitee für anomale Weltraumphänomene (CIFAE), dessen Stab sich aus Militärs und zivilen UFO-Forschern zusammensetzte. Hauptmann Cristian Puebla, Professor für Aeronautik an der Luftwaffenakademie Chiles und einer der Koordinatoren, erklärte bei einem Interview: *„Ja, diese UFOs erschienen über unserem Land, und aufgrund der Art und Weise,* *wie sie manövrieren, kann ich nur sagen, dass sie außerirdischen Ursprungs sind. Es ist unmöglich, dass diese UFOs von Menschenhand geschaffen wurden.*"[169,170] Die Existenz der Dritten Macht war ihm verborgen geblieben.

Im Ergebnis dieser großangelegten Operation kam es anscheinend zur Räumung des Stützpunktes. Die Colonia Dignidad fristete danach unter dem Namen „Villa Baviera" nurmehr ein kümmerliches Dasein. Eine Aufarbeitung der tief unter ihrer Oberfläche abgelaufenen Vorgänge erfolgte nicht. Auch dieser Tresor im Untergrund wurde, analog zu denen am Ende des Zweiten Weltkrieges, gut versiegelt.

Ausgespäht werden konnten die unterirdischen Anlagen der Colonia Dignidad hingegen mit Remote Viewing. Die entsprechende Sitzung fand im Jahr 1993 statt. Als Remote Viewer fungierte der Professor für Sozialwissenschaften Courtney Brown, als Monitor der in dieser Rolle über viele Jahre bei den PSI-Spionen der USA erprobte Ed Dames.

Ausgehend von der Annahme, dass die auf den von den Viking-Sonden Ende der 1970er-Jahre auf dem Mars fotografierten Oberflächenstrukturen, wie zum Beispiel das sogenannte „Marsgesicht" oder verschiedene „Pyramiden", künstlichen Ursprungs und von einer alten, jetzt im Aussterben begriffenen Marskultur geschaffen worden sind, standen im Fokus deren möglicherweise vorhandenen Stützpunkte auf der Erde. In jenem angenommenen Fall sollte der Planet Mars über Jahrtausende durch diese Zivilisation eine komplette Umgestaltung erfahren haben, was jedoch nachweislich nicht geschehen ist. Nun kann mit Remote Viewing etwas nicht Existierendes auch nicht „sichtbar" gemacht werden, es stellen sich vielmehr inkonsistente Ergebnisse ein, die bar jeder Logik sind. Die Sitzung von Prof. Brown und Ed Dames erbrachte aber durchaus brauchbare Resultate, wenn auch in einem anderen Sinn, als von beiden erhofft.

Prof. Brown formulierte es wie folgt: *„Auf einem weißen Blatt Papier zeichne ich einen abgerundeten Berg. Die Spitze des Berges ist kahl, aber weiter unten gibt es Bäume. Da sind Menschen, weiße Menschen. Ich sehe eine Art von Luftfahrzeug. Etwas kommt herunter, auf den Berg zu. Ich* *erkenne ein außerirdisches Schiff. Ich sehe jetzt eine Menge Berge um mich herum. Viele sind abgerundet. Ich habe ein paar Plateaus in Richtung Osten und eine Menge Berge um mich herum, besonders in Richtung Norden und Süden. Ich sehe dieses Ding mitten in den Berg gehen.*"[171]

„Später am selben Tag sprachen mein Trainer und ich ausführlich über die Sache mit den Marswesen. Er erklärte mir, dass er aufgrund der Beschreibungen, die ich und andere Remote Viewer geliefert hätten, eine Idee hinsichtlich der Lage des Berges habe. Er meinte, ich solle mir einmal Bilder von einigen Bergen in der Nähe von Santa Fe, New Mexico, ansehen. Als ich das tat, hatte ich das Gefühl des Wiedererkennens. Spätere Remote-Viewing-Sitzungen mit einer Reihe anderer Remote Viewer sprachen im Großen und Ganzen auch für diesen Ort. Die Daten lassen darauf schließen, dass es sich bei dem Berg um den Santa Fe Baldy handelt."[171]

„Habe eine Idee", „hatte ich das Gefühl", „im Großen und Ganzen" – besonders sicher scheinen sich die beteiligten Viewer über die korrekte Lokalisierung des wahrgenommenen Berges nicht gewesen zu sein. Eine Basis so mitten in den Vereinigten Staaten, nur 24 Kilometer von der Hauptstadt des Bundesstaates New Mexico, Santa Fe, entfernt zu errichten, darauf müssen „Marswesen" erst einmal kommen, zumal der Berg auch ein beliebtes Ausflugsziel ist. Betrachtet man sich ein Foto des Santa Fe Baldy, fällt auf, dass dieser aus drei Erhebungen besteht, die von links nach rechts ansteigen.[172]

Wirft man einen Blick auf das topografische Profil der näheren Umgebung der Colonia Dignidad, fällt einem auf, dass sich nicht einmal acht Kilometer von dieser entfernt in süd-östlicher Richtung ein Bergmassiv erhebt, das ähnlich dem Santa Fe Baldy drei Gipfel aufweist, die durch einen Grat miteinander verbunden sind. (Abb. 17, der Pfeil links unten markiert die Lage der Colonia Dignidad) Darüber hinaus passen auch die anderen Angaben Prof. Browns zur weiteren Umgebung dieses Stützpunktes der Dritten Macht. Nach Norden und Süden erstrecken sich tatsächlich viele Berge, es handelt sich bei ihnen um die westlichen Ausläufer der Anden. Das Gelände der Kolonie reicht bis unmittelbar an die Berge heran.

Abb. 17: Die Lage der Colonia Dignidad in Bezug auf das durch *Remote Viewing* geortete Bergmassiv

In einer 1994 stattgefundenen Remote-Viewing-Sitzung lieferte Prof. Brown weitere Details zu dieser Basis der „Marswesen“ und beschrieb *„ein Gebiet, in dem sich eine ganze Reihe von Bauwerken zu befinden scheint“*. Und weiter: *„Ich sondiere dann das Terrain rund um das Gebäude, um einen Eindruck von der Umgebung zu bekommen. In der Nähe des runden Gebäudes befinden sich noch weitere Gebäude. Ich finde einen Wald und einen Berg, einige Meilen weit östlich von dieser Gebäudeanlage. Westlich liegt ein bewohntes Zentrum. Der Berg scheint eng mit dem runden Gebäude verbunden zu sein ... Ich bin nun im Berg. Hier gibt es Höhlen. Und in den Höhlen befinden sich Wesen. Nun befinden sich Fahrzeuge mit Rädern in den Höhlen. Der Ort ist modern, aber nicht allzu sehr. Hier gibt es derzeit keine extraterrestrischen Raumschiffe. Da ist ein Tunnel. Er erstreckt sich in Richtung Westen und steht in Verbindung mit der Oberfläche, aber der Zugang ist von außen versteckt. Der Tunnel wird derzeit als Belüftungsanlage genutzt, aber er ist sehr groß. Es können auch Fahrzeuge durchfahren. Hier drinnen sind viele Arbeiter. Die Leute sehen ganz ähnlich aus wie Menschen. Ja, das sind Menschen. Sie tragen einteilige, weiße Uniformen.“*[171]

Die beschriebene Gebäudegruppe ist die eigentliche Colonia Dignidad. Wenige Kilometer östlich davon befindet sich das markante Bergmassiv, welches dem Santa Fe Baldy so ähnlich sieht. Westlich liegt das „bewohnte Zentrum“, die Stadt Parral mit 38.000 Einwohnern. Unter der Kolonie, bis an die Berge heranreichend, erstreckt sich die „Unterwelt“ des Stützpunktes der Dritten Macht mit ihrem Tunnelsystem. „Die herunterkommenden Luftfahrzeuge“ sind jene, die von den Bauern der Umgegend als in die Berge hinein und auch wieder heraus fliegende Flugzeuge gesichtet wurden. Und die „Marswesen“? Es waren Menschen!

Wieso ist dann überhaupt von „Marswesen“ die Rede? Weil einige der beobachteten Flugobjekte tatsächlich vom Mars gekommen sind. Von daher lieferte die Remote-Viewing-Sitzung von Prof. Brown und Ed Dames auch keine inkonsistenten Ergebnisse, wie ansonsten zu erwarten gewesen wäre. Der Mars war schon zu jener Zeit, in den 1990er-

Jahren, besiedelt: Nicht jedoch von Außerirdischen aus einem anderen Sonnensystem und auch nicht von einer autochthonen Marskultur. Das nächste Kapitel verspricht Aufklärung.

Der folgende Abschnitt des Buches ist der einzige, der persönliche Aspekte von mir berührt. Die Suche nach dem zweiten irdischen Stützpunkt der Dritten Macht, dem „im tropischen Urwald gelegenen Raumfahrtzentrum", hat bewirkt, dass ich mein ganzes vorheriges Leben einer Revision unterzogen habe.

Am Anfang stand die Beschäftigung mit einer der umfassendsten und am besten dokumentierten UFO-Sichtungsserien, der von Gulf Breeze im US-Bundesstaat Florida. Vom 11. November 1987 bis weit in die 1990er-Jahre des letzten Jahrhunderts hinein hatten hunderte Zeugen ihre Beobachtungen gemeldet, waren die unbekannten Flugobjekte in einer beeindruckenden Anzahl auf Fotos und Videos festgehalten worden. Die Hauptrolle dabei spielte ohne Zweifel Ed Walters, der an jenem 11. November die erste Begegnung mit einem UFO hatte, der die meisten und gleichzeitig spektakulärsten Bilder schoss und zu dem die Insassen der Fluggeräte eine wie auch immer geartete Affinität zu besitzen schienen.[173,174]

Wie sich einige Zeit nach den ersten Sichtungen herausstellte, war auch Ed Walters ein Opfer von UFO-Entführungen.[175] Infolge dieser Erlebnisse hatte er nach dem Aufwachen klare, lebhafte Erinnerungen an Orte, Dinge oder Worte, die sich deutlich von den ansonsten üblichen Erinnerungsspuren nächtlicher Träume unterschieden. Freunde rieten ihm daraufhin zu einem Experiment, gaben ihm den Rat, sich vor dem Einschlafen auf eine Frage zu konzentrieren, die unmittelbar mit den UFOs zu tun hatte.

Über das Ergebnis dieses Versuchs, wollen wir Ed Walters selbst zu Wort kommen lassen: *„Als ich am nächsten Morgen erwachte, erfüllte meinen Kopf die Vision eines tropischen Waldes und dazu ein fremdartiges Wort. Tamacuari. Irgendwie war mir klar, dass es sich dabei um ein Ge-*

birge in Venezuela handelte. Im Geist sah ich mich hunderte Fuß über einer Savanne fliegen, mehr als ein Dutzend riesiger Plateaus überragten das Grasland und den entfernten Dschungel. Das Panorama der Savanne verschwand, und deutlich sah ich jetzt den üppigen Dschungel unter mir liegen. Felsberge ragten über die Wipfel, als ich mich einem entfernten Gebirge näherte. Plötzlich stürzte ich zur Erde und erwachte. Existierte dieses Gebirge tatsächlich, oder war es nur ein Traum? Die Frage, die ich mir in dieser Nacht vor dem Einschlafen gestellt hatte, lautete: Woher kommen die UFOs? Es schien mir nicht unvernünftig zu schlussfolgern, dass die Antwort war: von einem Berg namens Tamacuari. Eine Woche später schrak mich der gleiche ‚Traum' aus meinem Schlaf und kehrte von da an manchmal bis zu zweimal in der Woche zurück.«[175]

Damals, Anfang der 1990er-Jahre, ein Internet mit Suchmaschinen gab es noch nicht, kostete es Ed Walters einige Mühe, sich Informationen zum Tamacuari zu beschaffen. Schließlich konnte er in der Bibliothek der *University of West Florida* folgende Auskünfte einholen: „*Tamacuari ist ein Berg aus Granit im Süden Venezuelas. Seine Höhe beträgt 2.340 Meter. Er ist ein Teil der Sierra de Neblina. Diese gehört zur Roraima Formation, und von da bietet sich eine fantastische Sicht auf hohe Berge, vertikale Wände, undurchdringlichen Dschungel und auf einen großen Canyon, der den Vergleich zum Grand Canyon in Nordamerika nicht zu scheuen braucht.*«[175] Schon einmal etwas davon gehört? Wahrlich, ein scheinbar unbekanntes Land! Terra incognita.

Der Umstand, dass es noch vor wenigen Jahren weitgehend unerforschte Gebiete dieser Größenordnung gegeben haben sollte, weckte in mir den Skeptiker. Zwei Fragen mussten geklärt werden: Was wissen wir heute über die fragliche Region? Und – existieren andere Hinweise, die eine Bestätigung für die wichtigste Information von Ed Walters geben können, dass der Tamacuari der Ort ist, von dem die UFOs kommen? Gäbe es diesen tatsächlich, wäre damit, neben dem zwischenzeitlich aufgelösten im Untergrund der Colonia Dignidad, ein weiterer Stützpunkt der Dritten Macht identifiziert. Als Basis für die UFOs musste es sich dabei um deren irdisches Hauptquartier handeln.

Welche geografischen Daten lassen sich zum Tamacuari, zur Sierra de Neblina und der Roraima Formation gewinnen? Beim Blick auf eine Landkarte wird deutlich, welche Unwissenheit über dieses Gebiet zu Beginn der 1990er-Jahre noch geherrscht hat. (Abb. 18) Die drei Gebirge gehören keineswegs zusammen, und die sie trennenden Entfernungen sind deutlich größer, als die von Ed Walters gewonnenen Informationen hätten vermuten lassen.

Von West nach Ost: Der Pico de Neblina ist mit 2.994 Meter (nach der neuesten Vermessung) der höchste Berg Brasiliens. Der Name, übersetzt „Berg des Nebels", wurde ihm verliehen, weil er sich zumeist in dichten Wolken befindet. Das mag zusammen mit seiner Lage fernab jeglicher Zivilisation am Rande des unwirtlichen Amazonasbeckens dazu beigetragen haben – und jetzt kommt die erste Überraschung –, dass dieser Berg erst in den 1950er-Jahren entdeckt wurde! Die Legende von der Existenz eines riesigen, nach oben spitz zulaufenden Berges im äußersten Norden des Landes verbreitete sich, nach dem ihn ein Pilot in einem der wenigen wolkenlosen Momente beim Vorbeiflug gesichtet hatte. Im Jahr 1954 wurde der Pico de Neblina dann durch den Ornithologen William H. Phelps von Venezuela aus offiziell entdeckt. Danach dauerte es noch weitere elf Jahre bis zum Jahr 1965, bis die genaue Höhe des Berges bestimmt und durch Vermessungen geklärt werden konnte, dass sein südlicher Teil zu Brasilien gehört. In demselben Jahr kam es auch zur Erstbesteigung durch brasilianische Militärs.[(176)] In den letzten Jahren war der Pico de Neblina wiederholt das Ziel von Trekkingtouren und ist von daher touristisch gut erschlossen.

Annähernd 200 Kilometer vom Pico de Neblina entfernt erhebt sich die 800 Meter hohe, nach oben konisch zulaufende Spitze des mit 2.340 Meter zweithöchsten Berges Brasiliens, des Pico Tamacuari, aus dem Dschungel. Er gehört zur Sierra Tapirapeco, einem Gebirge, das mit ca. 100 Kilometern Länge und 20 Kilometern Breite entlang der brasilianisch-venezolanischen Grenze verläuft. Die ganze Gegend gilt bis heute als weitgehend unerforscht und abgeschlossen; sie ist als Indianerschutzgebiet für Außenstehende nicht zugänglich.

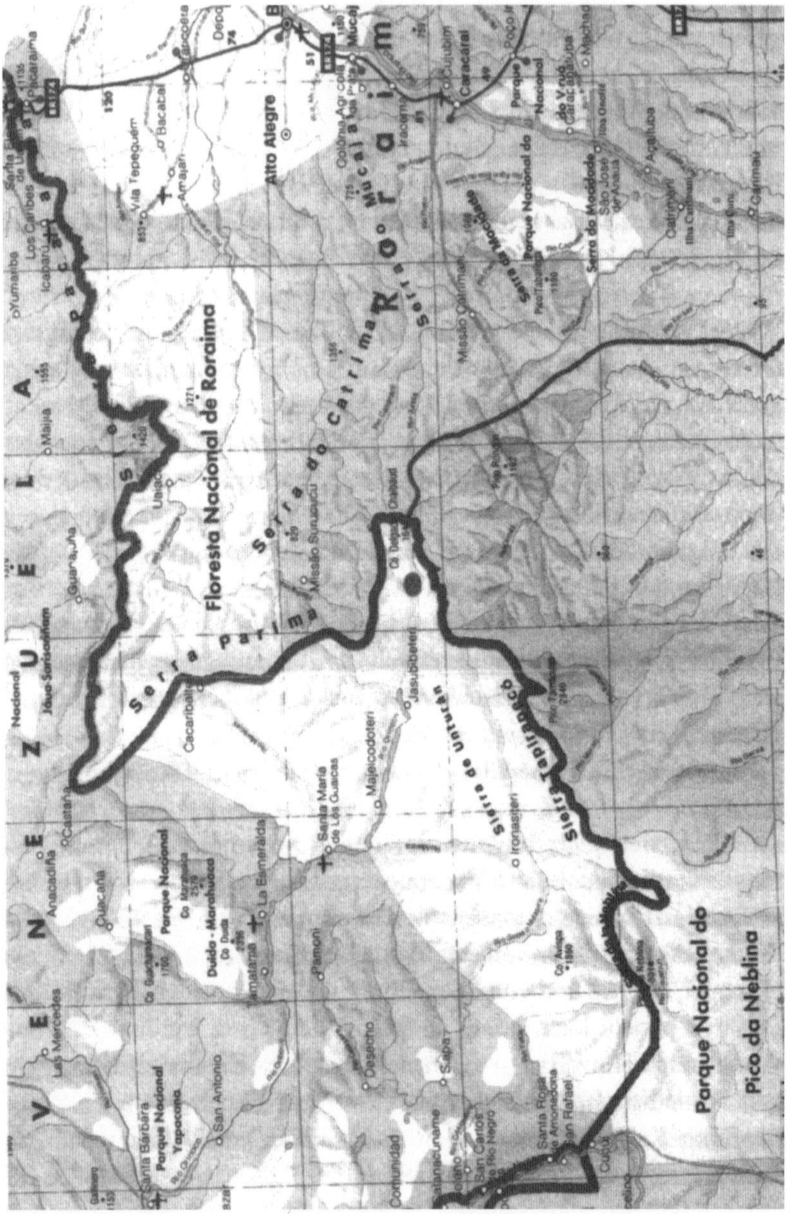

Abb. 18: Kartenausschnitt mit der Lage von Pico de Neblina, Pico Tamacuari und des Roraima-Gebietes

Von dort sind es nochmal über 300 Kilometer bis zur Sierra Pacaraima, die auch als Roraima-Formation bezeichnet wird. Die Wahrzeichen der Region, die sogenannten Tepuis, einzeln stehende bis über 3.000 Meter Höhe erreichende Tafelberge aus Sandstein, gelten seit Jahrzehnten als touristische Attraktionen. Sie sind die „riesigen Plateaus", von denen Ed Walters berichtete, dass bei ihnen seine „geträumte" Flugreise ihren Anfang nahm. Der weitere Verlauf führte ihn mit den geografischen Details übereinstimmend von den Savannenlandschaften der Sierra Pacaraima zur Dschungelwildnis der Sierra Tapirapeco, aus der sich die granitenen Spitzen der dazu gehörenden Berge erheben. Ein Umstand, der auf den Wahrheitsgehalt seiner Aussage hin deutet. Das ist insofern von Bedeutung, als die Glaubwürdigkeit von Ed Walters verschiedentlich in Zweifel gezogen wurde.

In Forenbeiträgen im Internet steht zu lesen, dass er doch längst als Lügner und Fälscher überführt worden wäre. Sogar das Modell für seine sensationellen UFO-Aufnahmen von Ende der 1980er-Jahre hätte man gefunden. Ist dem wirklich so?

Die erste Serie seiner von UFOs aufgenommenen Fotos datiert in die Zeit vom 11. November 1987 bis zum 1. Mai 1988.(173) Am 10. Juni 1990 erschien in der Zeitung *Pensacola News Journal* der Beitrag „Gulf Breeze UFO Model Found". In diesem wurde behauptet, dass das Modell des Walters-UFOs im ehemaligen Wohnhaus der Familie Walters, die zwischenzeitlich ein anderes Domizil bezogen hatte, gefunden worden sei. Die Nachprüfung der Vorwürfe ergab jedoch sehr schnell, dass die Ähnlichkeit des Modells mit den von Ed Walters abgelichteten UFOs nur eine sehr oberflächliche war. Zudem konnte der Nachweis erbracht werden, dass das für das Modell benutzte Blaupapier im September 1989 von Ed Walters als Entwurf für ein von ihm als Architekten entworfenes, später jedoch nicht realisiertes Bauvorhaben, verwendet wurde. Demnach konnte das Modell also gar nicht für etwaige Fälschungen der zwischen November 1987 und Mai 1988 entstandenen Aufnahmen benutzt worden sein. Irgendjemand hatte sich der für Walters später wertlos gewordenen Konstruktionsskizze bemächtigt und daraus ein nicht einmal besonders gelungenes Modell der auf einigen Walters-Fotos in hervorragender Deutlichkeit zu erkennenden UFOs gefertigt. Auch die Erklärungen eines Jungen, Tommy Smith, Ed Walters hätte ihm selbst von den Fälschungen berichtet, erwiesen sich letztendlich während eingehender Untersuchungen als ohne jegliche Substanz.(175,177)

Dem gegenüber stehen die vielen Fakten, welche die Glaubwürdigkeit von Ed Walters bestätigen. Verschiedene Experten haben sich seiner Fotos angenommen und sind den Fälschungsvorwürfen auf den Grund gegangen. Bis heute ist es niemandem gelungen, für die mit unterschiedlichem Equipment, an mehreren Orten und zu allen Tageszeiten entstandenen Aufnahmen einen Nachweis zu erbringen, der berechtigte Zweifel an den Aussagen von Ed Walters rechtfertigen würde. Zudem hat er sich allen nur denkbaren psychologischen Tests, darunter auch mehreren mit dem Lügendetektor, unterzogen. Für ihn sprechen auch die vielen anderen Augenzeugen, die im gleichen Zeitraum in der Region von Gulf Breeze dieselben und andere UFOs gesehen, fotografiert und mit Videokameras aufgenommen haben. Das auch ohne die persönliche Anwesenheit von Ed Walters und oft mit mehreren anderen Sichtungszeugen gemeinsam.(77,174,175) Die zu recht so bezeichnete UFO-Welle von Gulf Breeze hat mit Ed Walters nur ihren wichtigsten Protagonisten gefunden.

Das von ihm in Zusammenarbeit mit dem Physiker Bruce Maccabee geschriebene Buch »UFOs Are Real – Here's The Proof« stellt für mich eines der wichtigsten Bücher zum UFO-Thema dar. Es präsentiert tatsächlich den unumstößlichen Beweis dafür, dass die UFOs in unserem Luftraum existieren.(174) Leider unterliegen die in ihm gezeigten Aufnahmen einem rigiden Urheberschutz, sodass sie hier nicht gezeigt werden können.

Zusammengefasst: Das Bildmaterial wie auch die Aussagen von Ed Walters stehen für sich – sie sind echt bzw. beanspruchen höchste Glaubwürdigkeit. Warum dann nicht auch sein Hinweis zur UFO-Basis am Tamacuari?

Könnte damit nicht zugleich auch das von Narciso Genovese erwähnte „Raumfahrtzentrum“ im tropischen Urwald als identifiziert gelten? Jenes mit den Mitteln von Martin Bormanns *Generalplan 1945* finanzierte „Studienzentrum in der Andenregion“, das als „unterirdisch angelegte Stadt“ unter der Leitung deutscher Wissenschaftler stand? Dagegen scheint zu sprechen, dass Genovese von einer Region sprach, die sich in 4.000 Meter Höhe im südamerikanischen Regenwald befindet. Einen solchen Gebirgszug gibt es in ganz Südamerika nicht und schon gar nicht in den Anden, wie er zudem behauptet hat. Nur – die Höhe des Pico de Neblina wurde erst 1965 bekannt, die des Pico Tamacuari noch später. Narciso Genovese konnte im Jahr 1958, als sein Buch erschien, über die genauen Höhenangaben des betreffenden Gebirgszuges noch gar nicht informiert gewesen sein. Dass jene hohen Berge geografisch nicht zu den Anden gehören, ist als kleiner Schönheitsfehler von nur geringer Bedeutung, da Laien gemeinhin alle hohen Gebirge in Südamerika den Anden zuordnen.

Zusammenfassend kann zum Gebiet um den Pico Tamacuari gesagt werden, dass es sich

1. um eine in seiner Ausdehnung riesige Region handelt, welche noch Jahrzehnte nach Ende des Zweiten Weltkrieges als weithin unbekanntes Land gegolten hat,
2. es aufgrund der herrschenden Umweltbedingungen im Norden Amazoniens zu den am meisten isolierten und abgeschlossenen Landstrichen der Welt gehört,
3. es zudem als Indianerschutzgebiet deklariert ist, was diese Abgeschlossenheit auf Dauer garantiert.

Die Bedingungen für die Existenz eines im Verborgenen operierenden irdischen Hauptquartiers der Dritten Macht sind demnach überaus günstig.

Als nächstes werde ich zur weiteren Untermauerung meiner Ansicht eine Geschichte aufgreifen, die, so wird man mir vorwerfen, ihren

Charme doch schon vor vielen Jahren verloren hat. Derjenige, welcher sie in die Welt gesetzt hat, sei als Märchenerzähler, ja als Lügner und nicht zuletzt als mehrfacher Mörder entlarvt worden. Von wem die Rede ist? Von Tatunca Nara, alias Günther Hauck, einem Deutschen, der im Februar 1968 bei einer Hamburger Reederei für eine Überfahrt nach Rio de Janeiro anheuerte, wo er später spurlos verschwand.

Ich will hier nicht alles wiederholen, was zur Person und zu den Verlautbarungen Tatunca Naras – um bei dem Namen zu bleiben, unter dem er bekannt geworden ist – an anderer Stelle dargelegt worden ist.(178,179,180) Für den mit dieser Story nicht vertrauten Leser scheint es mir trotzdem erforderlich, sozusagen im Schnelldurchlauf, die wichtigsten Fakten aneinanderzureihen. Im Jahr 1970 tauchte er im Westen Brasilien, im Bundesstaat Acre, wieder auf und gab sich als Indianer aus, der dringend Waffen für seinen in einem geheimen Refugium im Grenzgebiet zu Peru lebenden Stamm im Kampf gegen das peruanische Militär benötigte. Die brasilianischen Sicherheitskräfte wussten nicht, was sie von ihm halten sollten, hielten ihn drei Monate fest und brachten ihn dann nach Manaus, wo ihn Anfang 1971 der Salesianerpater Casimiro, der perfekt deutsch sprach, sozusagen „ins Gebet" nahm. Tatunca erzählte auch ihm phantastisch klingende Geschichten über sein Volk, das nun schon seit Jahrtausenden in einer riesigen, Akakor genannten, Stadt unterirdisch lebte als Bewahrer von Hinterlassenschaften der „Götter", Außerirdischer, die vormals auf der Erde gewesen wären. Padre Casimiro glaubte, nachdem er einige Unwahrheiten in den Aussagen Tatuncas ans Licht gebracht hatte, nichts von alledem, und damit schien sich die Geschichte erledigt zu haben.(179,181)

Aus welchen Gründen auch immer gab das Militär jedoch Tatunca daraufhin eine Chance zum Dienst in einer für den Einsatz im Dschungel ausgebildeten Spezialeinheit. Im Jahr 1971 kam er nach eigener Aussage erstmalig nach Barcelos, damals ein 450 Kilometer von Manaus entferntes, am Rio Negro gelegenes größeres Dorf, heute eine Kleinstadt mit ca. 15.000 Einwohnern. Dort wohnt Tatunca Nara noch heute.

Während der nächsten Monate, 1971 bis Anfang 1972, muss ein weiteres einschneidendes Ereignis im Leben Tatuncas stattgefunden haben. Einem Papier aus den Beständen der brasilianischen Staatsanwaltschaft ist Folgendes zu entnehmen: *„Der Informant unternahm im Jahre 1972 mit einer Militärpatrouille eine Exkursion zum Rio Padauri und hatte hier erstmals Kontakt mit Tatunca Nara. Bei diesem Anlass erfuhr der Informant, dass Tatunca Nara Agent des brasilianischen Staatssicherheitsdienstes SNI und des Militärkommandos von Manaus war und guten Kontakt zum damaligen Major Thaumaturgo hatte, der heute General ist.*"(179) Und der Anfang der 1970er-Jahre als Kommandeur der „Schwarzen Barette" die Spezialeinsatzkommandos der brasilianischen Armee im Kampf gegen die Guerilla, Drogenhändler und illegale Goldsucher befehligte und später zum Stabschef des für die Amazonas-Region zuständigen Armeekommandos aufstieg, gilt es hinzuzufügen. Von diesem Insider, was alle Vorgänge im Grenzgebiet zwischen Brasilien und Venezuela betraf, dürfte Tatunca nicht nur wichtige Informationen erhalten haben, er sollte sich auch als sein Schutzpatron erweisen, als ihm die Justiz wegen der vermeintlichen Morde an drei ausländischen Touristen auf Initiative u.a. des Bundeskriminalamtes an den Kragen wollte. Aber das war erst fast zwanzig Jahre später, Anfang der 1990er-Jahre.

Am 14. April 1972 überraschte Tatunca die Vertreter der Bundesrepublik Deutschland in deren Botschaft, die damals noch in Rio de Janeiro ihren Sitz hatte, indem er dort erneut um Hilfe nachsuchte, diesmal nicht nur für sein Volk, sondern auch für die vielen bei diesem seit den 1940er-Jahren lebenden Deutschen.(179) Die von ihm vorgebrachte Geschichte war um ein weiteres Detail reicher geworden. Die Deutschen winkten ab und verwiesen ihn an den ARD-Auslandskorrespondenten Karl Brugger, der Tatunca Nara wenige Jahre später mit seinem Buch »Aufbruch der Götter – Die Chronik von Akakor« weltbekannt machen sollte.

Brugger konkretisierte die Aussagen Tatuncas: Während des Zweiten Weltkrieges wären 2.000 deutsche Soldaten mit U-Booten über den Atlantik gebracht worden, welche sich nach der Überwindung der riesigen Flusssysteme des Amazonastieflandes im Gebirge in gewaltigen unterirdischen Höhlenkomplexen angesiedelt hätten. Der ursprüngliche Plan lief darauf hinaus, diese Einheiten von Brasilien aus eine militärische Offensive in Richtung Norden durchführen zu lassen. Dieses Vorhaben wurde durch das Ende des Krieges zunichte gemacht.(178) Nach dem Krieg wären allerdings weitere deutsche Familien in dieses Refugium nachgezogen.(179)

Für keine seiner Behauptungen konnte Tatunca Nara bis heute Beweise erbringen. Alle Expeditionen ins Gebiet seines vermeintlichen Stammes mussten unter immer anderen Ausreden abgebrochen werden. Sind sein uraltes Volk, die Hinterlassenschaften der außerirdischen „Götter“, die Deutschen – alles nur Fiktionen?

Ich lernte Tatunca Nara im Dezember 2015 persönlich kennen. Seitdem haben wir in fünf Jahren unzählige Gespräche geführt und sind Freunde geworden. Einige seiner Lebensstationen zwischen seiner Ankunft 1968 in Brasilien und seinem Auftauchen als vermeintlicher Indianerhäuptling sind mir bekannt geworden, insgesamt nichts Ungewöhnliches. Nach nunmehr 50 Jahren vermag er Dichtung und Wahrheit selbst nicht mehr auseinanderzuhalten, und will es wahrscheinlich auch nicht. Dass die Geschichte über sein Volk, die Ugha Mongulala, jeder Grundlage entbehrt und damit auch jene über die Außerirdischen, bestätigte mir im Jahr 2019 ein Häuptling der Yanomami, ein Jugendfreund von Tatuncas Sohn, der auf eine Frage diesbezüglich nur ein Wort übrig hatte: „Schwindler“.

Und die im Gebiet lebenden Deutschen? Interessanterweise verlegte er deren Standort später von „Akakor“, im Genzgebiet zu Peru, nach „Akahim“ ins Grenzgebiet zu Venezuela nahe dem Rio Padauri. An der Cachoeira Aliança, einem System von Stromschnellen des Padauri, das zugleich die Grenze zum Indianergebiet markiert, wirkte er, wie das oben genannte Dokument eröffnet, als Agent des Geheimdienstes und des brasilianischen Militärs, und das insgesamt sieben Jahre. Am Rio Padauri muss er Anfang 1972 erstmals von dem deutschen Stützpunkt erfahren haben. Von wem, wenn nicht vom späteren General Thaumaturgo? Leider kann dieser heute nicht mehr dazu befragt werden. Im Dezember 2015 ist er verstorben.

Wo ist die Verbindung zum Pico Tamacuari, zum Ort, von dem die UFOs kommen? Diese Frage wird sich mancher Leser zwischenzeitlich gestellt haben. Sie befindet sich an der Cachoeira Aliança; von dort sind es mit einem Aluminiumboot mit Außenbordmotor je nach Wasserstand noch zwei bis drei Tage bis in die Nähe des uns interessierenden Gebietes.

Als der wahre Kern der Tatunca-Story schien sich also die Geschichte vom deutschen Stützpunkt in den Bergen im Grenzgebiet zu Venezuela herauszuschälen. Eine Bestätigung dafür konnte einem Beitrag im Nachrichtenmagazin *Der Spiegel* entnommen werden, der im August 2014 erschienen ist. Viel Neues wurde darin nicht berichtet, das Bekannte nur noch einmal aufgewärmt. Als interessant erwies sich vor allem Folgendes: »Die Chronik von Akakor«, das Buch von Karl Brugger, *„sei doch zu großen Teilen phantasiert“*. Und weiter: *„Tatunca könnte jetzt die komplette ‚Chronik‘ als Spinnerei abtun. Aber nein. An Kernaussagen kann er natürlich nicht rütteln. Weil sie ja wahr sind: ‚Es gibt Deutsche in meinem Volk. Natürlich sind sie nicht mit U-Booten die Flüsse hochgekommen. Dazu ist das Wasser dort zu niedrig. Sie müssen vorher umgestiegen sein.‘“*[(182)] Das Anfang der 1970er-Jahre von der damals aufstrebenden Prä-Astronautik um Erich von Däniken entlehnte Lügengebäude um die Vorzeitgötter aus dem All – es scheint heute vergessen.

Dazu passt, dass nach den Berichten eines deutschen Journalisten, sich Tatunca Nara Ende der 1970er-Jahre mit einer Gruppe brasilianischer Militärs deutscher Abstammung getroffen hat. Aus diesem Anlass hätte er eine lange Liste mit für eine Dschungelexpedition notwendigen Ausrüstungsgegenständen übergeben.[(183)] Wollten die Deutsch-Brasilianer einen Kontaktversuch starten?

Von Interesse ist auch, in welcher Erwartungshaltung Tatuncas Begleiter in früheren Jahren mit ihm zu diversen Dschungeltouren aufgebrochen sind bzw. wie sie ihre Erlebnisse rückblickend betrachteten. Beginnen will ich mit John Reed, einem jungen Amerikaner, der Ende des Jahres 1980 unweit des Pico Tamacuari verschollen blieb. Ein deutscher Auswanderer schilderte seine Eindrücke von Reed mit den Worten: *„Nun, ich weiß nicht, es schien mir so, als ob er ein bisschen phantastisch eingestellt war. Er sprach immer von UFOs, er war voll von den Ideen der Fliegenden Untertassen. Ich glaube, er befasste sich sehr viel damit, und er hatte die Absicht, da oben UFOs zu suchen und den Spuren der Fliegenden Untertassen nachzugehen.*"[(180)] Aus meiner Sicht war John Reed ohne Zweifel auf der richtigen Spur, wenn er zu Beginn auch noch der Mär von der außerirdischen Urheberschaft der unbekannten Flugobjekte anhing. Aus seinem vorletzten Brief, geschrieben mehr als zwei Wochen nach dem Start der Expedition, lässt sich unschwer ein Unterton heraushören, der in diesem Punkt einen Sinneswandel andeuten könnte: *„Meine Erwartungen an Tatunca und die Dinge, die ich entdecke, sind nicht ganz so, wie ich erwartet habe. Aber sie sind noch wahrlich verblüffend.*"[(179)]

Die Aussagen des Schweizers Ferdinand Schmid werfen ein besonderes Licht gleich auf mehrere Aspekte der Tatunca-Story. Gemeinsam unternahmen die beiden insgesamt acht Expeditionen in die fragliche Region, ohne dass Tatunca freilich jemals die Absicht gehabt hätte, Schmid tatsächlich bis zur unterirdischen Stadt Akahim zu führen. Als guter Bekannter Erich von Dänikens war Schmid dem harten Kern von dessen Gläubigen zuzurechnen. Dass die Außerirdischen hier zur Verschleierung der wahren Hintergründe herhalten mussten, hat er ähnlich John Reed lange nicht durchschaut. Allerdings scheint auch ihm zu guter Letzt noch ein Licht aufgegangen zu sein.

Während einer der Expeditionen – Schmid und Tatunca waren von der Kernzone des betreffenden Gebietes nur noch ein kurzes Stück entfernt – erschien mitten im Dschungel ein Mann, der sich kurz mit Tatunca unterhielt, worauf dieser unter einem kaum glaubhaften Vorwand wenig später den Rückmarsch anordnete. Schmid beobachtete das Geschehen aus einiger Entfernung. Vereinzelte Wortfetzen drangen zu ihm herüber. *„Sie sprachen nicht portugiesisch, sondern in einer mir unbekannten Sprache. Es fielen aber auch von beiden deutsche Wörter.*"[(180)] Da taucht also fernab jeder Zivilisation ein Mann auf, spricht deutsch mit

Tatunca, und kurz vor dem vermeintlichen Ziel findet der weitere Vorstoß ein abruptes Ende. Seltsam, nicht?

Viele Jahre später, im Jahr 1995, führte der Buchautor Wolfgang Siebenhaar ein Interview mit Ferdinand Schmid. Auf die Frage: *„Und was ist mit Akahim? Auch nur ein Märchen?"*, antwortete Schmid: *„Das möchte ich nicht sagen. Ich vermute, dass dort etwas ist und Tatunca nicht unbedingt unrecht hat, wenn er angibt, dass da etwas ist. Ich halte es für möglich, dass dort eine Basis existiert."* Dem ist aus meiner Sicht nichts hinzuzufügen.

Eine letzte Frage bleibt, die auch Wolfgang Siebenhaar bewegt hat: *„Und in welchem Zusammenhang steht Tatunca damit?"* Darauf Ferdinand Schmid: *„Das ist wieder etwas anderes. Es ist gut möglich, dass er davon gehört hat; aus welchen Kanälen er seine Informationen bezog, entzieht sich meiner Kenntnis."*[(180)] Auch Schmid glaubte nicht mehr an die Geschichten vom alten Kulturvolk und den außerirdischen Kulturbringern. Eine Basis existierte seiner Meinung nach jedoch … eine solche für die unbekannten Flugobjekte. Die Information darüber verdankte Tatunca wohl dem Insider Thaumaturgo.

Es scheint so, als wäre durchaus auch im Interesse der Militärs mit Hilfe Tatuncas gegenüber der Öffentlichkeit die sprichwörtliche Flucht nach vorn angetreten worden. Mit dem bewährten Mittel der Desinformation – man braucht nur potenzielle Außerirdische ins Spiel zu bringen – ist es ein Leichtes, aufkommenden Gerüchten und Vermutungen über die tatsächliche Bedeutung des Tamacuari-Gebietes eine Tendenz zu geben, die das Thema diskreditiert.

Das würde auch erklären, weshalb alle Bemühungen des Bundeskriminalamtes, die drei behaupteten Touristenmorde aufzuklären, im Sande verlaufen sind. Nicht einmal eine Antwort bekamen die deutschen Behörden von ihren brasilianischen Kollegen, was sämtlichen internationalen Gepflogenheiten widerspricht. Und so schrieb der inzwischen verstorbene Rüdiger Nehberg, der von sich behauptete, die kriminelle Seite des Tatunca Nara ans Licht gebracht zu haben: *„Immer mehr verdichtete sich der Verdacht, dass Tatunca doch Beziehungen hatte, und dass er gedeckt wurde, weil sehr Bedeutungsvolles zu verschleiern war. Bleibt* *die Frage: Was musste das Sensationelles oder für die Regierung Blamables sein, dass man ihn dermaßen deckte?«*(179) Ich denke, die Antwort auf diese Frage ist gefunden.

Was jetzt folgt, ist eine Aneinanderreihung weiterer Indizien für die Existenz des irdischen Hauptquartiers der Dritten Macht im Gebiet am Pico Tamacuari.

Der deutsche Fernsehjournalist Dieter Kronzucker hatte sich Ende der 1980er-Jahre auf die Spurensuche begeben, um die Wahrheit hinter den Geschichte des Tatunca Nara herauszufinden. Unter Zeitdruck stehend und mit zum Teil fragwürdigen Methoden war ihm allerdings kein Erfolg beschieden. Er selbst ließ sich von einem Helikopter einfliegen und in der Nähe der Cachoeira Aliança, dort, wo die Zivilisation offiziell endet und das Indianerland beginnt, konnte er einige einheimische Flussanrainer zu jenem Ort in den Bergen befragen. *„Dorthin würden sie auf keinen Fall gehen, denn das Gebiet sei verzaubert, bringe den Tod.«*(179) Oder: *„Mein Großvater hat uns davon schon erzählt. Aber da kommt heute niemand mehr hin, und wer es dennoch wagt, kehrt nicht mehr zurück.«*(180)

Stutzig machen sollte auch der Abbruch der Bauarbeiten an der Perimetral Norte genannten Straßenverbindung, einem Mammutprojekt der brasilianischen Militärs zur Erschließung des Amazonastieflandes analog zur weiter südlich verlaufenden und fertiggestellten Transamazonica. Geplant war eine Verbindung der Stadt Boa Vista an der Grenze zu Venezuela mit der Stadt São Gabriel am oberen Rio Negro unweit der Grenze zu Kolumbien. Von 1973 bis 1977 wurden ca. 200 Kilometer dieser Straße fertiggestellt. Der Trassenverlauf lässt sich noch heute auf Landkarten erkennen. (Abb. 18) Am Rio Araca, nur 90 Kilometer vom Pico Tamacuari entfernt, wurden die Planierungsarbeiten eingestellt. Die dem Straßenbau vorangehende Abholzung erfolgte sogar bis zum Rio Padauri. Damit war man dem Tamacuari bis auf 60 Kilometer nahegekommen. Was erzwang letztendlich den Abbruch dieses gigantischen Straßenbauprojektes? Auch auf diese Frage dürfte die Antwort leicht fallen.

Jetzt soll ein Aspekt in den Mittelpunkt der Betrachtung gerückt werden, der im Zusammenhang mit dem irdischen Hauptquartier der Dritten Macht als der überhaupt faszinierendste gelten kann. Ich nenne ihn – den UFO-Terror.

Was sich beginnend Mitte der 1970er-Jahre über die nächsten 20 Jahre im nördlichen Teil Brasiliens zugetragen hat, sprengt beinahe die Grenzen des Vorstellbaren. Von den bestürzenden Vorfällen ist lange Zeit in Europa wenig bis gar nichts bekannt geworden. Erste Hinweise verdanken wir im deutschen Sprachraum einer Veröffentlichung des hier schon mehrfach erwähnten französischen Wissenschaftlers und UFO-Forschers Jacques Vallee. In seinem im Jahr 1994 erschienenen Buch »Konfrontationen« fasste er die Geschehnisse wie folgt zusammen: *„In den letzten Jahren kamen die bemerkenswertesten Beispiele für Verletzungen und Todesfälle im Zusammenhang mit UFOs aus dem Nordosten Brasiliens, aus einem riesigen Gebiet, das sich von der Amazonasmündung bis weit ins Landesinnere erstreckt.*"[184]

Worum geht es? Den besten Überblick liefern die Veröffentlichungen des im Jahr 2005 verstorbenen UFO-Forschers Bob Pratt.[185,186] Dieser unternahm allein zwischen 1978 und 1981 vier Reisen nach Brasilien. Später sollten noch mehrere folgen, zuletzt im Jahr 2003. Über seine Feldforschungen schrieb er in seinem Buch »Danger Zone«, und ich denke, eine deutsche Übersetzung könnte die Prägnanz der Aussage nur abschwächen: *„For more than fifty years, Brazil has been one of the world's top UFO hot spots.*"[185] Was wäre anderes zu erwarten gewesen, wenn sich, wie behauptet, das „Raumfahrtzentrum" der Dritten Macht, die Basis, von der die UFOs kommen, seit 1946 in diesem Gebiet befunden hat.

Pratt schrieb weiter: *„Zehntausende, vielleicht Hunderttausende von Begegnungen haben stattgefunden. Eine kleine, aber signifikante Anzahl davon hat sich als schädlich erwiesen, verursachte Verletzungen und sogar Todesfälle.*[186] *... Nach allem, was ich weiß, haben sich UFOs nur in Brasilien, in keinem benachbarten Land, nicht in den USA und auch ansonsten nicht so offen feindlich gezeigt.*"[185] Pratt und auch Vallee beschreiben anhand einer Vielzahl von Einzelfällen, wie ganz überwiegend im nördlichen Teil Brasiliens ab der zweiten Hälfte der 1970er-Jahre sich über lange Zeit der Schatten eines UFO-Terrors über weite Gebiete legte. Wer diese Berichte gelesen hat, wer erkannt hat, wie gründlich die genannten Autoren bei ihren Recherchen vor Ort zu Werke gegangen sind, wird ein für allemal dem häufig anzutreffenden Glauben an die freundlichen Weltraumbrüder abschwören.

In den meisten Fällen erschien zu nächtlicher Stunde gänzlich ohne Vorwarnung und bis auf ein leichtes Summen auch ohne Geräuschentwicklung ein unbekanntes Flugobjekt direkt über den Köpfen von Einzelpersonen oder Gruppen von Personen. Bei diesen handelte es sich in der Regel um Farmer, Jäger oder Fischer, die von Berufs wegen zu dieser nachtschlafenden Zeit in einsamen, ländlichen Regionen unterwegs waren. Das UFO tauchte gleichsam explosionsartig das Opfer sowie die umliegende Gegend in blendendes Licht. Dabei wurden die Betroffenen oftmals über eine gewisse Zeit paralysiert. Einige Zeugen verspürten eine unsichtbare Kraft, welche versuchte, sie in das UFO hineinzuziehen. Manchmal mit Erfolg. Nach anderen Aussagen emittierten die Flugobjekte „Lichtstrahlen", die Verbrennungen auf der Haut zur Folge hatten. Auch über andere gesundheitliche Beeinträchtigungen, wie anhaltende Vitalitätsverluste, Übelkeit, Durchfall, Atembeschwerden, Sehstörungen und Haarausfall wurde berichtet. Einige wenige Begegnungen nahmen auch einen tödlichen Ausgang.(184,185)

Der UFO-Terror, der bis weit in die 1990er-Jahre andauerte, rief zu seinen Höhepunkten in einigen Gebieten eine Massenhysterie hervor. Abgelegen, wie die betroffenen Ortschaften waren, und aufgrund unzureichender Kommunikationsverbindungen – ein Internet gab es damals nicht – blieben die Menschen dort mit ihren Ängsten allein. Nur sporadisch drangen die Nachrichten über das Unerhörte nach außen. Jacques Vallee schreibt: *„Die nackten Tatsachen: Die Welle von 1977 war nicht zu leugnen. Sie begann im Juni in der Nähe von Cape Gurupi, nördlich der Stadt Vizeu und breitete sich dann in beiden Richtungen entlang der Küste aus. Der Höhepunkt kam dann im September und Oktober. Der*

Grund dafür, dass sich das Phänomen nicht leugnen ließ, war sehr einfach: Die UFOs erschienen, vom Norden kommend, jeden Abend. Manchmal stießen sie vom Himmel herab, manchmal tauchten sie aus dem Meer auf. Ich sah das Foto eines Objektes in einem leuchtenden weißen Ring, das in der Dämmerung aus dem Brackwasser stieg. Sie zogen in niedriger Höhe über die Inseln und kreisten; sie sanken, als wollten sie landen, sie zogen Schleifen und beschleunigten plötzlich; sie schwebten über Häusern und leuchteten mit ihren Strahlen hinein. Sie tauchten sogar aus größeren Objekten auf und drangen wieder in sie ein. All das passierte wie nach Fahrplan drei Monate lang jeden Abend.

Wie uns ein Augenzeuge erzählte, kann man sich die Panik der Leute kaum ausmalen. Alle, die fortgehen konnten, darunter der Zahnarzt und der Schullehrer, verließen ihre Posten. Die Objekte kamen nie allein. Auf zahlreichen Fotos, die von Journalisten aufgenommen wurden, sieht man sie in Begleitung kleiner Sonden. Sie erschienen in Formen, die einen Flugzeugbauer in den Wahnsinn treiben würden. Die Objekte waren alles andere als flüchtig. Es waren nicht die schwer zu fassenden Phänomene, die so oft in der amerikanischen Literatur beschrieben werden. Hier über Colares war eine überlegene Technologie am Werke, und die Beobachter konnten nichts weiter tun, als zu filmen und ehrfürchtig zu staunen.“[184]

Das ungeheure Ausmaß der Sichtungswelle in und um Colares hatte schließlich zur Folge, dass sich einige Bürgermeister der betroffenen Gemeinden mit einer Bitte um Hilfe an die brasilianische Luftwaffe wandten. Daraufhin entsandte diese eine siebenköpfige Untersuchungskommission unter dem Kommando von Captain Uyrange Hollanda in das Gebiet. Vom Oktober 1977 bis Januar 1978 interviewte dieses Team Hunderte von Augenzeugen in Colares und in über 30 anderen Dörfern. Auch die Wunden, die den „Lichtstrahlen“ der UFOs zugeschrieben wurden, konnten bei einigen Betroffenen einer Begutachtung unterzogen werden. Während dieses „Operação Prato“ (deutsch: Operation Teller) genannten Einsatzes sahen die Militärs selbst viele Male UFOs. Es entstanden einige Hundert Fotografien sowie viele Stunden Filmaufnahmen. (Abb. 19)

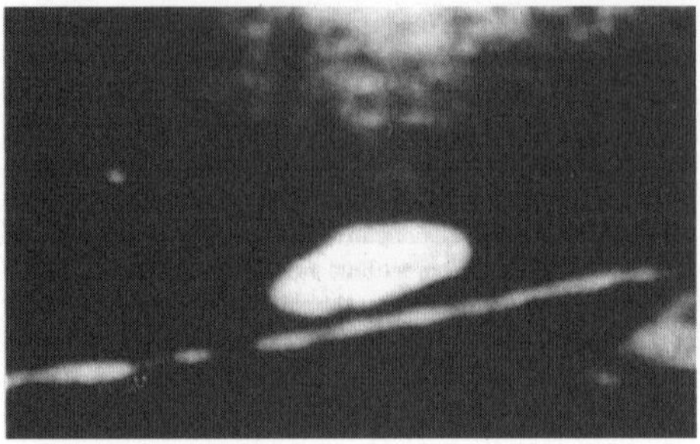

Abb. 19: Ein während der „Operation Teller" aufgenommenes UFO

Einige der Szenen zeigen, wie UFOs in die Gewässer in der Nähe der Marajo Bay ein- bzw. auch wieder aus dem Wasser auftauchen. Über dieses eigentümliche Verhalten der unbekannten Flugobjekte in der Nähe von Colares hatte schon Jacques Vallee berichtet. Damit wurde einmal mehr bestätigt, was weltweit auch von anderen Augenzeugen bemerkt worden ist: Einige UFOs können sich auch unter Wasser fortbewegen, sie werden dann zu USOs (Unidentified Submerged Objects), zu nicht identifizierten Unterwasserobjekten. Der Autor Carl W. Feindt hat zu diesem Thema ein ganzes Buch geschrieben. Bis Februar 2009 konnte er 1.165 entsprechende Sichtungsfälle zusammentragen.(187)

Nach dem Ende der von der brasilianischen Luftwaffe initiierten Untersuchung erstellte Captain Hollanda einen Abschlussbericht, bestehend aus über 500 Seiten von Dokumenten, den Fotos und den Filmaufnahmen. Für viele Jahre verschwanden diese Beweise für das Wirken einer unbekannten Macht im brasilianischen Luftraum in den Tresoren des Luftwaffenhauptquartiers in Brasilia.

Die Geheimhaltung der brasilianischen Militärs zum UFO-Thema fand dann im Jahr 2005 – wenn auch nur in begrenztem Umfang – ein überraschendes Ende. Als Ergebnis langjähriger Bemühungen mehrerer ziviler UFO-Forscher um Freigabe von Informationen stimmten die zuständigen Behörden schließlich einem Treffen mit diesen zu. Am 20. Mai 2005 lockerten Generäle aus zwei mit den UFO-Sichtungen befassten staatlichen Einrichtungen in kleinem Kreis die Informationsblockade um die Aktivitäten der UFOs über brasilianischem Hoheitsgebiet. Der inhaltliche Schwerpunkt dieser Zusammenkunft lag dabei auf den Ereignissen um die „Operação Prato". Den anwesenden UFO-Forschern wurde erlaubt, 160 Dokumente und 110 Fotos aus dem Bericht von Capitain Hollanda zu untersuchen.(186) Jedoch bekamen sie bei wei-

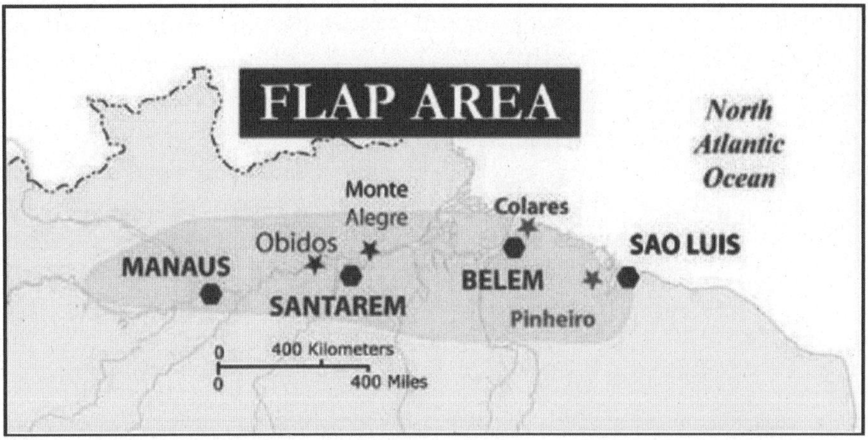

Abb. 20: Operationszone der UFOs während der großen brasilianischen UFO-Welle

tem nicht alle Fotos zu Gesicht; genauso blieben sämtliche Videos unter Verschluss.[188]

Aus den präsentierten Unterlagen sowie aus einem im August 1997 mit dem damals schon pensionierten Hollanda geführten Interview ergaben sich auch Informationen, die das ganze Ausmaß der damaligen UFO-Sichtungswelle deutlich machten. Der UFO-Terror begann im April 1977 mehrere hundert Kilometer östlich von Colares im benachbarten Bundesstaat Maranhão. Danach schwappte er über auf die Region Colares-Belem und wanderte Monate später weiter nach Westen in das Gebiet um Manaus. Nach Hollanda zerlegten die UFOs den Luftraum in der Amazonasregion gleichsam in Streifen.[186] Das sogenannte Flap Area ist in der Abbildung 20 zu erkennen. Bei einem Blick auf die Darstellung wird deutlich, wie nahe die Operationszone der UFOs an die nördliche Grenze Brasiliens und an das Gebiet um den Pico Tamacuari heranreicht. Dass weiter nördlich des markierten Streifens keine UFO-Sichtungen in großer Zahl gemeldet wurden, ist wohl allein der dort zu jener Zeit kaum vorhandenen Besiedlung zuzuschreiben.

Die ca. 20 Jahre währenden Ereignisse in diesem Teil Amazoniens beweisen eines: Die UFOs nutzten das Gebiet in der Nähe ihrer Basis nicht nur als häufig frequentierte Operationszone, sondern auch als Testgebiet. Das kommt zum Ausdruck in der oftmals gezeigten brutalen Dimension ihres Auftretens, verbunden mit Verletzungen verschiedener Art bis hin zu Todesfällen. Ihr Erscheinungsbild sowie die beobachteten typischen Parameter decken sich mit jenen anderer die Antigravitation als Antriebsquelle verwendender Fluggeräte: Das abrupte Auftauchen scheinbar aus dem Nichts, die beschriebenen Leuchteffekte, die nach konventionellen Maßstäben „fluguntaugliche" Formgebung sowie das charakteristische Summen als einzig wahrnehmbares Geräusch.

Eine der von Bob Pratt aufgezeichneten Zeugenaussagen liefert, bei aller gebührenden Vorsicht gegenüber derartigen Schilderungen, eventuell sogar eine detaillierte Beschreibung vom Inneren der UFO-Basis. Ein Mann namens Jose Benedito Bogea berichtete über seine Entführung durch ein UFO am 10. Juli 1977: *„Plötzlich erschien ein helles, grün-blaues Licht am Himmel und verfolgte mich über etwa 200 Meter. Dann kreiste es über einem Busch vor mir und verweilte dort für den Bruchteil einer Sekunde drei oder vier Meter über dem Boden. Ich konnte ein V-förmiges Ding beobachten, 15 bis 20 Meter lang, mit einem zum Boden gerichteten Strahl orangefarbenen Lichts."*

Auf einmal blitzte es über dem Mann auf, er hatte ein Gefühl wie bei einem elektrischen Schock. Danach fiel er in Ohnmacht. Zurück blieb neben den erlittenen Verletzungen, ähnlich wie bei Ed Walters, auch hier ein sonderbarer „Traum": *„Nachdem ich in Ohnmacht gefallen war, erwachte ich in einer fremden Stadt mit breiten Straßen und schönen Gärten. Ich sah nach der Sonne, doch ich konnte sie nicht sehen. Ich sah auch keinen Himmel, nur hohlen Raum."* Er beobachtete viele Menschen in der Stadt. Diese sahen sich alle sehr ähnlich, waren alle so um die dreißig Jahre alt, mittelgroß und schlank. Alle trugen eine graue oder braune Bekleidung, bei einigen wenigen war sie hellblau. *„Sie sahen wie wir aus. Sie schienen Brasilianer zu sein, aber es gab unter ihnen keine schwarzen oder alten Menschen. Die meisten hatten helle Haut, eine braune oder blaue Augenfarbe. Die Frauen waren hübsch und hatten blondes Haar."*

Bogea ging durch die ganze Stadt, immer begleitet von einem Mann. Keines der Gebäude war höher als ein Stockwerk. Die Temperatur blieb gleichsam kühl, so als wäre die ganze Stadt klimatisiert. Bogea sah eine Anzahl Fahrzeuge und verglich sie mit einem Volkswagen des Typs „Käfer". Allerdings verfügten diese nicht über Motoren oder Lenkräder. Weiterhin sah er ungefähr 20 diskusförmige Objekte in einem Gebiet, das der Flughafen zu sein schien. Nicht sehen konnte er dort das dreieckförmige UFO, welches ihn entführt hatte.[(185)]

So seine Schilderungen der Wahrheit entsprechen, war Jose Benedito Bodega in eine „Stadt" gebracht worden, die, unterirdisch angelegt, keinen Blick auf die Sonne oder den Himmel, sondern nur auf eine anscheinend künstlich angelegte Höhlung ermöglichte. Aus diesem Grund auch konnte er nur einstöckige Gebäude erkennen. Die Ausdehnung der Anlage war wiederum nicht so umfangreich, dass der Zeuge sie nicht zu Fuß zu durchqueren vermochte. Eine künstliche Klimatisierung versteht sich in einer solchen Einrichtung von selbst. Neben den typischen scheibenförmigen Fluggeräten konnte er auch ein dreieckförmiges Flugobjekt beobachten. Für den Wahrheitsgehalt seiner Aussage spricht, dass die Menschen, die er an diesem Ort gesehen haben will, eben gerade nicht über die äußerlichen Rassenmerkmale verfügen, die kennzeichnend sind für die Mehrheit der brasilianischen Bevölkerung. Helle Haut, blaue Augen und blonde Haare sind typisch für die Bewohner der nördlichsten Regionen unseres Planeten. Es handelt sich dabei um die Merkmale der sogenannten nordischen Rasse. Individuen dieses Rassentyps zu erzeugen, darin bestand und besteht das Zuchtziel der sich in den UFO-Entführungen manifestierende Experimente der Dritten Macht. Beinahe zum Lachen ist dann noch der Umstand, dass selbst die in der „Stadt" beobachteten Fahrzeuge dem noch im Dritten Reich entwickelten Volkswagenmodell glichen.

Eine mögliche weitere Beschreibung des irdischen Hauptquartiers der Dritten Macht am Pico Tamacuari verdanken wir dem ehemaligen Psychologie-Professor an der *Harvard-University* und Pulitzerpreisträger John E. Mack, der darüber hinaus durch seine Beiträge zur Erforschung des UFO-Entführungsphänomens bekannt geworden ist. Die von ihm befragte Zeugin „Nona“ erinnerte sich bewusst daran, dass ein UFO sie und noch eine andere Frau an einen Platz gebracht hatte, der nach ihrer Vorstellung im brasilianischen Regenwald gelegen war. Sie flog mit dem UFO über den Urwald und bemerkte in der Nähe eine Ansammlung von Lichtkugeln. Der Ort schien gut verborgen und vermittelte „Nona“ den Eindruck einer UFO-Basis. Kurz danach fand sie sich auf einer Art Plattform wieder, von der aus sie die Umgebung betrachten konnte.

Unter leichter Hypnose erinnerte sie sich weiterer Details: Es war Nacht, und das Gelände wurde von einem wundervollen Licht angestrahlt, dessen Quelle sie nicht ausmachen konnte. Ein Fahrstuhl hatte sie aus sehr großer Tiefe aus dem Erdinneren nach oben befördert. Sie stand auf einer flachen, polierten, metallischen Oberfläche, die sich wie Glas anfühlte, und war umgeben von einer konisch zulaufenden runden Schale, gefertigt aus einem dünnen und zugleich starken Material, welches sich perfekt in die Szenerie des Urwaldes einfügte.

Als „Nona“ durch die Wände dieses Gebildes schaute, sah sie alles wie durch ein Vergrößerungsglas. Sie befand sich in einem Tal, einer Schlucht oder einer Art von Aushöhlung, umgeben von Bergen. Von diesem Ort aus sah sie die Baumspitzen unter sich liegen und konnte am Rande des Tales ein UFO beobachten. Der Platz schien ihr mit einer besonderen Energie ausgefüllt zu sein. Ob gleich ihr bewusst wurde, wie abgelegen er war, schien es ihr, als wäre sie schon wiederholt hierher gebracht worden.[(189)] Eine geradezu wundervolle Schilderung der Tamacuari-Region, wie wir noch sehen werden.

Gehen wir jetzt der Frage nach, welche Anstrengungen seitens der Behörden Brasiliens oder Venezuelas unternommen wurden, um jenes bis dahin unbekannte Land zu erforschen. Im Jahr 2005 erschien eine Meldung über die Expedition brasilianischer Zoologen, die ein Jahr zuvor am Südhang des Pico Tamacuari auf 350 Meter Höhe ein Basislager errichtet hatten, von dem aus seltene Tier-und Pflanzenarten gesammelt werden sollten. Dabei scheint es sich eher um ein personell und örtlich sehr begrenztes „Stoßtruppunternehmen“ gehandelt zu haben, über das außer einem kurzen Bericht über die von den Zoologen in ihrem Fachgebiet gemachten Entdeckungen nichts weiter bekannt geworden ist.[190]

Als bedeutsamer ist eine groß angelegte Forschungsexpedition auf der venezolanischen Seite der Sierra Tapirapeco einzuschätzen. Diese fand 1989 über 89 Tage in einem Gebiet von 9.000 Quadratkilometern statt. An ihr beteiligten sich 126 Personen, davon 55 Wissenschaftler. Gefährdet wurde das Unternehmen durch eine Malariaepidemie, der 101 Yanomami-Indianer zum Opfer fielen. Von den Teilnehmern der Expedition infizierten sich 40, zwei davon schwer.

Nur sechs Wissenschaftler gelangten in die Nähe des Pico Tamacuari, an dessen Nordhang man kurz vor ihrer Ankunft vom Helikopter aus zwei Hubschrauberlandeplätze angelegt hatte, da nach Meinung der Beteiligten *„keinerlei Pfade jemals in die höheren Lagen der Sierra Tapirapeco gebahnt wurden"* und überhaupt *„nur sehr wenig bisher über dieses Gebirge publiziert"* und damit auch bekannt geworden war.[191] Die beteiligten Botaniker, Zoologen und Virologen erledigten ihre Arbeiten an insgesamt lediglich sieben Tagen in einem kleinen Seitental an der Nordseite des Berges. Insofern stellten sie zu keiner Zeit eine Gefahr für das Hauptquartier der Dritten Macht dar, da dieses meiner Ansicht nach auf der brasilianischen Seite und zudem gänzlich unterirdisch angelegt wurde. Von daher blieben die Forscher auch unbehelligt.

Ein Erlebnis allerdings, von dem die Wissenschaftler berichteten, ist unbedingt erwähnenswert, weil es ein Hinweis dafür sein könnte, dass die Dritte Macht hinsichtlich der Eindringlinge differenziert und in der Konsequenz voneinander abweichende Maßnahmen getroffen hatte. Am 13. März 1989 wurden sie Zeugen davon, wie in ihrer unmittelbaren Nähe ein von der brasilianischen Seite kommendes Kleinflugzeug abstürzte. Drei Tage später kam es zur Bergung der Leichen durch eine brasilianische Hubschrauberbesatzung. Die Forscher konnten sich nicht erklären, wieso sie von dem Absturz akustisch nichts wahrgenommen hatten, war doch die Bergungsmannschaft auf die kurze Entfernung gut zu hören.[191]

War das aus Brasilien kommende Flugzeug im Unterschied zu den Wissenschaftlern aus Venezuela als Spionageflugzeug identifiziert worden, dessen Besatzung sich angesichts der auf der anderen Seite der Grenze vorhandenen Augenzeugen in falscher Sicherheit gewogen hatte? Mit einem offensichtlich als Warnsignal dienenden Abschuss hätte sich die Indizienkette um ein weiteres Glied verlängert.

Alles in allem blieb die Tamacuari-Region über lange Zeit weiterhin unerschlossen und konnte ohne Gefahr für Leib und Leben weder betreten – siehe die Berichte von Kronzucker – noch in niedriger Höhe überflogen werden.

Und die Deutschen – zu welchen Erkenntnissen über dieses Gebiet waren sie in den Jahren vor dem Ende des Zweiten Weltkriegs gelangt? Eine Rekonstruktion der offiziell bekannt gewordenen Forschungsunternehmen führt unweigerlich zu Theodor Koch-Grünberg. Dieser bekannte Völkerkundler bereiste Brasilien erstmals im Jahr 1896 auf der Suche nach der Quelle des Rio Xingu. Zwischen 1903 und 1905 stieß er dann in das uns interessierende Gebiet vor. In Nordwestbrasilien am Rio Negro und am Rio Yapura sammelte er ein reichhaltiges völkerkundliches Material. Seine nächste Expedition führte ihn dann 1911 von Manaus aus über den Rio Branco zum Roraima-Massiv. Danach drang er in die weiter westlich gelegene Sierra Parima vor und erreichte schließlich am 1. Januar 1913 den Rio Orinoco. Auf seiner vierten und letzten Forschungsreise zu den Quellen des Rio Orinoco im Jahr 1924 erkrankte Theodor Koch-Grünberg an Malaria und erlag dieser Krankheit am 8. Oktober desselben Jahres.[(192)] Man könnte sagen, er hatte mit seinen Expeditionen das Gebiet um den Tamacuari von Westen wie von Osten eingekreist. Damit war deutschen Wissenschaftlern frühzeitig ein detailliertes Wissen um die Geografie im bis dahin nahezu völlig unerforschten Norden Brasiliens zur Kenntnis gelangt.

Die nächste von Deutschen organisierte Expedition sollte die Region östlich der von Koch-Grünberg bereisten Gebiete erschließen. Ihr Leiter war Otto Schulz-Kampfhenkel, damals, im Jahr 1935, gerade einmal 24 Jahre alt. Seine ersten Meriten hatte sich der Zoologie-Student 1931 als Tierfänger im Auftrag des Berliner Zoos in Liberia, in Afrika, erworben. Erklärtes Ziel des Unternehmens war die Durchquerung des nördlichen Amazonasbeckens auf dem Rio Jary. Unterstützung fand das Vorhaben nicht nur durch die NSDAP-Auslandsorganisation, sondern auch durch das Kaiser-Wilhelm-Institut für Biologie sowie die Zoos von Berlin und Halle. Darüber hinaus gewann Schulz-Kampfhenkel eine Reihe von Sponsoren, so unter anderem die Heinkel-Werke und das Reichsluftfahrtministerium, die ihm ein Wasserflugzeug zur Verfügung stellten. Er und die beiden anderen Expeditionsteilnehmer, Gerd Kahle, ein professioneller Kampfpilot, und der erfahrene Flugzeugmechaniker Gerd Krause verbrachten 17 Monate im unerforschten Dschungel des Jary-Gebietes.

„Im Mai 1937 kehrten die drei Deutschen mit tausenden Tierschädeln, Indianerschmuck und -werkzeugen sowie einem Gummisack voller Filme in ihre Heimat zurück. Der Expeditionsbericht ‚Rätsel der Urwaldhölle' erschien 1938 als Buch, die Ufa lancierte einen gleichnamigen 90-minütigen ‚Großfilm der deutschen Forschung', der wochenlang in Kinos von Flensburg bis München lief."[(193)]

Nebenher hatte Schulz-Kampfhenkel, der selbst über einen Flugschein verfügte, bei seinen Ausflügen mit dem Wasserflugzeug ein neuartiges Verfahren entwickelt, mit dem aus Luftbildern Geländebeurteilungskarten erstellt werden konnten. Das von ihm entwickelte Verfahren der Luftbildauswertung ermöglichte ihm später einen ungeahnten Karriereschub. Im Krieg übernahm er die Leitung einer nach ihm benannten Forschungsstaffel der Luftwaffe und brachte es später sogar bis zum Vorsitzenden der Deutschen Geografischen Gesellschaft.[(194)]

Nach seiner Rückkehr aus Südamerika wurde Schulz-Kampfhenkel in die SS übernommen. Im April 1940 unterbreitete er in einem Brief seinem Reichsführer, Heinrich Himmler, das sogenannte „Guayana-Projekt". Die strategischen Grundlagen dieses Vorhabens hatte er noch in Brasilien in langen Urwaldnächten gemeinsam mit dem Piloten Gerd Kahle entwickelt. *„Die Luftbilder, die er gemacht hatte, die Karten bislang unerforschter Urwaldgebiete, die sie in mühevoller Kleinarbeit zu Papier* *brachten, die Erforschung der Indianervölker am Rio Jary – das alles erschien plötzlich als Vorspiel eines großen Plans: Der Errichtung eines deutschen Brückenkopfes in Südamerika.*"(195)

In seinem Brief an Himmler entwickelte Schulz-Kampfhenkel folgenden Gedanken: „*In erster Linie aus politisch-strategischen, zweitens aus kolonialwirtschaftlichen Gründen halte ich die Besitznahme der Guayanas durch Deutschland, vor allem im Hinblick auf die fernere Zukunft, für eine Frage von entscheidender Bedeutung. Die deutsche Besetzung kann nur, sorgsam und unter strengster Geheimhaltung, von langer Hand vorbereitet, in dem entscheidenden Augenblick, da im Höhepunkt des Krieges die Dämme der alliierten Imperien überall zu brechen beginnen, durch den blitzartigen Handstreich einer zahlenmäßig kleinen, qualitativ hervorragenden Kolonialexpedition geschehen. Die Französisch-Guayana benachbarte brasilianische Nordküste ist auf Hunderten von Kilometern völlig menschenleer, unbewohnter Urwald trifft hier ans Meer. Hier kann nach der Praxis unserer geheimen Hilfskreuzer in mehrfachen nächtlichen Landungen ein unsichtbarer Stützpunkt geschaffen werden, von dem aus eine mit leichten Schnellfeuerwaffen ausgerüstete Kolonialtruppe von 150-300 Mann im entscheidenden Augenblick auf Cayenne vorstößt. Die Tatsache der Neutralitätsverletzung kann in diesen völlig unerschlossenen Urwaldregionen auch für die Zukunft geheim gehalten werden. Alle Einzelheiten eines derartigen Planes wären im Einvernehmen mit taktischen Fachleuten auszuarbeiten.*"(195)

Die Errichtung eines deutschen Brückenkopfes im nördlichen Brasilien durch die seegestützte Infiltration kleiner mobiler Kampfgruppen noch während des Krieges – was hier von Schulz-Kampfhenkel basierend auf den Erfahrungen seiner eigenen Expedition gegenüber Heinrich Himmler als Projekt entworfen wurde, deckt sich mit den Aussagen Tatunca Naras über die Deutschen, die vor 1945 im Zuge einer geheimen Operation in Brasilien einen Stützpunkt errichteten. Die für das Unternehmen erforderliche Ausrüstung bis hin zum Wasserkleinstflugzeug war unter Dschungelbedingungen erprobt, ein modernes Verfahren, aus der Luft das für eine militärische Basis geeignete Gelände zu erkunden, entwickelt. Die beabsichtigte Anlandung der Expeditionsstreitkräfte an der Nordküste sowie der Anmarsch durch das von Schulz-Kampfhenkel aufgeklärte Gebiet, lässt am Ende nur die Frage nach dem eigentlichen Operationsgebiet offen. Die politische Notwendigkeit einer Umsetzung des „Guayana-Projektes“ hatte sich kurz nach dem Schreiben Schulz-Kampfhenkels an Himmler erübrigt. Nach dem Sieg über Frankreich im Sommer 1940 setzten die Deutschen die mit ihnen kollaborierende Regierung von Vichy ein. Diese entsandte einen neuen Gouverneur nach Französisch-Guayana, der fortan mit den Deutschen zusammenarbeitete.

Im weiteren Verlauf des Krieges kam es zu Entwicklungen, welche die noch fehlenden Puzzle-Steine für die Abrundung des Gesamtbildes liefern. Im Mittelpunkt stand dabei ein Mann, der auf den ersten Blick den meisten der Historiker, die mit den im Nationalsozialismus handelnden Personen vertraut sind, völlig unbekannt geblieben ist. Sein Name: Philipp von Luetzelburg. Bei ihm handelte es sich um einen angeheirateten Vetter des Reichsführers-SS. Von Luetzelburg, geboren am 16.07.1880, studierte nach einer Ausbildung zum Apotheker zuerst in München Pharmazie, danach Geologie, Chemie, Physik und als Spezialfach Botanik. Für seine Promotion in diesem Fachgebiet wurde er mit einer Auslandsreise ausgezeichnet. Diese führte ihn noch vor dem ersten Weltkrieg nach Brasilien. In den Folgejahren unternahm er immer wieder Expeditionen in die noch weitgehend unerforschten Gebiete des Landes. Von 1927-1930 arbeitete von Luetzelburg als Botaniker in der Kommission, die sich unter dem Kommando des Generals Candido Rondon die Erforschung der nördlichen Grenzgebiete Brasiliens zur Aufgabe gestellt hatte und den genauen Grenzverlauf zu den Ländern Kolumbien und Venezuela vermessen sollte. Bis Februar 1929 unternahm er zwei Reisen ins Gebiet des Rio Negro westlich bzw. südwestlich der geografischen Zone um den Pico de Neblina und den Pico Tamacuari. Er war der uns interessierenden Region damit schon sehr nahe gekommen. Im Herbst 1929 führten ihn ununterbrochene Fußmärsche von 42 Tagen Dauer mit indianischen Trägern bis auf den Gipfel des Roraima-Massivs und wieder zurück bis zum oberen Rio Branco.

Als nächstes war eine Expedition geplant, welche die schon erreichten Punkte im Westen und im Osten miteinander verbinden sollte. Politische Umwälzungen in Brasilien machten diese Planungen jedoch zunichte.[196] Bei Verwirklichung wären sowohl der Pico de Neblina als auch der Pico Tamacuari Jahrzehnte früher entdeckt worden. Von Luetzelburg hatte demnach eine sehr genaue Vorstellung davon, wo sich noch „weiße Flecken" im Grenzgebiet zwischen Brasilien und Venezuela befanden und von wo aus diese zu erreichen waren.

Im Jahr 1938 kehrte er auf Wunsch des Reichsführers-SS nach Deutschland zurück. Er wurde als Hauptsturmführer in die SS übernommen und als Leiter der Forschungsstätte für Botanik des SS-*Ahnenerbes* eingesetzt. Gegenüber dessen Geschäftsführer, Wolfram Sievers, verpflichtete er sich, eine Studie über den General Rondon und die Reisen am Amazonas auszuarbeiten. Auf diese Weise war die Kenntnis um die geografischen Zusammenhänge im nördlichen Teil Brasiliens endgültig in der „Denkfabrik" der Schutzstaffeln angekommen.

Was auffällt, ist, dass von Luetzelburg in den Folgejahren als führender Botaniker der SS immer wieder mit Aufgaben betraut wird, die nichts mit seiner Fachrichtung zu tun haben, welche jedoch eine enge Beziehung zur Geografie Brasiliens aufweisen. So begibt er sich ein Jahr nach der Niederwerfung Frankreichs nach Paris, um in der französischen Nationalbibliothek nach alten Atlanten mit dem Schwerpunkt Brasilien zu forschen. Sein besonderes Interesse gilt dabei dem sogenannten Teixeira-Atlas. Gegenüber Sievers begründete er sein Anliegen wie folgt: *„Teixeiras Karten waren die einzigen geografisch-politischen Unterlagen Portugals beim großen Grenzstreit um die portugiesisch-spanischen Eroberungen in Südamerika zwischen den beiden Höfen im Jahr 1680. Der Grenzstreit zog sich bis 1755 hin. Der Atlas war also Anlass zu bedeutenden Unternehmungen und kriegerischen Taten. Bei der Grenzkommission waren auch deutsche Geografen und Astronomen tätig."*

Die Entdeckungen von Luetzelburgs müssen von erheblicher Tragweite gewesen sein, sodass der Reichsführer-SS ein Jahr darauf, im Juli 1942, entschied, dass *„sich der Genannte zur Weiterführung dieser For-*

schungen nochmals umgehend nach Paris zu begeben habe.“ Aus Paris schrieb von Luetzelburg an Sievers einen Brief mit unter anderem folgenden Inhalt: *„Ich werde nun meine Arbeiten allmählich abschließen und gegen Anfang August wieder nach Berlin zurückkehren. Auf die ‚größeren gemeinschaftlichen Pläne‘, die Sie in Ihrem liebenswürdigen Schreiben vom 16.7. erwähnen, bin ich ebenso neugierig wie über sie erfreut. Was mich dabei betrifft, so mögen sie mit meinem vollen Einsatz rechnen.*“ Dass es sich bei diesen Plänen um die für die Zeit nach Kriegsende von Himmler anberaumte Paraguay-Expedition zur Gewinnung tropischer Heilpflanzen gehandelt haben kann, ist auszuschließen, hatte von Luetzelburg von dieser doch spätestens seit Anfang 1941 Kenntnis.(196) Der Grund für seine Neugier muss demnach an anderer Stelle gesucht werden.

Nach meiner Meinung spricht alles dafür, dass Mitte 1942, auf dem Höhepunkt der deutschen militärischen Erfolge, von Luetzelburg in die Planung und Durchführung eines Unternehmens einbezogen werden sollte, das nach den Vorarbeiten Schulz-Kampfhenkels unter höchster Geheimhaltung die Errichtung eines militärischen Stützpunktes in Brasilien zum Ziel hatte. Wie sonst sind der Abschluss der Forschungen von Luetzelburgs über die Geografie Brasiliens in Paris und die „größeren gemeinschaftlichen Pläne“ des SS-*Ahnenerbes* in Zusammenhang zu bringen? Auch der gewählte Zeitpunkt spricht dafür.

Nachdem Brasilien auf diplomatischen Druck der USA am 28. Januar 1942 die diplomatischen Beziehungen zu Deutschland abgebrochen hatte und die *U.S. Navy* zunehmend auch von brasilianischem Hoheitsgebiet aus operierte, gab die deutsche Marine am 4. Juli 1942 generell auch Schiffe dieses Landes zum Abschuss frei. Daraufhin erfolgte von Seiten Brasiliens am 22. August die offizielle Kriegserklärung. Insgesamt wurden zehn Einsatz-U-Boote und ein Versorger in die Karibik und den Westatlantik entsandt.(197) Damit tat sich im Unterschied zu der noch von Schulz-Kampfhenkel vorgeschlagenen Anlandung des Expeditionskorps mit Hilfskreuzern, eine Variante, die zwischenzeitlich durch die Überlegenheit der alliierten Überwasserseestreitkräfte obsolet geworden war, eine andere Möglichkeit des Transports von Kleinkampfverbänden auf.

Auch wenn damit im Sommer 1942 erstmals deutsche U-Boote in größerer Zahl vor der brasilianischen Küste auftauchten, dürften die Vorbereitungen für dieses auf deutscher Seite im Zweiten Weltkrieg wohl einzigartige Unternehmen einige Zeit in Anspruch genommen haben. Die Zusammenstellung der geeigneten Ausrüstung, die Koordination der Operation mit anderen beteiligten Stellen, zum Beispiel mit der Marine, vor allem jedoch die Auswahl und Ausbildung des Personals für diese schwierige Mission dürften annähernd ein Jahr gedauert haben.

Und tatsächlich kam es dann im Sommer 1943 zu verstärkten Aktivitäten der deutschen U-Boote im Südatlantik. Allein zwischen dem 21. Juni und 6. August wurden 20 Schiffe angegriffen und 17 davon versenkt.(197) Im Rahmen dieser von den U-Booten vorgetragenen Offensive muss es dann auch zur Absetzung jener „zahlenmäßig kleinen, qualitativ hervorragenden“ Eingreiftruppe gekommen sein, die perspektivisch als Gegenstück zur im Herbst 1942 erfolgten Anlandung amerikanischer Verbände in Nordafrika die Basis für eine nach Norden zielende Militäraktion im direkten politischen Einflussbereich der USA begründen sollte. Die weitere Entwicklung des Krieges machten diese Planungen allerdings zunichte. Die kleine, im Urwald Brasiliens ausgesetzte Truppe blieb in der Folge isoliert. Eine weitere Verstärkung wurde durch die verbesserten Aufklärungsmethoden der Alliierten im U-Boot-Krieg unmöglich gemacht.

Wenden wir uns der logistischen Seite dieser Operation zu. War es deutschen U-Booten möglich, über ihre Besatzung hinaus noch in einer beträchtlichen Anzahl weitere Personen an Bord über größere Entfernungen zu transportieren? Die Frage ist nicht einfach zu beantworten, existierten doch U-Boote verschiedener Größe. Abhängig war deren Fassungsvermögen auch davon, welche Fracht sich ansonsten an Bord befand.

Den Aussagen der Seeleute Dettelmann und Schulz über die Entladung zweier U-Boote im Juli 1945 vor der Küste Patagoniens war zu entnehmen, dass etwa 80 Personen die Boote verlassen und sich ins Landesinnere begeben hatten. Noch ein anderes Beispiel sei genannt: Nach der nahezu zeitgleichen Versenkung des deutschen Hilfskreuzers „Atlantis" und des Versorgungsschiffes „Python" im südlichen Atlantik durch britische Marineeinheiten im November 1941 wurden von vier sich im Operationsgebiet aufhaltenden U-Booten jeweils 100 überlebende Besatzungsmitglieder übernommen. Nach eineinhalb Wochen Fahrt in tropischer Hitze unter kaum zumutbaren Bedingungen konnten von jedem Boot 60 bis 70 Mann an zu Hilfe geeilte größere italienische U-Boote übergeben werden. Mit einer Überbelegung von zuerst 100, dann von 30 bis 40 Personen hatten die U-Boote bis in die Heimathäfen insgesamt 5.000 Seemeilen zurückgelegt, was nahezu 10.000 Kilometer, also einem Viertel des Erdumfangs, entspricht.[198]

Man kann demnach davon ausgehen, dass, bei entsprechender Vorbereitung und unter Berechnung einer zusätzlichen Nutzlast für die Ausrüstung der Expedition, größere U-Boote durchaus an die 50 weitere Personen zu befördern in der Lage waren. Wird bei der Kalkulation die von Schulz-Kampfhenkel genannte Größenordnung von 150 bis 300 Mann für die Kolonialtruppe herangezogen, können wenige U-Boote diese Aufgabe in kurzer Zeit erledigt haben.

Wie war es um die Motivation der Teilnehmer bestellt, die sich auf unbestimmte Zeit einer Art von Himmelfahrtskommando angeschlossen hatten, nicht wissend, was sie, völlig auf sich allein gestellt, in der ungewohnten Umgebung des vom Heimatland weit entfernten Kontinents erwarten würde? Ich will versuchen, diese Frage mit Blick auf zwei ähnlich gelagerte Beispiele zu beantworten.

Den einen Bericht überlieferte die Fliegerin Hanna Reitsch. Im August 1943 kam sie mit einigen Gleichgesinnten zu der Ansicht, dass eine günstige Verhandlungsbasis für ein schnelles Kriegsende nur dann zu erreichen sei, wenn es gelingen würde, die wichtigsten Schlüsselpositionen des Gegners und die Zentren seiner Widerstandskraft in schnell aufeinander folgenden Schlägen unter Schonung der feindlichen Zivilbevölkerung zu zerstören. Dazu hätten sich Menschen finden müssen, die bereit waren, sich mit einem technisch geeigneten Mittel auf das Punktziel zu stürzen, um es in seinem Zentrum zu treffen und damit jede Ausbesserung und Wiederinstandsetzung unmöglich zu machen. Bei einem solchen Einsatz würde es keinerlei Chance für das eigene Überleben geben. Hervorzuheben ist, dass zu jenem Zeitpunkt noch nichts über die japanischen Kamikazeflieger bekannt geworden war. Als Gerät sollte eine bemannte Gleitbombe Verwendung finden. Auch die Möglichkeit eines Einsatzes der bemannten V-1 hatte man erwogen. Laut Hanna Reitsch meldeten sich Tausende für diesen freiwilligen Selbstopfereinsatz. Vorerst eingezogen wurde dafür nur eine kleine Gruppe von 70 Mann.(199)

Auch bei der Aufstellung der Kleinkampfverbände der Marine meldeten sich Tausende Freiwillige, darunter allein 3.000 Offiziere. In Ein- und Zweimannbooten, „Seehunde“ genannt, in Kleinst-U-Booten und als Kampfschwimmer wollten sie gegen die alliierte Flotte und die Geleitzüge antreten, Brücken vernichten und Nachschublager in die Luft sprengen. Ihnen war bewusst, dass bei jedem Einsatz die Chancen fast zu 100% für den Gegner standen.(200) An der nötigen Motivation, auch für die heikle Mission in Übersee, wird es demnach nicht gefehlt haben.

Wann der Aufbruch von der nördlichen Atlantikküste Brasiliens ins Innere des Landes erfolgte, kann an dieser Stelle nicht geklärt werden. Ich vermute, die zahlenmäßig kleinen Verbände gelangten über die verzweigten großen Flusssysteme rasch stromaufwärts, passierten auf dem schon früher von Deutschen erkundeten Rio Negro in einer Nacht-und Nebel-Aktion die nach dem Ende des Kautschukbooms unbedeutend gewordene Stadt Manaus und gelangten schließlich über den Rio Padauri ins Grenzgebiet zu Venezuela. Von dort sollte der Kampf weiter nach Norden vorgetragen werden, eventuell bis zum Panamakanal, um das amerikanische Imperium an einer empfindlichen Stelle zu treffen.

Daraus wurde bekanntermaßen nichts, und nach Kriegsende erfolgte eine Änderung der Aufgabenstellung. Ziel war nunmehr die Errichtung eines sicheren unterirdischen Refugiums in einer abgelegenen und unberührten Gegend, der Aufbau einer Basis für die Dritte Macht. Das wurde erreicht durch den – wie auch Tatunca Nara berichtete – weiteren Nachzug von hochspezialisiertem Personal, teils aus den erfolgreichen Anlandungen in Argentinien im Sommer 1945, wie kurze Zeit später auch aus Europa. Die Besatzung des Stützpunktes könnte sich auf diese Weise von den anfänglich wenigen Hundert durchaus auf die von Tatunca genannte Zahl von 2.000 Personen vergrößert haben.

Im Jahr 1946 war, wie Narciso Genovese berichtete, das „Raumfahrtzentrum" weitgehend funktionstüchtig. Die erste große UFO-Welle nahm 1947 von dort ihren Ausgang. Im Jahr 1951 hoben die ersten bemannten Antigravitationsfluggeräte ab. Der Pico Tamacuari, wurde, wie Ed Walters gesagt hatte, über Jahrzehnte zum Ort, von dem die UFOs kamen. Die Energiegewinnung des irdischen Hauptquartiers der Dritten Macht erfolgte laut Narciso Genovese über einen „Sammelspiegel für kosmische Energie", ein anderer Ausdruck für die Nutzung der Nullpunkt-Energie.

Damit sind wir mit der Geschichte vom Stützpunkt am Pico Tamacuari zu einem vorläufigen Ende gelangt. In der Folge blieb zu klären, was aus ihm geworden war, ob er noch existierte und ob man zu ihm gelangen konnte. Das alles zu ermitteln, dafür blieb uns, die wir uns auf die Spur der Dritten Macht begeben hatten, nichts anderes übrig, als eine eigene Expedition auszurichten, eine Unternehmung, die uns direkt ins betreffende Gebiet führen sollte. Am Anfang stand die Auswahl des Zugangsweges.

Wir mussten also zum Pico Tamacuari. Der erste Teil der Reise war klar abgesteckt: Es galt als erstes von Deutschland mit dem Flugzeug bis nach Manaus zu kommen, jener Dschungelmetropole mit heute über zwei Millionen Einwohnern. Danach würde uns ein Passagierboot die reichlich 400 Flusskilometer auf dem Rio Negro bis zur Kleinstadt Barcelos bringen. Von dort aus wären es weitere annähernd 200 Kilometer bis zur Mündung des Rio Preto, in den der Rio Padauri fließt.

Diesen hochfahrend sollten wir nach 150 Kilometer Flussfahrt an die Stromschnellen der Cachoeira Aliança gelangen, jenem Eingangstor ins Indianergebiet.

Die entscheidende Frage, die sich dann stellte, war, welcher der zwei ins Gebiet führenden Flüsse zu benutzen war, um die verbleibenden 80 Kilometer bis zum Grenzgebirge zu überwinden. Der nach links abzweigende Rio Marari führte auf direktem Wege zum Pico Tamacuari. Der Rio Castanho hielt sich weiter nordwärts, und auf ihm hätte man an die rechte Begrenzung der Sierra Tapirapeco gelangen können, 28 Kilometer Luftlinie vom Tamacuari entfernt. Die Entscheidung fiel zugunsten der zweiten Variante. Der Rio Marari ist eine viel von Indios befahrene Wasserstraße und dient als Transitweg nach Venezuela. Des Weiteren befindet sich in seiner Nähe eine Missionsstation. Mit dieser hat es eine besondere Bewandtnis. Nach Aussage eines Kontaktmannes diente sie über lange Jahre als CIA-Station mit dem Ziel, aus der Luft die reichhaltigen Lagerstätten verschiedener Bodenschätze in der Region zu ergründen.[(183)] Ob es tatsächlich allein die Bodenschätze waren, welche die Amerikaner interessierten, sei dahingestellt. Richtete sich ihre Aufmerksamkeit nicht vielmehr vorrangig auf das Hauptquartier der Dritten Macht?!

Die Reise auf dem Rio Castanho führte darüber hinaus zu einem anderen interessante Ziel: Den „Pyramiden“ des Tatunca Nara, von denen sich ein Blick auf die Ruinen der Stadt Akahim auftun sollte. Auf dem Weg dahin musste auch der Aussichtspunkt passiert werden, an dem alle Expeditionen von Tatunca und seinen Begleitern ihr vorzeitiges Ende gefunden hatten. (Abb. 21) Das Hauptquartier der Dritten Macht ließ sich meiner Meinung nach eingrenzen auf die in Abb. 22 markierte Region. Der Schwerpunkt der Aufmerksamkeit richtete sich auf den 2.340 Meter hohen Pico Tamacuari selbst und auf den benachbarten 1.800 Meter hohen Berg, beide versehen mit mit tiefen Einschnitten als mögliche Zugänge zur „Unterwelt“ des Hauptquartiers. (Abb. 23) Vom Rio Castanho aus sollte die Strecke bis zum Pico Tamacuari in einem mehrtägigen Fußmarsch durchquert werden. Soweit die Theorie, die Praxis sah später freilich anders aus.

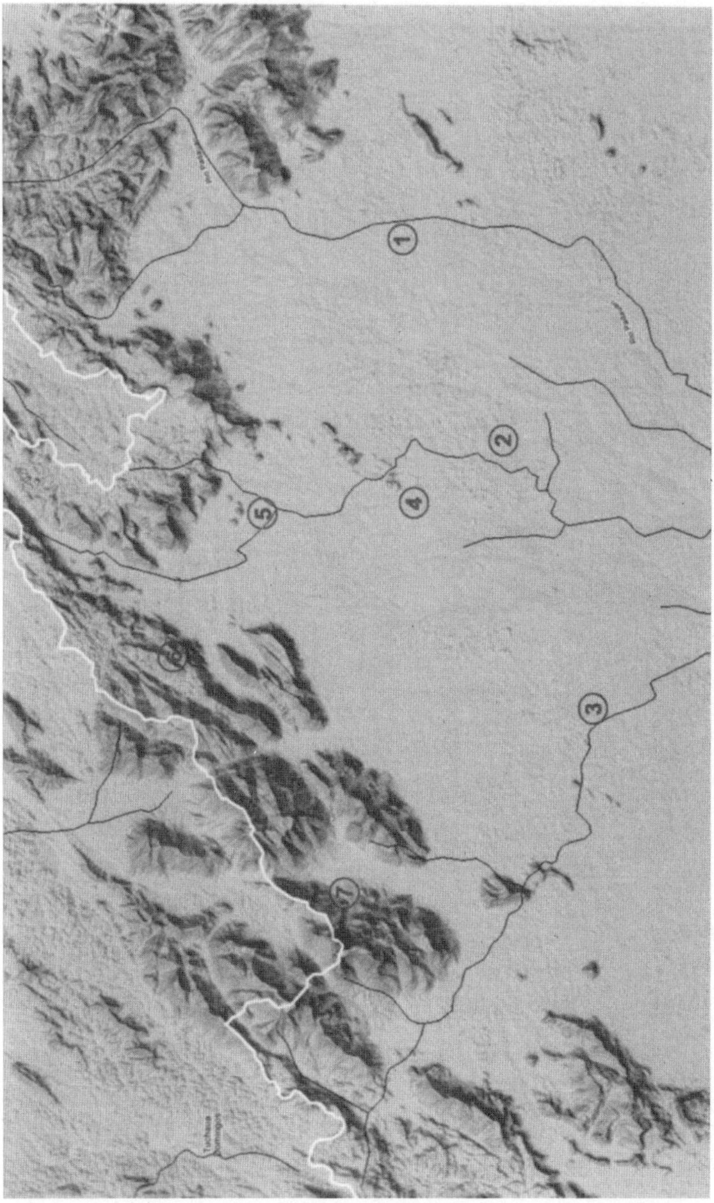

Abb. 21: Die Lage der wichtigsten geografischen Bezugspunkte zum Pico Tamacuari:
1. Rio Padauiri, 2. Rio Castanho, 3. Rio Marari, 4. Aussichtspunkt mit Blick auf die „Pyramiden“,
5. „Pyramiden“, 6. Ruinen der alten Stadt, 7. Eingang zum Hauptquartier der Dritten Macht

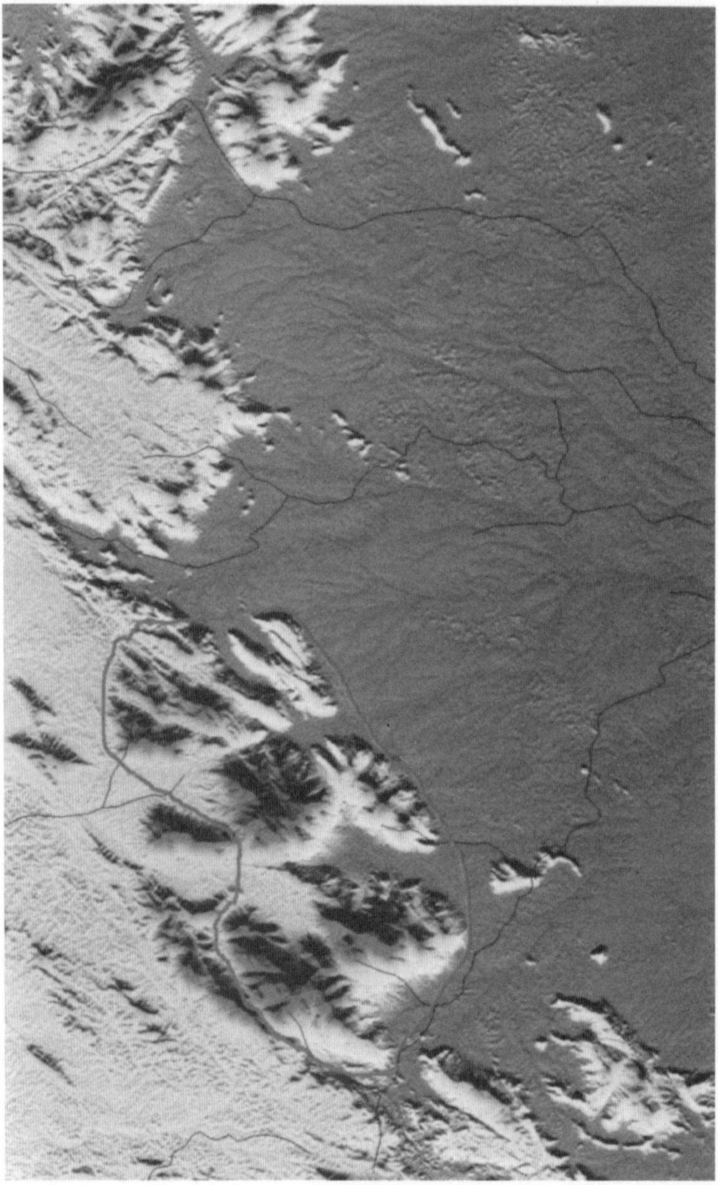

Abb. 22: Die Lage des irdischen Hauptquartiers der Dritten Macht

Abb. 23: Das Tamacuari-Massiv

Eine letzte Vergewisserung, dass ich mich mit meiner Vermutung über den Ort des irdischen Hauptquartiers der Dritten Macht nicht auf dem sprichwörtlichen Holzweg befand, erhoffte ich mir vom Einsatz des Remote Viewing. Bevor ich selbst einen entsprechenden Auftrag erteilte, suchte ich in der Vergangenheit nach Hinweisen, die in dieser Richtung einen Fingerzeig lieferten. Ich wurde erneut fündig bei den Remote-Viewing-Sitzungen des Duos Prof. Courtney Brown und Ed Dames. Am 31. Juli 1994 hatte der als Monitor fungierende Ed Dames das recht allgemein gehaltene Ziel „Marswesen/derzeitige Kultur" ausgewählt, es ging demnach nicht vorrangig um deren Stützpunkte auf der Erde, wie das früher der Fall gewesen war. Als Ergebnis stellte sich dann jedoch genau ein solcher Hinweis auf einen weiteren Stützpunkt ein.

Im Verlauf des Remote Viewing beschreibt Prof. Brown den Landeplatz eines unbekannten Flugobjektes, das er als Raumschiff bezeichnet: *„Hier gibt es eine üppige Vegetation, beinahe einen Dschungel. In der Nähe sehe ich Berge, vielleicht einen erloschenen Vulkan. Außerdem gibt es hier zahlreiche Lichtungen. Es erinnert ein wenig an ein Gebiet in der Nähe eines Regenwaldes, wenn auch keines ganz unberührten. Die Behausungen sind niedrig und geduckt, einfach. Sie befinden sich in einer bewaldeten Region, isoliert von den Menschen. Ich empfange die starke AOL* (analytische Überlagerung, Anm.d.A) *von der Signallinie, dass es sich hier um ein Flüchtlingslager für Marswesen handelt. Dieser Ort scheint irgendwie im Süden zu liegen, vielleicht in Lateinamerika. Der Gesichtsausdruck erinnert an südamerikanische Indianer. Nun war mein Monitor beinahe bereit, die Sitzung zu beenden. Er ließ mich auf das Arbeitsblatt der Stufe 6 gehen, wo ich die Fahne des Landes, in dem sich das Dorf befand, zeichnete."*

Zur Auswertung dieses Ausfluges in die „Matrix" schrieb Prof. Brown: *„Der Leser sollte wissen, dass ich hier nicht die Behauptung aufstellen möchte, dass ein ganzes Volk in Lateinamerika in Wirklichkeit ein Marsvolk sei. Vielmehr befindet sich dort eine kleine Gruppe von Marswesen – vielleicht einige Hundert, die genaue Zahl kenne ich nicht –, die sich geschickt verbergen und in die zum größten Teil aus Menschen bestehende Bevölkerung integriert sind. Nach dieser Sitzung bestand meine erste Reaktion in dem Wunsch, in einem Reisebüro sofort Tickets zu erstehen und diesen Ort aufzusuchen. Aber ich wurde darauf hingewiesen, dass es an diesem Ort gegenwärtig politische Unruhen gibt."*(171)

Eine Anfrage bei Prof. Brown nach der genauen Lokalisierung dieses Ortes blieb unbeantwortet. Die Analyse der Sitzung liefert jedoch ein ziemlich klares Ergebnis. Die erste Assoziation ist die eines Raumschiffes, was nicht weiter verwunderlich ist, wenn die „Marswesen" den interplanetaren Raum zu durchqueren in der Lage sind. Nicht zwingend logisch erscheint, dass gleich als Nächstes die „Marskultur" in Verbindung zu einem Landeplatz auf unserem Planeten gebracht wird. Von fremdartigen Lebewesen, den Trägern der „Marskultur", wird analog zu den Sitzungen zur Colonia Dignidad erneut nichts berichtet. Die „kleine Gruppe", um die es sich nur handelt, „vielleicht einige Hundert", solle sich nach den Angaben Prof. Browns gut in die Bevölkerung vor Ort „integriert" haben.

Der Landeplatz des unbekannten Flugobjektes befindet sich in einer bergigen Gegend im Dschungel Südamerikas. In der Nähe scheint ein Indiodorf zu liegen. Zur damaligen Zeit sollte das Staatsgebiet, in dem sich diese Region befindet, wegen politischer Unruhen möglichst gemieden werden. Sowohl in Brasilien auch auch besonders in Venezuela, war die erste Hälfte der 1990er-Jahre von zum Teil heftigen politischen Auseinandersetzungen geprägt.[(201)] Diese örtlichen Gegebenheiten wie auch die Tatsache, dass nach erfolgter Landung das Raumschiff nicht mehr sichtbar ist – zumindest berichtet Prof. Brown nichts mehr darüber –, lassen den Schluss zu, dass ähnlich wie im Fall der Colonia Dignidad auch hier die Lage eines Stützpunktes der Dritten Macht korrekt beschrieben worden ist. Das UFO ist im Berg verschwunden. Auffällig sind danach für den Seher lediglich noch die im Umkreis befindlichen Siedlungen der Yanomami-Indianer. Die einige hundert zählende Besatzung des irdischen Hauptquartiers der Dritten Macht hat es tatsächlich gut verstanden, sich „geschickt zu verbergen".

Jetzt war es an mir, über eine aktuelle Remote-Viewing-Sitzung den gegenwärtigen Status des Stützpunktes abzuklären. Im Herbst des Jahres 2011 beauftragte ich über einen Mittelsmann die in Deutschland ansässige *Remote Viewing Akademie*, zusätzliche Details zum Hauptquartier zu observieren. Mit einem Minimum an Basisinformationen formulierte ich folgenden Auftrag: *„Existieren im Grenzgebiet zwischen Brasi-*

lien und Venezuela, im Gebirgszug der Sierra Tapirapeco, zwischen dem Rio Marari und dem Rio Castanho, ober- oder unterirdische Aktivitäten (Beschreibung von Aussehen und Tätigkeit der Menschen, sofern vorhanden)?"

Dem mir später zugestellten Projektbericht konnte ich entnehmen, dass zwei Seher im Abstand von zwei Wochen auf das Ziel angesetzt worden waren. Der erste hatte sich an einem für ihn irgendwie ungewöhnlichen Detail festgebissen. Seine Aussagen brachten nichts Konkretes zutage. Der zweite Seher verstand es im Gegensatz zum ersten, den Überblick zu wahren. Er behielt das große Ganze der Landschaft im Auge und war aufgrund der von ihm zu Beginn wiedergegebenen „*Sinneseindrücke*" auch tatsächlich im Dschungel angekommen. Danach tauchte vor ihm eine Struktur auf, die er als „*hoch, weit, voller Dinge, uneinsehbar, aber nicht abgeschlossen*" beschrieb. Unmittelbar auf diese Formulierung skizzierte er zwei nach oben aufeinander zulaufende Linien, so als wollte er einen Berg malen, wobei die Linien sich nicht schlossen und somit eine Öffnung vorhanden blieb. Die Außenwände wurden als „*glatt*", die eingezeichnete Öffnung seltsamerweise als „*teilweise offen*" bezeichnet. Aus Gründen der inneren Logik hätte man hier vielleicht eher die Formulierung „*zeitweise offen*" erwartet. Unterhalb dieser als hoch und weitläufig beschriebenen Struktur zeichnete der Seher die „*Dinge*", die sich „*uneinsehbar*" darin verbargen: Mehrere kreisförmige Gebilde, die – so die hinzugefügten Anmerkungen – sich abwechselnd „*hoch*" und „*tief*" (soll eigentlich „*runter*" heißen, wie wir noch sehen werden) bewegten. Diese „*Objekte*" wurden als „*teils lebendig, teils als irgendwelche Dinge*" angesehen, die „*zusammen gehörten*". An anderer Stelle wird, um diesen Eindruck zu unterstreichen, von einer „*teilweise übergeordneten Lebensform, eventuell Menschen*" berichtet, „*die auch mit der Erschaffung der Objekte betraut ist*". Dann der entscheidende Passus: „*Gewusel, hoch und runter, Stück für Stück, als ob viele Teile aus verschiedenen Richtungen kommen. Die Teile sind braun, an sich sind sie hart, haben aber eine weiche Oberfläche.*" Später werden sie auch als „*hell*" beschrieben, und es kommt die Aussage, dass sie von

„unterschiedlicher Größe“ sind. *„Sinn, wenn es zusammengefügt ist: Schutz, im Sinne von sich sicher fühlen.“*(202)

Hier nun in wenigen Worten meine Interpretation der durch den Seher wahrgenommenen Eindrücke: Beschrieben wird ein weitläufiger und hoher Berg mit glatter Oberfläche. Das passt auf die sich spektakulär aus dem Dschungel erhebende glatte Gipfelpyramide des Pico Tamacuari, wie einem Foto entnommen werden kann, das während unserer Expedition aufgenommen worden ist. (Abb. 24). Der Zugang zum Berg ist nur zeitweise geöffnet. In seinem Inneren sind – von außen nicht sichtbar – von Menschen geschaffene runde Flugkörper stationiert. Das „Gewusel“, das beschriebene „hoch und runter“, bedeutet nichts anderes, als dass diese Objekte den Berg durch die Öffnung häufig verlassen, in „verschiedene Richtungen“ fliegen und nach einiger Zeit wieder zurückkehren. Es handelt sich um verschiedene Typen, die von bräunlicher bzw. heller Farbe und aus einem harten Material gearbeitet sind. Der Hinweis auf die weiche Oberfläche könnte sich auf das sie umgebende Energiefeld beziehen. Andere Remote Viewer haben physikalische Felder auf ähnliche Weise beschrieben.(150) Auch das Ende

Abb. 24: Blick auf den Pico Tamacuari aus zirka 35 km Entfernung von der Spitze der Pyramide. Leider gelang keine bessere Aufnahme.

des Berichtes lässt nichts an Klarheit zu wünschen übrig: Die ganze Anlage dient dem „Schutz" der technischen Einrichtungen und des mit dem Betrieb betrauten Personals.

Wir haben mit diesem Bericht eine Beschreibung genau dessen geliefert bekommen, was wir erwartet haben – eine nahezu perfekte Beschreibung des Ortes, von dem die UFOs kommen. Die Expedition konnte in dem sicheren Gefühl, auf dem richtigen Weg zu sein, gestartet werden. Im November 2014 war es soweit. Ich will mich bei der Schilderung des Expeditionsverlaufs auf das Wesentliche konzentrieren. Die Details können an anderer Stelle nachgelesen werden.[5]

Von Manaus bis zur Cachoeira Aliança verlief alles, wie geplant. Dort sollte sich der Posten der Indianerschutzbehörde FUNAI befinden, das erste eventuelle Hindernis, welches es zu überwinden galt, reisten wir doch ohne die erforderliche Genehmigung aus Brasilia an. Ohne die offizielle Erlaubnis, das Indianergebiet betreten zu können, hätte unsere Reise schon an dieser Stelle beendet sein können. Nach Überwindung der Stromschnellen bestätigte sich, was wir kurz zuvor noch erfahren hatte. Der FUNAI-Posten war verlegt worden, etwa drei bis vier Bootsfahrstunden stromaufwärts. Als wir dort ankamen, war dieser zu unserem Glück unbesetzt. In der Folge begegneten uns mehr und mehr Yanomami. Die Kontakte verliefen allesamt friedlich und gegen kleine Gaben unsererseits gingen wir im besten Einvernehmen auseinander. Insgesamt kampierten wir während der Expedition zwölfmal im Dschungel. Das Wetter blieb die ganze Zeit tropisch heiß, ohne den von uns in dieser Region erwarteten Regen, was sich jedoch bald negativ bemerkbar machen sollte, da der Wasserspiegel des Rio Padauri dramatisch im Sinken begriffen war. Die Situation verschärfte sich, nachdem wir in den Rio Castanho eingebogen waren. Viele Male galt es, an Stromschnellen und kleinen Wasserfällen das Boot komplett zu entladen, weil dieses nur so weiter flussaufwärts bewegt werden konnte. Wir passierten ohne Probleme den kleinen Höhenzug, den sogenannten Aussichtspunkt, in dessen Sichtweite sich die mysteriösen „Pyramiden" befinden. Danach gestaltete sich das Fortkommen immer schwieriger, das Boot musste über längere Strecken geschoben, den Weg versperrende Bäume mit der Motorsäge zerteilt werden. Und es wollte einfach nicht regnen!

Endlich gelangten wir an eine Stelle nur etwa zwei Kilometer Luftlinie von den „Pyramiden“ entfernt. Unser erstes Expeditionsziel war in greifbare Nähe gerückt. Unter nicht geringen Strapazen konnten wir die größte dieser Erhebungen am nächsten Tag besteigen. Im Gipfelbereich fanden sich seltsame Strukturen aus großen Steinen, die entfernt an die europäische Megalithkultur erinnerten. Von dieser Stelle aus gelang uns auch die Aufnahme des 35 Kilometer Luftlinie entfernten Pico Tamacuari. (Abb. 24) Eine zehnminütige Beobachtung durch ein starkes Fernglas erbrachte nichts Ungewöhnliches.

Nach unserer Rückkehr ins Camp diskutierten wir die weitere Vorgehensweise. Bei allen Expeditionsteilnehmern bestand Klarheit darüber, dass, sollte sich das Wetter nicht ändern, das heißt für Regenwaldverhältnisse normalisieren, eine Rückkehr in die Zivilisation in zwei bis drei Tagen nicht mehr möglich sein würde. Der Zustand des Flusses hätte dann selbst ein Schieben des Bootes verhindert. Wir wären unter Umständen bis zum Beginn der Regenzeit im März den Widrigkeiten Amazoniens schutzlos ausgeliefert gewesen, ohne Nahrungsmittel und medizinische Versorgung. Es galt, eine schwere Entscheidung zu treffen. Angesichts des in den letzten Tagen Erlebten und der sich abzeichnenden Perspektiven kamen wir zu dem einstimmigen Entschluss, das Unternehmen an dieser Stelle, zehn Fluss- und wenige Urwaldkilometer vor der vermuteten Ostgrenze des irdischen Hauptquartiers der Dritten Macht, abzubrechen.

Nicht die Indianer, nicht die FUNAI-Mitarbeiter, nicht heftige tropische Regengüsse und Überschwemmungen, nein, im Gegenteil, eine für Amazonien ungewöhnliche Trockenperiode und damit verbunden für die Jahreszeit extremes Niedrigwasser hatte sich als unser größter „Feind“ erwiesen. Unsere Rückfahrt brachte dann noch die eine oder andere Überraschung, verlief ansonsten aber ohne größere Schwierigkeiten. Pünktlich zur Weihnachtszeit saßen wir bei unseren Familien am Gabentisch.

Wie sollte es weitergehen? Eine zweite Expedition wurde geplant. Diesmal wollten wir uns von einem Hubschrauber einfliegen lassen. Landemöglichkeiten schienen auf dem den „Pyramiden" nächstgelegenen Höhenzug durchaus gegeben. Da die Kosten dafür sich jedoch auf über 25.000 Euro summierten, richteten wir an unsere Leser einen Spendenaufruf. Der erforderliche Betrag konnte leider nicht eingebracht werden. Vielen Dank an alle, die mit ihrem Geldbetrag ein Interesse an unseren Nachforschungen bekundet haben! Ihre Spende war nicht für umsonst.

Gleichsam besessen von der Idee, es trotzdem noch einmal über Land, besser gesagt über die Flüsse, zu versuchen, dachte ich über weitere Alternativen nach. Im Grunde blieb nur eine einzige übrig: Zu einer anderen Jahreszeit, wenn die Flüsse garantiert über ausreichend Wasser verfügen, im Übergang zwischen Regen- und Trockenzeit und diesmal nicht den Rio Castanho, sondern den Rio Marari hoch fahrend, wollten wir in die unmittelbare Nähe des Pico Tamacuari gelangen. Mit den Yanomami hatten wir auf der letzten Reise durchweg gute Erfahrungen gemacht, und die Missionsstation... das musste abgewartet werden.

Dann überschlugen sich förmlich die Dinge. Eine alte Beziehung ging zu Bruch, eine neue tat sich auf. Wo? Ausgerechnet in Barcelos, jener von Manaus aus gesehen auf halbem Weg zum Hauptquartier der Dritten Macht gelegenen Kleinstadt. Ich packte die Gelegenheit beim Schopfe, klärte in den folgenden zwei Jahren alle meine Angelegenheiten in Deutschland und wanderte im Juli 2017 nach Brasilien aus. Dort benötigte ich zwei weitere Jahre für den Aufbau der neuen Existenz.

Parallel dazu gingen die alten Forschungsvorhaben weiter. Vor allem sammelte ich in Barcelos viele Zeugenaussagen über UFO-Sichtungen, die oft im Detail jenen aus den Tagen des UFO-Terrors glichen. Nur schienen sie alle lange, sehr lange zurückzuliegen.

Im September 2019 wurde der zweite Anlauf genommen, den Pico Tamacuari zu erreichen. Alles war organisiert, das alte Team wieder beisammen, der Wasserstand auf den Flüssen für unsere Zwecke ganz hervorragend. Wieder gelangten wir ohne Probleme bis zur Cachoeira Aliança und darüber hinaus. Einen FUNAI-Posten gab es nicht mehr. Die Indianerschutzbehörde hatte in der letzten Zeit an Einfluss verloren. Die Indios nahmen ihr Schicksal selbst in die Hände. Das sollten wir sehr schnell zu spüren bekommen, als wir am ersten Indiodorf ankamen. Weitere zehn Minuten Bootsfahrt, und wir hätten die Einmündung des Rio Marari erreicht. Die Indios winkten uns heran, das Palaver, welches sich noch an drei weiteren Tagen fortsetzen sollte, begann. Die Yanomami stellten derart hohe finanzielle Forderungen für unsere Weiterreise, dass wir nur eines machen konnten – die Rückfahrt antreten.

Unter'm Strich konnte diese zweite Expedition dann doch als Erfolg gewertet werden. Während dieser drei Tage verständigte wir uns mit den Yanomami über vielerlei Themen. Wir stellten ihnen gezielte Fragen, manche davon auch als Testfragen gedacht, um festzustellen, ob sie uns bloß nach dem Munde redeten oder tatsächlich die Wahrheit sagten. So fragten wir sie nach der von manchen behaupteten Existenz anderer Stämme als der Yanomami im Grenzgebiet zu Venezuela. Die Antwort: *„Nein, diese gibt es nicht."* Und das Volk von Tatunca Nara? *„Ein Schwindel."* Ob sie riesenhaften, bis drei Meter hohen menschenähnlichen Wesen mit einer starken Körperbehaarung und einem strengen Geruch begegnet wären? Tatsächlich existieren dazu auch im Norden Brasiliens seit vielen Jahrzehnten Gerüchte und angebliche Augenzeugenberichte, die an ähnliche Beobachtungen aus anderen Teilen der Welt erinnern. Auch hier nur ein Kopfschütteln.

Gut, dann hätten sie sicherlich auch keine ungewöhnlichen Objekte am Himmel bemerkt, nicht zu verwechseln mit den normalen Flugzeugen? Auf diese Frage fiel die Antwort gänzlich anders aus. Nicht nur war ein „ja" die Folge, man übertraf sich förmlich mit Schilderungen ihnen unbekannter Erscheinungen und verschiedenfarbiger Lichter am Himmel, die Blitze, Strahlen gleich, nach unten ausgesandt hätten. Diese Berichte erinnerten frappierend an jene der vom UFO-Terror betroffenen Personen und zugleich derer, die ich in Barcelos befragen konnte.

Allerdings erfolgte wiederum der Hinweis, das liege schon längere Zeit zurück. Wie lange ließ sich nicht herausfinden, weil für die Yanomami ein Rechnen in größeren Zahlen in ihrem natürlichen Umfeld keine zwingende Notwendigkeit darstellt. Eins, zwei, drei, vier, fünf – viele. Damit war uns bezüglich der Dauer des Ausbleibens von UFO-Sichtungen nicht wirklich weitergeholfen.

Eine Tatsache ließ sich nicht leugnen: Unbekannte Flugobjekte schienen das Gebiet schon seit längerem nicht mehr frequentiert zu haben. War das irdische Hauptquartier der Dritten Macht am Pico Tamacuari gleich dem Stützpunkt im Untergrund der Colonia Dignidad geräumt worden? Für die Verlagerung könnte sprechen, dass die Berichte über den UFO-Terror in Brasilien ab Mitte der 1990er Jahre immer weniger werden.[185]

Wieso hatte dann die Remote-Viewing-Aufklärung im Jahr 2011 positive Resultate gebracht, die für ein Funktionieren des Stützpunktes zu jenem Zeitpunkt zu sprechen schienen? Der Seher musste seine Aufmerksamkeit auf ihn interessierende Sachverhalte gerichtet haben, die nicht in der Gegenwart, sondern in der Vergangenheit gelegen waren. Wir wir wissen, ist das beim Remote Viewing nichts Ungewöhnliches. Jetzt auch wird erklärlich, warum der erste, anscheinend gegenwartsbezogene Seher in unserem Sinne erfolglos blieb. Von daher ist die Remote-Viewing-Sitzung von 2011 kein Einwand gegen eine Evakuierung des irdischen Hauptquartiers der Dritten Macht in der zweiten Hälfte der 1990er-Jahre. Wenn eine Verlegung stattgefunden hatte: Wann, wohin und vor allem, warum?

Ich denke, wir können schon von Koinzidenz, im Sinne von Gleichzeitigkeit, sprechen, wenn wir drei uns bisher bekannt gewordene Ereignisse zueinander in Beziehung setzen: Die Räumung des Stützpunktes bei der Colonia Dignidad im Jahr 1997, die anscheinend im gleichen Zeitraum erfolgte Auflösung des irdischen Hauptquartiers der Dritten Macht am Pico Tamacuari und – das erstmalige Auftauchen von gigantischen dreieckigen UFOs, wie sie sich unter der Bezeichnung „Phoenix Lights" am 13. März 1997 über dem US-Bundesstaat Arizona manifestierten.

Die erste Meldung kam 18.55 Uhr aus Henderson, Nevada, danach folgten bis etwa 21.30 Uhr hunderte weitere aus Arizona. Was war geschehen? Tausende Personen sahen an diesem Abend, wie riesige Dreiecks-UFOs mit einer nur als ungewöhnlich zu bezeichnenden Illumination langsam und geräuschlos über ihren Köpfen schwebten, dann auf unglaubliche Weise beschleunigten, scheinbar „Sprünge" von einem Ort zum anderen am Himmel vollführten, um danach wieder in den Schwebezustand überzugehen. Angesichts der Größe der Flugobjekte musste die Technologie dahinter der unseren weit überlegen sein. Mehrere Augenzeugen berichteten unabhängig voneinander, sie hätten den Blick nahezu auf den gesamten Nachthimmel blockiert. Konservative Schätzungen gingen von einer Länge der „Dreiecke" von bis zu zwei Kilometern aus. Durch den Abgleich der Zeiten mit den Orten, von denen die Meldungen eingingen, gelangten die zivilen Ermittler später zu dem Schluss, dass es sich um mehr als nur eines der Riesen-UFOs gehandelt haben musste.[(106,109)] Nach der Jahrtausendwende kam es dann vereinzelt zu weiteren Sichtungen von Dreiecks-UFOs mit riesenhaften Ausmaßen.[(106)]

Auch der UFO-Entführungsforscher Professor David Jacobs war nach den Berichten der Entführten zu der Schlussfolgerung gelangt, dass es *„immense Riesen"* unter den UFOs geben musste, *„vielleicht mit einem Durchmesser von einem Kilometer oder mehr, mit vielen Ebenen und Zimmern"*, die *„nicht nur als Transportmittel, sondern auch als Fabriken zu betrachten"* seien.[(118)]

Mit dieser Demonstration ihrer neuesten Entwicklungen auf dem Gebiet der Luftfahrt hatte die Dritte Macht eines deutlich gemacht: Stützpunkte auf der Erde waren für sie keine unmittelbare Notwendigkeit mehr.

Kommen wir damit zur Beantwortung der oben gestellten drei Fragen: Die Auflösung der irdischen Stützpunkte der Dritten Macht hat im Jahr 1997 stattgefunden. Ihre Operationen im erdnahen Raum erfolgten von nun an von den als Mutterschiffen zu bezeichnenden riesenhaften Dreiecks-UFOs aus. Warum erfolgte die Verlagerung? Ein guter Bekannter, den man als Waffenspezialisten bezeichnen könnte, lieferte mir die entscheidende Information. Im Jahr 1997 erweiterten die USA ihr Arsenal von Kernwaffen um die B61-11 genannte Bombe zur Bekämpfung von unterirdischen Bunkeranlagen und Raketensilos. Aus großer Höhe abgeworfen, kann die Bombe im Unterschied zu den Vorgängermodellen ins Erdreich eindringen und erst in sieben bis zehn Meter Tiefe gezündet werden. Eine solche Untergrundexplosion erzeugt unter ausgeprägter Kraterbildung massive Erdbebenwellen, die unterirdische Bauten in weitem Umkreis zerstören. Weiter entstehen durch diese Explosionsart bis zu mehrere Millionen Tonnen radioaktiven Niederschlags.[(203)] Dieser Kollateralschaden wäre von den US-Militärs im kaum besiedelten Norden Brasiliens unter diesen Umständen wohl in Kauf genommen worden. Im Falle eines Überraschungsangriffes, der auf Dauer nicht völlig ausgeschlossen werden konnte, hätte das irdische Hauptquartier der Dritten Macht aufgehört zu existieren.

Für die Dritte Macht stellte das alles kein größeres Problem dar. Schon Jahrzehnte zuvor hatte sie damit begonnen, sich eine Ausweichmöglichkeit zu schaffen, falls sich die Verhältnisse auf der Erde zuspitzen sollten. Damit konnte sie sich für lange Zeit vor Übergriffen sicher fühlen.

7. Die Verbindung zum Mars

Im Unterschied zu den anderen Kapiteln scheint dieses auf den ersten Blick einen mehr spekulativen Charakter zu haben. Die kaum auszudenkende Möglichkeit, die Dritte Macht hätte in den zurückliegenden Jahrzehnten den bemannten Weltraumflug zum Mars beherrschen gelernt, ja auf diesem Planeten sogar eine Kolonie begründen können, mutet tatsächlich absurd an. Aber eben nur auf den ersten Blick...

In den Akten der Siegermächte findet man nach 1945 so manchen Hinweis, der die Frage aufwirft, warum in der Endphase des Kriegs einige Spitzenwissenschaftler des Dritten Reiches einen Teil ihrer wertvollen Arbeitszeit auf Projekte verwandten, deren Verwirklichung in weiter Ferne zu liegen schien. Der im Rahmen der Operation *Paperclip* nach Amerika verbrachte Prof. Alexander Lippisch, der als größte Autorität auf dem Gebiet der Überschallflugzeuge galt, war demnach an der „*Entwicklung einer deutschen Weltraumstation beteiligt*".[(6)] Prof. Hubertus Stughold, ein Pionier der Raumfahrtmedizin, gab an, 1945 in Fürstenstein bei Waldenburg(!) an einer Art von kosmischem Flugsimulator gearbeitet zu haben.[(6)] Auch spezielle Anzüge für Raumfahrer sowie die für Flüge unter Schwerelosigkeit unabdingbare „Astronautenkost" wurden entwickelt.[(204)] Von besonderer Brisanz in diesem Zusammenhang ist die Aussage von Heinz Zeuner, dem Ordonnanzoffizier von SS-Obergruppenführer Hans Kammler, wonach dieser mit ihm über seine Weltraum-Pläne gesprochen hat.[(38)] Schon diese wenigen Details deuten auf eines hin: Die Dritte Macht befand sich tatsächlich schon 1945 auf den Stufen zum Kosmos!

Trotzdem vergingen anscheinend noch einige Jahre, bis sich diese Weltraumvorhaben umsetzen ließen. Voraussetzung dafür dürfte das Funktionieren eines bemannten Antigravitations-Fluggerätes gewesen sein, das laut Narciso Genovese, diesem offensichtlichen Insider, erst 1951 fertiggestellt werden konnte. Derselbe schilderte dann eine „*Reise zum Mars, für die der Mond als Zwischenstation diente*", mit der Zielstellung, „*eine ständige Mars-Basis aufzubauen*".[(103)] Diese erste Mars-

Mission der Dritten Macht muss bis spätestens 1958, dem Erscheinungsdatum von Genoveses Buch, stattgefunden haben. Von diesem Zeitpunkt an konnte der Stützpunkt am Pico Tamacuari zu Recht als „Raumfahrtzentrum" bezeichnet werden.

Welche Motivation stand hinter diesen frühen Aktivitäten der Dritten Macht auf unserem Nachbarplaneten? Handelte es sich dabei nicht um reine Ressourcenverschwendung? Zwei Gründe werden ausschlaggebend dafür gewesen sein. Zum einen die Möglichkeit, zunächst völlig ungestört in einer unangreifbaren Position verschiedene Projekte vorantreiben zu können. Und, vielleicht noch wichtiger: Die Welt stand zu jener Zeit vor dem atomaren Armageddon. Es galt von daher, dem als wertvoll erkannten Genpool ein Rückzugsgebiet zu eröffnen. Die Kolonisation des Mars war in diesem Sinne für mehrere Jahrzehnte in erster Linie eine Notfallmaßnahme, die dem Überleben eines Teils der Menschheit dienen sollte.

Wenn eine Kolonisierung des Mars durch die Dritte Macht – wenn auch vorerst nur in sehr eingeschränktem Umfang – seit dem Ende der 1950er-Jahre tatsächlich stattgefunden hat, so müssten in der Folge bei den Marsmissionen der Russen, Amerikaner und der anderer Nationen Anomalien aufgetreten sein, die auf eine Behinderung unerwünschter Aktivitäten hindeuten. Auch wäre mit einer Beobachtung ungewöhnlicher Flugobjekte am Himmel des Roten Planeten zu rechnen. Wie gezeigt werden soll, ist beides der Fall. Die Beweisführung wird sich allerdings nicht allein darauf beschränken.

Offiziell wurde am 10. Oktober 1960 erstmals der Versuch unternommen, die Entfernung von der Erde zum Mars mit einem Raumflugkörper zurückzulegen. Die russische Sonde *Mars A* konnte jedoch nach Versagen der dritten Raketenstufe in 120 Kilometer Höhe ihren Flug nicht fortsetzen. Auch die Sonden *Mars B*, gestartet am 14. Oktober 1960, sowie *Mars C*, Startdatum 24. Oktober 1962, scheiterten schon im Erdorbit. Erst *Mars I*, gestartet am 1. November 1962, gelangte in die Nähe des Mars. Der Verlust der Funkverbindung am 21. März 1963 war dann der Auftakt zu einer schon mehr als verdächtigen Serie von

Pleiten, Pech und Pannen, die bis in die jüngste Vergangenheit kein Ende gefunden hat.

Hier eine Übersicht der in der letzten Flugphase gescheiterten Mars-Erkundungen:

Start	**Raumsonde**	**Land**	**Grund des Versagens**
01.11.1962	*Mars 1*	UdSSR	Verlust der Funkkontaktes
30.11.1964	*Sond 2*	UdSSR	Verlust des Funkkontaktes
28.05.1971	*Mars 3*	UdSSR	110 Sekunden nach Landung Abbruch des Funkkontakts
21.07.1973	*Mars 4*	UdSSR	Mars-Orbit verfehlt wegen Versagen des Bremstriebwerks
25.07.1973	*Mars 5*	UdSSR	Orbiter arbeitete nur wenige Tage
05.08.1973	*Mars 6*	UdSSR	Absetzen einer Landekapsel, der Funkkontakt bricht vor der Landung ab
09.08.1973	*Mars 7*	UdSSR	Orbiter und Lander verfehlen ihr Ziel
12.07.1988	*Phobos 2*	UdSSR	vor der Landung auf dem Marsmond Phobos Verlust des Funkkontaktes
25.09.1992	*Mars Observer*	USA	Abbruch des Funkkontaktes bei Eintritt in die Marsumlaufbahn
04.07.1998	*Nozomi*	Japan	kommt vom Kurs ab und verfehlt den Mars
11.12.1998	*Mars Climate*	USA	Verlust der Sonde bei Eintritt in die Marsumlaufbahn
03.01.1999	*Mars Polar Lander*	USA	Verlust des Landers *Mars Polar* sowie unabhängig davon auch Abbruch der Funkverbindung zu den beiden *Deep Space* Penetratorsonden
02.06.2003	*Mars Express*	USA	Verlust des Landers *Beagle 2*
14.03.2016	*ExoMars Trace Gas Orbiter*	ESA	Verlust des Landers *Schiaparelli*

Seltsames ereignete sich bei zwei erfolgreich auf der Planetenoberfläche gelandeten Mars-Rovern. Für jenen der amerikanischen Marssonde *Viking 2* wurde als Landeplatz ein Gebiet riesiger welliger Sanddünen ausgewählt. Während des Abstiegs zur Marsoberfläche am 3. September 1976 funktionierte die Datenübertragung einwandfrei. Doch mit dem Aufsetzen fielen Bild- und Messdatenübertragung zur Erde plötzlich aus. Für die nächsten neun Stunden schwieg der Landeroboter, nahm dann aber, ohne von der NASA-Kontrollstation einen Befehl erhalten zu haben, die Datenübermittlung zur Erde wieder auf. Die Verwirrung war komplett, als er statt der erwarteten Aufnahmen welliger Sanddünen die einer endlosen, steinigen Wüste zur Erde sandte. Es blieb rätselhaft, warum die aus der Umlaufbahn übermittelten fotografischen Daten des Landeplatzes nicht die geringste Ähnlichkeit mit der wirklichen Landschaft aufwiesen.[(205)]

Der amerikanische Mars-Lander *Spirit* hatte gleichfalls mit ungewöhnlichen Anlaufschwierigkeiten zu kämpfen. Nach seiner Landung am 4. Januar 2004 erreichten zwischen dem 22. Januar und dem 2. Februar keine oder nur noch wirre Daten die Erde – so als hätte jemand ein vorübergehendes Interesse an dieser Technologie gezeigt und während seiner Untersuchungen den „Schalter“ einfach auf „Aus“ umgelegt.[(206)]

Auch bei zumindest zwei schon im Erdorbit gescheiterten Marsmissionen schien nicht alles mit rechten Dingen zugegangen zu sein. Am 16. November 1996 hob die größte bisher gebaute Raumsonde, die russische *Mars-96*, von ihrem Startplatz ab. An Bord befand sich eine Ansammlung hochwertiger Messinstrumente, welche die Ausstattung des beinahe gleichzeitig gestarteten amerikanischen *Mars Global Surveyor* bei weitem übertraf. So war zum Beispiel das Auflösungsvermögen der Kameras mehr als doppelt so hoch. In der Endphase des Starts kam es zur Abtrennung der Ladung vom Raketenmotor. Das wertvolle Equipment stürzte auf die Erde, die verbliebene Antriebseinheit steuerte weiter in Richtung Mars. Sabotage galt noch als die plausibelste Erklärung für das Versagen der entsprechenden Software.[(207)]

Ein ähnliches Schicksal ereilte die am 9. November 2011 gestartete russische Marssonde *Phobos-Grunt*, die zum Marsmond Phobos fliegen, dort Bodenproben entnehmen und danach zur Erde zurückkehren sollte. Da die Marschtriebwerke nicht zündeten, konnte der erdnahe Raum nicht verlassen werden. Mehr als zwei Monate nach der Havarie teilte der Chef der russischen Weltraumagentur, Wladimir Popowkin, mit, die *Phobos-Grunt* wäre durch die Einwirkung schwerer kosmischer Teilchen außer Funktion geraten. Ketzerisch gefragt: Kam vielleicht eine Art „Teilchenkanone" zum Einsatz?[208]

Drei der in der vorherigen Übersicht aufgeführten Fälle verdienen eine gesonderte Betrachtung. Da ist zum einen die russische Marssonde *Phobos 2*. Der Kontakt zur Schwestersonde *Phobos 1* war schon zwei Monate nach dem Start verloren gegangen. *Phobos 2* dagegen konnte zunächst planmäßig den Mars umrunden. Im nächsten Schritt war beabsichtigt, in eine Kreisbahn um den Marsmond Phobos einzuschwenken. Kurz zuvor, am 28. März 1989, riss der Funkkontakt zur Sonde plötzlich ab. Wenige Sekunden vor dem Verlust der Verbindung konnte *Phobos 2* ein sonderbar geformtes Objekt zwischen der Sonde und dem Mars fotografieren. Diese Bilder, mit Ausnahme des letzten, gaben die Russen später zur Veröffentlichung frei. Zu erkennen ist ein Schatten, der als dünne Ellipse bezeichnet werden kann und einen unwillkürlich an eine fliegende Scheibe denken lässt. (Abb. 25) Einem später veröffentlichten Bericht war zu entnehmen, dass die Sonde ins Trudeln geraten sei, entweder wegen einer Computerpanne oder infolge eines Zusammenstoßes mit einem unbekannten Objekt.[209]

Die Frage, welcher Art das mysteriöse Objekt war, das *Phobos 2* mutmaßlich zum Absturz brachte, konnte bis heute nicht beantwortet werden. Die bis heute geheim gehaltene letzte Aufnahme hätte womöglich des Rätsels Lösung gebracht. Behauptungen, nach denen dieses Foto durch die russische Testfliegerin Marina Popovich im Jahr 1991 veröffentlicht worden wäre, entsprechen nicht der Wahrheit. Das von ihr präsentierte Bild mit einem angeblich mehrere Kilometer langen Objekt, welches von Alien-Enthusiasten als Raumschiff außerirdischer

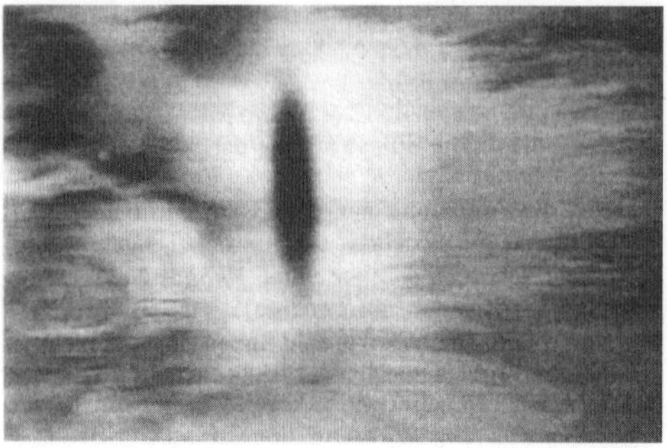

Abb. 25: Von der Mars-Sonde Phobos 2 kurz vor Abbruch des Funkkontaktes geschossenes Foto

Herkunft interpretiert wurde, konnte zweifelsfrei als Fälschung nachgewiesen werden.(210)

Der von der ESA-Sonde *Mars Express* abgetrennte Lander *Beagle 2* sollte am 25. Dezember 2003 auf der Marsoberfläche landen. Bis zu diesem Tag war die ESA-Mission erfolgreich verlaufen. Während des Landeversuchs brach der Kontakt zum Mars-Roboter jedoch ab. Am 8. März 2004 veröffentlichten die Nachrichtenagenturen Details aus dem Untersuchungsbericht der europäischen Weltraumbehörde. Darin hieß es, *Beagle 2* sei wahrscheinlich bei der Landung zerschellt. Ein nicht identifizierbares Objekt wäre möglicherweise für den Verlust verantwortlich. Auf einem Foto, entstanden kurz nach der Abkopplung des Landers vom Orbiter *Mars Express*, befindet sich ein weißer Fleck, bei dem es sich um dieses Objekt handeln könnte.(211) Später wurde man noch deutlicher: *„Die Untersuchung der letzten, vom Lander kurz nach seiner Ablösung vom Mutterschiff gemachten Bilder hat nachträglich ein unerwartetes, kleines, neben der Landekapsel schwebendes Objekt erkennen lassen.“*(212)

Der Leiter des Untersuchungsprojektes, Colin Pillinger, versuchte den Absturz der Landeeinheit auf triviale Weise zu erklären, indem er behauptete, dass er das Gerät auf Bildern der Marsoberfläche entdeckt habe. Das Geheimnis um *Beagle 2* hielt er für weitgehend geklärt. Es wäre wohl zu einer unerwartet harten Landung gekommen, möglicherweise verursacht durch beträchtliche Luftdruckschwankungen. Mutet allein schon diese, das fremde Objekt total negierende Erklärung in Anbetracht der dünnen Marsatmosphäre überaus seltsam an, so widerlegten andere Fotos vom vermuteten Absturzort die Berichte über die Entdeckung der Überreste.(212) Die Landeeinheit blieb verschwunden, genauso wie die des wenige Tage(!) zuvor abgesetzten *Mars Polar Lander*, zu dem der Kontakt ebenfalls abrupt abgerissen war – sozusagen ein Doppelschlag.[213] Sowohl bei *Phobos 2* als auch bei *Beagle 2* müssen demnach aufgrund der Fotobeweise fremde Objekte für den Absturz verantwortlich gewesen sein.

Wie verhält es sich mit dem Scheitern des Landers *Schiaparelli*? Mit Hilfe des Gerätes, das mit dem *ExoMars Trace Gas Orbiter* zum Mars befördert wurde, sollten am 19. Oktober 2016 alle Technologien für künftige Landungen auf diesem Planeten erprobt werden. Der Funkkontakt riss schon während des Abstiegs ab. Die zuvor gesendeten Daten ergaben, dass die erste Phase des Eintritts in die Atmosphäre und der Landung planmäßig verlief. Offenbar bewegte sich *Schiaparelli* danach beim weiteren Abstieg stärker als erwartet hin und her. Die dadurch überlasteten Messgeräte ermittelten falsche Höhenangaben, was zum unkontrollierten Absturz der Landeeinheit führte.[214] Was hatte die verstärkten Pendelbewegungen des Landers ausgelöst? Diese Frage blieb bis heute unbeantwortet. Auch in diesem Fall kann demnach eine Fremdeinwirkung nicht ausgeschlossen werden.

Warum ist ausgerechnet bei den Mars-Annäherungen soviel schiefgegangen? Diese Frage scheint umso mehr berechtigt angesichts der vielen anderen erfolgreich verlaufenen Weltraummissionen mit zum Teil wesentlich höheren Anforderungen an die technische Ausstattung. Hierfür seien nur einige wenige Beispiele genannt:

- *NEAR Shoemaker*, gestartet am 17.2.1996, am 12.2.2001 Landung auf dem Asteroiden Eros[215]
- *Cassini-Huygens*, gestartet am 15.10.1997, am 14.1.2005 landete *Huygens* auf dem Saturn-Mond Titan[216]
- *Hayabusa*, gestartet am 9.5.2003, erreichte am 12.9.2005 den Asteroiden Itokawa, nahm dort Bodenproben und kehrte später zur Erde zurück[215]
- *Rosetta*, gestartet am 2.3.2004, als erster Kometen-Orbiter schwenkte er im September 2014 in eine Umlaufbahn um 67P/Tschurjumow-Gerassimenko ein und setzte den Lander *Philae* ab.[215]

Die genannten Indizien deuten auf eines unmissverständlich hin: Irgendjemand hatte über einen längeren Zeitraum kein Interesse daran, seine Unternehmungen auf dem Mars auskundschaften zu lassen. Wer, wenn nicht die Dritte Macht?

Zwischen 1977 und 1997 konnte keine einzige erfolgreiche Mars-Annäherung durchgeführt werden. Spätestens seit dem Jahr 1980, in dem der letzte Kontakt mit dem Orbiter *Viking 1* stattgefunden hatte, blieben wir über 17 Jahre blind für alles, was auf unserem Nachbarplaneten vor sich ging. Erst seit der Ankunft des *Mars Pathfinder* am 4.7.1997 scheint einer ungestörten Kartierung des Mars nichts mehr im Wege zu stehen, was mit den bis dahin entwickelten Methoden einer verbesserten Tarnung zu tun haben dürfte. Siehe mehr dazu im nächsten Kapitel. Auch die Frage, warum manche mobilen Landeeinheiten ihre Aufgabenstellung erfüllen konnten, andere dagegen nicht, hängt wohl ganz einfach vom gewählten Landeplatz ab. Wurde dieser von der Dritten Macht nicht akzeptiert, war damit das Ende der Mission eingeläutet.

Konnten tatsächlich über nahezu zwei Jahrzehnte keinerlei Erkenntnisse über die Vorgänge auf dem Mars gewonnen werden? Eine Ausnahme existiert: Mit Remote Viewing betriebene Aufklärung ist unabhängig vom Gelingen oder Scheitern teurer Weltraumprojekte.

Die Aussage des ehemaligen Kommandierenden des *United States Army Intelligence and Security Command* (INSCOM), General Albert N. Stubblebine, der dieses Amt von 1981 bis 1984 ausübte, fällt in dieser Hinsicht eindeutig aus: *„Ich möchte nur erwähnen, dass es künstliche Strukturen unter der Marsoberfläche gibt, die man sich ansehen kann. Man kann Details beobachten, man kann sehen, welche Funktionen sie haben, wo sie sind, wer sie sind und viele Einzelheiten über sie erfahren – alles durch Remote Viewing.*“[(150)] Wer sie sind, darüber ist von General Stubblebine leider nichts zu erfahren.

Einmal mehr sorgen hier die Remote-Viewing-Sitzungen des Duos Prof. Courtney Brown und Ed Dames für Klarheit. Beide versuchten, mehr über das Schicksal der gescheiterten NASA-Raumsonde *Mars Observer* herauszufinden. Am 26. Juli 1993 wurden von der an Bord der Sonde befindlichen Kamera die ersten zwei und zugleich einzigen Bilder des Roten Planeten aufgenommen. Als man schließlich am 23. August, drei Tage vor der Ankunft, mit den Vorbereitungen zum Einschwenken in den Mars-Orbit begann, brach der Kontakt ab und konnte trotz mehrerer Versuche auch nicht wieder aufgenommen werden.[(217)]

Der als Seher fungierende Prof. Brown äußerte sich dazu wie folgt: *„Ich spüre hier eine Menge Bewegung. Irgendetwas läuft sehr schnell, mit viel Energie. Ich sehe zwei Objekte, zusammen, zumindest sehr nahe beieinander. Eines ist klein, hart, fest. Es bewegt sich sehr schnell. Das andere ist größer, komplizierter, unregelmäßig geformt. Das ist seltsam. Unter beiden Objekten scheint es keinen Boden zu geben. Das kleinere Objekt ist aus seitlicher Richtung gekommen. Ich verfolge es jetzt zurück zu seinem Ausgangsort. Es ist ein Schiff. Das kleine Ding führt mich zurück zu einem außerirdischen Schiff. Es wurde anscheinend wie ein Projektil aus dem Schiff geschossen und traf das andere Objekt, das mit der unregelmäßigen Form. Das gesamte Schiff scheint eine große Metallkonstruktion zu sein. Es gibt Dinge in diesem Raum, viele Dinge, technische Dinge. Sessel, Tische, ein paar Wesen, Computerterminals, solche Sachen. Ich habe den Startpunkt. Es ist ein Loch im Boden, eine Höhle. Wesen gehen hinein und kommen heraus. Ich gehe jetzt hinauf. Ich sehe Rottöne, sandige Strukturen, raues Terrain.“*[(171)] Auch der Mars Observer ist demnach ein Opfer von Abwehrmaßnahmen der Dritten Macht geworden.

Letzte Zweifel werden durch die Schilderungen Prof. Browns zum Aussehen der Besatzung dieses Mars-Stützpunktes ausgeräumt: *„Ich bin ein wenig betroffen davon, wie die Marswesen aussehen. Sie sind humanoid, und sie haben sogar Haare. Diese speziellen Marswesen sind in der Mehrzahl männlich. Sie tragen eine Art Uniform, aber es handelt sich nicht um eine militärische Kampfeinheit. Marswesen kennen derlei gar nicht. Ihre gesamte Verteidigung scheint sich auf Geheimhaltung, nicht auf Kampf zu konzentrieren. Die Haut der Marswesen ist offensichtlich hell.“*

Langsam dämmert es Prof. Brown. In seiner Betroffenheit will er immer noch nicht so recht glauben, was er „sieht" und wiederholt noch einmal: *„Aber sie haben Körper, die jenen der Menschen auf der Erde vergleichbar sind."* *Dann der Durchbruch: „Mein Gott, diese Marswesen sehen ja tatsächlich wie Menschen aus!"*[171]

Nach den Beschreibungen der „Marswesen" in deren Stützpunkten auf der Erde, wie sie Prof. Brown an anderer Stelle gegeben hatte, war auch bezüglich ihres Aussehens auf ihrem „Heimatplaneten" nichts anderes zu erwarten. Nur dass es sich eben nicht um originäre Marswesen handelt, sondern um Menschen, die den Mars kolonisiert haben.

Ergänzend schildert Prof. Brown, dass sich in der unterirdischen Mars-Basis nicht nur Menschen aufgehalten haben. Einige der Anwesenden waren klein und glichen den von den UFO-Entführungen her bekannten „Grauen". Die menschlichen Marswesen übten die Leitung aus.[171] Diese Aussage über das Unterstellungsverhältnis der „Grauen" rundet das Bild endgültig ab und bestätigt noch einmal die andernorts in diesem Buch zitierten Stellungnahmen zur Rolle dieser, wie Colonel Corso sich ausdrückte, „humanoiden Roboter".

Prof. Brown erteilt zudem Auskunft über die Zukunftsabsichten der Marskolonisten: *„Daten aus einer anderen Remote-Viewing-Sitzung deuten darauf hin, dass eines Tages eine große Flotte von Marsraumschiffen Flüchtlinge vom Mars zur Erde bringen wird. Viele dieser Marswesen sind derzeit in Unterständen unter der Marsoberfläche stationiert und warten mit Sehnsucht auf das Signal zum Aufbruch."*[171] Bis dahin jedoch wird die Geheimhaltung über alles gestellt. Besser lässt sich der Status quo der Marskolonie der Dritten Macht und ihrer Bewohner nicht beschreiben.

Auch in den Berichten der UFO-Entführten lassen sich Bezugnahmen auf den Mars finden, die allerdings in der einschlägigen Literatur eher am Rande behandelt werden. Wahrscheinlich sind sie in ihrer Brisanz den Autoren noch gar nicht deutlich geworden, was daher kommt, dass diese immer nur Außerirdische als Urheber des Entführungsphänomens vermuten und sich damit in einem völlig falschen Gesamtkontext bewegen. Nun wird niemand annehmen wollen, die Entführten seien in Wirklichkeit aus dem Mars gewesen, jedoch könnten über Hypnose induzierte Bilder ihren Niederschlag in den Gesprächsprotokollen der Entführungsforscher gefunden haben.

So schreibt Prof. David Jacobs: „*Viele Berichte schildern auch Aufenthalte in einer wüstenähnlichen Gegend . Obwohl die genaue Bedeutung dieses Szenarios unklar ist, gibt es Hinweise darauf, dass diese Landschaft ein Teil der Heimat der Aliens ist.*“ So erinnerte sich unter anderem die von UFOs Entführte Susan Steiner an einen „Aufenthalt“ in dieser Umgebung und bemerkte zusätzlich: „*Der Himmel ist rötlich.*“(117) Niemand, der schon einmal Panoramabilder vom Mars gesehen hat, wir den ausgesprochen wüstenartigen Charakter der Mars-Landschaft und den rötlichen Mars-Himmel vergessen können. Diese Rotfärbung wird verursacht durch die Streuung des Sonnenlichts an dem feinen Staub der Mars-Atmosphäre.

Betty Andreasson, die über die Auswechslung der Augen von „Grauen“ durch die hellhaarigen Wesen berichtete (siehe 4. Kapitel), gelangte an den „Ort des Geschehens“ anscheinend durch eine komplexe, ihr suggerierte Abfolge von Bildern, ähnlich einem Film. Ihre „außerweltliche Reise“ endete unterirdisch: „*Wir gehen durch einen Tunnel. Ihre Anzüge waren die einzige Beleuchtung, wir kamen an Öffnungen vorbei, die zu anderen sich überschneidenden Tunnel gehörten. Es war offensichtlich, dass er aus dem Felsen gehauen worden war. Als sie aus dem Tunnel heraustraten, fiel ihr Blick auf einen Ort, wo die Atmosphäre aus einer vibrierenden roten Farbe bestand, und da sind Gebäude, viereckige Gebäude mit Öffnungen. Sie schienen wie aus Stuck oder Zement zu sein. Es gibt kein pflanzliches Leben, nur Land und Gebäude.*“

Obwohl die genaue Abfolge der Ereignisse durch wiederholte Befragungen während verschiedener Hypnose-Sitzungen manchmal unklar bleibt, scheint Betty in einem jener Gebäude die berichtete Augenoperation „erlebt“ zu haben. Auf die Frage: „*Wo leben sie?*“, antwortet Betty: „*Ich weiß – ich denke da, an diesem Ort, wo ich mich gerade aufhalte … Wir verlassen den Raum und gehen den Gang wieder hinunter, zurück, und die Tür verschließt sich wieder, sodass man die rote Umgebung nicht mehr sehen kann. Es war alles rot dort – diese Atmosphäre.*«(127,218)

Dabei hätten die Bestrebungen der Dritten Macht zur Kolonisierung des Mars, unabhängig vom Bericht Narciso Genoveses im Jahr 1958, schon recht früh erkannt werden können. Der erste Schritt, die Wahrheit herauszufinden, war schon getan.

Mehrere bekannte UFO-Forscher, darunter auch der in diesem Buch schon mehrfach erwähnte Jacques Vallee, hatten Ende 1961 bei der Auswertung ihrer UFO-Datenbasis bemerkt, dass eine Korrelation zwischen der Anzahl der Sichtungen und der Entfernung des Planeten Mars bestand. Das heißt, je geringer die Entfernung zum Roten Planeten, desto häufiger wurden UFOs beobachtet. Die Übereinstimmung für die untersuchten Jahre 1958 bis 1960 erwies sich geradezu als verblüffend und konnte durch weitere Erhebungen über andere Datenbestände bestätigt werden.(219) Der Grund dafür dürfte ein recht einfacher gewesen sein: Wegen der verkürzten Flugzeit verstärkte sich bei Annäherung von Erde und Mars jedes Mal der Transitverkehr der Dritten Macht zwischen den beiden Planeten. In der Folge kam es dann zu vermehrten UFO-Beobachtungen auf der Erde. Zur besseren Veranschaulichung: Die minimale Entfernung Erde-Mars beträgt 55,7 Millionen Kilometer, die maximale 401,3 Millionen Kilometer – eine ganz erhebliche Differenz. Warum ließen die französischen Forscher später von ihren Untersuchungen ab?

In den 1960er-Jahren wurde deutlich, dass es sich beim Mars um einen lebensfeindlichen Planeten handelt. Die UFO-Besatzungen mussten demnach einen andere Heimat haben – eine Welt weit jenseits unseres Sonnensystems. Die Spur, die zu den wahren Urhebern des UFO-Phänomens hätte führen können, war einmal mehr verwischt.

Verfügt die Dritte Macht über eine Antriebstechnologie für ihre Weltraumfahrzeuge, die ein effizientes Ausnutzen des Annäherungszustandes von Erde und Mars gestattet? Pauschal geantwortet, ja. Die Antigravitationstriebwerke sollten gegenüber den herkömmlichen Antrieben eine enorme Flugzeitverkürzung ermöglichen. Aber in welcher

Größenordnung? Ein Flug zum Mars dauert heute im Durchschnitt 250 Tage. Das ist nicht nur eine psychologische Zumutung für die Besatzung der Raumschiffe, sondern bringt aufgrund der kosmischen Strahlung auch erhebliche gesundheitliche Risiken mit sich. Von einer zeitlich optimierten Ausgestaltung des Transitverkehrs zwischen den Planeten kann bei dieser Flugdauer nicht die Rede sein. Was können im Gegensatz dazu die revolutionären Triebwerke der Dritten Macht leisten?

Eine Aussage von Heinrich Himmlers letztem Chefadjutanten, Werner Grothmann, weist die Richtung: „*Unser Spitzenmann in Göttingen war Heim, ein absolutes Genie. Der hat den Magnetantrieb berechnet.*"[(31)] Burkhard Heim entwickelte sich schon während des Zweiten Weltkrieges – damals altersbedingt noch ohne wissenschaftliches Studium – zu einem forschenden Geist von besonderem Format. Er entwarf das Funktionsprinzip einer Fusionsbombe, Konzepte für eine Atomrakete und ein Höhenraketenflugzeug. Im Jahr 1944 erlitt er bei einem Versuch mit einem neuartigen Sprengstoff einen schweren Unfall, aus dem er körperlich schwer gehandicapt hervorging. Nach Kriegende gelangte er nach Göttingen und arbeitete nach Abschluss seines Studiums am *Max-Planck-Institut für theoretische Astrophysik*. Während dieser Zeit berechnete er tatsächlich einen Magnetantrieb, ohne allerdings die letzten Details preiszugeben. Er erregte damals damit große öffentliche Aufmerksamkeit, und auch ausländische Geheimdienste begannen sich für ihn zu interessieren.[(220)]

Die korrekte Bezeichnung für Magnetantrieb lautet bekanntlich Magnetfeldantrieb (siehe 3. Kapitel) und basiert auf einer Kopplung von Magnetismus und Schwerkraft. Dahinter verbirgt sich nichts anderes als ein Antigravitationsantrieb. Die kinetische Energie für die Fortbewegung wird in Heims Konzept analog zum Prinzip von *Die Glocke* dem Vakuum entnommen. Heim schien diese Entwicklung nach dem Krieg zumindest in theoretischer Hinsicht noch einmal nachvollzogen zu haben. Als sein Mentor und Ideengeber in dieser Hinsicht dürfte der in das Projekt *Die Glocke* involvierte Pascual Jordan gewirkt haben, mit dem Burkhard Heim über Jahrzehnte in regem wissenschaftlichem Austausch stand. Im Jahr 2004 erhielten die beiden Wissenschaftler Prof. Dr. Jochem Häuser und der ehemalige Leiter im Wiener Patentamt, Walter Dröscher, auf der jährlich stattfindenden Konferenz des *American Institute of Aeronautica und Astronautics* (AIAA) für ihren Beitrag „Guidelines for a Space Propulsion Device based on Heim‘s Quantum Theory“ den AIAA-Forschungspreis. Darin hatten sie nicht nur die Erkenntnisse Heims zusammengefasst, sondern darüber hinaus eine Erweiterung von dessen Theorien vorgenommen. Ihren Berechnungen nach ließen sich mit dem originären Heim'schen Antrieb die Flugzeiten gegenüber den herkömmlichen chemischen Antrieben deutlich reduzieren, so die zum Mond auf vier Stunden, die zum Mars auf nur noch 34 Tage.[(221)] Gegenüber den heute benötigten durchschnittlich 250 Tagen bedeutet das eine Verkürzung auf ein Siebtel! Bemannte Marsmissionen und eine Kolonisierung des Planeten wären damit in den Bereich des Möglichen gerückt. Die Dritte Macht hat diese Gelegenheit früh erkannt und für sich ausgenutzt.

Zu klären bleibt noch, ob für Menschen generell die Möglichkeit besteht, auf dem Mars über längere Zeit zu überleben. Folgende Einflussfaktoren sind dabei zu berücksichtigen:

- **Sonnenlicht**
  Wie aus den Aufnahmen von der Mars-Oberfläche deutlich wird, bietet unser Nachbarplanet ausreichend gute Sicht- und damit auch Lichtverhältnisse.

- **Temperatur**
  Die Temperatur auf dem Mars schwankt durchschnittlich zwischen +30 und -70 Grad Celsius und ist damit für den Menschen erträglich und beherrschbar.

- **Atemluft**
  Das Mischungsverhältnis der Gase unserer Atemluft kann künstlich hergestellt werden. Für die Produktion des besonders wichtigen Elements Sauerstoff durch Elektrolyse steht mit einem

95%igen Anteil an Kohlendioxid innerhalb der Mars-Atmosphäre eine nahezu unerschöpfliche und vor allem leicht zugängliche Rohstoffquelle zur Verfügung.

- **Luftdruck**
  Die Simulation des irdischen Luftdrucks innerhalb von Raumanzügen und Gebäuden ist auf einfache Art und Weise möglich. Solches geschieht zum Beispiel täglich innerhalb der Passagierkabinen unserer Flugzeuge.

- **Schwerkraft**
  Die geringere Schwerkraft auf dem Mars bedingt, dass ein Schritt nur etwa halb so viel Energie kostet wie auf der Erde, die Schrittgeschwindigkeit vermindert sich um 40%. Die negativen Auswirkungen dauerhaft reduzierter Schwerkraft, besonders auf das Muskelsystem, sind von den Langzeitflügen russischer Kosmonauten hinreichend bekannt.
  Die Erzeugung und Aufrechterhaltung eines lokal begrenzten, dem irdischen entsprechenden Gravitationsfeldes innerhalb der Mars-Siedlungen dürfte ein nicht geringes Problem darstellen. Wird jedoch berücksichtigt, welche Fortschritte die Dritte Macht bei der Aufhebung der Schwerkraft seit den Versuchen mit *Die Glocke* erzielt haben wird, scheint auch deren angemessener Regulierung im Interesse der Lebenserhaltung nichts mehr im Wege zu stehen.

- **Strahlenschutz**
  Die dauerhafte Abschirmung lebensfeindlicher Strahlung kann erreicht werden durch Schutzschilde aus Aluminium mit einer Dicke von mehreren Zentimetern gegen hochenergetische Ionen sowie durch einen ca. zehn Zentimeter dicken, schalenartigen Wassertank zum Schutz vor solaren Protonenschauern.(222)

- **Wasservorkommen**
  Wasser gibt es auf dem Mars im Überfluss. Anfang Februar 2004 lieferte die europäische Mars-Sonde *Mars Express* geradezu un-

glaubliche Daten. Große Teile des Südpols bestehen aus Eis. Hinter schroffen Steilhängen befinden sich Wassereisflächen von 400 Kilometern Länge mit einer Eisdicke von bis zu drei Kilometern.(223) Selbst Vorkommen flüssigen Wassers wurden in nicht geringer Menge entdeckt.(224)

- **Energieressourcen**
  Die Dritte Macht verfügt über eine schier unerschöpfliche Energiequelle, wenn es ihr gelungen ist, das Nullpunkt-Energie-Feld anzuzapfen.

- **Bodenschätze**
  Da der geologische Aufbau des Mars ähnlich dem der Erde ist, sollte er auch über die entsprechenden Vorkommen an Metallerzen verfügen.

Hilfreich wäre zudem eine geologische Struktur, welche die Anlage von unterirdischen Einrichtungen sowohl aus Gründen der Tarnung als auch des Strahlenschutzes erleichtern würde. Im Jahr 2007 erschienen in den Medien mehrere Beiträge über rätselhafte schwarze Löcher an der Marsoberfläche. Detailaufnahmen der Sonden von NASA und ESA erbrachten erstaunliche Resultate. Sichtbar waren die Wände von weit in die Tiefe des Marsbodens reichenden vertikalen Schächten. *„Große Teile des Mars müssen von Höhlen geradezu wie ein Schweizer Käse durchlöchert sein.“*, wurde ein Experte zitiert.(225)

Damit sind alle Bedingungen als gegeben vorauszusetzen, die es dem Menschen ermöglichen, den Mars zu kolonisieren und langlebige Habitate zu unterhalten.

Die eigentliche Sensation bei der Erforschung unseres Nachbarplaneten war die Entdeckung von Methan in der Mars-Atmosphäre im Jahr 2004.(226) Das übel riechende Fäulnisgas wird vor allem bei biologischen Prozessen frei und ist als Treibhausgas in den letzten Jahren vermehrt in die Schlagzeilen geraten. Methan kann auch bei geologischen Prozessen im Zusammenhang mit Vulkanismus entstehen, die jedoch auf dem Mars schon vor vier Millionen Jahren zum Erliegen gekommen sind. Zudem liegt die Lebenszeit von Methan auf dem Roten Planeten bei maximal 300 Jahren, was den Vulkanismus als Ursache definitiv ausschließt. Der Verdacht fiel danach auf Meteoriten, die beim Eintritt in die Mars-Atmosphäre große Hitze produzieren, welche wiederum chemische Reaktionen hervorruft, die neben anderen Gasen auch Methan abgeben. „*Nicht mehr als zehn Kilogramm Methan könnten die Geschosse jährlich hinterlassen, so rechneten die Wissenschaftler aus. Doch tatsächlich entstehen auf dem Planeten Jahr für Jahr bis zu 300 Tonnen Methan – so viel, wie tausend Rinder auf der Erde täglich ausdünsten.*“[227]

Im Jahr 2005 entdeckte der italienische Planetenforscher Vittorio Formisano einen weiteren Hinweis für Leben auf dem Mars: Formaldehyd, ein Zerfallsprodukt von Methan – „*ein Gas, das sich auf dem Mars nicht länger als 7,5 Stunden halten könne und deshalb ständig nachproduziert werden müsse*“.[228]

Mehrere Experten, so auch Dr. Lutz Richter vom *Institut für Raumsimulation* des DLR (Deutsches Zentrum für Luft-und Raumfahrt) in Köln, resümierten übereinstimmend: „*Methan in der Mars-Atmosphäre ist ein Hinweis für heutiges Leben auf dem Roten Planeten.*“[226] Man müsste hinzufügen: Auf ein Leben, das erst kürzlich und in sehr beschränktem Umfang vom Mars Besitz ergriffen hat.

Wiederholt gelangen in den Folgejahren Messungen von Methan, wobei zum Teil erhebliche Schwankungen in der Konzentration des Spurengases registriert wurden. Die Ursache dieser Unregelmäßigkeiten blieben unklar.[229,230] Sie könnten etwas damit zu tun haben, in welcher Intensität und ob überhaupt in der Nähe der Messgeräte Aktivitäten der Dritten Macht stattfanden.

Wichtiger noch und geradezu eine Bestätigung für das hier entwickelte Szenario war die Entdeckung, dass sich das Methan nicht gleichmäßig in der Mars-Atmosphäre verteilt. Das Gas kam in riesigen Fahnen vor und schien aus **drei separaten Quellen** zu strömen.[229,231] Diese drei Stellen liegen nahezu auf einer Linie und befinden sich in den Regionen Tharsis, Arabia Terrae und Elysium auf der Nordhalbkugel des Planeten. Die Vermutung ist naheliegend, dass es sich dabei um unterirdische Anlagen handelt – die Mars-Stützpunkte der Dritten Macht.

Lässt sich die Stärke der Besatzung dieser Stützpunkte näherungsweise berechnen?

Jährlich entstehen auf dem Mars zwischen 100 und 300 Tonnen Methan.[232] Wird unterstellt, dieser Ausstoß wäre auf die Verdauungsprozesse des im Auftrag der Dritten Macht auf diesem Planeten operierenden Personals zurückzuführen, müsste sich unter Zugrundelegung des täglichen Methanausstoßes eines Menschen recht einfach eine Antwort auf die gestellte Frage finden lassen. Leider sind die wissenschaftlichen Erkenntnisse in diesem Punkt nicht ganz eindeutig. In einigen medizinischen Fachartikeln wird von zwei bis drei Liter täglich ausgegangen. Andere Beiträge sprechen von erheblich größeren Mengen. Demnach sollen Bakterien im menschlichen Verdauungskanal täglich fünf Liter Methan herstellen. Sind die Mikroben besonders fleißig, können auch dutzende Liter möglich sein.[233]

Ausgegangen werden soll bei der nachfolgenden Berechnung von einer durchschnittlichen Aktivität dieser Kleinstlebewesen und dass ein Mensch in diesem Fall täglich fünf Liter Methan produziert. Der mittlere Wert des auf dem Mars jährlich neu entstehenden Methans beträgt 150 Tonnen, die Dichte des Gases 0,72 Gramm pro Liter. Ein Mensch stößt demnach pro Tag 3,6 Gramm Methan aus, im Jahr also 1,314 Kilogramm. Werden die 150.000 Kilogramm des jährlich auf dem Mars produzierten Methans durch diese Größe geteilt, erhält man die Zahl 114.155. Das bedeutet eine Mars-Besatzung in der Größenordnung von etwa 100.000 Menschen. Verteilt auf die drei Siedlungsplätze, denen das Methan entströmt, wird damit die Annahme bestätigt, wonach die Dritte Macht den Mars seit Ende der 1950er-Jahre vorerst nur in sehr eingeschränktem Umfang besiedelt hat. Die Frage, woher diese Menschen kommen, kann leicht beantwortet werden. Endlich ist bekannt, wo die „Hybriden“, der über Jahrzehnte aus der Erbmasse von UFO-Entführungsopfern massenhaft gezeugte Nachwuchs, geblieben sind.

Die zunehmende Besiedlung des Mars durch die Dritte Macht hat Folgen auch für das Klima des Planeten. Im September 2005 berichteten die Medien erstmals über Hinweise für dramatische klimatische

Veränderungen auf dem Mars. An einer der Polkappen wurde ein stetiger Rückgang von gefrorenem Kohlendioxid verzeichnet, was auf einen langfristigen Klimawechsel hindeutet. *„Das Tempo, mit dem sich die polaren Bereiche zurückziehen, ist absolut erstaunlich.“*, erklärte einer der beteiligten Wissenschaftler. Weshalb der Mars heute wärmer ist als noch vor kurzem, ist völlig unklar. *„Wir haben absolut keine Ahnung.“*[(234)] Um 0,86 Grad sei die globale Mitteltemperatur des Roten Planeten allein von 1978 bis 1999 gestiegen, die der Erde in den letzten 100 Jahren nur um 0,74 Grad.

Als Grund werden die gewaltigen Staub-Stürme angenommen, die manchmal fast die Hälfte der Marsoberfläche bis zu 10% verdunkeln.[(235)] Nun stellen die Mars-Stürme kein neues Phänomen dar und treten darüber hinaus auch diskontinuierlich auf. Der langfristige, stetige Klimawandel muss also andere Ursachen haben. Vielleicht sollte einfach die Fragestellung geändert werden: Nicht *was*, sondern *wer* sorgt seit einigen Jahren für die systematische Erwärmung des Mars? Der die Situation am besten beschreibende Fachbegriff lautet: Terraforming. Darunter wird die Umformung von anderen Planeten in bewohnbare erdähnliche Himmelkörper mittels geeigneter Technologien verstanden.[(236)]

Welche dramatischen Auswirkungen diese Veränderungen auf das Ökosystem des Roten Planeten gehabt haben, wird anschaulich durch die erst kürzlich vorgebrachte These vom Vorhandensein von Insekten auf dem Mars. Der diese Ansicht geäußert hat, ist nicht irgendwer. Bei William Romoser von der *Ohio University* handelt es sich um einen bekannten Entomologen, also Insektenkundler, der sich 45 Berufsjahre mit nichts anderem als diesem Thema beschäftigt hat. Auf dem im Jahr 2019 stattgefundenen Treffen der *Etomological Society of America* in St. Louis hielt er einen Vortrag, der aus dem Spektrum der Beiträge anderer Wissenschaftler herausstach und weltweit für Aufsehen sorgte. Darin behauptete er, auf im Internet frei zugänglichen Fotos verschiedener Marsmissionen – besonders des Rovers *Curiosity* – zahlreiche insektenartige Lebensformen von zum Teil beträchtlicher Größe ausgemacht zu haben.[(237)]

Einwänden, er wäre der Pareidolie, einem Wahrnehmungsphänomen, aufgesessen, das uns auch dort vertraute Muster „erkennen“ lässt, wo sie gar nicht vorhanden sind, widersprach Romoser in einem ausführlichen auf seiner Internetseite veröffentlichten Artikel. Dort widmete er sich zudem Fragen wie denen nach vorhandenen Nahrungsketten und der Existenz von flüssigem Oberflächenwasser. Seiner Meinung nach sind alle Voraussetzungen einer artenreichen Mars-Fauna gegeben.(238) Sollte William Romoser Recht behalten, ist das Terraforming-Projekt der Dritten Macht weit gediehen. Der Wissenschaftler überraschte noch mit einer anderen Entdeckung, die für das Thema dieses Kapitels von herausragender Bedeutung ist. Eine Kolonisierung des Planeten Mars durch die Dritte Macht sollte mit einer Beobachtung ungewöhnlicher Flugobjekte am Himmel des Roten Planeten einhergehen. Und genau das ist laut Romoser auch der Fall. Auf Fotos vom Mars konnte er alle jene Formen von UFOs identifizieren, wie sie in großer Häufigkeit seit Jahrzehnten auf der Erde beobachtet worden sind – Feuerbälle, runde, ovale, diskus- und dreiecksförmige.(239) Wenn man bedenkt, dass er in seiner Präsentation nur einen kleinen Teil der entsprechenden Bilder veröffentlichte und ausschließlich solche, die vom Rover *Curiosity* aufgenommen wurden, lässt das nur einen Schluss zu: Am Mars-Himmel herrscht ein reger Flugverkehr.

Nachfolgend einige wenige besonders aussagekräftige Beispiele:

Abb. 26 (li.): Das Foto zeigt einen aus dem Untergrund aufsteigenden Feuerball. Rechts eine Vergrößerung.

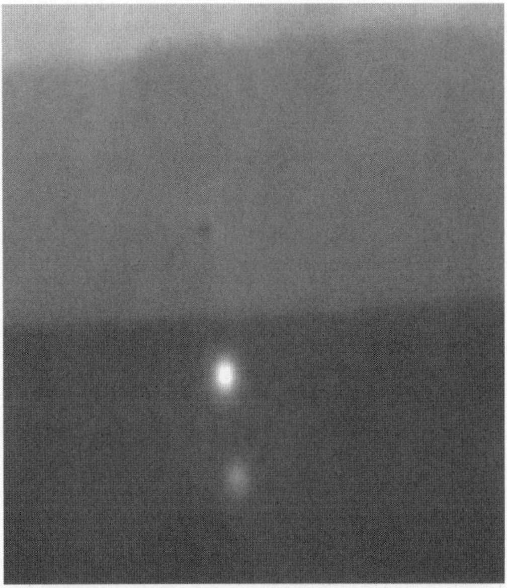

Abb. 27 (links):
Das Foto zeigt ein ovales Objekt zusammen mit einem Feuerball und dessen scheinbarer Widerspiegelung auf einer wässrigen(?) Oberfläche.

Abb. 28 (unten):
Man sieht eine Kombination von zwei Flugobjekten, eines mit ovalem, das andere mit diskusförmigem Profil.

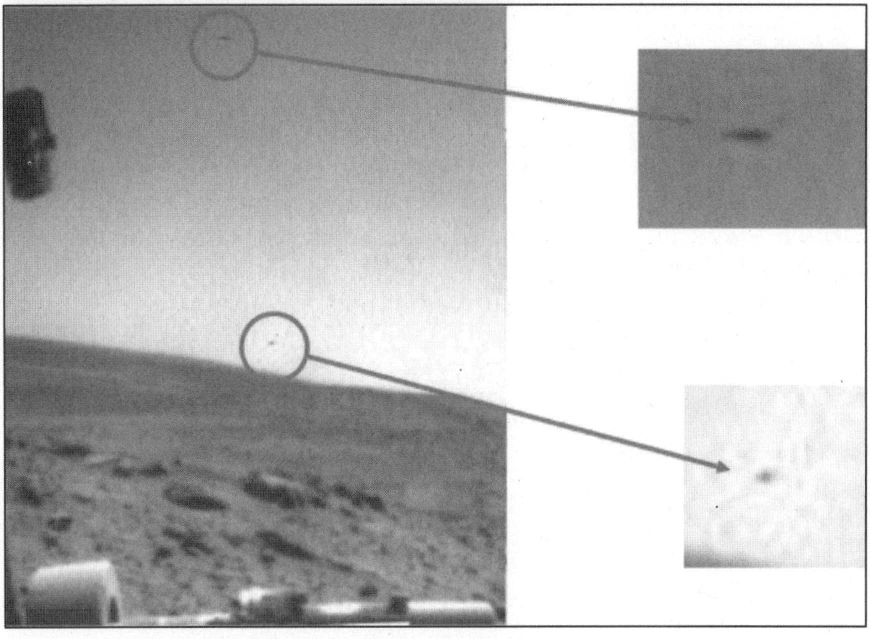

Abb. 29:
Die Aufnahme zeigt zwei „Boomerangs“.

Damit ist die Beweiskette geschlossen. Was eingangs dieses Kapitels noch spekulativ erschienen ist – die Kolonisierung des Planeten Mars durch die Dritte Macht –, hat sich als Realität erwiesen. Die Fülle der Hinweise dafür ist einfach überwältigend. Nach der Auflösung ihrer irdischen Stützpunkte und der Verlagerung der erdnahen Aktivitäten in die Riesen-UFOs war der Mars die eigentliche Operationsbasis der Dritten Macht, wo alle Maßnahmen von der Rohstoffgewinnung über die Fabrikation der Fluggeräte bis hin zur Aufzucht des genetisch gewünschten Nachwuchses gebündelt wurden.

Dabei hätte sich das Jahr 2014 als Schicksalsjahr für die Dritte Macht erweisen können, alle ihre Ambitionen wären beinahe zunichte gemacht worden. In jenem Jahr ist die Mars-Kolonie nur knapp der Vernichtung entgangen.

Was war passiert? Anfang 2013 wurde ein Komet entdeckt, der die Bezeichnung C/2013 A1 erhielt und nach ersten Berechnungen am 19. Oktober 2014 in die unmittelbare Nähe des Roten Planeten gelangen sollte. Eine Kollision konnte nicht ausgeschlossen werden, was bei einer geschätzten Größe des Himmelskörpers von 50 Kilometern verheerende Konsequenzen hervorgerufen hätte.[240] *„Die Wucht eines solchen Einschlags entspräche der Explosion einer 20.000 Gigatonnen-Bombe und risse einen 500 Kilometer großen Krater in die Oberfläche des Planeten – mit vermutlich globalen Folgen. Die planetarische Katastrophe wäre vergleichbar mit dem Einschlag eines großen Asteroiden vor 65 Millionen Jahren auf der mexikanischen Yukatan-Halbinsel. Damals starben ein großer Teil des mesozoischen Pflanzen- und Tierarten aus, darunter auch die Dinosaurier. Aber auch ohne direkten Einschlag könnten die Folgen für unseren Nachbarplaneten dramatisch sein. Denn Kometen entwickeln bei Annäherung an die Sonne eine häufig 100.000 Kilometer große Hülle – die sogenannte Koma – aus Gas, Staub und kometarischen Trümmern unterschiedlicher Größe. Da der Mars nur eine dünne Atmosphäre besitzt, wäre seine Oberfläche also einem intensiven Bombardement aus dem Weltall ausgesetzt, wenn der Planet die Koma des Kometen durchquert.“*[241]

Kurze Zeit später erfolgte eine erste Korrektur. Der Kern des Kometen wäre kleiner als ursprünglich angenommen – nur etwa ein bis drei Kilometer im Durchmesser. Trotzdem könnte er in Abhängigkeit vom Einschlagswinkel beim Aufschlag immer noch eine Energie von einem Drittel des Yukatan-Asteroiden entwickeln.[242] Eine endgültige Entwarnung konnten die Astronomen im Oktober 2014 geben. Der Komet raste in einer Entfernung von lediglich 140.000 Kilometer am Mars vorbei. Zum Vergleich: Der Mond ist von der Erde etwa zweieinhalb Mal so weit entfernt.[243]

Die Dritte Macht hatte noch einmal Glück gehabt. Wenige Jahre vor der geplanten Einleitung ihrer Übernahmeagenda – siehe hierzu das letzte Kapitel in diesem Buch – wäre ihr beinahe ein kosmisches Großereignis dazwischengekommen.

Abschließend sei noch darauf hingewiesen, dass mit der Eroberung des interplanetaren Raumes und mit der Besiedlung des Planeten Mars die Wahrnehmung irdischer Befindlichkeiten in den Reihen der Dritten Macht nachhaltig eine andere geworden sein dürfte. In einem solcherart kosmischen Bewusstsein wird sicherlich vergeblich nach vielen unserer allzu menschlichen Handlungsmotivationen gesucht werden. So sollte auch die inzwischen mehr als 75 Jahre währende Isolation keinen Anlass zu Klage, Frustration oder Pessimismus geben. Die vermeintlich auf Ewigkeiten angelegte historische Mission überstrahlt hier alles. Nach Jahrzehnten durchlebter Abenteuer im All werden uns am „Tag X“ die Angehörigen einer Weltraumrasse gegenüberstehen.

8. Fragen mit ewiger Wiederkehr

In diesem Abschnitt sollen die am häufigsten gestellten „Grundsatzfragen" zur Dritten Macht beantwortet werden.

Warum wurden keine der NS-Führungspersönlichkeiten evakuiert?

Weit verbreitet ist die Meinung, eine Verbindung zwischen der Dritten Macht und aus der Konkursmasse des Dritten Reiches hervorgegangenen Kräften sei allein schon dadurch widerlegt, dass sämtliche bekannten NS-Führungspersönlichkeiten der ersten Reihe den Krieg nicht überlebt haben oder in Gefangenschaft geraten sind. Dabei wird die Kluft übersehen, die sich spätestens seit März 1945 zwischen Hitler, Bormann und Goebbels auf der einen und der SS-Führung auf der anderen Seite aufgetan hatte. Ein Grund war der sogenannte „Ärmelstreifenbefehl" Hitlers, der den SS-Divisionen in Ungarn, so unter anderem auch der *Leibstandarte Adolf Hitler*, wegen angeblichen Versagens das Tragen der Ärmelbänder mit ihren Divisionsnamen verbot.[(244)]

Als noch schwerwiegender wurden von der SS-Führung die bedingungslosen, auf die Zerstörung der Lebensgrundlagen des deutschen Volkes gerichteten Befehle Hitlers, wie zum Beispiel der sogenannte „Nero-Befehl", eingeschätzt. Diese Maßnahmen ließen sich nicht mehr mit der Ideologie der SS vereinbaren, in deren Mittelpunkt die Bewahrung und Höherzüchtung der „rassischen Substanz" der als germanisch (nordisch) aufgefassten Volksteile stand. Zudem war dem Reichsführer-SS, Heinrich Himmler, durchaus klar geworden, wie schlecht sich der Gesundheitszustand seines über die Jahre wie einen Gott verehrten Führers entwickelt hatte. „Unsere Ehre heißt Treue", dieser Leitspruch der SS galt in der Endphase des Krieges nicht mehr einzelnen Persönlichkeiten, sondern der biologischen Entität Volk.

Einige Autoren bemühten sich in den letzten Jahren nachzuweisen, dass Hitler den Krieg überlebt hat und in den letzten Kriegstagen aus der Reichshauptstadt Berlin geflüchtet ist. Im Rahmen der Absetzbewegung wäre er zusammen mit seiner Ehefrau Eva Braun in einem U-Boot nach Argentinien gelangt. Ein Doppelgänger hätte in den letzten

Apriltagen die Amtsgeschäfte geleitet. Mit Blick auf Hitlers Gesundheitszustand scheint das nach Meinung des Autors eher ausgeschlossen. Er blieb bis zuletzt in Berlin. Martin Bormann und Joseph Goebbels als seine zu dieser Zeit engsten Mitarbeiter taten es ihm gleich.

Und der offizielle Führerstellvertreter Hermann Göring? Morphinsüchtig und in tiefe Apathie versunken, bestand seitens der SS kein Grund, ihn bei den in die Zukunft gerichteten Plänen ins Kalkül zu ziehen. Andere früher einflussreiche Persönlichkeiten, wie zum Beispiel Rüstungsminister Albert Speer, waren zwischenzeitlich bei Hitler in Ungnade gefallen und standen den Ambitionen der SS eher ablehnend gegenüber.

Heinrich Himmler selbst hatte den Glauben an eine Verhandlungslösung bis zuletzt nicht aufgegeben. Als sich diese zerschlug, war es für ihn zu spät. Ob er Selbstmord beging oder von den Briten ermordet wurde, wird wohl nicht mehr zweifelsfrei geklärt werden können. In allem, was mit der Absetzbewegung zu tun hatte, war sowieso längst SS-Obergruppenführer Hans Kammler zur treibenden Kraft geworden.

Was ist mit der Absetzbewegung nach Neu-Schwabenland?

Der Mythos von Neu-Schwabenland hält sich hartnäckig. Geht man jedoch seinen Ursprüngen auf den Grund, wird schnell die Haltlosigkeit aller Behauptungen über ein reichsdeutsches Rückzugsgebiet in der Antarktis deutlich. Wahr ist, dass am 19. Januar 1939 das Forschungsschiff *Schwabenland* die antarktische Packeisgrenze erreichte und von dort zwei Flugboote zu Aufklärungsflügen starten konnten. Dabei wurden auch einige, später nach dem Flugkapitän Schirrmacher benannte, bis auf den Grund durchsichtige Teiche ohne nennenswerte Eisbildung entdeckt. Die Forschungsarbeiten dauerten bis zum 6. Februar an. Es gelang, mit mehr als 11.000 Aufnahmen die fotografische Erfassung eines 350.000 Quadratkilometer großen Gebiets, das den Namen *Neu-Schwabenland* erhielt. Mit dem Einlaufen in Cuxhafen ging diese Forschungsreise am 11. April 1939 zu Ende. Weder kehrte die *Schwabenland* später in die Antarktis zurück, noch sind Landeunternehmen anderer deutscher Schiffe bekannt.(7)

Aufschlussreich ist ein Interview mit dem letzten überlebenden Teilnehmer der Expedition, dem Luftfotografen Siegfried Sauter. Auf die Frage, ob er es für möglich halte, dass kurz vor Kriegsbeginn und während des Krieges Baumaterial nach Neu-Schwabenland transportiert worden ist, um dort im Eis Bunker für Unterkünfte und U-Boote zu bauen, antwortete er: *„Alle Gerüchte und Spekulationen darüber, die nach dem Krieg in Umlauf gebracht wurden, sind barer Unsinn. Schiffe konnten nicht landen wegen des Packeisgürtels, der Neu-Schwabenland umgibt. Nur Eisbrechern wäre dies möglich gewesen oder besonders gepanzerten Schiffen. Die Schiffe stoßen zunächst auf Schelfeis, dann auf Randeis, das bis zu 100 Meter hoch ist, oft noch höher. Das Eis schiebt sich im antarktischen Winter nach draußen und bricht dann nach einiger Zeit ab. Einen Bunker in das Eis oder unter das Eis zu bauen, ist technisch unmöglich, denn das Eis bewegt sich und treibt nach außen. Jede Station, in der Forscher überwintern, muss für ein Jahr mit Lebensmitteln versorgt werden. Das reicht nur für eine geringe Anzahl von Menschen. Wer solche Gerüchte in die Welt setzt, hat keine Ahnung, wie es in der Antarktis aussieht, sie ist der wüsteste Kontinent, den es gibt. Über ihn rasen Stürme mit 200 und mehr Kilometer Geschwindigkeit dahin, und ein halbes Jahr lang ist Nacht, völlige Nacht.“*

Angesprochen auf die Möglichkeiten der „Schirrmacher-Oase“ antwortete Siegfried Sauter: *„Unter dem Begriff Oase stellt man sich normalerweise einen Ort mit Palmen vor. In der Antarktis gibt es keine Vegetation. Die ‚Schirrmacher-Oase‘ ist eine eisfreie Zone mit einem blauen See mittendrin. Sie liegt etwa eine Flugstunde von der Schelfeisgrenze entfernt und ist im antarktischen Sommer, der im Januar beginnt, eisfrei. Nur diese Zeit kann benutzt werden für den Bau und die Einrichtung von Forschungsstationen.“*[7]

Man überlege sich unter diesen Bedingungen auch die gewaltigen logistischen Probleme bei der Versorgung einer von manchen Autoren auf bis zu zwei Millionen bezifferten Besatzungsstärke des antarktischen Stützpunktes. Zudem müssen für Operationen dieses gewaltigen Ausmaßes sämtliche Geheimdienste in Ost und West über Jahrzehnte gleichzeitig blind und taub gewesen sein.

Es sieht demnach nicht gut aus für einen reichsdeutschen Stützpunkt in der Antarktis. Der Einrichtung eines solchen standen nach Kriegsende auch noch andere Fakten im Wege. Schon in den ersten Nachkriegsjahren hatten die Russen in Neu-Schwabenland ihre große Forschungsstation *Nowolasarewskaja* eingerichtet, die in den Folgejahren eine ständige Erweiterung erfuhr. Während der norwegischen Antarktisexpedition von 1956 bis 1960 wurde das ganze Gebiet topografisch neu aufgenommen, so dass es spätestens dann zu Verwicklungen mit den Deutschen hätte kommen müssen.[(7)]

Von jetzt immer noch Uneinsichtigen kommt als nächstes die Frage, ob die Operation *High-jump* unter der Leitung von Admiral Byrd nicht als Versuch angesehen werden müsse, offensiv gegen die Deutschen in der Antarktis vorzugehen.

Die Vorbereitungen für diese größte Antarktisexpedition, die jemals durchgeführt worden ist, liefen in den USA im Sommer 1946 an. Anfang Dezember stach der Schiffskonvoi, bestehend aus 13 Schiffen, darunter auch ein Flugzeugträger und ein U-Boot, mit 4.000 Mann an Bord in See. Die Unternehmung war keineswegs geheim, der betriebene Medienaufwand enorm. Allein elf für Presseagenturen, Zeitungen und Rundfunkstationen arbeitende Korrespondenten fuhren mit in die Antarktis. Die Operation *High-jump* musste dann jedoch vorzeitig abgebrochen werden, da durch extreme Wetterunbilden und die mit Abstand ungünstigste Eislage im letzten Jahrhundert ein Großteil des antarktischen Sommers und damit des besten Flugwetters verlorengegangen war und unter diesen Umständen die Rückkehr des Konvois nicht gefährdet werden sollte.

Trotzdem wurde der Vorstoß der Amerikaner ins antarktische Eis als höchst erfolgreich eingeschätzt. So entstanden unter anderem während 64 Forschungsflügen über 70.000 Luftbildaufnahmen. Auch ein Äquivalent zur „Schirrmacher-Oase“, die sogenannte „Bunger-Oase“ mit drei großen Seen und 20 kleineren Wasserflächen, konnte entdeckt werden.[(7)] Darüber hinaus gibt es zur Operation High-jump nichts zu berichten, was den Gerüchten über die Existenz eines reichsdeutschen Stützpunktes in der Antarktis weitere Nahrung geben würde.

Wie konnte die Dritte Macht ihren 1945 auf vielen Gebieten erreichten Wissensvorsprung behalten bzw. weiter ausbauen?

Dass die Deutschen am Ende des Zweiten Weltkriegs über die geheimen Waffenprogramme hinaus den Alliierten auf vielen Gebieten von Wissenschaft und Technik weit voraus waren, beweist nachhaltig das Buch »Unternehmen Patentraub« von Friedrich Georg.(245) Um den dort geschilderten größten geistigen Diebstahl der Weltgeschichte überhaupt auswerten zu können, musste eigens dafür ein neues deutsch-englisches Fachwörterbuch geschaffen werden. *„Für 40.000 deutsche Ausdrücke wissenschaftlich-technischer Art gab es keine englische Entsprechung. Sie waren ganz neuen Einsichten entsprungen, die die Sieger noch nicht besaßen.“* Um das ganze Ausmaß des stattgefundenen Technologiediebstahls zu demonstrieren, wird auf einen kurz nach Kriegsende erschienenen Artikel des Sonderkorrespondenten der Zeitschrift *New Chronicle*, Ian Bevon, verwiesen, aus dem man fast den Eindruck gewinnen könnte, dass der Großteil der praktisch verwertbaren technischen Errungenschaften unseres Zeitalters auf die Zeit zwischen 1933 und 1945 zurückzuführen ist.

„Unter den beschlagnahmten Geheimnissen befanden sich danach beispielsweise Erfindungen und Anleitungen zur Herstellung von synthetischem Treibstoff, synthetischem Gummi, synthetischem Schmieröl, zur synthetischen Faser- und Textilherstellung, zu Dieselmotoren, Optiken, schweren Druckpressen, Windkanälen, in denen Geschwindigkeiten über 8.000 km/h erreicht wurden, Infrarotzielgeräten, Kassettenrekordern, elektrischen Kondensatoren, haltbaren Fruchtsäften, Maschinen zum Einwickeln von Schokolade, synthetische Saphire für Uhren, synthetischem Glimmer, laufmaschenfreien, gehbeständigen Damenstrümpfen, Buttermaschinen, die 1.500 Pfund Butter je Stunde ausstießen, Quarzuhren, Zelluloseprodukten, einer Vielzahl pharmazeutischer Produkte, Insektiziden, Kolloiden als Rostschutzfarben und als Ersatz für Zinkchrom, Kunstleder, Plastik, Farbfotografie, einer unüberschaubaren Anzahl von Präzisionsgeräten und tausend anderen Entdeckungen auf chemischem, physikalischem, technologischem und elektronischem Gebiet, auf denen nach Meinung der

führenden Spezialisten die Deutschen allen anderen Nationen um Klassen – 5, 10 oder noch mehr Jahre – in der Entwicklung voraus waren.“[245]

Welcher Wissensstand wird erreicht, wenn man den damals erzielten Vorsprung über mehr als 75 Jahre hochrechnet? Wissenserweiterung vollzieht sich exponentiell. Da der Informationstransfer zu den ehemaligen Kriegsgegnern in den folgenden Jahrzehnten unterbunden war – umgekehrt jedoch nicht, wie noch gezeigt werden soll –, kann davon ausgegangen werden, dass der Abstand zumindest in den als strategisch zu bezeichnenden Bereichen mit der Zeit immer größer geworden ist.

Als Einwand ist dann zu hören, wie hoch der Wissensvorsprung der Deutschen bei Kriegsende auch immer gewesen sei, so wäre es der Dritten Macht doch kaum möglich gewesen, mit ihrem in den Anfangsjahren verhältnismäßig kleinen Personalbestand das vorhandene Material auszuwerten und vor allem fortzuentwickeln.

Dabei wird übersehen, dass unabhängig von dem im Zuge der Absetzbewegung evakuierten Personal, welches im „Raumfahrtzentrum am Pico Tamacuari tätig war, wichtige Forschungsprojekte zwischen 1945 und 1955 im argentinischen „Exil“ bei großzügiger Förderung durch die Regierung unter Führung General Perons fortgesetzt werden konnten. In Argentinien fand die Dritte Macht auch die Basis für die Rekrutierung neuen Personals. Die deutsche Gemeinschaft zählte dort seinerzeit etwa 250.000 Köpfe, die in ihrer Mehrzahl für ihre deutschnationalistische Einstellung bekannt waren. Ergänzt wurde dieses Potenzial durch den Zustrom von Deutschen aus Europa in einer geschätzten Größenordnung von 30.000 bis 40.000 Personen. *„Diese Neuankömmlinge waren in der Regel gut qualifiziert. Die meisten hatten eine abgeschlossene Berufsausbildung, hatten während des Krieges den Umgang mit moderner Technik erfahren, hatten gelernt, schnell zu entscheiden, Risiken abzuschätzen und effektiv zu improvisieren.*“[41]

Auch der Wissenschaftsbetrieb in Argentinien wurde nach dem Krieg von den emigrierten Deutschen geprägt. Allein an der Universität von Tucuman lehrten in den 1950er Jahren 30 deutsche Professoren, andere arbeiteten in Mendoza, La Plata und Buenos Aires.[41] Wird zudem berücksichtigt, dass die Dritte Macht über die WÄCHTER weiterhin Zugang zu Forschungsprojekten hatte, die nicht mehr rechtzeitig evakuiert werden konnten, so befand sie sich alles in allem gesehen im schwierigen ersten Jahrzehnt ihrer Existenz in einer komfortablen Situation, was die Fortentwicklung ihrer Hochtechnologieprojekte aus eigener Kraft betraf.

Auch war und ist es bis heute ein Leichtes, das Wissen der Gegenseite auf verschiedenen Wegen abzuschöpfen. Viele Informationen sind über Veröffentlichungen in wissenschaftlichen Fachpublikationen, in Bibliotheken und über das Internet frei zugänglich.

Die Ausforschung hochsensibler militärischer Einrichtungen der Gegenseite durch die Dritte Macht erfolgte in der Vergangenheit recht offen durch die UFOs – siehe hierzu u.a. im 3. Kapitel den Abschnitt über ihr Eindringen in den Luftraum über den US-Nuklearanlagen. In der Gegenwart dürfte der Einsatz von Unsichtbarkeitstechnologien, wie sie vom UFO-Entführungsphänomen bekannt sind, das unbemerkte Spionieren in Anlagen, die der Forschung und Entwicklung dienen, wesentlich erleichtern.

Von besonderer Brisanz ist der Nachweis einer Kooperation der Dritten Macht mit Wissenschaftlern, die nach dem Krieg im Dienste der Siegermächte gearbeitet haben. Die Vorstellung, dass Spitzenkräfte, wie zum Beispiel die deutschen Raketenfachleute in den USA, nahezu sämtliche militärisch relevanten Hochtechnologieprojekte der Amerikaner zum Zweck der Spionage für die Dritte Macht infiltriert haben könnten, ist für viele sicher kaum auszudenken. Trotzdem scheint genau das der Realität zu entsprechen.

Im Jahr 1947 sollte sich herausstellen, dass der ehemalige Kommandeur der Heeresversuchsanstalt Peenemünde, Dr. Walter Dornberger, und der ihm unterstellte führende Raketeningenieur Wernher von Braun bei Kriegsende den Alliierten nicht die volle Wahrheit über den letzten Entwicklungsstand ihrer Forschungsprojekte mitgeteilt hatten.

So wurde von General Dornberger erst unter dem Druck gegen ihn erhobener Anklagen zugegeben, in mehreren Depots weiterführendes Wissen um die deutschen Raketenprojekte versteckt zu haben. Auch der daraufhin verhörte von Braun konnte in diesem Zusammenhang mehrfach der Lüge überführt werden. Den amerikanischen Behörden war nunmehr klar, dass die Deutschen zusammenhielten und alle Anstrengungen unternahmen, den Amerikanern den Zugriff auf die verborgenen Dokumente zu erschweren. Zu ihrem Ärger mussten die Amerikaner feststellen, als sie den von Dornberger erpressten Hinweisen nachgingen, dass ein Teil der Depots schon geräumt war und in anderen nur noch die weniger wichtigen Dokumente aufgefunden werden konnten.(246) Die Verschwörung zwischen Dornberger, von Braun und anderen führenden Raketenwissenschaftlern trat offen zu Tage.

Den Deutschen wurde außerdem vorgeworfen, *„dass sie unerlaubterweise über die Grenze nach Mexico gingen und sich mit merkwürdigen Deutschstämmigen träfen; drei Raketenwissenschaftler unterhielten ‚illegale' Postfächer in El Paso, durch die sie Geld und kodierte Botschaften aus unbekannten ausländischen quellen erhielten.“*(204)

Später führten die deutschen Raketenfachleute in der NASA ein erfolgreiches Eigenleben, das die Amerikaner letztlich 1973 zur Zerschlagung der Gruppe zwang. An diesem Beispiel wird deutlich, wie wichtige Forschungsvorhaben der Amerikaner unter die Kontrolle der Deutschen geraten waren und dass der Dritten Macht anscheinend das Wissen um die jeweiligen Fortschritte zugänglich gemacht wurde.

Zusammenfassend kann festgestellt werden, dass es der Dritten Macht nicht schwer gefallen sein dürfte, in wichtigen Bereichen ihren 1945 erreichten Entwicklungsvorsprung zu halten bzw. weiter auszubauen.

Wie realisiert die Dritte Macht die Tarnung ihrer Stützpunkte auf Erde und Mars?

Zu unterscheiden sind bei der Klärung dieser Frage optische, Radar- und Infrarotunsichtbarkeit. Zu den Möglichkeiten, eine optischen Unsichtbarkeit zu erzeugen, siehe die Ausführungen im 4. Kapitel.

Radarunsichtbarkeit bei Flugzeugen und anderen oberirdischen Objekten wird heute durch Stealth-Technologien erreicht. Noch vor dem Ende des Zweiten Weltkriegs gelangen deutschen Wissenschaftlern erste Fortschritte auf diesem Gebiet. Bestes Beispiel hierfür ist eine von den Amerikanern erbeutete Horten IX (Ho 229 V3). Diese Nurflügelmaschine – ein Vorgängermodell der später auftauchenden UFOs in der Form von Dreiecken oder Boomerangs – war mit einem radarabsorbierenden Anstrich überzogen. Vor einigen Jahren durchgeführte Tests mit einem Nachbau bestätigten die schlechte Radarortbarkeit und damit die Fähigkeit, die gegnerische Luftaufklärung zu unterwandern.[246]

Unterirdische Anlagen können gegen die Aufklärung mit Tiefenradar zum Beispiel dadurch geschützt werden, indem an der Decke ein Breitband-Schaumabsorber angebracht wird.

Um Infrarotunsichtbarkeit, auch als Abschirmung der Wärmestrahlung bezeichnet, herzustellen, genügt es prinzipiell, die Temperatur der Oberfläche des Körpers, den man tarnen will, exakt auf Umgebungstemperatur zu bringen. Technisch anspruchsvoll ist das insofern, als die Oberflächentemperatur überall gleich sein muss. Schon kleine Schwankungen können verräterisch sein. Für die kompakten, glatten Oberflächen der UFOs sollte das mit einer Technologie, die der unseren nur wenig voraus zu sein braucht, durchaus möglich sein. In kleinen Abständen auf der Außenhaut platzierte Sensoren würden die gemessenen Temperaturwerte an einen leistungsfähigen Computer weiterleiten, der wiederum die Regelung der Wärmezufuhr bzw. die Ableitung überschüssiger Wärme übernimmt.

Eine Infrarotortung von großflächigen Anlagen ist dann unmöglich, wenn diese unter der Erde liegen, was für die irdischen und die Mars-Stützpunkte der Dritten Macht vorausgesetzt werden kann. Probleme bei der Tarnung können auftreten, wenn die produzierte Wärme die Höhlendecke so erwärmt, dass an der Oberfläche eine messbare Temperaturzunahme erfolgt. Die einfachste Lösung ist eine ausreichend dicke Bedeckung, welche bewirkt, dass sich die Abwärme stark verteilt und an der Oberfläche nicht mehr nachweisbar ist. Eine andere Lösung könnte in der Ableitung der Wärme ins Planeteninnere bestehen, zum Beispiel, wenn unterirdische Wasserströme zur Kühlung vorhanden sind oder ein tiefer Schacht in den Höhlenboden getrieben und dieser mit Metall ausgegossen wird. Der auf diese Wiese fabrizierte Metallzylinder dient dann als Wärmeableiter.

Von daher braucht sich niemand zu wundern, wenn unsere Mars-Sonden die Basen der Dritten Macht auf dem Roten Planeten – abgesehen vom Ausstoß der Methanschwaden – bis heute nicht „sichtbar machen" konnten.

Was wissen die Regierungen über die Dritte Macht?

Das Wirken der Dritten Macht nach 1945 manifestiert sich hauptsächlich im UFO-Phänomen. Von daher ist zu klären, was die verantwortlichen Entscheidungsträger über dieses Thema auszusagen wissen. Offiziell wurde den unidentifizierten Objekten im Luftraum bis vor kurzem keinerlei Aufmerksamkeit zuteil. Daran hat auch die in den letzten Jahren erfolgte schrittweise Freigabe von „UFO-Akten" nichts geändert. Die seltsamen Eindringlinge blieben auf höchster Regierungsebene ein Tabuthema. Die Gründe dafür sind weniger in einer rigorosen Geheimhaltung zu suchen. Es ist die Gefahr, sich lächerlich zu machen und alle öffentliche Reputation zu verlieren, sobald man sich mit diesem Thema zu beschäftigen beginnt.

Unter den wenigen Vorstößen von dieser Entwicklung ernsthaft besorgter Verantwortlicher ist einer besonders erwähnenswert, wobei bezeichnend ist, dass sich die Mehrzahl der Verfasser zur Zeit seiner Veröffentlichung schon im Ruhestand befand. Die Rede ist von dem 90 Seiten starken *COMETA-Report*, der im Jahr 1999 veröffentlicht wurde. Geplant war das Papier zur Unterrichtung der französischen Regierung, fand aber auch in den öffentlichen Medien Verbreitung. Die Mitglieder der privaten, COMETA genannten Forschungsgruppe setzten sich aus hochrangigen Militärs und Wissenschaftlern Frankreichs zusammen. Darunter befanden sich solche Kapazitäten wie:

- General Denis Letty, Präsident von COMETA, Generalmajor a.D. der französischen Luftwaffe, von 1966 bis 1980 Kommandant der taktischen Luftstreitkräfte und zuständig für die Entgegennahme von UFO-Berichten,
- General Pierre Bescond, Brigadegeneral a.D. des Korps der Rüstungsingenieure,
- Denis Blancher, amtierender Chefinspektor der Gendarmerie im Innenministerium,
- General Bruno Le Moine, Brigadegeneral a.D. der französischen Luftwaffe,
- Francoise Lepine, Mitglied der Gesellschaft für Verteidigungsstudien,
- Christian Marchal, Forschungsdirektor am französischen nationalen Forschungsinstitut für Raumfahrt,
- Admiral Marc Merlo, 3-Sterne Admiral a.D. der französischen Seestreitkräfte,
- General Dr. Alain Orszag, Doktor der Physik und Brigadegeneral a.D. des Corps der Rüstungsingenieure.

Am Bericht mitgewirkt haben auch andere Personen, die selbst nicht Mitglieder der COMETA-Gruppe waren, darunter Prof. André Lebeau, der ehemalige Leiter der staatlichen französischen Raumfahrtagentur CNES und der militärische Berater des Ministerpräsidenten und 4-Sterne-Generals Bernard Norlain.

Der COMETA-Report kam nach dreijährigen Recherchen durch die beteiligten Wissenschaftler und Militärs zu folgendem Ergebnis: Unter Berücksichtigung aller nur denkbaren Erklärungen können mindestens fünf Prozent aller UFO-Sichtungen weder menschlicher Technologie noch natürlichen Ursachen zugeordnet werden. Diese geräuschlosen und komplett unbekannten Flugobjekte dringen in unseren Luftraum ein und demonstrieren dabei Flugeigenschaften, die auf der Erde bisher unerreicht sind. Sie erwecken den Eindruck, als würden sie unter intelligenter Kontrolle stehen. Das UFO-Phänomen ist von daher real und nicht das Ergebnis von Einbildungen. Die extraterrestrische Hypothese wird als die wahrscheinlichste Erklärung bezeichnet, bewiesen werden kann sie allerdings gegenwärtig nicht. Der Ursprung und die Natur dieser Objekte bleiben vorerst unklar.(109)

Mehr als 20 Jahre nach der Erstellung des COMETA-Reports hat sich aus Sicht der französischen Behörden an der Situation nichts geändert. Im Frühjahr 2020 erklärte dazu der ehemalige französische Geheimdienstchef Alain Juillet: „*Ich komme aus der Welt der Geheimdienste, und wenn wir Dinge sehen, die heute unerklärlich sind, wissen wir, dass wir sie morgen vielleicht erklären können. Es ist nur so, dass wir hier eben nicht die Elemente sehen, anhand derer wir uns vorstellen oder verstehen können, was da los ist. Auf dem Gebiet der UFOs gibt es – einmal abgesehen von den Menschen, die eine fliegende Untertasse auf einem Feld landen sehen – Kampfpiloten, Astronauten, Menschen, die alles andere als Scherzbolde sind und von sehr genauen Beobachtungen berichten. Wir sollten nicht sagen, dass das alles Unsinn ist, sondern müssen anerkennen, dass es Dinge gibt, die wir bislang nicht verstanden haben. In diesem Zusammenhang habe ich mich für dieses Problem interessiert, weil das erste, was wir sehen, wenn wir dieses Phänomen untersuchen, der Umstand ist, dass diese Geräte oder Erscheinungen offensichtlich nicht gemäß unseren irdischen Gesetzen funktionieren. Insbesondere scheinen sie keiner Gravitation unterworfen zu sein. Die Frage, die sich stellt, lautet daher: Hat ein Land ein System entwickelt, das es ermöglicht, die Gravitation aufzuheben? Vor zwanzig Jahren hätte ich geantwortet: ‚Warum nicht?‘ Aber heute, wenn ein Land der Welt eine solche Entdeckung gemacht hätte, würden wir es sicher wissen. Kein Fortschritt dieser Größenordnung kann geheim bleiben. Es ist unmöglich. Wenn ein Land eine solche Technologie hätte, wäre sie schon offen eingesetzt worden. Auf die eine oder andere Weise hätte es Lecks gegeben, eine Indiskretion der Wissenschaftler, die daran arbei-*

teten und ähnliches. Da es absolut nichts gab, ist es etwas anderes – etwas, das sich irdische Maßstäben zu entziehen scheint."[247]

Die bemerkenswerte Offenheit Alain Juillets scheint ihre Grenze dort zu finden, wo es um die Urheber jener Antigravitations-Fluggeräte geht. Wichtig in diesem Zusammenhang ist seine Aussage, dass kein ihm bekanntes Land diese Systeme entwickelt haben kann.

Was wissen darüber hinaus die verantwortlichen Stellen der westlichen Führungsmacht, der Vereinigten Staaten? Das im Jahr 2011 erschienene Buch »UFOs, myths, conspiracies, and realities«, das zwei Jahre später auch auf deutsch herausgegeben wurde, erteilt auf diese Frage eine verblüffende Antwort.[77] Sein Autor, John B. Alexander, kann auf eine beeindruckende Vita verweisen. Die Stationen seines beruflichen Werdegangs lauten: Kriegsveteran der Spezialeinheit *Green Berets*, Projektmanager an den *Los Alamos Laboratories*, Mitglied der von der NATO ins Leben gerufenen Studiengruppe zu nicht tödlichen Waffen, Mitglied des *National Research Council*, des *Council on Foreign Relations*, Berater des *National Intelligence Council*, der *CIA*, des *U.S. Special Operations Command* sowie des *Army Science Board*.

Beginnend in den 1980er-Jahren organisierte Alexander eine informelle, interdisziplinäre Forschungsgruppe zum UFO-Thema, die sich aus hochrangigen Vertretern des US-Militärs, der Geheimdienste sowie der Luftfahrtindustrie zusammensetzte. Die Bemühungen der involvierten Personen zielten in zwei Richtungen. Erstens sollte überprüft werden, ob eine vorurteilsfreie wissenschaftliche Auswertung der vorhandenen Daten überhaupt ein Unbekanntes als Ursache der gemeldeten Sichtungen ergeben würde. Zweitens galt es herauszufinden, ob bezüglich der UFOs seitens der US-Behörden tatsächlich, wie oft behauptet, ein „Cover up", eine planmäßige Vertuschung der Fakten, betrieben wird.

Bezüglich der Realität der UFO-Sichtungen kam die Gruppe zu folgendem Ergebnis:

- Es gibt genügend mit wissenschaftlichen Methoden gewonnene Hinweise, dass einige UFO-Fälle tatsächlich als Anomalien bezeichnet werden können.
- Bestimmte im Zusammenhang mit militärischen Anlagen und Waffensystemen stehende Fälle stellen eine Gefährdung dar und sollten untersucht werden.
- Auf vielfältige Weise gewonnene Daten unterstützen die Beobachtungen von physikalisch realen Fluggeräten, die intelligente Manöver ausführen, weit jenseits der gegenwärtigen menschlichen Fähigkeiten. Dazu gehören: Extreme Beschleunigungen, ungewöhnlich hohe Geschwindigkeiten, schnelle und scharfe Richtungsänderungen, abrupt einsetzende Radarunsichtbarkeit sowie die Unterbrechung elektrischer Systeme, ohne diese nachhaltig zu schädigen.[77]

Mit Ausnahme der herausgestellten Gefährdung militärischer Einrichtungen gleicht dieser Bericht in seinen Details dem COMETA-Report. Verschiedene Hypothesen wurden herangezogen, um die Verursacher der Phänomene identifizieren zu können, ohne freilich mit einem Ergebnis aufwarten zu können. Die „German Connection“ war nicht darunter. Damit verbunden wäre die einzige Erklärung, die, ohne Zuflucht zu exotischen Theorien nehmen zu müssen, alle beobachteten Anomalien widerspruchsfrei einordnen könnte – als evolutionäre Entwicklung von Flugobjekten der Dritten Macht, hervorgegangen aus dem Projekt *Die Glocke*.

Einigermaßen überraschend sind die Erkenntnisse der von John B. Alexander geleiteten Gruppe hinsichtlich der zweiten Fragestellung. Die Ermittlungen haben zweifelsfrei ergeben, dass gegenwärtig kein die UFOs betreffendes, von der US-Regierung verhängtes „Cover up“ existiert. Damit wird auch die oft behauptete Bergung und Analyse von UFO-Technologie, zum Beispiel bei Roswell, obsolet. Zu diesem meistdiskutierten Fall eines angeblichen UFO-Absturzes sei auf das im Jahr 2001 erschienene Buch von Karl T. Pflock »ROSWELL – Inconvenient Facts and the Will to Believe« verwiesen, nach dessen Lektüre auch dem letzten, ehrlich an einer vorurteilslosen Aufklärung Interessierten klar werden dürfte, dass bei Roswell im Sommer 1947 weder ein außerirdisches Fluggerät noch eine Geheimwaffe von wem auch immer abgestürzt ist.[248]

Wenn auch ausnahmslos alle befragten Vertreter jener Behörden, die sich in der Vergangenheit den Vorwurf gefallen lassen mussten, aktiv in das UFO-Phänomen verwickelt zu sein, die Meinung vertraten, dass es eine zentrale Stelle für die Erfassung und die professionelle Auswertung der UFO-Daten geben muss, so verwiesen sie immer auf eine andere Behörde als die eigene. Die *NSA* denkt, es sei die Aufgabe der *CIA*, diese ist der Meinung, nur die *Air Force* könne diese Aufgabe lösen. Und so weiter und so fort. Im Ergebnis der Nachforschungen scheint festzustehen, dass bis vor kurzem sich niemand dieser Verantwortung gestellt hat, was umso merkwürdiger anmutet, als eine Gefährdung der Nationalen Sicherheit in vielen Fällen durchaus gegeben schien, wie zum Beispiel die Zwischenfälle über den US-Raketensilos, auf die noch einzugehen ist, beweisen.

Welcher Ausweg führt aus diesem Dilemma? Von entscheidender Bedeutung in diesem Zusammenhang ist das im 3. Kapitel zitierte interne Memorandum des kanadischen Verkehrsministeriums vom 21. November 1950, verfasst vom Leiter Nachrichtentechnik Wilbert B. Smith. Demnach waren sich die Verantwortlichen in den USA zu diesem Zeitpunkt bewusst, dass es *Fliegende Untertassen* gibt und bemühten sich intensiv, diese Angelegenheit, der sie äußerste Bedeutung beimaßen, aufzuklären. Der Umstand, dass die amerikanische Führung seitdem über mehrere Jahrzehnte mit Ausnahme einiger Alibi-Untersuchungen, wie zum Beispiel *Blue Book*, dem UFO-Thema keine ernsthafte Beachtung schenkte, kann nur bedeuten, dass es ihr damals gelungen war, die Urheber des UFO-Phänomens zu identifizieren. Um diese schockierende Erkenntnis auf einen möglichst kleinen Kreis beschränkt zu halten, wurden die laufenden amtlichen Untersuchungen

Schritt für Schritt eingestellt und der Informationsfluss mehr und mehr beschränkt. Wer sich ernsthaft mit den UFOs beschäftigen wollte, sah sich in der Öffentlichkeit der Lächerlichkeit preisgegeben.

Bis in die frühen 1960er-Jahre war die Geheimhaltung freilich noch keine absolute. Der US-Senator Barry Goldwater, bei der Präsidentschaftswahl 1964 Kandidat der Republikanischen Partei, ließ in späteren Jahren in einigen Briefen und Interviews Seltsames verlauten. So schrieb er 1975 über seine Bemühungen, etwas über das seiner Meinung nach existente geheime UFO-Forschungsprogramm herauszufinden: „*Vor zehn oder zwölf Jahren wollte ich klären, was sich in dem Wright-Patterson-Luftwaffenstützpunkt befand, wo alle Informationen der Air Force gesammelt wurden, aber mir wurde klar zu verstehen gegeben, diese Anfrage zu unterlassen. Es ist mit einer Geheimhaltungsstufe höher als Top Secret versehen.*" In einem Brief aus dem Hahr 1981 ergänzte er: „*Ich habe eine ganze Reihe von Ablehnungen erhalten, so dass ich es mit der Zeit aufgegeben habe. Diese Angelegenheit wurde in einem Maße klassifiziert, dass es gänzlich unmöglich ist, darüber eine Auskunft zu erhalten.*" Und 1994 in einem Interview: „*Ich fragte Curtis LeMay* (zwischen 1961 und 1965 Stabschef der *U.S. Air Force*, Anm.d.A.), *ob ich nach Wright-Patterson kommen könnte, wo das geheime Material gelagert sei. Ich hatte ihn bisher niemals aufgebracht gesehen, doch diesmal war er wütender als die Hölle zu mir und sagte: ‚Stellen Sie mir diese Frage niemals wieder!*'"[(109)]

Wie unschwer zu erkennen ist, wurde zur Zeit der Präsidentschaftskandidatur Barry Goldwaters die Existenz geheimer Regierungsinformationen zum UFO-Thema zumindest noch nicht geleugnet. Ihr Inhalt blieb jedoch selbst einflussreichen und politisch mächtigen Vertretern des US-Establishments verborgen. Diese Tendenz scheint sich in den Folgejahren weiter verstärkt zu haben. Die Recherchen der Gruppe um John B. Alexander belegen, dass nicht einmal mehr die späteren Präsidenten eingeweiht worden sind. Warum auch? Die Nationale Sicherheit war ja vorerst nicht gefährdet...

Am 16. Dezember 2017 brachte die *New York Times* die Nachricht von der Existenz eines zwischen 2007 und 2012 betriebenen geheimen US-Forschungsprogramms zum UFO-Phänomen unter der Bezeichnung AATIP. Was sich damals auf den ersten Blick sensationell anließ, musste später erheblich revidiert werden, zumal gerade die zitierten angeblichen Zeugen viel von ihrer Glaubwürdigkeit verloren haben. Das amerikanische Verteidigungsministerium bestätigte das Vorhandensein von AATIP im genannten Zeitraum. Sein Zweck habe aber lediglich darin bestanden, ausländische Anwendungen von fortschrittlichen Waffensystemen für die Luft- und Raumfahrt mit zukünftigen Technologieprojektionen in den kommenden 40 Jahren zu untersuchen und ein Kompetenzzentrum für fortschrittliche Luft- und Raumfahrttechnologien zu schaffen. Die Untersuchung von UFOs, hier UAPs, unidentifizierte Phänomene im Luftraum, genannt, wäre zu keiner Zeit Bestandteil des Programms gewesen.[(249)]

Das Thema UFOs hatte mit der Diskussion über die Existenz einer geheimen staatlichen Untersuchungsgruppe weltweit eine enorme Medienpräsenz erreicht. Verstärkt wurde diese noch durch verschiedene Enthüllungsartikel der *New York Times* zwischen Ende 2017 und März 2019 zu ungeklärten UFO-Sichtungen durch US-Marine-Piloten in den Jahren 2005 und 2014/2015. Mehrere vom US-Militär später als authentische ausgewiesene, von Kampfflugzeugen aufgenommene Videos zeigen diese unbekannten Flugobjekte und deren spektakuläre Flugmanöver. Das *U.S. Naval Institute* spekulierte in einer eingehenden Analyse der Sichtungen sogar über die Verwendung der Nullpunkt-Energie als Antriebsquelle.[(250)] Der Eindruck verstärkt sich, dass man nach Jahrzehnten der „Nachrichtensperre" einer Lösung des UFO-Rätsels langsam wieder näher kommt.

Die UFOs waren plötzlich ein vieldiskutiertes öffentliches Thema. Das veranlasste den Vorsitzenden des Geheimdienstausschusses im US-Senat, den Republikaner Marco Rubio, im Juli 2020 zu einer bemerkenswerten Stellungsnahme: „*Wir selbst haben Berichte unserer Piloten über Sichtungen dieser Objekte seit Jahrzehnten und andere Länder be-*

richten ähnliches. Da fliegt jemand über unseren Lufträumen, über denen eigentlich niemand außer uns selbst fliegen sollte, und wir wissen nicht, wer oder was das ist. Da es nicht unsere Objekte sind, müssen wir doch herausfinden und wissen, was das ist.«(251)

Auf den sich immer mehr verstärkenden öffentlichen Druck gab das US-Verteidigungsministerium am 4. August 2020 die Gründung einer UAP Task Force bekannt.(252) Damit war das UFO-Thema in den USA offiziell zu einer untersuchungswürdigen Angelegenheit geworden.

Was bleibt und gegenwärtig alle Welt zu beschäftigen scheint, ist die große Frage: WER SIND „SIE"? Wer im Buch bis hierher gekommen ist, kennt die Antwort.

Versteckt sich hinter dem UFO-Phänomen nicht eine alternative Weltraumfahrt der Amerikaner?

Diese Frage wird von denjenigen gestellt, die glauben, bestimmte Kreise in den USA würden ihrer eigenen Öffentlichkeit bis hin zu höchsten Regierungsstellen seit Jahrzehnten eine gewaltige Lügengeschichte auftischen. Die offizielle Weltraumfahrt der Vereinigten Staaten wäre demnach nur Vordergrund. Die Urheber der UFOs seien die Amerikaner selbst, die in einem super geheimen Programm neuartige Technologien entwickelt hätten.

Was von dieser These zu halten ist, dazu wurde in diesem Buch schon der ehemalige französische Geheimdienstchef Alain Juillet zitiert. Kann jemand wirklich ernsthaft der Meinung sein, dass Geheimentwicklungen dieses Ausmaßes, insbesondere aber ein zweites Weltraumprogramm, nicht mit Sicherheit während des Kalten Krieges von der jeweils anderen Seite aufgeklärt worden wären? Nicht das geringste Detail, keine einzige Indiskretion, absolut überhaupt nichts ist bis heute über ein solches in seinen Konsequenzen für das herrschende Demokratieverständnis gravierendes, seinen wissenschaftlichen Implikationen epochales und seinem Ausmaß überaus umfangreiches mehrere Jahrzehnte andauerndes „Schattenprogramm" nach außen gedrungen. Das allein beweist schon seine Nichtexistenz. Wenn seit einigen Jahren wenige selbsternannte „Insider" das Gegenteil behaupten, ändert das nichts an der Situation, betrachtet man den wahren Hintergrund von deren Geschichten.

Da ist zum einen John Titor, der unter anderem im Auftrag des US-Militärs Zeitreisen in unsere Vergangenheit und Zukunft unternommen haben und auch schon auf Nibiru, dem Planeten der Annunaki, gelandet sein will. Die USA verfügten nach ihm schon seit längerem über Raumschiffe, die sich schneller als das Licht bewegen können. Auf der US-Basis in Dulce hätte er in Kontakt mit Außerirdischen, den Grauen und den Reptiloiden, gestanden. Und so geht es immerfort weiter... Der ganze Nonsens, das weiß man schon seit längerem, ist eine Fälschung, die sich Leute ausgedacht haben müssen, die über eine gehörige Portion Humor verfügen.(253)

Die anderen beiden vermeintlichen Whistleblower, die eine gewisse „Berühmtheit" erlangt haben, sind Corey Goode und William Tomkins. Wer sich von den Lesern über deren wundersame Geschichten schnell und preiswert, das heißt ohne die zeitraubende Lektüre teurer Bücher, informieren will, wird, was deren Selbstzeugnisse angeht, am besten bedient auf der Website von Transinformation.net.(254) Desinformation.net wäre hier wohl die passendere Bezeichnung. Aber auch die Gegenseite sollte gehört werden.(255)

Fakt ist, auf dem Höhepunkt der ersten weltweiten UFO-Welle im Sommer 1947 zeigten sich die Amerikaner völlig ahnungslos. Der im 3. Kapitel angeführte „Twining-Report" aus dem September 1947 ist der schlagende Beweis dafür. Die Kommunikation zwischen zwei der ranghöchsten Militärs der *U.S. Air Force*, der Absender war immerhin zu dieser Zeit Chef von deren Entwicklungsabteilung, kündete von der absoluten Überraschung gegenüber dem UFO-Phänomen, mit dem sie sich seit einem Vierteljahr über ihrem Hoheitsgebiet konfrontiert sahen. Die unbekannten Eindringlinge der unmittelbaren Nachkriegszeit waren im Luftraum präsent, noch bevor die Amerikaner begriffen hatten, was vor sich ging und lange bevor eigene Entwicklungsarbeiten auch nur in Erwägung gezogen wurden.

Nicht übersehen werden darf auch Folgendes: Wenn es eine alternative Weltraumfahrt gegeben hätte, dann wären von den Amerikanern mit ihren UFOs in der ganzen Welt über Jahrzehnte massive Luftraumverletzungen begangen worden. In diesem Kontext müssten dann zum Beispiel auch die massive Geheimhaltung, die eingegangenen diplomatischen Verwicklungen an der Schwelle zu einem Dritten Weltkrieg sowie nicht zuletzt die Gefährdung der eigenen Piloten am Beispiel des Aufklärungsflugzeuges U-2 nur als Tarnung dieses „schwarzen Projektes" dienend interpretiert werden. Gar nicht zu reden von dem Stress, den sich die Amerikaner lange Zeit mit ihrem vergleichsweise primitiven Space-Shuttle-Programm angetan haben. Auch das vorsätzliche Verhindern eigener Mars-Missionen ginge dann zu ihren Lasten. Man sieht, der Wahnsinn hat Methode, und das Ganze wird um keinen Deut plausibler.

Warum wurde die Welt von der Dritten Macht noch nicht mit Gewalt übernommen?

In abgewandelter Form wurde von einem Leser diese Frage wie folgt formuliert: Warum besetzen die mit hunderten Flugscheiben heranbrausenden Heerscharen der Dritten Macht nicht zeitgleich die politischen Schaltstellen in den wichtigsten Industriestaaten, in den USA, in Russland, China, Deutschland etc.? Die Antwort, auf einen einfachen Nenner gebracht, lautet: Weil technologische Überlegenheit nicht mit andauernder politischer Macht gleichgesetzt werden kann.

Es nützt nichts, sich den Überbau, die Institutionen der Macht einer Gesellschaft anzueignen, wenn die überwiegende Mehrheit der Bevölkerung aus innerer Überzeugung zu den abgelösten Vertretern des alten Herrschaftssystems steht und die bestehende Gesellschaftsform in ihrer spezifischen Ausprägung als das Optimum des Zusammenlebens betrachtet wird. Nach kurzer Zeit wird sich erheblicher Widerstand regen und die Tage der „aufgepfropften“ Elite sind gezählt. Ihr Ende kommt entweder mit Gewalt, da sie selbst mit überlegenen technischen Hilfsmitteln der zahlenmäßigen Übermacht ihrer Gegner nicht mehr Herr werden kann, oder sie wird wirtschaftlich ausgeblutet, was mit einem Generalstreik schnell zu erreichen ist.

Demnach müssen für eine Machtübernahme, der Dauer beschieden sein soll, einige Grundbedingungen erfüllt sein. Dazu gehört mindestens das Vorhandensein einer „revolutionären Situation“, das heißt, die Mehrheit der Bevölkerung lebt in desolaten Zuständen, der Kampf des Lebens geht nicht mehr um Fragen wie Gesamtschule, Rente mit 67, 35-Stunden-Arbeitswoche zukünftige Klimaerwärmung, Ausweitung des Asylrechts und ähnliches mehr, sondern es gilt, sich das tägliche Brot und die eigene Existenz zu sichern. Wenn darüber hinaus jegliches Vertrauen in die Fähigkeiten der politischen Entscheidungsträger, den alten, besseren Zustand wieder herzustellen, verloren gegangen und eine politische Alternative nicht in Sicht ist, kann eine neue, ihre offensichtliche technologische Überlegenheit demonstrierende Macht durch eine Mehrheit als letzte Rettung akzeptiert werden. Damit diese Akzeptanz nicht eine zeitlich befristete bleibt und nach Besserung der wirtschaftlichen Verhältnisse die Absenker der alten Elite nicht neue Widerstände gegen die fremde Macht mobilisieren, muss ein zahlenmäßig bedeutender Kern der Bevölkerung für die Absichten der neuen Herrschaftsschicht gewonnen werden. Wie im letzten Kapitel gezeigt werden soll, lässt die Dritte Macht seit Jahren nichts unversucht, den Boden für eine Machtübernahme dieses Typs vorzubereiten. Offensichtlich kommen ihr dabei unsere Eliten mit ihrer politischen Borniertheit und der daraus resultierenden Unfähigkeit, die wirklich gravierenden Probleme dieses Planeten zu lösen, weitestgehend entgegen.

Von der politischen Umsetzbarkeit einer Machtübernahme durch die Dritte Macht einmal abgesehen, was könnte eine offene kriegerische Auseinandersetzung bewirken? Ein atomares Inferno, das mit der Vernichtung des von der Dritten Macht favorisierten Genpools der nördlichen Hemisphäre einherginge?

Am 15. September 1964 wurde auf der *Air Force Base* Vandenberg in Kalifornien eine Atlas-Interkontinentalrakete gestartet. Die drei Sprengköpfe mit Kernwaffen-Dummies konnten während des Fluges wie geplant freigesetzt werden. Trotzdem passierte eine Panne. Die Rakete selbst erreichte nicht das vorgegebene Ziel im Eniwetok-Atoll. Die Mission war von einem Bobachtungsteam, das sich etwa 100 Kilometer von der Abschussstelle befand, gefilmt worden. Der Foto-Offizier Leutnant Bob Jacobs betreute die Teleskopkamera. Nach der Entwicklung des Films wurde Jacobs zu seinem Chef, Major Florenz J. Mansmann, gerufen. Was die Offiziere sahen, verschlug ihnen den Atem: *„Die Atlas-Rakete flog mit einer Geschwindigkeit zischen 11.000 und 14.000 Meilen pro Stunde. Man konnte sehen, wie die Sprengköpfe abgesprengt wurden. Wenige Sekunden später näherte sich der Raketenspitze ein helles Objekt, umkreiste die Sitze und sandte dabei viermal einen leuchtenden Energiestrahl auf die Rakete, die daraufhin zu taumeln begann und abstürzte. Die Offiziere betrachteten das Objekt mit einer Vergrößerungsvorrichtung. Dabei erkannten die Betrachter, dass es sich um einen Diskus mit runder Kuppel handelte, die langsam rotierte.*“[256,257]

Der Vorfall wurde als „streng geheim“ eingestuft. Achtzehn Jahre später berichtete Dr. Jacobs über sein Erlebnis in der Öffentlichkeit. Sein ehemaliger Vorgesetzter Mansmann war darüber zuerst gar nicht begeistert. Er habe tiefgreifende Bedenken gehabt, dass diese Information, die so wichtig für die Zukunft der Menschheit sei, in die falschen Hände gelangen könnte, doch sei er nun entschlossen, den Bericht zu bestätigen.[256]

Nachdem das Interesse der UFOs sich anfänglich lediglich auf das Ausspionieren geheimer militärischer US-Nuklearanlagen konzentrierte, war mit diesem Ereignis eine neue Eskalationsstufe erreicht. In den folgenden Jahrzehnten entwickelte sich schon beinahe so etwas wie eine Routine bei der Demonstration einer jederzeit möglichen Einflussnahme der UFOs auf das strategische Atomwaffenarsenal der Großmächte. Die direkte Einflussnahme der UFOs auf den Dienstbetrieb der Raketenabschussanlagen in den USA reichte von der Unterbrechung der Stromversorgung, über die Lähmung der Kontrollzentren, die Löschung der Zielkoordinaten auf den Datenträgern, die Änderung der Zielcodes bis hin zur hochgradig brisanten kurzzeitigen Aktivierung der Abschusssequenz der Interkontinentalraketen.

Wer das alles nicht wahrhaben will, der lese das Buch von Robert Hastings »UFOs and Nukes: Extraordinary Encounters at Nuclear Weapon Sites«, in dem dieser die ehemals als geheim eingestuften Dokumente zu diesen Vorfällen offenlegt sowie den Extrakt der mit mehr als 100 heute pensionierten Offizieren geführten Interviews präsentiert.(257) Gleich den USA waren auch beim früheren militärischen Gegner Russland die militärischen Sperrgebiete von den technisch überlegenen Eindringlingen kontinuierlich ausspioniert und die dort stationierten Waffen gezielt beeinflusst worden.(256)

Die Dritte Macht hatte die vollständige Verfügungsgewalt über die tödlichsten der weitreichenden Waffensysteme ihrer potenziellen Gegner erreicht.

Anders verhielt es sich mit den taktischen Atomwaffen, auch als nukleare Gefechtsfeldwaffen bezeichnet. Diese waren bis Anfang der 1990er-Jahre an der Nahtstelle zwischen den verfeindeten Blöcken im geteilten Deutschland in großer Anzahl vorhanden. Tausende von atomar bestückten Kanonen, Kurzstreckenraketen und Bombern ließen bei einem Kriegseinsatz die Vorwarnzeit nahezu gegen Null gehen. Aufgrund ihrer hohen Mobilität schienen umfassende Gegenmaßnahmen im Unterschied zu stationären Raketensilos nahezu ausgeschlossen. Das deutsche Volk, aus dem die Dritte Macht hervorgegangen war, befand sich quasi in Geiselhaft. Einer eventuell favorisierten militärischen Revision der Geschichte musste von vornherein eine Absage erteilt werden, sollte nicht die Existenz des gesamten Volkes aufs Spiel gesetzt werden.

Andererseits hat wohl aus den oben genannten Erwägungen eine gewaltsame, offensiv vorgetragene militärische Intervention bei den Zukunftsplanungen der Dritten Macht sowieso niemals eine Rolle gespielt. Das muss Amerikanern und Russen schnell klargeworden sein. Aus diesem Grund wurde das UFO-Phänomen auch nicht als akute Bedrohung für die Nationale Sicherheit wahrgenommen.

Von Seiten der Dritten Macht galt es einfach abzuwarten. Und die Zeit schien ihr Recht zu geben. Nach dem Zerfall des Ostblocks 1990 blieb nur noch ein ernstzunehmender Gegner übrig, in dessen Herrschaftsbereich sich zudem mehr und mehr gesellschaftliche und ökonomische Verwerfungen größten Ausmaßes abzuzeichnen begannen. Welche Strategie würde die Dritte Macht angesichts dieser Situation einschlagen, um ihr Ziel einer baldigen umfassenden Machtübernahme zu erreichen?

9. Die Strategie der Dritten Macht

Die Prämissen für eine auf Dauer erfolgreiche Übernahme des Planeten durch die Dritte Macht wurden in den vorangegangenen Kapiteln formuliert einerseits als die Kernbotschaft, wie sie aus dem UFO-Entführungsphänomen abgeleitet werden kann und zum anderen als die für einen weitestgehend friedlichen Übergang erforderlichen Grundbedingungen. In diesem Sinne verfolgt die Dritte Macht für ihr „Projekt Zeitenwende“ allem Anschein nach eine Überkreuzstrategie sich am „Tag X“ tangierender taktischer Maßnahmen. Darunter sind zu verstehen:

1. Eine auf lange Sicht angelegte Konditionierung des öffentlichen Bewusstseins,
2. eine kontinuierliche Integration ihrer Vertreter in unsere Gesellschaft,
3. die Ausnutzung der sich abzeichnenden ökonomischen und gesellschaftlichen Katastrophe.

Nachfolgend sollen diese Grundzüge in der Vorgehensweise der Dritten Macht, die jeweils wiederum ein Bündel von Einzelmaßnahmen umfassen, detailliert dargestellt werden.

Die auf lange Sicht angelegte Konditionierung des öffentlichen Bewusstseins

Das UFO-Phänomen in allen seinen Facetten erfüllt diesen Zweck auf die bestmögliche Art und Weise. Seit ihrem erstmaligen massenhaften Auftauchen im Sommer 1947 hinterlassen die unbekannten Flugobjekte mit ihren teils magisch erscheinenden Eigenschaften ihre nicht mehr auszulöschenden Spuren in der öffentlichen Wahrnehmung. Nachdem mehr als 70 Jahre das Problem immer noch seiner Lösung harrt, lange Zeit verdrängt, weil gezielt diffamiert und lächerlich gemacht, rückt es in den letzten Jahren wieder verstärkt in den Fokus. Wenn selbst die US-Regierung die Gründung einer speziellen Untersuchungsgruppe bekannt gibt, dann kann es sich bei den unerwünschten Eindringlingen in unserem Luftraum nicht um die Wahnvorstellungen kranker Gehirne oder um Fehldeutungen atmosphärischer Erscheinungen handeln. Die Frage: Wer sind SIE?, bleibt aktuell. Es gibt da also etwas Unerklärliches... Dieser Befund hält den Prozess der Bewusstseinskonditionierung in Gang; er kann nahezu beliebig verstärkt werden und die Fragesteller letztendlich dazu bringen, die Wahrheit zumindest in Ansätzen zu erkennen. Das Gesamtbild dürfte sich jedoch erst durch eine öffentliche Demonstration am „Tag X“ offenbaren.

Beispiele für mögliche Verstärkungseffekte, welche die Neugier des öffentlichen Bewusstseins am UFO-Phänomen weiter in eine bestimmte Richtung lenken, sind aus der Vergangenheit genügend bekannt. Dazu zählen neben dem Thema der UFO-Entführungen und den auf dem Planeten Mars beobachteten Anomalien vor allem die sogenannten Agroglyphen („Kornkreise“) sowie die als Cattle Mutilations bezeichneten Tierverstümmelungen. (Abb. 30) Diesen ganz speziellen Manifestationen der Dritten Macht hat der Autor in einer anderen Publikation die notwendige Aufmerksamkeit gewidmet. Sie lassen sich, sofern ihre ungewöhnlichen Merkmale nicht durch Fälscher kopiert oder durch natürliche Einflüsse erklärt werden können, nur im Zusammenhang mit dem vielfach beobachteten Erscheinen von UFOs in ihrer unmittelbaren Nähe verstehen.[(4)]

Wie schon gezeigt, existiert auch eine direkte Beziehung zwischen dem UFO-Phänomen und den modernen Kontaktler-Bewegungen, hinter denen sich nach Jacques Vallee die von ihm so bezeichneten „Manipulatoren“ verbergen, deren Absicht darin besteht, ausgewählte Sichtweisen im Unterbewusstsein der Menschen festzuschreiben. Darüber hinaus könnten sich gesellschaftliche Strömungen wie die der Kontaktler in einer Phase schwerer ökonomischer Krisen, die dem „Tag X“ vorausgehen dürfte, zu einer gegen das bestehende politische System gerichteten Speerspitze formieren und damit eine weitere Funktion im Rahmen der Strategie der Dritten Macht übernehmen. Entwicklungen der letzten Jahre deuten allerdings darauf hin, dass diese Bewegungen an Bedeutung verlieren und eventuell im Übernahmeszenario der Dritten Macht keine Rolle mehr spielen. Das liegt in der Tatsache begründet, dass die Dritte Macht zwischenzeitlich über andere, viel weitreichendere Möglichkeiten verfügt, direkten Einfluss auf Vorgänge innerhalb unserer Gesellschaft auszuüben.

Abb. 30: Eine der eindrucksvollsten Kornkreisformationen.

Die kontinuierliche Integration in unsere Gesellschaft

Am Ende des 4. Kapitels wurde der UFO-Entführungsforscher Prof. David Jacobs unter der allerdings immer noch falschen Annahme, dass sich Außerirdische hinter dem Entführungsphänomen verbergen, mit dem folgenden Satz zitiert: *„Alle Beweise scheinen darauf hinzudeuten, dass das Endziel der Aliens darin liegt, sich in die menschliche Gesellschaft zu integrieren."* Diese Erkenntnis aus der zweiten Hälfte der 1990er-Jahre erfuhr laut Prof. Jacobs in den Jahren nach der Jahrtausendwende eine tendenzielle Verstärkung, als ihm Entführte zunehmend darüber informierten, in welchem Ausmaß und mit welchen Methoden sich dieser Eingliederungsprozess vollzieht.

In seinem zuletzt erschienenen Buch »Alien Hybriden – Sie sind mitten unter uns« finden sich dann eine Reihe von Formulierungen, die diese entscheidende Komponente des Übernahmeszenarios auf drastische Weise herausstellen: *„Mir ist klar, dass das Konzept einer Eingliederung Außerirdischer in die menschliche Gesellschaft irrwitzig klingt. Die Vorstellung, dass sich außerirdisch-menschliche Hybriden mitten unter uns befinden könnten, ist an sich schon absurd."*(118) Diese scheinbare Absurdität verflüchtigt sich allerdings, wenn die Dritte Macht als treibende Kraft hinter den Eingliederungsaktivitäten begriffen wird und die vermeintlichen „Hybriden" als der mit einem klar definierten Zuchtziel aus der Erbmasse der Entführten gezeugte Nachwuchs. Jacobs fährt fort, indem er zwischen „Hybriden", die an Bord der UFOs leben und solchen, die am Eingliederungsprozess unmittelbar beteiligt sind, unterscheidet. Letztere bezeichnet er als Hubriden, die ultimative Waffe bei der Übernahme des Planeten. Diese *„haben anscheinend eine einzige Hauptfunktion: unentdeckt auf der Erde zu leben und sich nahtlos in die menschliche Gesellschaft einzufügen."* Die kontinuierliche Integration, auch als verdeckte Invasion bezeichnet, würde solange fortgesetzt, bis innerhalb der globalen Gesamtbevölkerung eine kritische Anzahl von Hubriden erreicht wäre, ein Prozess, der letztendlich in der Machtübernahme gipfelt.(118)

Wenn auch in den zurückliegenden Jahrzehnten im Rahmen des dem UFO-Entführungsphänomen zugrunde liegenden genetischen Zuchtprogramms eine große Anzahl von „Hybriden“ durch die Dritte Macht gezeugt worden und auf dem Mars bzw. in den Riesen-UFOs aufgewachsen ist, so steht das jedoch mit Sicherheit in keinem nennenswerten Verhältnis zur Größe der Erdbevölkerung. Weiterhin muss hinterfragt werden, wie eine unbemerkte Eingliederung der überwiegend blonden „Hybriden“ in in die Populationen vor allem Afrikas und Asiens erfolgen soll. An der „verdeckten Invasion“ selbst kann angesichts der Vielzahl übereinstimmender Berichte kein Zweifel bestehen. Wie noch gezeigt werden soll, zielt ihre Stoßrichtung durch die Etablierung einer Funktionselite auf die Schaltstellen der Macht in den überwiegend von Weißen bewohnten Regionen der Welt.

Die gesellschaftliche Integration der „Hybriden“ vollzieht sich nach Aussage der Entführten auf zwei Ebenen: Durch die sogenannte Assimilierungsbürokratie sowie durch die von den Entführten zu leistende Eingliederungshilfe.

Das Aufgabenspektrum der Assimilierungsbürokratie reicht vom Schutz der auf der Erde abgesetzten „Hybriden“ über deren angemessene Unterbringung und Versorgung, die Bereitstellung erforderlicher Dokumente, die Sicherstellung des anzustrebenden Werdeganges bis hin zur Kontrolle der mit ihrer Betreuung vor Ort beauftragten Entführten.[(118)] Ausführende sind jeweils ältere „Hybriden“, die sich in der Vergangenheit als „Einzelfälle“ unter die ansässige Bevölkerung gemischt haben und mit ihrem Erfahrungsschatz jetzt bei der Integration einer immer größer werdenden Anzahl von Angehörigen der Dritten Macht behilflich sind. Dazu müssen sich einige der mit der Assimilierung beauftragten „Hybriden“ auch als Mitarbeiter von Behörden, wie zum Beispiel solcher, die Personaldokumente ausstellen, eingeführt haben. Mit ihren überragenden neurologischen Fähigkeiten (siehe 4. Kapitel) sind sie jederzeit in der Lage, unangenehme Fragesteller und eventuell Widerstand leistende Arbeitskollegen zu neutralisieren.

Die Eingliederungshilfe der Entführungsopfer, die Prof. Jacobs sehr umfassend dargestellt hat, beginnt noch an Bord der UFOs und setzt sich später auf der Erde fort. Die zu integrierenden „Hybriden" werden dabei einem umfassenden Trainingsprogramm unterzogen, welches sie mit den besonderen Gegebenheiten hinsichtlich der Sprache, der Kultur, den Alltagsgebräuchen, der Arbeitswelt, des Bildungswesens usw. des jeweiligen Landes vertraut machen soll.[(118)]

Überhaupt bekommen die Entführten von der Dritten Macht immer mehr Aufgaben zugeteilt, was ihre Bedeutung im Rahmen des Übernahmeszenarios unterstreicht. Der Ausbildungsprozess, den eine erhebliche Anzahl von Entführten durchlaufen muss, reicht von der Teilnahme an medizinischen Eingriffen, dem Steuern von UFOs bis hin zum Erlernen einer breiten Palette neurologischer Beeinflussungsmöglichkeiten sowohl von einzelnen Personen als auch von großen Menschenmengen. Dahinter verbirgt sich unverkennbar ein Hinweis darauf, was von den Entführten am „Tag X" an Mitwirkung erwartet wird. Zur Anwendung kommt in diesen Fällen das gesamte Arsenal auf professionalisierter Hypnose basierender neurologischer Fähigkeiten, wie es die UFO-Besatzungen gegenüber den Entführten selbst praktizieren. Die Schilderungen der Entführungsopfer zeigen eindeutig, dass alle die im 4. Kapitel aufgeführten Verfahren zur umfassenden Manipulation des menschlichen Bewusstseins schrittweise erlernbar sind, also keinesfalls einer genetischen Prädisposition bedürfen.[(118)]

Über die im Buch schon erwähnten psychologischen Techniken hinaus umfasst das Ausbildungsprogramm der Entführten auch Trainingsmaßnahmen wie das Auffinden einzelner Menschen auf der Erde mittels mentaler Prozesse und die sich anschließende gezielte geistige Beeinflussung der Zielpersonen. Bei diesem Vorgehen wirken in der Regel mehrere Entführte zusammen. Die Entführten praktizieren demnach Remote Viewing (Fernwahrnehmung) und Remote Control (Fernkontrolle). Auch Psychokinese haben einige Entführte an Bord der UFOs erlernt.[(118)] Die Beweise für das Funktionieren dieses auch Telekinese genannten Verfahrens wurden in den letzten Jahren von verschiedenen Wissenschaftlern erbracht.[258,259] Wie beim Remote Viewing handelt es sich bei der Psychokinese um eine Form nicht-örtlicher Interaktion auf der Grundlage einer „Bedeutungsresonanz" zwischen dem Mentalen und dem Materiellen.

Wie es scheint, sind bei der wachsenden Zahl der als Hilfskräfte tätigen Entführten sowie der sie kontrollierenden „Hybriden" die „Grauen" als humanoide Roboter überflüssig geworden. In der aktuellen Entführungsliteratur finden sie kaum noch Erwähnung.[118] Sie werden einfach nicht mehr gebraucht. Ihre Aufgaben haben andere übernommen.

Wenn alle diese Maßnahmen der Vorbereitung der Entführten auf den „Tag X", die Übernahme des Planeten durch die Dritte Macht, dienen, stellt sich die Frage, wie die Betroffenen in Zukunft davon erfahren werden und ob sie nicht viel tiefer konditioniert sind, als allein aus Kenntnis der von ihnen erlernten Verfahren der Bewusstseinsmanipulation angenommen werden kann. Die Aussagen der Entführten sind in diesem Punkt eindeutig:

„Einige Entführungsopfer meinen, dass sie selbst die Wende einleiten sollen. Sie wissen nicht genau, worin ihre Rolle dabei besteht, denken jedoch, dass sie es wissen werden, wenn es an der Zeit ist. Den Entführten wurde erklärt, dass sie zum Zeitpunkt der Wende benachrichtigt würden, damit sie den anderen Menschen helfen können, sich an die neue Realität zu gewöhnen. Was sie den anderen Menschen beibringen können? Alles über ein neues Leben, nachdem die Welt sich verändert hat. Den Leuten helfen sich anzupassen, wird eine ihrer Hauptaufgaben sein.

Dass sie an der Herbeiführung der Wende maßgeblich beteiligt sein sollen, mag erklären, warum viele Entführungsopfer meinen, über geheime Kenntnisse zu verfügen. Über Jahre haben viele von ihnen behauptet, dass ihnen solche verliehen worden wären, diese jedoch im Verborgenen liegen würden und dass die Erinnerungen wieder auftreten, wenn es an der Zeit ist. Es wird große Veränderungen geben, ein großes Durcheinander und Chaos. Es wird schrecklich, aber die Entführten werden wissen, was sie zu tun haben. Alles wurde ihnen beigebracht. Sie sind programmiert wor-

den.“[117] Das kulminiert in der Aussage vieler Entführter, wonach in der Schlussphase des Übernahmeszenarios ein mentaler Schalter aktiviert werden würde.[118]

Deuten diese Äußerungen der Entführten nicht darauf hin, dass einem nicht unbeträchtlichen Teil der Bevölkerung über posthypnotische Befehle für den Tag der Wende ein bestimmtes Verhalten ins Unterbewusstsein eingepflanzt worden ist? Als Entdecker des posthypnotischen Befehls gilt der französische Hypnotiseur M. De Mouillesaux. Im Jahr 1789 suggerierte er einer jungen Frau, sie solle am nächsten Tag genau um 9 Uhr ein ihr zuvor unbekanntes Haus aufsuchen, was tatsächlich auch so geschah. Allgemein wird dann von Posthypnose gesprochen, *„wenn durch eine entsprechende Suggestion nach Beendigung der Hypnose ein bestimmtes Signal eine bestimmte Verhaltensweise auslöst. Es ist keineswegs notwendig, dass der Hypnotiseur das Signal persönlich gibt oder auch nur anwesend ist.*“[132]

Der Auslöser kann dem solchermaßen programmierten Entführten am „Tag X“ von der Dritten Macht demnach zum Beispiel auch per Telefon, über eingepflanzte Implantate, ein bestimmtes über die Medien verbreitetes Codewort oder über ein künstlich inszeniertes spektakuläres Himmelschauspiel übermittelt werden. Selbst die „Eingabe“ eines konkreten in der Zukunft liegenden Termins ist möglich. *„Der hypnotisch induzierte Schlüsselreiz löst einen Automatismus aus. Außerhalb der hypnotischen Phasen kann sich der Betroffene nicht daran erinnern, dass er hypnotisiert wurde und was während der Hypnose geschah.*“ Wird zusätzlich noch suggeriert, dass niemand sonst die vollständige Erinnerung wieder herstellen kann, weil bestimmte Codeworte zur Einleitung des posthypnotischen Befehls von dritter Seite unlösbar sind, ist das ganze Geschehen auf bestmögliche Weise vor einer Entdeckung geschützt. Man spricht dann auch von einer posthypnotischen Amnesie. Experimente haben gezeigt, dass selbst bei nur einmaliger Übermittlung ein einzelner posthypnotischer Befehl auch nach 20 Jahren nichts von seiner Wirksamkeit verliert und auch die Amnesie erhalten bleibt.[132]

Auf diese Weise hat sich die Dritte Macht über Jahrzehnte unter den Entführten eine posthypnotische Kaderarmee geschaffen, deren Größenordnung weltweit viele Millionen umfassen dürfte, vor allem wenn man bedenkt, dass im Regelfall auch die Kinder von Entführten wieder zu Entführten werden.[118] Es sei an dieser Stelle an die Umfrage der Roper-Organisation in den USA im Jahr 1991 erinnert, nach der schon damals zwei Prozent aller Amerikaner, sechs Millionen Menschen, Erfahrungen mit entführungsähnlichen Ereignissen gemacht hatten.

Das Handeln der Entführten, ihre Bereitschaft, widerstandslos am Programm der Dritten Macht mitzuwirken und die Amnesie, der sie dabei unterliegen, deuten darüber hinaus darauf hin, dass sie zu perfekten mandschurischen Kandidaten geworden sind. Als solche bezeichnet man „mentale Roboter“, Menschen, die mit den Methoden der Bewusstseinskontrolle so weit gebracht werden, dass sie eine zweite Identität annehmen können. Der Ursprung des Begriffes lässt sich zurückführen auf historische Beispiele von chinesischen Kommunisten an ihren Gefangenen praktizierter Gehirnwäsche. Die künstlich erzeugte Persönlichkeit agiert „auf Abruf“ völlig unabhängig vom genetisch determinierten bzw. durch Umwelteinflüsse geformten „wahren“ Wesen des betreffenden Menschen. Die erste Identität weiß nichts von der zweiten und umgekehrt. Die Interessen der beiden können in letzter Konsequenz sogar in diametralem Gegensatz stehen.[132]

Für den Programmierer des mandschurischen Kandidaten, der unter Hypnose komplexe, langfristig wirksame Verhaltensänderungen zu erreichen beabsichtigt, fällt die Umformung der Persönlichkeit umso leichter, je früher mit der Bewusstseinskontrolle begonnen und je häufiger diese vorgenommen wird. Das frühe Kindesalter ist hierfür der optimale Zeitpunkt.[132] Damit wird klar, warum so viele Entführungsopfer davon berichten, schon als Kind und von da ab immer wieder in das beschriebene Szenario eingebunden worden zu sein.

Die Suggestibilität eines zu hypnotisierenden Probanden kann durch den Einsatz von Drogen noch erhöht werden. Gerade im Rahmen der UFO-Entführungen scheint die Narko-Hypnose ein überaus geeignetes Mittel zu sein, um auch die schwer hypnotisierbaren unter den Entführungsopfern ohne Probleme den Prozeduren an Bord der UFOs zu unterziehen. Zum Einsatz kommen dürften wegen der begrenzten Dauer der Entführungen psychedelische Substanzen, deren Wirkung schnell eintritt, sich nach kurzer Zeit aber wieder vollständig verliert. Besonders empfiehlt sich unter diesem Gesichtspunkt der Einsatz des Alkaloids N,N-Dimethyltriptamin, kurz DMT genannt. Die richtige Dosis vorausgesetzt, beginnt es schon wenige Sekunden nach der erfolgten Injektion zu wirken, löst fast augenblicklich intensive psychedelische Visionen aus und nach nur ca. 30 Minute ist der Normalzustand wieder hergestellt.[260] Die Dritte Macht hatte direkt vor ihrer Haustür am Pico Tamacuari einen besonders leichten Zugang zu diesem Stoff, der unter den Indianern am Amazonas unter dem Namen *Ayahuasca* seit langer Zeit als bewusstseinsveränderndes Schnupfpulver oder als Getränk konsumiert worden ist.[261]

Wenn damit auch gezeigt werden konnte, welche eminente Bedeutung dem Einsatz der Entführten, jener posthypnotischen Kaderarmee, am „Tag X" zukommt, so bleiben diese doch nur ausführendes Organ. Die entscheidende Weichenstellung im Übernahmeprozess wird vom Stammpersonal der Dritten Macht und den über Jahrzehnte aus der Erbmasse der Entführten massenhaft gezeugten „Hybriden" vorgenommen. Deren Integration erfolgt dabei nicht global, sondern ist fokussiert auf die Schaltstellen der Macht in den Industriestaaten der nördlichen Hemisphäre.

Am 25. Juni 1992 hielt der amerikanische Psychologieprofessor und Hypnosespezialist D. Corydon Hammond auf einer Konferenz in Alexandria, Virginia, eine Rede mit dem Titel „Hypnose und Multiple Persönlichkeitsstörung: ritueller Missbrauch". Diese Rede wurde in Fachkreisen als „Greenbaum-Speech" bekannt und weltweit wissenschaftlich und politisch heiß diskutiert. Hammond glaubte herausgefunden zu haben, „dass die Bewusstseinskontrolle (Mind Control) durch rituellen Missbrauch am Ende des Zweiten Weltkrieges begann. Allen Dulles und andere Leute aus US-Geheimdienstkreisen hätten in der Schweiz Kontakt zu Naziwissenschaftlern aufgenommen, die in deutschen Kon-

zentrationslagern
befasstgewesen wär
sen."[132]

Ritueller Missbrauch d
lagern? Entweder ist Hammo
sen oder interpretiert die Fakte
tung zielende Erkenntnisse nirgend
hingegen, dass im Konzentrationslage
Dr. Kurt Plötner Experimente stattfand
zweite Identität gegeben wurde – unter Z
Drogen, genauer gesagt des Mescalins, einem
Von daher könnten die Informationen Prof. Ham
des von ihm entdeckten Phänomens durchaus eine T
ten. Deutsche waren darin irgendwie verwickelt.

Die eigentliche Sensation seines Vortrages bestand in d
ckung einer flächendeckenden, die gesamte USA umfassende
Control-Programmierung. Nachdem mehrere seiner Patienten gl
lautende Berichte über an ihnen praktizierte Methoden der Bewuss
seinskontrolle abgegeben hatten, entschloss sich Prof. Hammond, den Sachverhalt systematisch zu untersuchen. Dazu interviewte er eine größere Anzahl von Psychotherapeuten. „*Es stellte sich heraus, dass bestimmte Gehirnwäschemethoden überall in Nordamerika eingesetzt wurden. Die Beschreibungen dieser Methoden entsprachen einander bis ins Detail, obwohl Hammond eine Beeinflussung seiner Gesprächspartner durch sein Vorgehen konsequent zu vermeiden versuchte. Mitunter stimmten die Aussagen von Patienten aus weit voneinander entfernten Städten über bestimmte Praktiken sogar Wort für Wort überein.*" Prof. Hammond gelangte zu folgender Schlussfolgerung: „*Wenn man dieselben höchst esoterischen Informationen in verschiedenen Bundesstaaten und verschiedenen Ländern von Florida bis Kalifornien erhält, dann beginnt man zu erkennen, dass hier etwas Großes, sorgfältig Koordiniertes abläuft. Diese Vorgänge beruhen offenbar auf entwickelter Kommunikation und Systematik.*"[132] Diese Aussage lässt sich in identischer Form auf das UFO-Entführungsphänomen übertragen. Von einem Fragesteller während

be-
schriebenen Ausmaß ist das schlichtweg undenkbar.

Dass die Verwandten hochrangiger Vertreter aus Regierung, Militär und den Geheimdiensten – und letztendlich diese vielleicht selbst – bevorzugte Opfer der Bewusstseinsprogrammierer sind, sollte mehr als nachdenklich stimmen. Aus diesen Kreisen mandschurische Kandidaten, sprich gezwungenermaßen hilfswillige Entführungsopfer, zu gewinnen, bedeutet für die Dritte Macht nichts anderes, als am „Tag X" mithilfe des posthypnotisch installierten Auslösers die Schalthebel in den Kommandozentralen anderer Staaten übernehmen zu können. Dieselben mandschurischen Kandidaten werden auch dafür sorgen, dass ihren Entführern, den „Hybriden", eine Eingliederung in die Gesellschaft ermöglicht wird – an hohen und höchsten Stellen. Der Übernahme des Planeten steht dann auch von dieser Seite nichts mehr im Wege. Was noch fehlt, und was die Übernahme der Welt durch die Dritte Macht bisher verhindert hat, ist das Eintreten einer „revolutionäre Situation".

Die Ausnutzung der sich abzeichnenden ökonomischen und gesellschaftlichen Katastrophe

Spätestens nach den überstürzten und jedes vernünftige Maß sprengenden COVID-19-Rettungsprogrammen dürften die meisten Zeitgenossen von der Ahnung befallen worden sein, dass das politisch-ökonomische System der Nachkriegszeit nunmehr endgültig aus dem Ruder zu laufen droht. Endgültig deshalb, weil schon zuvor der Umkehrpunkt, wenn auch nicht so deutlich sichtbar, längst überschritten war und mit COVID-19 lediglich der lange erwartete „Schwarze Schwan" die beschleunigte Phase des Zusammenbruchs eingeleitet hat.

Wir stehen unmittelbar vor dem Kulminationspunkt der größten von Menschen verursachten Katastrophe aller Zeiten. Ein fulminantes Ereignis, nicht wie in der Vergangenheit regional begrenzt, nicht allein auf wirtschaftliche Verwerfungen beschränkt, nicht nur einzelne Bevölkerungsgruppen betreffend, sondern sich allumfassend auswirkend, die Grundfesten unserer Zivilisation nicht erschütternd, sondern mit einem Ruck hinwegfegend, gleichsam alle unsere bisherigen Werte pulverisierend.

Der Nutznießer steht schon bereit. Er hat mit kalter Berechnung die ursächlichen, in unserem Wirtschaftssystem angelegten Gesetzmäßigkeiten von Beginn an in sein Kalkül einbezogen. Seine große Stunde hat dann geschlagen. Er tritt aus der Anonymität – kompromisslos, gnadenlos, mit einer bis ins Detail geplanten Agenda für die Umwandlung der Welt. Und so paradox das klingen mag, die Menschen werden ihm zujubeln, sich ihm willig unterwerfen. Viele werden ihn sogar anbeten aufgrund seiner scheinbar magischen Fähigkeiten. Ein Grundtenor wird dann vorherrschend sein: Lieber ein Ende mit Schrecken, als ein Schrecken ohne Ende!

Der Autor will sich an dieser Stelle gar nicht mit einer Analyse jener tiefgreifenden ökonomischen Verwerfungen, die letztlich auch zum Kollaps der politischen Systeme führen werden, befassen. Das haben andere schon vor ihm getan, ohne dass dem noch etwas hinzugefügt werden müsste. Als unbedingte Leselektüre in diesem Zusammenhang sind zu empfehlen: »Machtbeben – Die Welt vor der größten Wirtschaftskrise aller Zeiten« von Dirk Müller[(264)], »Der Draghi Crash – Warum uns die entfesselte Geldpolitik in die finanzielle Katastrophe führt« von Markus Krall[(265)], und von demselben Autor »Die bürgerliche Revolution«[(266)].

Das zuletzt genannte Buch zeigt den detaillierten Algorithmus auf, mit dem sich der Zusammenbruch vollziehen wird und zugleich auch dessen Ausweglosigkeit. Alle Bücher sind inhaltlich insofern überholt, als sie noch vor dem Ausbruch von COVID-19 vollendet wurden, was andererseits wiederum nur den Schluss zulässt, dass mit den Ereignissen von 2020 das Verhängnis nunmehr endgültig ist. Der heute geltende Status quo nimmt in Kürze ein abruptes Ende. Die letzte noch fehlende Grundbedingung für die Einleitung des Übernahmeszenarios durch die Dritte Macht wird damit faktisch gegeben sein.

Der „Tag X" wird sich aller Voraussicht nach ereignen nach einem totalen Crash der Weltwirtschaft, eingeleitet durch die Auslösung eines sich an die UFO-Entführungsopfer richtenden posthypnotischen Mobilisierungsbefehls, organisiert und gelenkt von den „Hybriden" mitten unter uns und zum Zwecke der Demonstration überlegener technologischer Macht, begleitet von „magischen Effekten", resultierend aus der von der Dritten Macht schon seit langem praktizierten Beherrschung der Antigravitation.

Was danach passiert, lässt sich nicht einmal andeutungsweise erahnen, und es ist müßig, darüber zu spekulieren. Die Geheimhaltung der Dritten Macht über ihre zukünftigen Absichten war von jeher eine absolute. Sicher ist nur eines, am Ende des Prozesses der Machtübernahme steht – die Zeitenwende.

10. Epilog

Nach Fertigstellung und Einreichung des Buchmanuskriptes beim Verlag hat sich ein Nachtrag erforderlich gemacht. Nahezu zeitgleich mit der Gründung einer UAP-Task-Force in den Vereinigten Staaten erging eine Aufforderung des Geheimdienstausschusses im US-Senat an die Intelligence Community, den Zusammenschluss der 17 US-amerikanischen Nachrichtendienste, innerhalb von 180 Tagen nach Verabschiedung des entsprechenden Gesetzes (ratifiziert Ende Dezember 2020), einen koordinierten Bericht zu den nicht identifizierten Objekten im Luftraum in einer für die Öffentlichkeit bestimmten nicht-klassifizierten Form vorzulegen.[(267)]

Noch vor der Veröffentlichung des angeforderten Berichtes bestätigte das Pentagon im Gegensatz zu seiner früheren Verlautbarung, dass das unter der Bezeichnung AATIP betriebene Forschungsprogramm zwar nicht vorrangig die Erforschung von UAPs zum Ziel gehabt hätte, jedoch seien im Rahmen der dort gebündelten Forschungsschwerpunkte verschiedene Quellen herangezogen worden, so auch Berichte über UAPs.[(268)]

Die Charakteristika der in den letzten Jahren beobachteten UAPs wurden von an der Untersuchung beteiligten Verantwortlichen und Wissenschaftlern über Monate eingehend diskutiert. Demnach besteht ein vorrangiges Interesse dieser Flugobjekte an militärischen Einrichtungen und nuklearen Anlagen. Wer mit der Geschichte des UFO-Phänomens vertraut ist, weiß, dass es zu keiner Zeit anders war.

Die fünf wesentlichen Eigenschaften der UAPs sind: unglaubliche Beschleunigungen, Bewegungen mit Hyperschallgeschwindigkeit (größer als Mach 5), eine geringe Beobachtbarkeit in allen Spektren, Bewegung ein- und desselben Objektes sowohl in der Luft als auch unter Wasser und nicht zuletzt – Antigravitation.[(269)] Weiterhin konnten beobachtet werden:

- extreme Beschleunigungen und Geschwindigkeiten erfolgen oft aus dem Stand
- plötzliches Stoppen und abrupte Richtungswechsel
- an der Stelle schweben
- Geräuschlosigkeit, selbst in unmittelbarer Nähe
- keine sichtbaren Antriebe oder Steuerungsflächen
- Ausweichmanöver, Verfolgung und Umfliegung lassen auf ein intelligentes Verhalten schließen
- neben menschlicher Beobachtung, instrumentelle Erfassung per Kamera, RADAR und Infrarot vom Boden und aus der Luft, manchmal über viele Stunden.(270)

Die gemessenen Beschleunigungen erreichen mehrere Hundert G; bei unserer heutigen Technik treten schon ab 17 G schwere strukturelle Schäden ein.(271) Nach Meinung mancher Wissenschaftler handelt es jedoch weder um Beschleunigungen noch um Hyperschallgeschwindigkeiten der betreffenden Objekte. Im Gegenteil, in Bezug zu ihrem lokalen Gravitationsfeld stehen sie sogar still. Von daher haben die aus unserer Perspektive wahrgenommenen Beschleunigungen auch keinen negativen Effekt auf die Besatzungen bzw. das Material der UAPs.(272)

Der ehemalige Leiter von AATIP, Luis Elizondo, äußerte in einem Interview, dass nach den Erkenntnissen der Untersucher alle fünf Eigenschaften der UAPs wahrscheinlich das Resultat einer einzigen zugrunde liegenden Technologie sind.(272) Damit dürfte er der Wahrheit sehr nahe gekommen sein. Hat die Nutzung der Antigravitation wie auch des Nullpunkt-Energiefeldes – erinnert sei hier an die Einschätzung des *U.S. Naval Institute* – nicht seinen Ausgang beim Projekt *Die Glocke* genommen? Wie lässt sich in diesem Zusammenhang eine andere Aussage Elizondos erklären, wonach es einer Katastrophe gleichkäme, sollte sich herausstellen, dass eine ausländische Macht die USA seit Jahrzehnten bei diesen Entwicklungen vorgeführt hätte.(271) Seit Jahrzehnten? Dann dürften es Russen und Chinesen wohl kaum gewesen sein! Wenige Tage vor der Veröffentlichung des Berichtes der US-

Geheimdienste zum UAP-Phänomen konkretisierte Elizondo, was er mit seiner Aussage gemeint haben könnte. Demnach besteht durchaus die Möglichkeit, dass die UAPs ihre Entwicklung einer irdischen Intelligenz verdanken, die uns bisher völlig unbekannt geblieben ist und die – so wäre zu ergänzen – demnach über Jahrzehnte im Verborgenen agiert hat.[(273)]

Am 25. Juni 2021, dem letzten Tag der den US-Geheimdiensten eingeräumten Frist, wurde der lediglich neun Seiten umfassende Bericht zum UAP-Phänomen der Öffentlichkeit zugänglich gemacht. Er brachte keine Überraschungen. Demnach stammen die untersuchten Vorfälle aus dem Zeitraum zwischen 2004 und 2021. Es wurden insgesamt 144 Berichte untersucht, von denen lediglich einer aufgeklärt werden konnte. Die meisten der gemeldeten UAPs stellen anscheinend physische Objekte dar, da sie von mehreren Sensoren registriert werden konnten, darunter Radar, Infrarot, elektro-optische Sensorik, Waffensuchgeräte und visuelle Beobachtung. Bei 18 Vorfällen schienen die UAPs ungewöhnliche Flugeigenschaften und Bewegungsmuster aufzuweisen.

Was die US-Geheimdienste mit diesem auf Druck der Öffentlichkeit abgelieferten Bericht zu bezwecken scheinen, ist Folgendes: Sie wollen sich weiterhin bei ihren Ermittlungsmethoden nicht in die Karten schauen lassen. Von daher erfolgte in keinem einzigen Fall eine detaillierte Betrachtung. Es verblieb bei der pauschalen Nennung der untersuchten Gesamtanzahl der untersuchten Berichte sowie der nur zahlenmäßigen Aufschlüsselung in Fälle mit besonderen Charakteristika. Sie speisen uns damit ab, dass sie die *„zunächst unerklärlichen UAPs“* allein auf die begrenzte Datenmenge zu den einzelnen Vorfällen schieben und – wie es für Regierungsbehörden nun einmal unumgänglich ist – weitere Mittel für zukünftige Untersuchungen einfordern. Damit verbunden ist eine Beschwichtigungsstrategie, wonach zu unrecht in der Vergangenheit soziokulturelle Stigmatisierung und persönliche Verunglimpfung gegenüber UFO-Zeugen betrieben worden sind.[(274)]

Unter'm Strich wichtig ist das offizielle Eingeständnis der US-Geheimdienste, über viele Jahre die Urheberschaft einer großen Anzahl dieser ungewöhnlichen Flugobjekte nicht aufgeklärt haben zu können.

Die große Frage *WER SIND „SIE"?* bleibt also auch nach der Veröffentlichung des US-Geheimdienstberichtes von offizieller Seite unbeantwortet.

Legt man das heuristische Forschungsprinzip von „Ockhams Rasiermesser" zugrunde, dann ist von mehreren hinreichenden Erklärungen für ein und denselben Sachverhalt die einfachste Theorie allen anderen vorzuziehen. Eine Theorie ist einfach, wenn sie möglichst wenige Variablen und Hypothesen enthält und wenn diese in klaren logischen Beziehungen zueinander stehen, aus denen der zu erklärende Sachverhalt logisch folgt.[(275)]

Von daher scheint die Theorie von der Existenz einer Dritten Macht, die sich am Ende des Zweiten Weltkriegs auf der Grundlage von Deutschen entwickelter Hochtechnologien im Verborgenen konstituiert hat, am besten diesen Bedingungen gerecht zu werden. Wenn die Existenz einer geheimen Weltraumfahrt der Amerikaner und die Ursprünge des UFO-UAP-Phänomens bei Russen und Chinesen ausgeschlossen werden können, verbleiben nur zwei weitere Alternativen:

- Die ET-Hypothese: Sie erfordert eine Unmenge von Variablen. Das völlige Fehlen eines künstlich erzeugten elektromagnetischen Spektrums im detektierbaren Bereich von bis zu 80 Lichtjahren sowie die Rare Earth Hypothesis schließen in weitem Umkreis mögliche außerirdische Besucher aus.[(276)] Dass sich auch die Vertreter der Prä-Astronautik auf dem sprichwörtlichen Holzweg befinden, hat, wie bereits erwähnt, mein Autorenkollege Mathias Kappel schon vor Jahren nachgewiesen.[(2)]
- Bleibt noch die Theorie von den Zeitreisenden, welche in der Menge notwendiger Variablen nicht zurücksteht. Als Beispiele seien nur genannt die Existenz eines Blockuniversums sowie die rein hypothetischen Möglichkeiten, in der Zeit in beide Richtungen zu reisen, wie zum Beispiel Wurmlöcher etc.[(21)]

Warum also findet die „German Connection" keine öffentliche Beachtung, weder im Bericht der US-Geheimdienste noch in den Medien, die sich mit ihm auseinandersetzen? Der Grund dürfte naheliegend sein: Der Zivilisationsschock wäre um ein Vielfaches größer, als wenn zugegeben werden müsste, dass Außerirdische die Verursacher des UAP-Phänomens sind. Die ET-Hypothese ist durch eine Flut von Büchern, Filmen und anderen Erzeugnissen der Unterhaltungsindustrie seit Jahrzehnten im öffentlichen Bewusstsein tief verankert. Der Eintritt dieses Szenarios könnte von daher kaum noch Entsetzen und Fassungslosigkeit auslösen. Die Rückkehr der Dritten Macht dagegen schon!

Literatur- und Quellenverzeichnis

1. Sternhoff, Gilbert: Die Zukunft hat längst begonnen, Rottenburg 2005, damals noch unter anderem Titel, danach mehrere Neuauflagen, zuletzt im HJB-Verlag
2. Sternhoff, Gilbert und Kappel, Mathias: Götterwagen und Flugscheiben, Salenstein 2010
3. Sternhoff, Gilbert: Operation Tamacuari, Salenstein 2011
4. Sternhoff, Gilbert: 2016 – Die Übernahme der Welt durch die Dritte Macht, Radolfzell 2012
5. Sternhoff, Gilbert: Expedition zum Hauptquartier der Dritten Macht, Mühlhausen-Ehingen, 2015 und aktualisiertes Kapitel: Die Tresore im Untergrund, in: Geheime Verschlusssache, Kopp-Verlag, Dezember 2020
6. Witkowski, Igor: The Truth about the Wunderwaffe, Farnborough 2003
7. Schön, Heinz: Mythos Neu-Schwabenland, Selent 2004
8. Bar-Zohar, Michael: The Avengers, New York 1967
9. Basti, Abel: Hitler en Argentina, Argentinien 2006
10. Schröm, Oliver und Röpke, Andrea: Stille Hilfe für braune Kameraden, Berlin 2002
11. Mattern, W.: UFOs Nazi Secret Weapon?, Toronto 1974
12. Wikipedia: Regenbogen-Befehl
13. Mayer, Edgar und Mehner, Thomas: Zeitbombe Jonastal, Rottenburg 2019
14. Scalia, Joseph Mark: U 234 – In geheimer Mission nach Japan, Ullstein TBV 2005
15. Goni, Uki: The Real Odessa, London 2003
16. Bergschicker, Heinz: Deutsche Chronik, Berlin 1982
17. Cook, Nick: Die Jagd nach Zero Point, Mosquito Verlag 2006
18. Karlsch, Rainer: Hitlers Bombe, München 2005
19. Wikipedia: Junkers Ju 290
20. Metapedia: Junkers Ju 290
21. Wikipedia: Absturz der Fw 200 „Hessen" 1945
22. Speer, Albert: Der Sklavenstaat, Ullstein TBV
23. Speer, Albert: Erinnerungen, Ullstein TBV
24. Lauterbacher, Hartmann: Erlebt und mitgestaltet, Preußisch Oldendorf 1984
25. Wikipedia: Karl Hanke
26. Irving, David: Goebbels, Kiel 1997
27. Smelser, Roland und Syring, Enrico (Hrsg.): Die SS – Elite unter dem Totenkopf, Paderborn 2000
28. Reuter, Dean/ Lowery, Colm/ Chester, Keith: The Hidden Nazi: The Untold Story Of America's Deal With The Devil, Regnery History 2019
29. Agoston, Tom: Teufel oder Technokrat, Berlin 1993
30. Georg, Friedrich und Mehner, Thomas: Atomziel New York, Rottenburg 2004
31. Aussagen Werner Grothmann
32. Karlsch, Rainer: Ein inszenierter Selbstmord, in: Zeitschrift für Geschichtswissenschaft, Heft 6/2014
33. Döbert, Frank und Karlsch, Rainer: Hans Kammler, Hitler's Last Hope in American Hands, August 2019, in Woodrow Wilson International Center for Scholars, Cold War International History Project, Working Paper 91

34. Wikipedia: Majestic 12
35. Wikipedia: Martin Allen (Autor)
36. Weidinger, Otto: Kameraden bis zum Ende, Coburg 1999
37. Vom Hofe, Alexander: Vier Prinzen zu Schaumburg-Lippe, Kammler und von Behr, Madrid 2013
38. Knaack, Christian: Der Kunst-Schatz des Führers, Tübingen 2010
39. Lang, Jochen von: Der Sekretär, Stuttgart 1977
40. Wikipedia: Martin Bormann
41. via-regia.org/bibliothek/pdf/.../meding_refugium.pdf, Meding, Holger M.: „Nationalsozialistisches Refugium am Rio de la Plata? – Zur deutschen Einwanderung in Argentinien 1945-1955“
42. gabyweber.com: Deutsche Raketenforschung in der Pampa
43. p-j-hahn.de: Dr. Ronald Richter – Der Auftakt der Fusionsforschung
44. p-j-hahn.de: Ein Zeitzeuge berichtet
45. p-j-hahn.de: Das Richter-Experiment
46. Heller, Friedrich Paul und Maegerle, Anton: Thule – Vom völkischen Okkultismus bis zur Neuen Rechten, Stuttgart 1998
47. Herbert, Ulrich: Best, Bonn 2001
48. E-Mail von Thomas Mehner an den Autor, Datum 17.4.2020
49. Wikipedia: SS-Truppenübungsplatz Böhmen
50. visitvltava.cz/de/wasseranlage-stechovice/28/
51. Hamburger Morgenpost, zwölfteilige Serie, 1953
52. Lusar, Rudolf: Die deutschen Geheimwaffen des 2. Weltkrieges und ihre Weiterentwicklung, zitiert nach der 1958 in München erschienenen Ausgabe
53. Gehring, Heiner und Rothkugel, Klaus-Peter: Der Flugscheiben-Mythos, Schleusingen 2001
54. Deutsche Illustrierte, Nr. 45/1952
55. Rothkugel, Klaus-Peter: Das Geheimnis der deutschen Flugscheiben, Zweibrücken 2002, hier Abdruck des Leserbriefes
56. France Soir, 7. und 14. Juni 1952, hier zitiert u.a. in der Übersetzung aus Quelle 55
57. Wikipedia (englisch): Avro Canada VZ-9 Avrocar
58. Vallee, Jacques: Messengers of Deception, Brisbane 2008
59. Sünner, Rüdiger: Schwarze Sonne, Freiburg im Breisgau 1999
60. Fahr, Hans-Jörg: Der Urknall kommt zu Fall, Stuttgart 1992
61. uni-konstanz.de: Signale aus dem absoluten Nichts, 2.10.2015
62. weltderphysik.de: „Wir haben das Vakuum gequetscht“, 18.1.2017
63. Wikipedia (englisch): Stochastic Electrodynamics (im Internet existiert eine deutsche Übersetzung)
64. arxiv.org: Boyer, Timothy H.: Stochastic Electrodynamics: The Closest Classical Approximation to Quantum Theory, 3.3.2019
65. calphysics.org (hier viele wissenschaftliche Beiträge und Erläuterungen zum Thema)
66. Chown, Marcus: Das Universum und das ewige Leben, München 2007, bietet eine gute Zusammenfassung
67. Haisch, Bernhard/Rueda, Alfonso/Puthoff, H.E.: Beyond E=mc, in: The Sciences, Ausgabe November/Dezember 1994

68. Breakthrough as scientists beat gravity, in: Sunday Telegraph, 1.9.1996
69. Wikipedia (englisch): Eugene Podkletnov
70. wienerzeitung.at: Seibersdorf: Patent für eine Gravitationsmaschine, 4.2.2008
71. arxiv.org: Tajmar, Martin/Plesescu, Florin/Seifert, Bernhard/Marhold, Klaus: Measurement of Gravitomagnetic and Acceleration Fields Around Rotating Superconductors, 17.10.2006
72. Wikipedia: Niederschlesische Operation, hier unter „Ergebnisse“
73. Witkowski, Igor: Die Wahrheit über die Wunderwaffe – Teil 3, Immenstadt 2011
74. Mayer, Edgar und Mehner, Thomas: Das Geheimnis der deutschen Atombombe, Rottenburg 2001
75. Wichert, Hans Walter: Decknamenverzeichnis deutscher unterirdischer Bauten des 2. Weltkrieges, 1999
76. Corso, Philip J.: Der Tag nach Roswell, München 1998
77. Alexander, John B.: UFOs – Mythen, Verschwörungen, Fakten, Rottenburg 2013
78. Randle, Kevin: Roswell Revisited, Lakeville 2007
79. Wikipedia: Ott Christoph Hilgenberg
80. researchgate.net: Scalera, Giancarlo und Braun, Thomas: Ott Christoph Hilgenberg in twentieth century-geophysics
81. researchgate.net: Waser, André: Der Äther in der Naturwissenschaft
82. Wikipedia (englisch): Pascual Jordan
83. Wikipedia: Walther Gerlach
84. jeff.lindell.home.comcast.net: Lindell, Jeffery A.: A Historical and Physiological Perspective of the Foo Fighters of World War Two
85. Chester, Keith: Strange Company, Anomalist Books 2007
86. project1947.com: Chamberlin, Jo: The Foo Fighter Mystery, in The American Legion Magazine, Dezember 1945
87. Wikipedia (englisch): Ball lightning, hier unter „Buoyant plasma hypothesis“
88. Wikipedia: Wetterradar
89. Beasant, John: Stalin‘s Silver, London 1995
90. Wikipedia: U 219
91. Wikipedia (englisch): V-2 rocket, hier unter „Unfulfilled plans“
92. Felton, Mark: Yanagi – The Secret Underwater Trade Between Germany & Japan 1942-1945, Barnsley 2005
93. Wikipedia: Junkers Ju 390
94. Basti, Abel: Bariloche Nazi: Sitios Historicos Relacionados Al Nacionalsocialismo, 2004
95. Wikipedia (englisch): Ghost rockets
96. Project1947.com: Carpenter, Joel: A Ghost rocket chronology
97. vembos.gr: The greek ghost rocket
98. Ludwiger, Illobrand von: Der Stand der UFO-Forschung, Frankfurt am Main 1992
99. Good, Timothy: Jenseits von Top Secret, Frankfurt am Main 1991
100. Wikipedia (englisch): McMinnvile UFO photographs
101. brumac.mysite.com: Maccabee, Bruce: The McMinnville photos
102. Wikipedia: Kreiselinstrument
103. Genovese, Narciso: Yo he estado en marte, 1958; eine spätere deutsche Ausgabe erschien unter dem Titel „Ich bin auf dem Mars gewesen“, Wiesbaden-Schierstein 1964

104. Charroux, Robert: Das Rätsel der Anden, Düsseldorf 1997
105. Wiener Echo, 31.10.1954
106. Marler, David: Triangular UFOs: An Estimate of the Situation, New York 2013
107. Hynek, Dr. J. Allen/Imbrogno, Philip/Pratt, Bob: Night Siege, New York 1987
108. nuforc.org
109. Kean, Leslie: UFOs – Generäle, Piloten und Regierungsvertreter brechen ihr Schweigen, Rottenburg 2012
110. Vallee, Jacques: Dimensionen, Frankfurt am Main 1994
111. Randle, Kevin D./Estes, Russ/Cone, William P.: Abduction Enigma, New York 1999
112. Wikipedia (englisch): Contactee
113. Wikipedia: Raelismus
114. Jacobs, David: Geheimes Leben, Rottenburg 1995
115. Friedman, Stanton und Marden, Cathleen: Captured! The Betty And Barney Hill UFO Experience: The True Story Of The World‘s First Documented Alien Abduction, 2007
116. Ludwiger, Illobrand von: Unidentifizierte Flugobjekte über Europa, München 1999
117. Jacobs, David: Bedrohung, Rottenburg 1998
118. Jacobs, David: Alien Hybriden – Sie sind mitten unter uns, Hanau 2017
119. Hopkins, Budd: Fehlende Zeit, Rottenburg 1993
120. Hopkins, Budd: Eindringlinge, Hamburg 1991
121. Hopkins, Budd: Entführt ins All, Berlin 1997
122. Hopkins, Budd: Sight Unseen, New York 2003
123. Fowler, Raymond E.: Die Wächter, Bergisch-Gladbach 1991
124. Walton, Travis: Feuer am Himmel, Rottenburg 1996
125. Strieber, Whitley: Solving The Communion Enigma, New York 2011
126. Leir, Dr. Roger: Alien Implants, New York 2000
127. Fowler, Raymond E.: Die Wächter II, Reifenberg 1996
128. Techbriefs.com: Adaptive Camouflage, 1.8.2000
129. Spiegel Online: Tarnkappe funktioniert in der dritten Dimension, 19.3.2010
130. Wikipedia: Schwarzer Körper
131. Tepperwein, Kurt: Die hohe Schule der Hypnose, Wien 1996
132. Gresch, Dr. Hans Ulrich: Hypnose, Bewusstseinskontrolle, Manipulation, Düsseldorf 2010
133. Künzel, Wolfgang: Schlaf!: Klassische Hypnose lernen, 2011
134. hypnoseausbildung-seminar.de
135. Alien Discussions, Cambridge 1994
136. MUFON UFO Journal, April 1993
137. Rassenpolitik, SS-Hauptamt Berlin, ohne Jahr
138. Wüst, Walther: Indogermanisches Bekenntnis, Berlin 1942
139. Hitler, Adolf: Mein Kampf, München 1934
140. Deschner, Günther: Reinhard Heydrich, Berlin 1987
141. Günther, Hans F.K.: Rassenkunde des deutschen Volkes, München 1935
142. Reche, Otto: Rasse und Heimat der Indogermanen, München 1936
143. Heinemann, Isabel: Rasse, Siedlung, deutsches Blut, Göttingen 2003
144. Deichmann, Ute: Biologen unter Hitler, Frankfurt am Main 1995
145. Der Spiegel, Nr. 12/2005: Teufel im Barackenmeer

146. Völklein, Ulrich: Josef Mengele, Göttingen 2000
147. Posner, Gerald und Ware, John: Mengele, Berlin 1993
148. Wikipedia: Karl Horneck
149. Wikipedia: Genetische Genealogie
150. Schnabel, Jim: Geheimwaffe Gehirn – Die PSI-Agenten des CIA, München 1998
151. McMoneagle, Joseph: Remote Viewing Secrets – A Handbook, Charlottesville 2000
152. Smith, Paul H.: Reading The Enemy's Mind, New York 2005
153. McMoneagle, Joseph: Mind Trek, Düsseldorf 1998
154. Schwartz, Stephen A.: Opening to the Infinite, Nemoseen Media 2007
155. Persönliche Auskunft von Stephen A. Schwartz per E-mail vom 04.10.2011
156. Talbot, Michael: Das Holographische Universum – Die Welt in neuer Dimension, München 1992
157. Wikipedia: Einstein-Podolksky-Rosen-Paradoxon
158. Wikipedia: Quantenverschränkung
159. Buchanan, Lyn: The Seventh Sense, New York 2003
160. Morehouse, David: Im Tunnel der Zeit, Bastei Lübbe TBV 1998
161. Gemballa, Gero: Colonia Dignidad, Frankfurt am Main 1998
162. Heller, Friedrich Paul: Colonia Dignidad, Stuttgart 1993
163. Wikipedia: Gerhard Mertins
164. agpf.de, aufgerufen 2004, der Beitrag zur Colonia Dignidad ist heute auf der Internetseite der Aktion für geistige und psychische Freiheit des *Bundesverbandes Sekten- und Psychomarktberatung* nicht mehr verfügbar
165. Heller, Friedrich Paul und Maegerle, Anton: Die Sprache des Hasses, Stuttgart 2001
166. idgr.de, aufgerufen 2004, im Jahr 2006 wurde die Internetpräsenz des *Informationsdienstes gegen Rechtsextremismus* vom Netz genommen, siehe hierzu auch den entsprechenden Wikipedia-Eintrag
167. Heller, Friedrich Paul: Lederhosen, Dutt und Giftgas, Stuttgart 2006
168. Wikipedia: Colonia Dignidad
169. Magazin 2000, Nr. 1/1998
170. Magazin 2000, Nr. 4/1998
171. Brown, Courtney: Kosmische Begegnung, Knaur TBV 1997
172. Wikipedia (englisch): Santa Fe Baldy
173. Walters Ed und Frances: UFOs – Es gibt sie, München 1990
174. Walters, Ed und Maccabee, Bruce: UFOs are real: Here is the proof, New York 1997
175. Walters, Ed und Frances: UFO Abductions in Gulf Breeze, New York 1994
176. Wikipedia (englisch): Pico de Neblina
177. MUFON UFO Journal, Januar 1993: Ed Walters, the model, and Tommy Smith (der Beitrag ist unter seinem Titel auch im Internet abrufbar)
178. Brugger, Karl: Aufbruch der Götter – Die Chronik von Akakor, 1976
179. Nehberg, Rüdiger: Der selbstgemachte Häuptling, Hamburg 1991
180. Siebenhaar, Wolfgang: Die Wahrheit über die Chronik von Akakor, Rottenburg 2006
181. Brög, Wolfgang: Film „Das Geheimnis des Tatunca Nara", Erstausstrahlung im WDR I am 20.1.1991
182. Der Spiegel, Nr. 27/2014: Ich bin Tatunca. Punkt.

183. Mündliche Auskunft von Wolfgang Brög, der heute in Brasilien ein Reiseunternehmen betreibt und durch gemeinsame Expeditionen mit Rüdiger Nehberg bekannt wurde
184. Vallee, Jacques: Konfrontationen, Frankfurt am Main 1994
185. Pratt, Bob: UFO Danger Zone, Madison 1996
186. mufon.com: Pratt files, unter dem Suchbegriff „Bob Pratt Files“ im Internet auch unter anderen Referenzen abrufbar
187. Feindt, Carl W.: UFOs and Water, 2010
188. History Channel, Sendung zu den Ereignissen der „Operação Prato“, ausgestrahlt Anfang 2020 in Brasilien in portugiesischer Übersetzung
189. Mack, John E.: Passport to the Cosmos, Crown Publishers 1999
190. scielo.br: New Fannia Robineau-Desvoidy from Amazonas, Brazil and new geographical record (Diptera, Faniidae)
191. American Museum Novitates: A Tepui Herpetofauna on a Granitic Mountain (Tamacuari) in the Borderland Between Venezuela and Brazil: Report from the Phipps Tapirapeco Expedition, 19. November 1997
192. Wikipedia: Theodor Koch-Grünberg
193. Spiegel Online: Nazis im Dschungel-Camp, 24.10.2008
194. Flachowsky, Sören und Stoecker, Holger: Vom Amazonas an die Ostfront, Weimar 2011
195. Glüsing, Jens: Das Guayana-Projekt, Berlin 2008
196. homepages.uni-tuebingen.de/gerd.simon/: Chronologie Luetzelburg, Philipp von
197. FliegerRevue, Ausgabe 64, 2017: Brasiliens Kampf gegen U-Boote
198. Brennecke, Jochen: Die deutschen Hilfskreuzer im Zweiten Weltkrieg, Hamburg 2001
199. Reitsch, Hanna: Fliegen – Mein Leben, Stuttgart 1951
200. Fraschka, Günter: Mit Schwertern und Brillanten, München 1989
201. Wikipedia Einträge zu Brasilien und Venezuela
202. Projektbericht der *Remote Viewing Akademie* vom 4.11.2011
203. Wikipedia: B61 (Kernwaffe)
204. Georg, Friedrich: Mit dem Balkenkreuz zum Mond, Rottenburg 2008
205. Buttlar, Johannes von: Sie kommen von fremden Sternen, Knaur TBV 1988
206. FAZ Online: NASA hat Kontakt zu „Spirit“ verloren, 22.1.2004, siehe zeitgleich mehrere ähnliche Beiträge im Internet
207. McDaniel, Stanley V. und Rix Pacson, Monica (Hrsg.): The Case for the Face, Kempton 1998
208. Welt Online: Phobos-Grunt wegen kosmischer Teilchen abgestürzt, 31.1.2012
209. Bericht zitiert nach Abdruck in: Sitchin, Zecharia: Am Anfang war der Fortschritt, Knaur TBV
210. abovetopsecret.com/forum/thread510992/pg1
211. netzzeitung.de/spezial/weltraum/276599.html
212. Wikipedia: Beagle 2
213. Wikipedia: Mars Polar Lander
214. Wikipedia: Schiaparelli (Marslander)
215. Wikipedia: Chronologie der Raumsonden zu Kometen und Asteroiden
216. Wikipedia: Cassini-Huygens
217. Wikipedia: Mars Observer
218. Fowler, Raymond E.: Der Fall Andreasson, Reifenberg 1995

219. Vallee, Jacques: Forbidden Science, Berkeley 1992
220. Ludwiger, Illobrand von: Burkhard Heim – Das Leben eines vergessenen Genies, München 2010
221. Dröscher, Walter und Häuser, Jochem: Guidelines for a Space Propulsion Device based on Heims's Quantum Theory, 40th AIAA/ASME/SAE/ASEE Joint Propulsion Conference & Exhibit, Fort Lauderdale, Florida,11-14 July, 2004
222. Spektrum der Wissenschaft, Dossier 3/2004: Der Mars
223. heise online: Genug Wasser für eine bemannte Mars-Mission, 24.1.2004
224. tagesschau.de: Flüssiges Wasser auf dem Mars entdeckt, 25.7.2018
225. Spiegel Online: Rätsel um Mars-Loch gelöst, 31.8.2007
226. Welt Online: In der Marsatmosphäre gibt es Methan, 30.3.2004
227. Welt Online: Der Mensch ist zu schwach für die Reise zum Mars, 5.9.2010
228. Spiegel Online: Gas-Ausbrüche könnten von Lebewesen stammen, 15.1.2009
229. Focus Online: Hat „Curiosity" Spuren von Leben auf dem Mars gefunden?, 17.12.2014
230. FAZ Online: Wieder Methan auf dem Mars, 25.6.2019
231. Welt Online: Rätselhafte Methanwolken auf dem Mars entdeckt, 15.1.2009
232. BBC News: Mars methane not from meteors, 9.12.2009
233. weiss.de/krankheiten/blaehungen/grundlagen/
234. Spiegel Online: Rot, aber nicht tot, 21.9.2005
235. Welt Online: Auch auf dem Mars wird es wärmer, 9.4.2007
236. Wikipedia: Terraforming
237. derstandard.at: Wissenschaftler glaubt, Insekten auf dem Mars gesichtet zu haben, 20.11.2019
238. researchgate.net: Romoser, William: "Evidence of Extant Insect-Like Organisms on Mars" + Supplemental Material, November 2020
239. researchgate.net: Romoser, William: Things in the Martian Sky, Januar 2020
240. raumfahrer.net: Komet C/2013 A1 im nächsten Jahr in Marsnähe, 26.2.2013
241. weltraum-aktuell.de: Stürzt 2014 ein Komet auf den Mars?, 1.3.2013
242. jahrhundertkomet.de: NASA äußert sich zum möglichen Kometeneinschlag auf dem Mars, 28.3.2013
243. Spiegel Online: Komet „Siding Spring" rast knapp am Mars vorbei, 20.10.2014
244. Wikipedia: Kampf um Ungarn
245. Georg, Friedrich: Unternehmen Patentraub, Tübingen 2010
246. Mayer, Edgar und Mehner, Thomas: Die Lügen der Alliierten und die deutschen Wunderwaffen, Rottenburg 2010
247. grenzwissenschaft-aktuell.de: Ehemaliger Französischer Geheimdienstchef Alain Juillet: „Das UFO-Phänomen entzieht sich irdischen Maßstäben", 13.4.2020
248. Pflock, Karl T.: ROSWELL – Inconvenient Facts and the Will to Believe, New York 2001
249. grenzwissenschaft-aktuell.de: Pentagon korrigiert bisherige Aussagen zu „geheimem UFO-Programm", 6.12.2019
250. grenzwissenschaft-aktuell.de: United States Naval Institut kommentiert UFO-Videos der U.S.-Navy, 18.1.2020
251. grenzwissenschaft-aktuell.de: US-Senator Marco Rubio: „Über unseren Militärbasen fliegen Dinge, die wir nicht kennen!", 17.7.2020

252. grenzwissenschaft-aktuell.de: US-Pentagon beantwortet Fragen zur neuen „UFO Task Force“, 3.9.2020
253. Wikipedia (englisch): John Titor
254. Transinformation.net
255. ianchadwick.com: The „Secret“ Space Programm Hoax, 10.1.2016
256. Ludwiger, Illobrand von: UFOs – die unerwünschte Wahrheit, Rottenburg 2009
257. Hastings, Robert L.: UFOs and Nukes: Extraordinary Encounters at Nuclear Weapon Sites, Author House 2008
258. Jahn, Robert G. Und Dunne, Brenda J.: Consciousness And the Source Of Reality, Princeton 2011
259. Alexander, John B.: Reality Denied, Anomalist Books 2018
260. Strassmann, Rick: DMT – Das Molekül des Bewusstseins, München 2004
261. Wikipedia: Ayahuasca
262. Wikipedia: Kurt Plötner
263. Coppes.de: Greenbaum-Rede, eine deutsche Übersetzung
264. Müller, Dirk: Machtbeben – Die Welt vor der größten Wirtschaftskrise aller Zeiten, München 2018
265. Krall, Markus: Der Draghi Crash – Warum,uns die entfesselte Geldpolitik in die finanzielle Katastrophe führt, München 2017
266. Krall, Markus: Die bürgerliche Revolution, München 2020
267. grenzwissenschaft-aktuell.de: US-Geheimdienst-Senatsausschuss bewilligt Budget für UFO-Untersuchungen und fordert Bericht über das UFO-Wissen der Geheimdienste, 24.6.2020
268. theblackvault.com: John Greenewald: Pentagon Now Admits AATIP Utilized UAP/UFO Reports, 22.5.2021
269. Milburn, Frank: The Pentagon‘s UAP Task Force, in: Mideast Security and Policy Studies No. 183, herausgegeben vom Begin-Sadat Center for Strategic Studies der Bar Ilan University, November 2020
270. grenzwissenschaft-aktuell.de: Nachbetrachtung zum UAP-Vortrag an der Universität Würzburg, 15.6.2021
271. mysterywire.com: Knapp, George/Adams, Matt/Phenix, Duncan: What about those flying pyramids? – Former Pentagon UFO investigator responds to questions about leaked images, 23.4.2021
272. Milburn, Frank: American Development of UAP Technology: A Fait Accompli?, in: Mideast Security and Policy Studies No. 189, herausgegeben vom Begin-Sadat Center for Strategic Studies der Bar Ilan University, März 2021
273. washingtonexaminer.com: Ex-government chief for UFO investigations: US considering extraterrestrial hypothesis, 15.6.2021
274. grenzwissenschaft-aktuell.de: US-Geheimdienste präsentieren Vorab-Bericht über UFOs und UAPs, 26.6.2021
275. Wikipedia: Ockhams Rasiermesser
276. Wikipedia (englisch): Rare Earth hypothesis
277. Masters, Michael P.: Identified Flying Objects, 2019

Bildquellenverzeichnis

(1) Archiv Abel Basti, San Carlos de Bariloche, Argentina
(2) Archiv Abel Basti, San Carlos de Bariloche, Argentina
(3) Archiv Abel Basti, San Carlos de Bariloche, Argentina
(4) Archiv Gilbert Sternhoff
(5) Breakthrough as scientists beat gravity, in: Sunday Telegraph, 1.9.1996
(6) The Associated Press, 2.1.1945, www.bibliotecapleyades.net/ufo_aleman/rfz/foofighter.htm
(7) https://archive.org/details/TrentHighResScans
(8) https://archive.org/details/TrentHighResScans
(9) https://archive.org/details/TrentHighResScans
(10) https://www.bibliotecapleyades.net/ufo_aleman/rfz/rocket.htm
(11) Beacon Journal Service, Archiv Gilbert Sternhoff
(12) www.the-blueprints.com/blueprints/ww2planes/horten/69112/view/horten_ho_229_v3/
(13) Witkowski, Igor: The Truth about the Wunderwaffe, Farnborough 2003
(14) Archiv Gilbert Sternhoff
(15) Archiv Gilbert Sternhoff
(16) Gemballa, Gero: Colonia Dignidad, Frankfurt am Main 1998
(17) Archiv Gilbert Sternhoff
(18) Archiv Gilbert Sternhoff
(19) Feindt, Carl W.: UFOs and Water, 2010
(20) mufon.com: Pratt files
(21) Archiv Gilbert Sternhoff
(22) Archiv Gilbert Sternhoff
(23) Archiv Gilbert Sternhoff
(24) Archiv Gilbert Sternhoff
(25) www.researchgate.net/publication/338634304_Things_in_the_Martian_Sky
(26) www.researchgate.net/publication/338634304_Things_in_the_Martian_Sky
(27) www.researchgate.net/publication/338634304_Things_in_the_Martian_Sky
(28) www.researchgate.net/publication/338634304_Things_in_the_Martian_Sky
(29) www.researchgate.net/publication/338634304_Things_in_the_Martian_Sky
(30) www.livescience.com/26540-crop-circles.html

KAMPF GEGEN GOTT

Alexander Kohlhaas

Mehr als ein Aussteigerbuch für Sekten- und Religionsgeplagte

Dieses Buch richtet sich nicht nur an Aussteiger aus Sekten oder Religionen, sondern auch an Angehörige von Menschen, die sich in sektenähnlichen Strukturen befinden. Es richtet den Spot auf den blinden Fleck der Gesellschaft, der sie nicht wahrhaben lässt, wie sehr Menschen durch die Beschneidung, als auch durch langanhaltende Reli-gions- und Sektenzugehörigkeit geschädigt. Es zeigt auf:

- Wie Sekten und Religionen die Psyche der Menschen nachhaltig beschädigen.
- Weshalb Aussteiger oft Jahre nach dem Ausstieg noch den Mechanismen der Sekte ausgesetzt sind und weshalb sie das dort antrainierte Verhalten nicht überwinden können.
- Weshalb die Zeugen Jehovas in Russland verboten sind.
- Wie führende Politiker weltweit auf die Erfüllung der Prophezeiungen des AT hinarbeiten.

ISBN 978-3-938656-63-1 • 21,00 Euro

LÜGENMÄULER

Renato Stiefenhofer

Es wird Zeit, die Mäuler zu stopfen!

Der Schweizer Jumbo-Kapitän Renato Stiefenhofer fliegt seit Jahrzehnten überwiegend für asiatische Airlines. Als ehemaliger Airforce-One-Pilot der Vereinigten Arabischen Emirate und Privatjet-Chauffeur für europäische Milliardäre tanzt er auf verschiedenen Hochzeiten und auf verschiedenen Kontinenten. Die ihm anvertraute Informationsvielfalt – vom Scheich Sultan über David Beckham bis hin zum Uno-Generalsekretär – versucht er in diesem Buch einzuordnen.

Im Laufe der Zeit erkannte er, dass es mindestens zwei Parallelwelten geben muss: Die eine kennen wir alle, die andere ist ein sehr gefährliches Pflaster. Spätestens seit einem intensiven, privaten Gespräch mit einem US-Vier-Sterne-General in der First Class weiß er: Die brutale Realität und die Meinung, welche durch die tendenziöse Berichterstattung unserer Mainstream-Medien verbreitet wird, klaffen weit auseinander. Der US-General stellte infrage, ob 9/11 so passiert ist, wie es uns die Geschichtsbücher und die Politik vorbeten. Dieses Gespräch wurde zum Beginn einer Odyssee, die Captain Stiefenhofer ein gigantisches Lügengebilde von Politik und Presse offenbarte. Gleichzeitig werden die EU, der deutsche Staat und die verwirrenden Covid-19-Maßnahmen akribisch untersucht und entlarvt.

ISBN 978-3-938656-68-6 • 21,00 Euro

ISS RICHTIG ODER STIRB!

Vera Wagner

Von der Wiege bis zum Pflegebett, von der Babymilch bis zum Menü im Heim: Big Food konditioniert unseren Geschmack. Macht uns krank mit Zucker, Salz und Fett. Vergiftet uns mit toxischen Zusätzen und in High-Tech-Laboren zusammengebrauten Aromen. Und bringt damit viele Menschen ins Grab. Die Nahrung ist für die meisten Todesopfer weltweit verantwortlich, sagt die WHO – und kollaboriert hinter den Kulissen mit den Food-Konzernen. Diejenigen, die Ernährung kontrollieren müssten, haben die Kontrolle abgegeben. Früher wäre es strafbar gewesen, Erdbeergeschmack aus Sägespänen herzustellen. Heute ist es legal.

Die Zeit des Umbruchs ist gekommen, auch beim Thema Ernährung. Ernährungswissenschaftler fordern: Der Grad der industriellen Verarbeitung sollte auf Produkten angegeben werden. Doch wie lange wird es dauern, bis das umgesetzt ist? **Sie haben nur eine Chance: Sie müssen die Sache selbst in die Hand nehmen!**

ISBN 978-3-938656-57-3 • 24,00 Euro

LOCKDOWN

Michael Morris

Der Ausnahmezustand ist die neue Norm!

- Wie kann man den längst überfälligen systemischen Crash der Weltwirtschaft organisieren, ohne dass es einen Schuldigen gibt?
- Wie kann man die Nutzung von Bargeld abschaffen, ohne Widerstand aus der Bevölkerung zu erzeugen?
- Wie kann man problemlos die flächendeckende und lückenlose Überwachung aller Menschen etablieren?
- Wie kann man Versammlungs- und Demonstrationsverbote ohne Widerstand durchsetzen?
- Wie kann man die Menschen dazu bewegen, sich freiwillig impfen und chippen zu lassen?
- Wie kann man die Weltbevölkerung reduzieren, ohne dass irgendjemand Verdacht schöpft?

Dafür bräuchte es ein Ereignis, das so einschüchternd wirkt, dass die Menschen freiwillig auf ihre verfassungsmäßig garantierten Rechte verzichten und alle bisherigen Überzeugungen, Gewohnheiten und Ideale aufgeben. Dafür bräuchte es einen unsichtbaren Feind, der nie besiegt werden kann, weil er sich immer wieder verändert und immer wieder hinterhältig und erbarmungslos zuschlägt. Es bräuchte etwas, das uns alle betrifft, das niemand versteht, und das dennoch alle Menschen in Angst und Schrecken versetzt. Und genau das erleben wir jetzt!

ISBN 978-3-938656-19-8 • 21,00 Euro

HANDBUCH FÜR GÖTTER

Jan van Helsing

Egal, was die Illuminaten vorhaben, was ist DEIN Plan?

In diesem Buch spricht Jan van Helsing, der bereits im August 2019 über den Corona-Plan informiert war, mit Johannes, einem Hellsichtigen, der sozusagen einen guten „Draht nach oben" hat. Beide gehen der Frage nach, wieso die Mächtigen dieser Welt – die Illuminaten –, die hinter all diesen Szenarien stecken, eine solche Angst haben, dass ihre Machenschaften auffliegen, dass sie deswegen Videos, Bücher sowie Menschen auf dem gesamten Globus zensieren. Wovor haben sie Angst? Die Illuminaten kennen ein Geheimnis, das sie ganz schnell ihrer eigenen Macht berauben würde – hätten die Menschen Kenntnis davon. Es ist etwas, das in jedem von uns verborgen ist, weshalb man uns durch eine gigantische Ablenkungsindustrie davon abhält, uns auf die Suche nach diesem Geheimnis zu machen. Das „Handbuch für Götter" zeigt Möglichkeiten auf, wie jeder Einzelne diese Kraft entdecken und im täglichen Leben zum Einsatz bringen kann.

ISBN 978-3-938656-64-8 • 21,00 Euro

DEINE SEELE GEHÖRT UNS!

Alexander Kohlhaas Anna-Maria Valeton

Zeugen Jehovas und Klimaretter – dasselbe Prinzip!

Glauben Sie, dass Religionen als überwunden anzusehen sind? Religionen, die seit Jahrhunderten Menschen spalten, verurteilen, abwerten und Andersdenkende diffamieren? Oder leben wir heute nicht in einer Zeit, in der solche teuflischen Methoden wieder zur vollen Wirkung kommen? Mit Insiderwissen eines Aussteigers einer Extremgruppe und einer Aussteigerin aus der Medienbranche beleuchten die Autoren:

- Welche Mechanismen in Extremgruppen wie Scientology oder den Zeugen Jehovas wirken und mit welchen Methoden sie Menschen an sich binden.
- Wie Klimaretter gleiche Methoden und religiöse Sprache verwenden!
- Welche Mechanismen in Greta Thunbergs Familie wirken, damit sie Erlösung erfährt!
- Wie der Öffentliche Rundfunk Framing als Waffe verwendet, um Menschen zu spalten

ISBN 978-3-938656-59-4 • 19,00 Euro

WIR TÖTEN DIE HALBE MENSCHHEIT!

Eileen DeRolf   Jan van Helsing

Jetzt machen sie Ernst. Corona ist erst der Anfang!

„China wird eine Erkältung bekommen.' Diese Epidemie soll sich dann über die ganze Welt ausbreiten – entweder als Rache der Chinesen oder weil der Virus mutiert ist – und die Menschen generell dezimieren, um zirka 50 Prozent!" Das sagte ein britischer Hochgradfreimaurer im Gespräch mit Bill Ryan (Project Camelot) im Jahr 2010.

Über die Jahrzehnte haben verschiedene Autoren über die kommende Neue Weltordnung geschrieben und darüber, dass eine kleine Elite die Welt an sich reißen und alles privatisieren will. Die Corona-Epidemie ist ein geschickt genutztes Werkzeug, einen Finanzcrash zu tarnen, Bargeld zu entziehen, Zwangsimpfungen und möglicherweise auch ein Chippen von Menschen zu erwirken. Und es gibt einen Plan: Zum einen gibt es den für die Menschheit der Zukunft, die auf mindestens die Hälfte reduziert werden soll. Wie sie das machen werden und wen sie als erstes im Visier haben, erfahren Sie in diesem Buch. Die Neue Weltordnung selbst wird u.a. über die Agenda 21 und Agenda 2030 im links-grünen Gewand eingeführt. Dies schildert die Aktivistin Eileen DeRolf am Beispiel der USA in aller Ausführlichkeit. Um die 'Privatisierung der Welt' und die historischen Hintergründe derselben besser verstehen zu können, hat Jan van Helsing mit dem Insider Hannes Berger und dem Climate-Engineering-Spezialisten Andreas Ungerer im Anhang ein langes Interview geführt.

ISBN 978-3-938656-53-2 • 21,00 Euro

DIE KENNEDY-VERSCHWÖRUNG

Dan Davis

War es eine Freimaurer-Hinrichtung?

Etwa 2.800 bislang geheime Dokumente zum Mord an John F. Kennedy wurden von Präsident Donald Trump zur Veröffentlichung freigegeben. In diesem Buch werden die neusten Erkenntnisse über den Mord an JFK am 22. November 1963 in Dallas, Texas, thematisiert und aufgelistet. Neben den brandaktuellen Fakten werden weitere offene Fragen erstmals beantwortet: Warum waren alle Entscheidungsträger, die mit der „Aufklärung" des Mordes zu tun hatten, Freimaurer? Welche von JFK geplanten Gesetzesänderungen verschwanden nach dem Attentat umgehend wieder? Warum kam es zu einem Massensterben von Augenzeugen? War es reiner „Zufall", dass Kennedys Sohn 1999 mit seinem Flugzeug abstürzte, wenige Tage vor einer geplanten Kandidatur zum US-Präsidenten?

ISBN 978-3-938656-52-5 • 21,00 Euro

WENN DAS DIE MENSCHHEIT WÜSSTE...

Daniel Prinz

Wir stehen vor den größten Enthüllungen aller Zeiten!

Der neue Blockbuster von Daniel Prinz – 720 Seiten! Der Inhalt dieses Buches wird Sie aus den Schuhen hauen! Im Folgeband des Bestsellers „Wenn das die Deutschen wüssten..." hat Daniel Prinz im ersten Teil in aufwendiger Recherchearbeit brisante Hintergründe zu den beiden Weltkriegen aufgedeckt, die mit dem gefälschten Geschichtsbild der letzten 100 Jahre mit eisernem Besen gründlich aufräumen. In Teil 2 geht es um Chemtrails, die Dezimierung der Menschheit, Zensur und Gedankenpolizei, Impfungen und das Krebsgeschäft, und in Teil 3 kommt die kosmische Variante mit ins Spiel: das geheime Weltraumprogramm!

ISBN 978-3-938656-89-1 • 33,00 Euro

GEHEIMSACHE „STAATSANGEHÖRIGKEITSAUSWEIS"

Max von Frei

Wussten Sie, dass ein Reisepass oder ein Personalausweis nicht dazu ausreicht, Ihre deutsche Staatsangehörigkeit nachzuweisen? Wenn Sie beispielsweise als Deutscher in den USA oder Russland eine Firma gründen wollen, verlangen die dortigen Behörden Ihren "Staatsangehörigkeitsausweis" als Nachweis, dass Sie Deutscher sind. Noch nie davon gehört? Diesen Ausweis erhalten Sie beim Landratsamt, und er kostet nur 25 Euro. War Ihnen bekannt, dass Sie nur mit dem "Staatsangehörigkeitsausweis" die Bürgerrechte – laut Grundgesetz die sog. „Deutschenrechte" – beanspruchen können? Aber wieso wissen wir das nicht, und wieso erhält man dieses Dokument nicht ganz automatisch mit der Geburt ausgehändigt? Wieso macht die BRD den Staatsangehörigkeitsausweis zur Geheimsache? Könnte die Offenbarung dieses Geheimnisses über die Zukunft Ihres Vermögens entscheiden? Könnte diese neue Erkenntnis darüber hinaus vielleicht sogar zu einem von Deutschland ausgehenden, weltweiten Frieden führen?
Max von Frei beantwortet diese Fragen im Detail – belegt durch geltende und gültige Gesetze sowie zahlreiche Dokumente – und erklärt darüber hinaus, wieso die BRD nicht wirklich souverän ist und weshalb die „Menschenrechte" in „Handelsrecht" und „Staaten" in „Firmen" umgewandelt werden.

ISBN 978-3938656-61-7 • 21,00 Euro

ILLUMINATENBLUT

Nikolas Pravda

Die Täuschung und Menschenverachtung der Eliten enttarnt!

Angeblich leben wir in einer aufgeklärten, humanistischen und christlichen Gesellschaft, der sog. westlichen Wertegemeinschaft. Doch unsere Werte werden allzu oft mit Füßen getreten und zwar nicht nur von Kriminellen, Hochstaplern und Terroristen, sondern auf besonders drastische Weise gerade auch von der Oberschicht, den Eliten und den sog. Illuminaten. Die Eliten werden in den Medien häufig als selbstlos, humanistisch und religiös dargestellt, als Menschenfreunde, Helden oder Heilige. Doch hinter der freundlichen Maske des Gutmenschen verbirgt sich nicht selten die hässliche Fratze des rücksichtslosen Ausbeuters. Nikolas Pravda widmet sich diesen dunkelsten Schattenseiten unserer Gesellschaft und ihren mächtigsten Akteuren, wobei er schonungslos aufdeckt, wie sehr die scheinbar transparenten Strukturen unserer Gesellschaft von okkulten Ritualen durchdrungen sind, der Rechtsstaat von elitären Geheimgesellschaften im Würgegriff gehalten wird und das Machtgefüge von immergleichen Blutlinien durchzogen ist, die für eine kontinuierliche Verdummung des Rests der Bevölkerung sorgen.

ISBN 978-3-938656-49-5 • 19,00 Euro

GIFTDEPONIE MENSCH

Katja Kutza

Der ungewöhnliche Heilungsweg einer Amalgamvergiftung, die Hintergründe moderner Volkskrankheiten und die wundervolle Hilfe aus der geistigen Welt!

„Sie sind austherapiert. Wir können keine körperlichen Erkrankungen bei Ihnen feststellen und vermuten eine psychische Störung." Das waren die Worte, mit denen Katja Kutza aus den meisten schulmedizinischen Praxen entlassen wurde. Am Ende eines langen Leidensweges stand die Autorin mit einem nicht mehr funktionieren wollenden Körper und allein gelassen von Ärzten vor den Trümmern ihres einst glücklichen Lebens. Völlig verzweifelt an diesem Punkt angekommen, bekam ihr Leben endlich eine glückliche Wende. Durch innige Gebete gab es für Katja Kutza plötzlich außergewöhnliche Fügungen des Schicksals – meist in Form von alternativen und spirituellen Heilmethoden. Nicht nur ihre Grunderkrankung – eine Amalgamvergiftung – wurde aufgedeckt, auch spirituelle, geistige und energetische Heilsysteme ebneten ihr den Heilungsweg.

ISBN 978-3-938656-47-1 • 21,00 Euro

WAS SIE NICHT WISSEN SOLLEN!

Michael Morris

Einigen wenigen Familien gehört die gesamte westliche Welt – und nun wollen sie den Rest!

Eine kleine Gruppe von Privatbankiers regiert im Geheimen unsere Welt. Das Ziel dieser Geldelite ist kein Geringeres als die Weltherrschaft, genannt die *Neue Weltordnung*!

Michael Morris erklärt über die Zukunft der Finanz- und Wirtschaftswelt: *„Die Ländergrenzen werden bleiben, aber die Währungsgrenzen fallen! Ich habe in diesem Buch den Fokus auf die Wirtschaft, auf Geld und das Bankwesen gelegt, denn die Mechanismen des Geldes sind der Schlüssel zur Macht dieser Bankier-Clans. Seit fast zweihundert Jahren sind wir immer wieder auf dieselben Tricks hereingefallen... Jeder Börsencrash war geplant und so ist es auch der nächste – und der kommt sehr bald!"*

ISBN 978-3-938656-13-6 • 21,00 Euro

WENN DAS DIE DEUTSCHEN WÜSSTEN...

Daniel Prinz

...dann hätten wir morgen eine (R)evolution!

Wussten Sie, dass Ihr Personalausweis oder Ihr Reisepass nicht Ihre deutsche Staatsangehörigkeit bestätigt und fast alle Deutschen in ihrem eigenen Land staatenlos sind? Nein? Es gibt tatsächlich ein Dokument, welches die rechtmäßige Staatsangehörigkeit bescheinigt, aber es ist keines der beiden zuvor genannten. Nur wenige Deutsche sind im Besitz dieser speziellen Urkunde, z.B. viele Staatsanwälte, Notare, Bundespolizisten oder Politiker. Wussten Sie zudem, dass Gerichtsvollzieher in der BRD seit 2012 keine Beamten mehr sind oder dass die BRD selbst gar kein Staat ist – und auch nie war –, sondern eine von den Alliierten installierte Verwaltung, die großteils innerhalb einer „Firmenstruktur" operiert? War Ihnen geläufig, dass wir bald in die „Vereinigten Staaten von Europa" übergehen und die Menschen in „handelbare Waren" umfunktioniert werden? Haben Sie sich nicht auch schon gewundert, wieso aus dem Arbeitsamt eine „Agentur für Arbeit" geworden ist oder warum Sie vor Gericht als „Sache" behandelt werden und nicht als Mann oder Frau? Der Autor beantwortet nicht nur diese Fragen ausführlich, sondern zeigt zudem auf, welche höchst raffinierten und hinterhältigen Mechanismen eingesetzt werden, die uns alle versklavt haben und dafür sorgen sollen, dass wir aus dem gegenwärtigen, riesigen Hamsterrad nie ausbrechen.

ISBN 978-3938656-27-3 • 21,00 Euro

WELTVERSCHWÖRUNG

Thomas A. Anderson

Wer sind die wahren Herrscher der Erde?

Immer mehr Menschen stellen fest, dass sie von den Regierenden belogen und betrogen werden und dass die Volksvertreter nicht das Volk vertreten, sondern die Interessen von Großkonzernen, von Militär und Wirtschaft. Große, weltumspannende Firmen und Organisationen leiten unsere Welt. Diese Familienclans nennen die Rohstoffe auf Erden ihr Eigen, bestimmen den Goldpreis und verleihen astronomische Summen an kriegführende Länder. Aber geht es diesen wirklich nur um wirtschaftliche Interessen, oder steckt etwas ganz anderes dahinter?

ISBN 978-3-938656-35-8 • 23,30 Euro

WHISTLEBLOWER

Jan van Helsing

Insider aus Politik, Wirtschaft, Medizin und Geheimdienst packen aus!

Der Whistleblower Edward Snowden und der Sprecher der Whistleblower-Plattform *Wikileaks*, Julian Assange, haben im Ausland Asyl beantragt, weil sie geheime Regierungsdokumente veröffentlicht hatte. Man will sie jedoch nicht bestrafen, weil sie Unwahrheiten oder Lügen verbreitet haben – nein: Man will sie bestrafen, weil sie den Menschen die Wahrheit gesagt haben, die Wahrheit darüber, dass wir alle von unseren Regierungen und deren Geheimdiensten überwacht und ausspioniert werden. Ist es das, wofür wir unsere Volksvertreter gewählt haben? Ist es nicht viel eher so, dass sie inzwischen ganz anderen Interessen dienen? Für dieses Buch haben *Jan van Helsing* und *Stefan Erdmann* 16 Whistleblower interviewt, die u.a. zu folgenden Themen auspacken:

- Wie geht es in deutschen Asylantenheimen wirklich zu?
- Ist Deutschland souverän? Ist die BRD ein Staat oder eine Firma?
- Was ist *Geomantische Kriegsführung*?
- Es werden viele alternative sowie schulmedizinische Therapieformen unterdrückt!
- Gibt es das „Geheime Bankentrading" wirklich? Wie sparen Großunternehmen und soziale Einrichtungen über Stiftungen Steuern?
- Der Ruanda-Kongo-Krieg war wegen Rohstoffen angezettelt worden!
- Warum es bei Film und Radio nur „Linke" geben darf...
- Ein Schottenritus-Hochgradfreimaurer spricht über UFOs und Zeitreisen.

ISBN: 978-3-938656-90-7 • 23,30 Euro

DER NAZIWAHN

Andreas Falk

Deutschland im Würgegriff linker Zerstörungswut

Wir leben aktuell in einer Zeit des Wahns, einer Zeit, in der jeder zum „Nazi", „Rechtsradikalen" und „Unmenschen" erklärt wird, der das abgedrehte, weltfremde Weltbild der linksaffinen Meinungsdiktatoren nicht mitheuchelt. Deren Denkschema ist klar: Alles neben der SPD oder den GRÜNEN ist brauner Sumpf. Es nervt den normalen Bürger einfach nur noch, wenn Journalisten und Moderatoren immer wieder verzweifelt versuchen, die Menschen zu erziehen und sie auf ihre, natürlich einzig richtige Meinung einzuschwören – sei es die „korrekte" Sichtweise zur Flüchtlingssituation, zum Gender-Irrsinn oder der Standpunkt zum EURO!

Der Autor erklärt, wer daran interessiert ist, dass der Deutsche auf ewig den Kopf in den Sand steckt und geduckt durch die Gegend läuft, dabei aber nicht vergisst, fleißig Steuern zu zahlen.

ISBN 978-3-938656-34-1 • 19,00 Euro

BANKSTER

Hanno Vollenweider

Ein junger Mann, Anfang 20, frisch von der Uni und voller Energie und Willen, geht nach Zürich mit nur einem Ziel: Banker zu werden und das große Geld zu verdienen. Was er jedoch nicht ahnt: Schon von Beginn an haben ihn seine Chefs und Mentoren für etwas Höheres vorgesehen und so führen sie ihn Stück für Stück in die internationalen Kreise der Bankster ein. Dies ist das Buch eines heute Anfang 30-jährigen Mannes, der, getrieben von der Gier nach Geld und Macht, Dinge sah, die andere in seinem Alter höchstens aus Hollywood-Filmen kennen. Mit seiner jungen und frechen Art berichtet er aus den Hinterzimmern der Hochfinanz, wie er zusammen mit einem Freund eine Vermögensverwaltung in Zürich gründete und mit Hilfe dieser Firma eine knappe Milliarde Euro deutsche und andere Schwarzgelder gewinnbringend anlegte, und berichtet dabei auch von seinen Meetings mit bekannten öffentlichkeitsscheuen Privatbanken. Er schildert seine Treffen mit Mitgliedern des *Clubs zum Rennweg*, *Entrepreneurs' Round Table*, der Brüsseler Finanzlobbyorganisationen *Swiss Finance Council* und *European Financial Service Round Table* und wie er im Auftrag seiner Mentoren den Rest der bis heute verschwunden geglaubten D-Mark-Millionen aus den West-Geschäften der DDR flüssig machte. Ferner deckt er die Tricks der Steuervermeidungsindustrie auf, berichtet über ihre Kunden und nennt ihre Namen und die ihrer Helfer aus den höchsten Kreisen der Politik.

ISBN 978-3938656-37-2 • 19,00 Euro

HÄNDE WEG VON DIESEM BUCH!

Schon 200.000 mal verkauft in Deutschland!

Jan van Helsing

Sie werden sich sicherlich fragen, wieso Sie dieses Buch nicht in die Hand nehmen sollen. Handelt es sich hierbei nur um eine clevere Werbestrategie? Nein, der Rat: **„Hände weg von diesem Buch!"** ist ernst gemeint. Denn nach diesem Buch wird es nicht leicht für Sie sein, so weiterzuleben wie bisher. Heute könnten Sie möglicherweise noch denken: *„Das hatte mir ja keiner gesagt, woher hätte ich denn das auch wissen sollen?"* Heute können Sie vielleicht auch noch meinen, dass Sie als Einzelperson sowieso nichts zu melden haben und nichts verändern können. Nach diesem Buch ist es mit dieser Sichtweise jedoch vorbei! Sollten Sie ein Mensch sein, den Geheimnisse nicht interessieren, der nie den Wunsch nach innerem und äußerem Reichtum verspürt hat, der sich um Erfolg und Gesundheit keine Gedanken macht, dann ist es besser, wenn Sie den gut gemeinten Rat befolgen und Ihre Finger von diesem Buch lassen.

ISBN 978-3-9807106-8-8 • 21,00 Euro

DIE KINDER DES NEUEN JAHRTAUSENDS

Jan van Helsing

Mediale Kinder verändern die Welt!

Der dreizehnjährige Lorenz sieht seinen verstorbenen Großvater, spricht mit ihm und gibt dessen Hinweise aus dem Jenseits an andere weiter. Kevin kommt ins Bett der Eltern gekrochen und erzählt, dass „der große Engel wieder am Bett stand". Peter ist neun und kann nicht nur die Aura um Lebewesen sehen, sondern auch die Gedanken anderer Menschen lesen. Vladimir liest aus verschlossenen Büchern und sein Bruder Sergej verbiegt Löffel durch Gedankenkraft.

Ausnahmen, meinen Sie, ein Kind unter tausend, das solche Begabungen hat? Nein, keinesfalls! Wie der Autor in diesem, durch viele Fallbeispiele belebten Buch aufzeigt, schlummern in allen Kindern solche und viele andere Talente, die jedoch überwiegend durch falsche Religions- und Erziehungssysteme, aber auch durch Unachtsamkeit oder fehlende Kenntnis der Eltern übersehen oder gar verdrängt werden. Und das spannendste an dieser Tatsache ist, dass nicht nur die Anzahl der medial geborenen Kinder enorm steigt, sondern sich auch ihre Fähigkeiten verstärken. Was hat es damit auf sich?

Lauschen wir den spannenden und faszinierenden Berichten medialer Kinder aus aller Welt.

ISBN 978-3-9807106-4-0 • 23,30 Euro

FAKE NEWS

Michael Morris

Wer einmal lügt, dem glaubt man nicht...

Das politische, wirtschaftliche und gesellschaftliche System des 20. Jahrhunderts ist gescheitert, doch die alten Eliten in Politik und Medien versuchen alles, um weiter daran festzuhalten und ein neues Konzept zu verhindern. Sie versuchen, jegliche Kritik an ihrem eigenen Fehlverhalten als „Fake News" oder als „rechte Propaganda" zu diskreditieren. Obwohl die Geheime Weltregierung und ihre Handlanger immer brutaler gegen ihre Kritiker vorgehen, schwindet ihre Macht, weil immer mehr Menschen erwachen und ihr schmutziges Spiel durchschauen, was die alten Eliten schier in den Wahnsinn treibt. Erfahren Sie die Wahrheit über die Entstehung der „Fake News"-Hysterie, und lesen Sie alles über jene Enthüllungen der NASA und des Vatikans, die Ihnen die Massenmedien verschweigen!

ISBN 978-3-938656-21-9 • 21,00 Euro

VERRATEN – VERKAUFT – VERLOREN?

Gabriele Schuster-Haslinger

Der Krieg gegen die eigene Bevölkerung

Wir Menschen werden – speziell in der westlichen Welt – gezielt manipuliert. Wir wissen, dass die Politiker unfrei sind und selten zum Wohle des Volkes entscheiden. Medien werden für Propaganda genutzt. Es ist mittlerweile auch bekannt, dass Konzerne politische Entscheidungen diktieren. Dass wir jedoch in sämtlichen Alltagsbereichen absichtlich verraten, belogen und betrogen werden, ist der Bevölkerung meist nicht bekannt. Wussten Sie beispielsweise, dass Ex-Papst Benedikt vom *Internationalen Tribunal für die Aufklärung der Verbrechen von Kirche und Staat* (ITCCS) wegen angeblichem rituellen Kindesmord angezeigt wurde? Oder dass Fluorid bereits vor 75 Jahren eingesetzt wurde, damit die Menschen stumpfsinnig wurden und nicht auf die Idee kamen, zu rebellieren? Es ist ein unvorstellbar großes Netzwerk, das alle Lebensbereiche durchdringt und beeinflusst. Wer sind die Drahtzieher?

ISBN 978-3-938656-32-7 • 26,00 Euro

Alle hier aufgeführten Bücher erhalten Sie im Buchhandel oder bei:

ALDEBARAN-VERSAND

Tel: 0221 – 737 000 • Fax: 0221 – 737 001

Email: bestellung@buchversand-aldebaran.de

www.amadeus-verlag.de